Theory and practice of hospital PR

병원 홍보의
이론과 실무

머리말_
Preface

병원과 의료업계는 전문성을 바탕으로 환자의 병과 질환을 치료하여 만족을 추구하는 서비스 기관이다. 또 일반 기업과는 달리 단순히 제품을 제공하여 고객의 욕구를 충족시키기보다는 고객과의 소통과 교류, 관계를 맺으면서 그들의 욕구를 만족시키는 서비스 업종의 하나이다.

오늘날과 같은 치열한 의료서비스의 경쟁 환경 속에서는 과거의 일방적인 소통 방법만으로는 이용객의 만족을 얻어내기 어렵다. 병원을 비롯한 의료기관의 전문화, 세분화가 진행되고 의료서비스의 전문성이나 의료 시설 및 장비에 차별성을 발견하기가 쉽지 않은 상황에서 고객 지향적인 커뮤니케이션의 도입은 매우 시급한 문제로 등장하고 있다.

보편화가 진행된 의료 시장에서 고객을 설득하고 다른 경쟁기관보다 차별화된 이미지를 부각시키는 것이야말로 경쟁력을 강화할 수 있는 중요한 요소이다. 따라서 최소의 비용으로 해당 병원이 가지고 있는 장점을 제대로 알리고, 분명한 차별성을 고객에게 제대로 전달하기 위해 필요한 홍보나 광고 활동은 앞으로 병원이 생존을 위해 관심을 가져야만 하는 중요한 사항이다.

기존의 폐쇄적, 권위주의적인 의료 환경에서 고객 지향적인 의료서비스 시장의 변화에 따라 욕구의 다양화, 고급화, 개성화가 진행되고 있다. 의료기관은 과거의 양적 성장에서 질적 성장을 고려하며, 고객의 욕구를 파악하여 이를 충족시킬 수 있는 의료서비스를 개발해야 지속적인 발전이 가능하게 되었다. 또한 고객의 소통과 교류를 위해 꾸준히 정보를 제공하고 호감을 갖도록 하기 위해 홍보활동을 적극적으로 전개해야 할 필요가 있다.

소득과 건강에 대한 관심이 점차 증가함에 따라 의료 수요가 확대되면서 과거 의료기관은 양적 성장을 계속해 왔다. 그러나 의료시장이 개방되고 공급이 초과됨에 따라 환자가 꾸준히 감소하여 의료기관 사이에 경쟁이 심화되는 등 경영상의 어려움을 겪고 있다. 따라서 경쟁력이 약한 소규모 병·의원은 더 이상 설 자리를 잃고 전문화하거나 경영혁신을 시작하여 조직을 다시 정비하고 있다.

이에 병원과 의료기관은 고객의 욕구를 철저히 파악하고 이를 충족시킬 수 있는 다양하고 차별화된 의료서비스를 개발하고, 꾸준한 커뮤니케이션 활동을 통해 공감과 소통을 지속적으로 유지함으로써 고객만족을 제공해야만 앞으로의 경쟁 환경을 슬기롭게 극복할 수 있을 것이다.

장기적인 관점에서 홍보계획을 수립하여 해당병원에 대한 정보를 고객에게 제공하고 꾸준히 알려서 이미지 개선은 물론, 호감을 형성하여 고객 충성도를 형성할 수 있도록 노력을 기울여야 한다. 더불어 병원의 입장에서 메시지를 전달하려 하지 말고 고객의 시각에서 그들이 원하는 것을 전하고 설득하려는 자세와 노력이 필요하다.

또한 병원 홍보·마케팅의 향후 방향은 병원경영 합리화와 경쟁적 차별화에 의한 우월성 확보, 그리고 의료서비스 마케팅을 중심으로 문제점을 발견하고, 이를 개선하는 방향으로 진행되어야 한다. 특히 의료현장에서 의료진의 커뮤니케이션 행위나 태도는 고객만족 및 태도 변화에 직접적인 영향을 미치게 되므로, 다양한 소통 방법을 개발하고 고객과의 만남을 중시하는 홍보 방안을 마련하여 경쟁력을 강화하는데 노력해야 한다.

본서는 의료기관의 하나인 병원의 효율적인 홍보와 광고 활동에 참고가 되기 위한 지침서이다. 대부분의 의료서비스나 병원 홍보에 관한 서적은 관련 이론을 소개하는데 머물거나 포괄적인 개선 방안을 제시하는데 그치고 있다. 또 일부 실용 서적은 너무 비약적인 활용 방법이나 실무적 지식을 설명하는데 많은 비중을 두어 체계적인 이론과의 연계와 활용이 어렵다.

그러나 본서는 양자의 장점을 취하여 병원의 홍보, 광고와 관련된 기본적이고 필수적인 이론과 학설을 소개하고 있을 뿐만 아니라, 효과적으로 활용할 수 있도록 실무 지식과 사례를 제시하여 충분한 이해를 돕고 있다. 때문에 보건 의료를 비롯해 관광, 광고홍보, 마케팅 관련 전공 학과의 정규 커리큘럼에서 이론서로서 채택하기에 적합하며, 병원 홍보나 광고 마케팅을 담당하는 실무자의 참고서로서 활용할 수 있도록 배려하였다.

이와 같은 인식에서 출발하여 본서는 병원 광고, 홍보의 개념 및 필요성에 대한 개요를 설명하는 서문을 중심으로 크게 4부로 구성되고 있다. 먼저 '제1부 **의료 서비스 홍보의 이해**'에서는 국내외 병원의 유명 홍보 및 마케팅 전략사례를 제시하여 이를 통해 개괄적인 이해를 도모하고, 병원 홍보와 마케팅 실무의 핵심 체크포인트, 병원 홍보의 필요성과 향후 방향을 소개하였다.

'제2부 **병원 마케팅 커뮤니케이션의 이론과 실무**'에서는 미디어 홍보와 보도 방법, 홍보계획과 매체의 활용, 효과적인 이벤트 홍보, 방송 매체를 활용한 병원 홍보, 홍보활동의 유의점 등 홍보 활동과 매체 활용에 관해 전반적인 설명을 더하고 있다. 또 광고와 유사 개념, 소구 유형과 기법, 커뮤니케이션 이론과 병원 홍보에 대해서도 알기 쉽게 소개하였다.

'제3부 **병원 홍보의 매체 특성과 실무**'에서는 신문, 잡지 광고를 중심으로 전단 광고, 인쇄 제작물 광고, 그리고 최근 디지털문화의 확산에 따라 새롭게 주목받고 있는 온라인 마케팅, 블로그 광고, 위젯 광고, 병원과 바이럴·구전 마케팅, 또 현재 급격히 이용이 증가하고 있는 옥외 광고, 교통 광고, POP 광고, 다이렉트 마케팅과 DM 광고, 텔레마케팅, 기능형 SP, 이벤트 마케팅 등에 대해서도 구체적으로 언급하였다.

마지막으로 '제4부 **병원홍보의 핵심 이론의 응용과 심화**'에서는 마케팅 전략 계획, 시장세분화, 프로모션과 세일즈 프로모션, 포지셔닝 전략과 브랜드 아이덴티티, 크리에이티브 전략, 매체 계획과 전략, 스토리텔링과 의료 마케팅, 캐릭터 마케팅, 메세나(사회공헌) 활동 등을 중심으로 병원 광고, 홍보의 세부적인 실무 적용에 대해 서술하고 있다. 또 기획서 작성에 필요한 마케팅 핵심 용어, 헤드라인의 표현 방식과 기법, 그리고 부록으로 제시된 한국 병원의 홍보와 마케팅 전략 사례 분석 등은 의료현장의 홍보 담당자에게 많은 도움이 될 수 있도록 하였다.

끝으로 본서가 이론적, 실무적으로 모두 폭넓게 활용되어 병원 및 의료기관의 홍보 담당자와 대학 또는 연구단체에서 현장 실무와 학문적으로 활용하고자 하는 사람들에게 부족하나마 좋은 지침서 역할을 해주었으면 하는 바램을 갖는다. 그리고 본서에서 제시한 내용 중 일부는 주관적인 관점에서 접근이 있을 수 있었음을 인정하고 부족한 내용에 대해서는 차후에 시간을 두고 수정, 보완할 생각이다.

이 책이 출간될 수 있기까지 자료를 제공하고 많은 조언과 도움을 주신 모든 분들께 감사의 뜻을 전한다. 먼저 본서의 출판에 참가하여 저술을 담당해 주신 이혜승 교수님을 비롯해, 자료 제공과 함께 많은 노력을 기울여주신 박종선, 김정희, 조진형, 김윤정님께 깊은 감사를 드린다. 특히 홍보 및 마케팅의 발전에 기여하기 위해 열심히 연구 노력하고 있는 KEMA(Korea Event & Marketing Association) 회원 여러분에게도 고마움을 전하고 싶다.

2015년 2월
대표저자 김희진

차 례_
Contents

CHAPTER 03_ 병원 홍보의 매체 특성과 실무

Theory & Practice of Hospital Marketing

CHAPTER 01_

의료 서비스 마케팅의 이해

+ 병원 홍보 및 마케팅 사례
  · 한국 병원
  · 미국 병원
  · 일본 병원

+ 병원홍보와 마케팅 실무의 체크포인트

+ 병원 홍보의 필요성과 향후 방향

CHAPTER

01_

의료 서비스 마케팅의 이해

 병원 홍보 및 마케팅 사례 [한국 병원]

예 치과 (http://www.yedental.com/)

"Wherever, Ye"를 슬로건으로 하고 있으며 1992년 개원 이후, 국내외 90개 체인점, 총 329명의 의료진을 확보하여 네트워크를 구성하고 있다. '예(Ye)'는 'Your Expert'의 이니셜이며, 고객에게 최상의 의료서비스를 제공하는 전문가 그룹을 표방하고 있다.

또 「치과도 좋은 추억의 장소가 될 수 있다」는 헤드라인을 채택하여 예치과는 좋은 추억이 있는 일기 속의 한 페이지처럼, 행복을 만들어 가는 곳임을 강조하고 있다.

예치과의 경영(철학)은 "예, 예치과입니다"이며, 항상 고객(환자)를 중시하고 고객 중심적인 의료서비스를 제공하기 위해 노력하며, 나눔의 정신을 실현하기 위해 최선을 다하고 있음을 표방하고 있다. 이러한 경영철학은 여러 곳에서 성과를 얻기 시작하면서 국내 단독 치과로는 처음으로 JCI 국제의료기관 평가위원회의 인증을 받았다.

한편 「증-공-소-의-대」라는 이곳만의 의료서비스 프로세스를 개발하여 다른 병원과의 차별화를 꾀하고 있으며, 진료 동의율을 향상시키고 있다. 또 1인 진료실을 원칙으로 하여 고객의 프라이버시를 존중하고 있다.

그림 1-1_
예치과 브랜드
슬로건 사례

㈜ 예 치과 홈페이지(http://www.yedental.com/) 참고

부산 여(女)사랑 한의원(병원) (http://www.womanlove.co.kr/)

의료시장에서의 경쟁이 심화됨에 따라 병원 전문화를 위한 노력은 한의원이나 한방병원도 예외가 아니다. 비염을 전문으로 하는 '코비 한의원'을 비롯해 어린이 아토피피부병과 성장클리닉을 전문으로 하는 '함소아 한의원' 등 다양한 사례가 존재하고 있다. 이 가운데, '여사랑 한의원'은 여성을 표적 시장으로 세분화한 전형적인 사례이다.

초진과 40~50세의 여성 환자에게는 많은 시간을 할애하여 진료에 임하고 있다. 일반적으로 여성은 남성보다 감수성이 높으며 특히 중년에는 가족으로부터 많은 소외감을 느끼는 나이이므로 상담 시간을 늘리고 공감을 표현한다.

또 여성은 남성에 비해 심리적 영향이 많고 정서적으로 민감하기 때문에 치료에 세심한 배려가 필요하다는 것을 전제로 여사랑 한의원은 여성의 생리적 특징과 관련하여 한의학 특유의 방법으로 치료에 임하고 있다. 병과는 크게 불임, 비만, 갱년기, 요실금, 피부 등 여성에게 있어서 의료서비스에 관심이 많은 분야를 세분화시켜 전문성을 내세우고 있다.

"Woman Love.co.kr, 소중한 당신을 생각합니다"와 "여성만을 위한 전문 한의원, 소중한 당신을 생각합니다. 애(愛)"라는 독특한 슬로건을 표방하여 여성만을 위한, 여성을 잘 아는 한의사임을 강조하고 있다. 특히 검색어 광고가 인기를 끄는 사회적 현상을 반영시켜 병원 홈페이지(도메인)를 슬로건에 포함시킨 것이 특징이다.

명지 병원 (http://www.kdmc.or.kr/)

그림 1-2_
명지병원 문화
이벤트 사례

정신과 병원, 소아 응급센터, 토털 케어 및 암 통합 치유센터 등으로 특화하여 운영 되고 있다. 병원이미지 향상과 창출을 위해 문화이벤트(초청음악회) 실시 - 「이루마 초청 명지병원 신년 음악회」는 2013. 01. 31(목) pm 4 : 30 실시되었다.

건강보험검진센터 '숲마루' 오픈(관동의대 명지병원) - '병원이 숲을 품다'라는 슬로건을 표방하며 폭포와 시냇가, 숲 속에서 산림욕하며 건강검진을 받을 수 있는 의료서비스를 개발하였다. 그린·에코 마케팅에 입각한 의료서비스의 대표적인 사례라 할 수 있다.

관동의대 명지병원이 보건복지부에서 실시한 의료기관인증평가에서 의료서비스의 질과 환자안전 수준의 우수성을 인정받아 2011년 의료기관 인증을 획득하였다.

의료기관인증제는 정부가 직접 환자 안전과 의료 서비스의 질을 국제수준에서 평가, 병원들의 의료 서비스를 인증하는 제도이다. 평가 항목으로는 환자의 안전과 권리, 환자진료 과정 및 성과 시스템, 환자만족도, 의료 서비스의 질 향상 활동, 의료기관의 조직, 인력관리 및 운영 등 총 404개 항목이 포함되어 있다.

힘찬 병원 (http://www.himchanhospital.com/)

슬로건은 "스마일 운동 실천, 힘찬 병원이 앞서 갑니다"이며, 환자의 고통을 경감시켜 행복과 웃음이 가득한 의료서비스 제공을 목표로 하고 있음을 강조하고 있다. 이미지 모델은 김병만으로 에너지가 넘치는 건강한 이미지를 내세우고 있다.

서울, 경기, 인천의 여러 곳에 분포된 네트워크 운영방식을 채택하고 있으며 무릎·어깨·관절 치료 전문 병원을 표방하고 있다.

- 기업이벤트 실시: 「창립10주년 기념 온라인 경품 이벤트」: 자신의 블로그나 페이스 북에 댓글이나 의견을 제시하면 추첨을 통해 경품 제공, 기간은 (년도가 없습니다) 11월 6일에서 11월 30일, 경품은 1등 찜질 매트(10명), 그 밖의 던킨도너츠, 커피교환권 등을 제공
- 문화이벤트 개최: 2008년에는 관절수술을 받은 환자와 가족 8,000여명을 초청하여 「환자사랑 음악회 개최」
- 사회공헌(공공) 이벤트 개최: 병원 간호사들에 의해 매월 「발 마사지 행사」를 개최하여 환자의 통증을 완화시키고 교류를 증대시키는 효과를 기대할 수 있다. 또 한화의 후원을 받아 무료로 관절 수술을 받은 저소득층 환자와 가족을 초청하여 「무료수술 환자 효도 여행」 행사를 개최하였다.

함소아 한의원 (http://www.hamsoa.com/)

"국내 최대 소아 한방 네트워크"를 내세우며, 1999년 서울 강남구 대치동에서 첫 진료를 시작한 이후 국내 58곳, 해외 5곳의 규모의 네트워크를 구성하고 있다. 병원 명칭인 '함소아(含笑兒)'는 웃음을 머금은 아이, 즉 함박 웃는 아이라는 의미이다. 사람에 따라서는 함씨 성을 가진 사람이 운영하는 한의원으로 오해하는 사람도 있지만, 내원을 통해 아이들이 함박 웃기를 희망하는 소아 전문 한의원을 표방하고 있다.

- 공공이벤트 실시: 저소득층 가정의 아토피 아이들이 한방치료를 받을 수 있도록 무료 진료를 진행하고 있다(2011년 기준, 총 4600여명).
- 다양한 형태의 이벤트 개최: 함소아 온가족 그림 그리기 대회, 함박 웃는 아이 선발대회, 함소아 겨울 뜸 퀴즈, 함소아 경영아카데미 등
- 함소아 겨울 뜸 퀴즈: 어린이의 비염과 감기에 좋은 뜸 치료 방법을 개발하여 퀴즈에 참여한 사람(48명)에게 경품을 제공한다. 참가 자격은 동지에서 입춘까지 4~8회 뜸 치료에 참가한 사람으로 제한한다.
- 차별화된 의료서비스 프로세스 개발
  - 아이 이름 불러주기: 원장이 진료실 밖으로 직접 나와 내원한 아이의 이름을 부르고 손을 잡고 진료실로 들어간다. 사전에 병원관계자가 접수 창고에서 진료카드상의

어린이 이름을 확인 한 후, 무릎을 꿇고 앉은 자세에서 아이의 눈을 맞추고 이름표를 달아 준다.

· 이야기에 의한 공감 형성; 의료진이 아이가 좋아하는 만화나 음식, 장난감 등에 관한 이야기를 유도하여 친근감을 형성한다.

· 캐릭터 전략 도입; 아이를 타깃으로 하는 만큼 아이가 선호하는 캐릭터를 적극적으로 도입하여 만족도를 향상시켰다. 특히 의료진의 노란 가운에 하마 캐릭터를 직접 디자인하여 아이에게 친근감을 유도하고 있다.

· 넓은 대기실과 재미있는 놀이방: 차가운 느낌의 병원이 아니라, 어린이가 선호하는 놀이터나 휴게실과 같은 느낌이 들도록 인테리어와 환경조성에 힘썼다.

· 한약 배송 서비스: 지역별로 한약을 직접 배송하는 서비스팀을 운영하여 고객만족을 지향하고 있다.

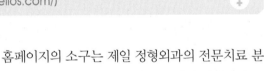

제일 정형외과 병원 (http://www.cheilos.com/)

✚ 그림 1-3_
제일정형외과병원
신문광고

홈페이지의 소구는 제일 정형외과의 전문치료 분야인 척추(허리)와 인공관절(무릎)의 가격 경쟁력에 초점을 맞추고 있다. '인공관절 수술 반값으로 가능', '비급여 항목 잘 따져 보면 반값으로 할 수 있다'등의 표현이 그것이다. 대표적인 슬로건인 "꼿꼿한 허리, 가벼운 발걸음"이것 역시 전문치료 분야와 관계가 깊다. "사랑의 의술이 노인을 향합니다."라는 캐치프레이즈(catch phrase)로 목표소비자를 명확히 하고 있다. 마케팅 전략상에 있어서 제일 정형외과 병원의 가장 큰 특징은 매스미디어(신문)를 자주 활용한다는 점이다. 특히 조선일보를 중심으로 주요 일간지에 대형 사이즈로 자주 노출시키고 있는데 주된 슬로건은 "어르신을 잘 아는(어르신의 신체특성을 잘 아는), 제일 정형외과 병원"으로 하고 있다.

이 때 전문치료 분야는 척추를 중심으로 간헐적으로 어깨의 전문 치료 병원임을 강조하고 있다. 이것은 홈페이지에서 나타낸 것과 같이, 척추와 관절을 전문 분야로 강조하는 것과는 소구내용을 달리하고 있다. 인상적인 이벤트의 하나로 「부모님께 안부편지 쓰기」 행사가 크게 눈에 띈다. "효도는 편지를 타고, 편지는 사랑을 싣고"라는 헤드라인을 내걸고 바쁜 일상에서 시간이 없어 부모님께 편지를 쓰지 못하는 사람을 대신하여 안부편지를 보내도록 장려하고 있다. 이처럼 목표소비자와 연계가 잘 된 이벤트를 통해 차별화에 성공하고 있다.

룡 플란트 치과 병원 (http://www.yongplant.com/)

룡 플란트 치과그룹은 2007년 신도림점 개원을 시작으로 서울, 경기 일원과 전국에 약 40여개의 협력 치과들로 전국 네트워크를 구성하고 있으며 노인 임플란트를 전문으로 한다. 수년간 임플란트 시술에 대한 노하우를 쌓고 임플란트 대중화를 위해 노력하고 있다.

이 병원의 가장 큰 특징은 노인에 특화된 맞춤형 시술과 서비스다. 이것은 슬로건에서도 잘 나타나고 있는데, "어르신을 위한 임플란트, 룡 플란트 치과그룹"을 표방하며 연령대로는 노년층을, 전문 치료분야로는 임플란트임을 내세우고 있다.

이미지 모델은 이순재가 선정되어 인지도 향상에 도움을 주고 있다. 이것은 임플란트의 주요 고객층이 중·장년과 주로 노인층임을 감안할 때 적절한 선택임을 알 수 있다.

홈페이지의 메인 화면을 통해서 "이가 없으면 임플란트로", "임플란트 더 이상 망설일 필요 없습니다"라는 캐치프레이즈로 임플란트의 필요성과 전문성을 강조하고 있다. 또한 "무 절개·최소 절개 임플란트"로 치료방법의 차별성을 부각시키고 있다.

더불어 온라인 상담을 강화하는 전략이 크게 눈에 띄고 있다. 1 : 1 채팅상담과 SMS 문자 상담㈜, 온라인 예약, 온라인 즉시 견적 코너를 만들어 잠재된 예상고객과의 커뮤니케이션에 노력하고 있다.

광고표현에 있어서도 유머 소구를 주로 이용하고 있음은 룡 플란트 치과의 커다란 특징이자 차별점이다. 주로 무명의 외국인 노년층 모델이 등장하며 치아의 소중함과 중요성을 익살스럽게 소구하여 다른 병원의 정형화된 표현방법과는 크게 차별화되고 있다.

㈜ SMS는 Short Message Service의 약칭이다. 영문그대로 인터넷 네트워크나 무선 단말기에서 단문 형태의 텍스트를 주고받을 수 있는 메시지 서비스를 말한다. 동영상과 이미지, 음악파일은 사용 할 수 없고 텍스트로만 사용 가능하며, 한글은 40자 이내이며 영문은 80자 정도가 된다. 조금 더 많은 양의 글자를 사용하고자 할 때는 MMS 서비스를 이용한다.

지하철이나 지하철역 주변에 게재된 교통광고에서도 유머 소구는 통행인의 시선을 사로잡고 있다. "자네 요즘 갈비 뜯어 봤나?"의 경우처럼 질문형 헤드라인을 통하여 강렬한 인상과 함께 치료 효과를 자랑하며 주변에 입소문을 유도하는 형식도 있고, "아범아, 난 롱 플란트 치과다"의 경우와 같이 주장·제안 형태의 헤드라인에 의해 구매제안자·영향자(치료대상자 : 노인)가 구매자·비용-부담자(아들)에게 영향을 주려는 형식의 유형도 있다.

롱 플란트에 의해 시도되는 유머 소구는 기존의 보수적, 권위적 소구 패턴이 주류를 이루는 병원 광고에 새로운 변화를 가져오고 있다. 기본적으로는 너무 무겁고 딱딱한 내용을 벗어나 광고를 보는 이로 하여금 즐거움을 제공하여 주목율을 높이고 구전효과를 향상시키려는 의도가 내재되어 있음을 알 수 있다.

한편, 롱 플란트 치과그룹은 2012년 8월부터 의료인 1인이 1개의 병원만을 개설 및 운영할 수 있는 개정 의료법이 시행됨에 따라 치과그룹 운영 체제에 대한 구조조정을 실시하였다. 우선 전국 40여개 지점을 매각하고, 대표원장 1인 직영 체제에서 협력치과 체제로 전환하였다. 이에 따라 최근 그룹 내의 각 지점 원장들에게 실질적인 소유권을 인정하여 진료에 대한 책임은 물론, 모든 경영상의 결정권을 갖고 치과를 운영하게 하였다.

이미 지난 2010년 경영지원회사(MSO)인 '㈜롱 플란트'를 통해 홍보, 컨설팅, 공동구매, 교육 등으로 세분화해서 병원업무를 지원하고 있지만, 협력치과 체제로 전환된 후에도 각 원장들은 종전대로 진료기술을 공유하며 전문화된 경영지원 서비스를 제공받게 된다.

현재 서울과 수도권 위주로 지점이 개설된 롱 플란트 치과그룹은 협력치과 체재 전환과 더불어 병원 접근성이 떨어지는 지방 환자들을 위해 전국으로 협력 병원을 확장하여 더 많은 개원의들과 의료서비스와 관련한 다양한 노하우 및 브랜드파워를 공유할 계획이다. 또 해외에서도 임플란트 시술에 대한 관심과 수요가 상당하기 때문에 중국 지점 개설을 준비함으로써 해외 진출도 본격화할 예정이다.

롱 플란트 치과그룹은 노인 임플란트의 대중화를 표방하며 합리적인 시술 비용, 환자에 맞춘 다양한 내원 서비스를 제공하여 개원 이후 5년 만에 지점을 전국 43개로 확산할 수 있었다.

빠른 성장 배경에는 풍부한 경험과 노하우를 갖춘 의료진이 고령화 시대를 겨냥하여 개발한 최소 침습 임플란트 시술법 등의 노인 특화 맞춤형 시술과 다양한 고객만족 서비스에 바탕을 두고 있다.

합리적인 임플란트 가격 정착을 위해 시술 비용을 획기적으로 낮추는 동시에 노인의 치아 건강 회복을 통한 삶의 질 향상에 기여하고 있다. 노인 임플란트 시술은 치아 기능 자체의 복원을 넘어 노인들의 삶의 질 자체를 변화시켜주는 치과 시술로서 시술 시간 단축과 환자들의 내원 횟수를 줄이는 등의 노력에 의해 비용을 절감시켜 진료비용을 낮출 수 있었다.

5년 전만해도 개당 150~300만원 대였던 임플란트 시술 비용을 일반 치과병원에 비해 크게 낮춰 98만원 수준이다.

이처럼 롱 플란트 치과는 개당 98만원 임플란트로 가격 대중화의 주역으로 자리매김 하고 있으나, 치과 병·의원을 둘러싼 과열경쟁은 여러 부작용을 낳고 있다.

그 결과 경쟁 병원의 견제와 비용절감, 지나친 가격에 의한 경쟁상황은 여러 논란에 휩싸이게 하고 있으나 너무 낮은 가격에 대한 비판과 견제에도 불구하고 서울과 경기·인천 등 수도권 지역에서 다수의 지점을 갖춘 네트워크로 성장을 지속하고 있다.

우리나라 고령화 추세는 선진국 수준에 근접하고 있다는 평가다. 보건복지부에 따르면 2010년까지 우리나라의 65세 이상의 노인 인구 비율은 약 11%였다. 유엔이 정한 기준에 의하면 노인인구가 7% 이상이면 고령화 사회로 본다. 우리나라도 이미 고령화 사회에 접어들었음을 보여주고 있다.

보건복지부가 실시한 '2010년 지역사회 건강조사' 결과에 따르면 70세 이상 노인들의 치과 미치료율은 71%에 달한다. 10명 중 3명의 노인은 아픈 이를 그대로 방치하고 있는 셈이다.

또한 지난해 대한치주과학회가 65세 이상 노인들을 대상으로 조사한 내용에 의하면 4명 중 3명은 잇몸병을 앓고 있으며, 이 중 치료를 받는 노인은 40%에 불과하다. 이렇게 치과 치료가 미진한 노인은 비교적 여유 있게 살고 있는 노인 계층에 비해, 소득이 없는 노년층이나 독거노인과 같이 의료 혜택을 받고 싶어도 의료 사각지대에 놓인 소외계층이 특히 많다.

이러한 노인층들이 치과 질환에 의해 음식물을 씹는데 어려움을 겪음과 동시에, 더 나아가 영양분 공급이 원활하지 못하면 건강의 악화로까지 이어지는 악순환이 계속된다. 즉, 치아 건강이 뒷받침되지 못하면 노년의 기본적인 삶의 질을 유지하는 것도 힘들어지게 되는 것이다.

고령화 사회가 진전되면서 실버 전문병원들이 앞 다퉈 개원하는 등 노인을 대상으로 하는 맞춤형 의료 서비스가 빠른 성장을 계속하고 있다.

정형외과나 안과를 중심으로 노인층을 대상으로 하여 고객세분화에 성공한 사례가 늘고 있는데, 치과 분야에서도 노인 전문 치과들의 등장이 주목받고 있다. 롱플란트 치과가 그 대표적인 사례로서 노인 맞춤형 치과 서비스를 앞세우며 전문성과 차별성을 크게 부각시키는데 성공하였다. 노인의 치아 건강을 위한 '노인 맞춤형'시술법과 함께 합리적인 가격대의 임플란트 시술 비용, 노인의 심리에 맞춘 다양한 내원 서비스 덕분에 노인 전문 치과병원으로 자리를 잡고 있다.

본래 임플란트는 나이가 들면서 치아를 상실한 환자들이 주로 이용하는 치료수단이지만, 노인의 경제사정과 눈높이에 맞게 치료에 임하는 것이 복지의 근본이라는 병원 경영철학과 함께 고령 환자들의 경제적, 심적인 문제를 해결하기 위해 임플란트 시술비용을 낮추기 위해 노력을 기울였다.

또한, 2011년 메디컬코리아 대상(임플란트 부문)을 수상한 롱 플란트 치과는 무료 시술을 비롯한 각종 후원 사업, 공공 이벤트 등의 메세나로 칭하는 사회 공헌 사업에도 적극 나서고 있다. 또한 매년 지방자치단체나 비영리단체 등에서 추천을 받은 저소득층 노인 140여 명에게 임플란트를 무료로 시술해 주고 있다. 이처럼 롱 플란트 치과는 치과 치료를 받을 수 없는 저소득층 노인을 대상으로 지속적인 무료시술 캠페인을 진행하고 있다.

더불어 치과 시설이 부족하고 의료 혜택의 손길에서 먼 도서 산간지역 노인들을 직접 찾아가 구강 검진 및 치료 봉사 활동을 진행하고 있으며, 지속적인 봉사활동을 위해 지난 2010년에는 '롱 플란트 농어촌 봉사단'을 발족시켰다. 또한 소외지역의 건강검진을 빠르고 안정적으로 진행하기 위해 '사회공헌 치과검진 차량'의 도입도 추진 중이다.

롱 플란트 치과의 핵심고객은 노인연령층이다. 이를 반영시킨 마케팅, 프로모션, 이벤트 활동에 쏟는 노력과 열정은 대단하다. 먼저 병원 내부의 시각적인 요소와 인테리어도 주요 고객층인 노인을 위한 콘셉트로 차별화를 두었다. 전통 문양의 마감재와 편안한 원목 소재, 격자무늬 창호 등 한옥의 편안함을 느낄 수 있게 하였다. 치과에 오면 불안정하고 심리적으로 불안을 느끼는 환자들이 긴장을 풀 수 있도록 배려한 것이다. 진료 순서를 기다리는 동안 이용할 수 있도록 대기실에 안마의자와 발 마사지기를 설치하고, 대기시간의 지루함을 개선하기 위해 노인들을 즐겁게 해주는 개그 쇼나 다양한 이벤트 프로그램도 진행한다.

대기하는 고객들에게 제공되는 음료나 먹거리에 있어서도 흔한 커피나 녹차 외에도 노인들이 좋아하는 한방차, 홍삼 엑기스, 홍삼캔디 등도 제공한다.

또한 서비스 프로세스를 강화하려는 의도로 임플란트 환자에 대한 「시술보증제」를 실시하여 신뢰성을 향상시키고 있으며, 시술 전과 후를 구분하여 세심한 서비스를 제공하고 있다.

시술 전에는 내원 전 예약일이나 시간 등을 전화나 문자로 안내받는 예약 문자와 전화 서비스를 실시하고 있으며, 노령의 환자를 위해 보호자 안내 서비스의 일환으로 보호자 해피콜을 시행하고 있다. 시술 후에는 앞서 제시된 것처럼 빠른 회복과 기력이 없는 고령의 환자를 위해 아이스 팩과 돌침대가 구비된 수면 회복실을 운영하거나 식사가 어려운 환자를 위해 유동식(죽)을 제공하고 있다.

이 밖에도 게이트볼, 배드민턴, 당구(롱플란트 배 어르신 당구대회) 등 노인들이 즐겨 하는 생활 스포츠 대회를 협찬, 후원하는 등의 스포츠 이벤트를 개최하여 고령화 사회에 걸맞은 건강 사회와 체육 문화를 만드는 데도 적극적인 노력을 기울이고 있다.

또 노인을 대상으로 한 '미소 컨테스트'를 비롯하여 다문화 가정의 후원 행사로 "피부색은 달라도 마음은 하나"라는 슬로건 아래 다문화 작품 전시회, 다문화 공연, 다문화 노래자랑대회 등 다채로운 이벤트를 개최하였다.

의료비에 대한 고객들의 부담을 완화하기 위한 할인 이벤트로는 임플란트 시술비 무이자 할부, 카드 무이자 할부 등을 실시하고 있다.

갤러리아 치과 의원(수원) (http://www.oraldoctor.co.kr/)

홈페이지 접근방법에 특징이 있다. 먼저 방문한 고객에게 '갤러리아 치과를 방문해 주셔서 대단히 감사합니다'라는 문구와 함께 치과의 가장 큰 전문 항목이라 할 수 있는 교정과 보철·임플란트로 구분하여 고객의 관심 사항을 선택하도록 한다.

홈페이지의 비주얼 이미지는 르네상스 시대의 명화를 배경으로 하여 갤러리를 방문한 느낌을 주고 있으며, 최대한 복잡한 구성요소와 항목을 생략하여 단조로운 가운데 명확한 메시지 전달이 가능하도록 하였다. 의료상담실 항목을 메인 중앙에 배치하여 편리성을 향상시키고, 네이버의 본 의원 블로그(갤러리아 치과의 전문 카페)에 신속한 접근이 가능하도록 접근성을 강화하였다.

의원 소개 항목 중, "우리는 미의 재탄생을 추구합니다"라는 슬로건이 눈에 띠는데 치아 교정을 통해 아름다운 표정을 되찾을 수 있음을 표현하고 있다. 특히 마치 호텔과 같은 내부 인테리어의 고급스러움을 나타내기 위해 상담실, 대기실, 진료실, 병원 복도, 수술실 등 여러 장면의 내부 모습과 실내 분위기가 소개되었다.

또한 초진상담실을 별도로 운영하여 고객 이탈율을 최소화하며, 상담이 곧바로 진료로 이어질 수 있도록 서비스 프로세스를 강화하고 있다.

둔산 타임 치과(대전)   (http://www.timedental.co.kr/)

홈페이지를 방문하면 강렬한 사운드와 함께 병원 홍보 영상물이 노출되는 것이 특징이다. 평범한 지역 치과 의원이지만 병원 홍보에 많은 노력을 하고 있으며, 블로그와 SNS를 활용하여 입소문 마케팅에 힘을 쏟고 있다.

슬로건은 "행복을 심는 둔산 타임치과"로 너무 추상적인 개념을 채택하여 이미지 포지셔닝에 다소 어려움을 느낄 수 있다.

고객만족을 위한 해당 병원의 서비스 자세를 강조하기 위한 표현의 하나로 행복, 만족이라는 언어를 과잉하여 사용하는 것은 자칫 소구점이 모호해지고 너무 추상적인 콘셉트로 인식될 우려가 있다. 예를 들어 '행복을 추구하는 병원', '고객의 행복과 만족을 위한 병원', '행복을 가장 소중하게 여깁니다'처럼 진정성이 부족하고 남들과의 차별성이 없는 표현은 무미건조하며 관심이나 흥미를 유발하기 어렵다.

보라 안과 병원(구 이연안과 병원) (http://www.eyecare.co.kr/)

모바일 앱을 개발하여 모바일에서 병원 관련 소식과 시력 교정 수술 후기 등을 손쉽게 알 수 있도록 하고 있다. 또한 각 항목마다 시력 교정술과 렌즈 삽입술에 대한 수술 횟수를 게재하여 안전성과 전문성을 강조하고 있다.

광주 이연 안과 병원의 의료진을 그대로 유지한 채, 2013년 '보라 안과 병원'으로 새롭게 출발하였다. '보라'의 의미는 눈의 기능적인 '보다'에서 출발하여 선명하고 맑은 눈

> · 이연 안과 병원 네이밍 공모전 ·
> · 캠페인슬로건 : "이연 안과 병원에 새로운 이름을 지어 주세요."
> · 응모 기간 : 2012년 4월 16일~20일까지
> · 응모 방법 : 이연 안과 병원 홈페이지에서 다운받아 사용
> · 시상 내역 : 1등 (1명) 상금 100만원
> 　　　　　　 2등 (2명) 상금 50만원
> 　　　　　　 3등 (3명) 상금 30만원
>
> ㈜ http://blog.naver.com/PostView 참고로 수정 작성

으로 세상을 바라본다는 뜻이 포함되어 있다. 그 밖의 색상을 나타내는 '보라색'과도 이미지가 연상되어 병원의 고유색(corporate color)을 보라색으로 지정하여 이미지를 표현하고 있으며, 홍보활동에 활용하고 있다.

새로운 이미지에 알맞은 병원 명칭을 찾기 위해 2012년 네이밍 공모전(naming contest)을 실시하였다. 21세기 글로벌 안과전문병원으로의 도약을 위해 새로운 병원명을 2012년 4월 20일까지 공모하여 1등에서 3등까지 상금을 지급하였다.

· 공공이벤트 실시: 나눔 경영의 일환으로 의료혜택의 사각지대에 있는 사람들에게 의료봉사 활동을 실시하고 있다. 2002년 러시아 연해주 일대에서 고려인과 러시아인을 대상으로 안과 진료를 실시하였고, 2003년 중국 연변, 2004년 키르키즈스탄 아나니예보, 2005년 베트남 하노이에서 의료봉사를 실시하였다.

보라 안과 병원의 설립이념은 "실력 있는 병원, 친절한 병원, 즐거운 병원"이다. 확고한 전문성을 바탕으로 친절한 의료서비스를 제공하며, 직원이 행복해야 업무효율성도 높아지고 그 행복은 환자에게 다시 전해진다는 생각 아래, 직원과 환자 모두가 행복한 병원을 지향하고 있다.

또 다른 특징으로는 옥외광고를 적극적으로 실행하고 있다는 것을 들 수 있다. 버스 정류장 광고를 비롯해 대형 와이드칼라, 현수막, 각종 교통 광고 등 에어리어 마케팅(area

marketing)을 잘 운영하고 있다.

한편, 보라안과 병원은 2009년 제정한 "따뜻한 마음을 두 눈에 가득 담아 첫눈에 반할 수 있는 우리가 되어 봅시다"라는 슬로건을 토대로 「이연안과 병원 MOT 매뉴얼」을 개발하였다. 고객만족을 위한 효과적인 마케팅 방법의 하나로 널리 알려진 「MOT(Moments of Truth) 마케팅기법」은 스칸디나비아 항공사에서 처음 도입하여 성공을 거두었다.

MOT 마케팅의 주요 내용은 직원들이 고객을 만나는 15초가 진실(상대방의 진정성)을 결정하는 가장 중요한 순간으로 판단하여, 고객만족에 최선을 다할 것을 종사자에게 요구한다. 즉 15초는 매우 짧은 순간이지만 고객을 평생 고객으로 잡느냐 또는 불만족을 주어 다른 경쟁사에 빼앗기느냐를 결정하는 중요한 순간이 된다고 생각하고 있다.

보라안과 병원의 MOT 매뉴얼은 총 4개의 Part로 구성되어 있다. Part 1은 '원무과'에 적용되는 매뉴얼로 내원한 고객에 있어 원무과는 병원의 첫인상임을 고려해 고객을 친절히 맞이하고 따뜻하게 응대하며 헤어지기까지의 전반적인 응대방법을 상황별로 담아내고 있다.

Part 2는 '간호과' 매뉴얼로 외래와 수술, 병동 매뉴얼로 구성되어 보다 세분화 되어 있다. 환자와 직접 대면하여 접촉하게 되는 간호과의 특성상 '외래' 항목에서는 전문적인 의료지식과 함께 내미는 손길 하나에서부터 환자 입장에서 모든 것을 배려하도록 사례별로 규정하고 있다. '수술실' 항목에서는 수술을 기다리는 환자의 두려운 마음을 이해할 것과 따뜻한 눈빛과 손길, 신속하고 정확한 업무처리 요령 등에 관해 제시하고 있다. 마지막 영역으로 '병동'부분에서는 따뜻한 미소와 말투, 눈빛에 사랑과 배려를 담아 병동 환자들을 보살필 수 있는 내용 등이 구성되어 있다.

Part 3은 '검사실'부분으로 환자에 대한 검사 전후의 자세한 행동 지침과 편안한 검사 진행, 따뜻한 미소와 눈빛으로 고객을 맞고 검사를 진행할 수 있는 요령 등이 제시되고 있다.

마지막으로 Part 4는 '라식센터'매뉴얼로 기분 좋은 미소와 환자의 마음을 여는 상담 스킬을 비롯해 수술환자에 대한 따뜻한 배려, 지속적인 관심과 관리 방법으로 구성되고 있다.

이처럼 보라안과 병원에서는 내원환자들에게 표준화된 방법에 의해 구성 모두가 동일한 서비스를 제공할 수 있도록 고객에 관한 다양한 응대 요령과 스킬 등을 MOT 매뉴얼을 통해 제시하고 있다.

고운 세상 피부과 의원 (http://www.beautyforever.co.kr/)

먼저 홈페이지에 접속하면 '고운 세상'을 CM Song 으로 제작하여 상쾌한 음성과 사운드가 들리도록 구성한 것이 특징이다. 다양한 연령대의 여성뿐만 아니라, 젊은 층의 남성도 목표소비자로 삼아 다양한 의료 서비스를 제공하고 있다. '남자 피부의 모든 것'이라는 항목을 홈페이지에 별도로 구성하여 10~20대의 남성 고객에게 정보를 제공한다.

전국 14개 가맹 의원들로 네트워크를 구성하여 운영되며 중국 상하이에도 '루이니 미용병원'으로 진출하였다. 고객만족과 관리에 노력을 기울이는 고운 세상 피부과의 슬로건은 "beauty forever"로 홈페이지의 도메인과 통일시켜 인지율을 높이고 있다.

미르치과 네트워크 (http://www.mirnetwork.com/)

국내 대표 치과 네트워크인 미르치과 네트워크는 가족처럼 스스럼없이 다가올 수 있는 치과병원의 문화를 선도하고 후배 양성 및 치의학 관련 의료인들을 위한 지도와 교육을 지원하고 있으며, 지역민들에게 봉사하는 교육문화센터를 운영하고 있다. 전국 네트워크를 통해 임상정보, 경영 노하우를 공유하여 의료 및 지역사회 발전에 기여하는 것을 목표로 하고 있다.

그림 1-4_
목포 미르치과 병원 – 어린이 치과 견학

'미르(MIR)'는 승천하는 용을 의미하는 순수 우리말로, 유능한 의료진과 쾌적한 시설, 감동의 서비스로 세계로 발전하는 치과가 되고자 하는 미르치과병원의 강한 의지가 담긴 네이밍이다. 미르치과는 특화된 첨단 멸균 감염방지 시스템을 통해 환자의 입안에 들어가는 모든 의료기구 및 장비를 철저히 멸균해 관리하고 있다. 또한 '어린이 치과견학'을 실시하

여 어린이들이 좋아하는 재미있는 연극을 통해 올바른 양치법을 교육하고, 다양한 형태의 이벤트를 통해 치과에 대한 공포감을 덜어주기 위해 노력하고 있다.

티엘 성형외과 (http://www.tlps.co.kr/)

+ 그림 1-5_
티엘 성형외과
홈페이지

가장 큰 특징은 티엘 성형외과에서 성형수술을 받은 여성을 이미지 모델로 채택하여 증언식 소구를 시도했다는 점이다. 모델 정이수는 케이블 TV의 인기 프로그램 '화성인 바이러스'에 출현하여 성형수술을 통하여 아름다워졌다는 본인의 고백을 통해 화제를 모은 바 있다. 해당 병원의 홈페이지를 비중 있게 차지하며 실제 수술 사례자로 등장하여 당신도 아름다워질 수 있다는 강력한 메시지를 전달하고 있다. 또 '비포(Before) & 애프터(After)'를 통하여 수술 전과 수술 후의 자신의 모습을 여러 장면의 사진과 함께 보여줌으로써 메시지의 소구력을 향상시키고 있다.

홈페이지 구성상의 특징으로는 항목을 클릭하여 정보를 검색하는 일반적인 방법을 채택하지 않고 이용하기 용이하도록 상하방향에 의한 슬라이딩 검색이 가능하도록 하고 있다. "왜 티엘 인가?"라는 강력한 헤드라인과 함께 전문성과 안정성, 그리고 고객만족을 지향하는 본 병원의 경영이념을 소개하고 있다.

특히 티엘의 전문 진료과목으로 내세우고 있는 것은 안면 윤곽 성형 클리닉으로, 이에 대한 자신감이 홈페이지 여러 곳에 등장하고 있다. 슬로건은 "얼굴뼈 전문 티엘 성형외과에서, 안면 윤곽 고민 이제 끝낼 때"이다.

삼성 의료원 (http://www.smc.or.kr/)

삼성의료원은 삼성그룹의 공익사업 일환으로 설립되었으며 1994년 삼성 서울 병원의 개원과 함께 시작되었다. 설립 목표는 "진정한 환자 중심 병원"이라는 슬로건에 잘 나타나 있다. 홈페이지는 다른 병원과는 달리 이미지 중심의 기업광고와 같이, 여백의 미를 충분히 살리고 절제된 카피로 구성된 것이 특징이다.

'최선의 진료로 국민에 봉사, 첨단의학연구로 의학발전에 기여, 우수 의료 인력의 양성으로 국민보건 향상에 기여'를 설립 이념으로, 진료 예약제, 보호자 없는 병원, 촌지 없는 병원 등 철저한 환자 중심의 의료서비스를 구현하고자 하였다. 또 통원수술(Day Surgery), 처방전산화시스템(OCS), 의학영상저장전송시스템(PACS) 등 첨단 의료기술을 국내에서 처음으로 도입하였다. 1994년에는 30년 전통의 강북 삼성병원(前 고려병원)과 삼성 창원병원(前 마산 고려병원)이 삼성의료원에 합류하였으며, 1995년에는 삼성의료원과 함께 건립을 준비해 온 삼성 생명과학연구소를 삼성서울병원 별관동에 개소하였다.

삼성의료원은 공익사업과 메세나를 위해 설립된 병원답게 사회에 공헌하는 다양한 공공이벤트와 행사를 꾸준히 개최하고 있다.

서울 아산 병원 (http://medical.amc.seoul.kr/)

아산복지재단은 '우리 사회의 불우한 이웃을 돕는다'는 창업자의 뜻에 따라 현대의학의 혜택을 받을 수 없는 소외계층을 지원하기 위해 1989년 서울 아산 병원을 개원하였다. 산하 7개 병원의 모 병원으로서 「환자 중심 병원」을 지향하며 21세기 초일류 병원을 구현하기 위해 의료 선진화에 노력하고 있다.

사회 공헌활동과 메세나의 일환으로 개원 이후, 총 110억 원을 들여 15만 명에 달하는 환자를 무상으로 치료해 오고 있다. 이러한 실천 의지는 '이웃과 함께 하는 병원', '나눔과 배려', '최고 의료 수준 유지' 등의 경영 이념에 잘 나타나 있다.

또한 글로벌을 지향하는 병원답게 홈페이지에는 영어뿐만 아니라 일본어, 중국어, 러시아어로 검색할 수 있도록 되어 있다. 고객서비스 항목의 칭찬 코너에서는 '친절함과 성의

있는 태도가 돋보인 직원을 칭찬해 주세요.'라는 문구와 함께 고객들의 다양하고도 솔직한 글들이 올라와 있어 서비스 개선에 한 몫을 하고 있다.

그러나 홈페이지의 구성이 복잡한 느낌을 주며 차별화되지 못한 레이아웃 등 이미지 중심의 여백의 미를 살리는 구성 방식에 대한 연구가 아쉽다.

드림성모 안과 (http://www.hellolasik.com/)

드림성모 안과는 2000년 개원하여 세계화, 전문화된 시력교정 전문병원을 지향하고 있다. 더불어 고객만족을 추구하기 위하여 다양한 노력을 기울이고 있으며, 다양화된 서비스 프로세스와 시스템, 프로그램으로 다른 곳과의 차별화를 시도하고 있다.

홈페이지의 구성을 보면, 이러한 특징이 잘 나타나 있는데 체험 후기나 소감 등이 잘 갖추어져 있다. 무엇보다 수술체험기가 다양한 것이 눈에 띤다. 보통은 환자나 그 가족 등이 비슷한 내용의 글을 올리는 것에 반하여 연예인, 외국인, 의료인, 직원 등 다양한 인적구성에 따른 분야별 수술체험기가 짜임새 있게 등재되어 신뢰감을 형성하고 있다.

또한 「드림의 차별화 100」이라는 차별적인 의료서비스 내용을 구체적으로 소개하여 고객만족을 추구하는 해당병원의 노력과 자세를 고객들에게 어필하고 있다. 이 가운데 가장 핵심적인 내용을 소개하면 다음과 같다.

¤ 드림의 이념과 비전

· 드림의 비전

'고객에게 가장 사랑 받는 세계 초인류 100년 병원' 가장 신뢰받는 병원, 가장 사랑 받는 병원이 되기 위해서 가장 깊이 연구하고, 가장 먼저 도전합니다.

· 드림의 철학

'고객의 이익이 모든 것을 우선하며, 인간중심이 드림의 주춧돌이 된다.' 인본주의 철학을 바탕으로 의술을 실천하고 고객의 권리를 존중해 고객만족을 실천합니다.

· 드림의 리더십

Customer insight가 기업가치의 핵심요소라는 인식을 확고하게 가지고 있으며, 이러한 노력들이 임직원의 의식 속에 자리 잡아 회사의 일상 문화로 정착되고 있습니다.

원칙과 도덕을 바탕으로 한 분 한 분에게 관심과 배려를 드리기 위해 고객중심경영 Infra 확충에도 심혈을 기울이고 있습니다. 항상 고객 여러분을 중심에 두고, 여러분의 만족과 성공을 위해 늘 '아름다운 동행'이 되겠습니다.

· 행복드림

치료공간을 넘어 고객의 힘들고 불편함을 어루만져 행복을 드리는 병원으로 만들어 가고 있습니다.

· 희망드림

1%의 부작용이 누군가에게는 100%가 될 수도 있기에 드림은 1%의 부작용도 예방하기 위해서 아낌없는 투자를 합니다.

· 나누어드림

이웃과 더불어 생각하고 나눔의 정신을 실천합니다. 고객들이 보내주신 사랑을 작지만 더 많은 이웃들과 함께 나누고자 노력합니다.

· Joy 문화

단순한 직원이 아닌 소중한 내부 고객이라고 생각합니다.

기쁘고 즐겁게 일할 수 있는 '드림'만의 문화를 만들어 고객에게 진심어린 정성을 다할 수 있도록 노력합니다.

¤ 드림의 고객가치 창조

· 가치창조

이미 경험된 best는 더 이상 BEST가 아닙니다. '드림'에는 오직 창조적인 better만이 있습니다. 디테일한 작은 부분까지 가치를 제공하기 위해 노력합니다.

· 고객중심

고객의 편리함과 편안함이 드림의 입장보다 우선합니다.

· 가족 같은 마음으로

'내 눈이라면 이 조건에서 난 어떤 수술을 선택할까?'를 늘 생각하는 의사. 수술을 집도하고 진료함에 있어 의료진과 의료진의 가족과 고객의 기준은 같습니다.

· 담당 주치의 책임 진료

수술 전 진료상담과 수술 그리고 수술 후 정기검진을 포함한 내 눈을 가장 잘 아는 1명의 담당 주치의가 평생 관리 서비스를 제공 하고 있습니다.

· 체계적 상담 시스템

매뉴얼화된 상담 자료를 이용하여 모든 고객에게 동일한 수술 관련 정보를 제공합니다.

· 수술 회복 전용 공간

수술 후 편안한 휴식을 위해 수술 환자 전용공간에서 고객이 원하는 다양한 음악과 함께 충분한 휴식을 취하고 귀가 하실 수 있습니다.

· 편안한 수술을 위한 모든 노력

수술을 보다 편안하게 받을 수 있도록 마음을 진정시키는 음악과 함께 간호사가 직접 손을 잡아주는 등 긴장을 완화할 수 있는 모든 노력을 아끼지 않고 있습니다. 또한 수술을 지켜보는 보호자에게도 진행과정을 쉽고 자세하게 설명 드려 안심할 수 있도록 도와드립니다.

가톨릭의대 성빈센트 병원 (http://www.cmcvincent.or.kr/)

「믿음과 사랑을 주는 병원」이라는 이념으로 설립된 수원 가톨릭의대 성빈센트 병원은 새로운 슬로건으로 "사랑으로 하나 되는 세계 속의 성 빈센트"를 제정하였다. 1967년에 개원하여, 지역의 거점 병원으로서의 역할을 성실히 수행하며 오늘에 이르고 있다. 또한 3대가 함께 치료를 받은 전통 있는 병원이라는 이미지는 해당 병원의 이미지 포지셔닝에 많은 도움을 주고 있다.

홈페이지에는 병원장 소개 메뉴에 병원의 특성상, 수녀님이 병원장으로 등장하여 믿음과 사랑이라는 원훈에 대한 설득력과 신뢰감을 조성하고 있다.

 그림 1-6_
수원 가톨릭의대
성빈센트 병원 홈페이지
- 원장 - 인사말

㈜ http://www.cmcvincent.or.kr/hospitalinfo/honor

한편 성빈센트 병원의 흉부외과 의사는 10여 년 전 아내를 폐암으로 잃고, 그 때의 경험을 바탕으로 환자와 그 가족에 대한 관심과 배려의 정신을 갖게 되었는데 '따뜻한 의사'를 주제로 한 이러한 내용을 스토리텔링으로 구성하여 병원을 소개하는데 활용하였다.

인다라 한의원 (http://www.indara.or.kr/)

인다라 한의원은 인(仁)의 철학과 전통한의학을 바탕으로 자연친화적으로 몸과 마음을 치료하는데 노력하고 있으며 이를 위해 강남점, 대구점, 광주점, 부산점을 비롯한 전국 네트워크를 구성하고 있다.

"철학이 담긴 의술을 펼치는 전통한방의 심신 치료", "신의, 행복, 희망의 인술을 펼치는 인다라 한의원"이념에서는 다소 추상적인 느낌이 전달되지만 "눈이 피로하면 온몸이 피로하다"는 차별화되고 세분화된 진료 분야를 설정하여 고객에게 설득력 있게 다가가고 있다. 이처럼 인다라 한의원만의 차별화된 슬로건의 표현은 여러 광고를 통해 제시되면서 목표고객의 관심을 끌고 있다. 또한 전통적이고 동양의 분위기를 느낄 수 있도록 구성된 홈페이지는 다른 곳과의 이미지 차별화에 성공하여 주목률을 높이고 있다.

눈 만성피로증후군 전문인 인다라 한의원은 시장세분화의 좋은 사례로 주목받고 있다. 한의원 중에는 여성, 어린이 전문 한의원을 비롯하여 비염, 척추·허리, 모발 등을 전문으로 하는 곳이 시장세분화의 주류를 띠고 있지만, 눈은 만성피로의 원인이면서 현대인에게 자주 나타나는 주요 질병으로 새롭게 시장세분화의 분야로 등장하고 있다. 이처럼 새로운 한방의료 시장의 하나로 눈과 만성피로의 전문성을 추구하는 인다라 한의원의 세분화 접근 방법은 보다 효과적인 선택으로 평가될 수 있다.

일상에서 치열한 경쟁을 하고 있는 현대인들은 생활 속에서의 긴장과 스트레스로 늘 피로를 느낀다. 눈 피로는 만성피로증후군의 대표적인 신호로, 특히 업무로 인해 컴퓨터 모니터를 하루 종일 지켜봐야 하는 사무직 종사자와 스마트폰에 빠진 청소년들의 경우에는 대부분 눈의 피로가 심각한 수준이다. 눈은 인체에서 피로를 가장 빨리 느끼는 기관이다. 눈의 피로감은 곧 신체의 피로가 누적됐음을 경고하는 신호이다. 눈의 피로를 방치하면 기억력과 집중력이 떨어지고 두통, 관절통, 근육통, 가벼운 발열에서부터 복통과 알레르기 증상 등에 이르기까지 다른 질환으로 발전할 가능성이 있다.

발머스 한의원 (http://www.balmers.co.kr/)

발머스 한의원은 「탈모만을 연구하는 발머스(Balmer's)」, 「탈모하면 발머스 한의원」이라는 슬로건처럼 탈모만을 전문으로 치료하는 한의원으로 잘 알려져 있다. 2007년 수원점, 논현점을 시작으로 2012년 광주점 개원에 이르기까지 18개의 전국적인 네트워크를 구축하였다. 탈모의 주된 원인이 체열조절 이상에 있다는 것을 발견하여 자체 개발한 고유의 진단 기준인 BAS(Balmer's Alopecia Scale) 등의 과학적인 치료법과 한방생약 발모제를 개발하여 탈

모치료와 한방치료 효과의 향상을 위해 노력하
고 있다.

발머스 한의원이 소구하는 "탈모치료의 골든
타임은 언제인가?"라는 질문형 헤드라인의 접근
방법은 소비자들로 하여금 강력한 인상을 심어
주고 있다. 질문형 카피 형식이 주는 강력한 인
상뿐만 아니라 적절한 탈모 치료를 위해 시기가

✛ 그림 1-7_
발머스 한의원
- 버스광고

중요하다는 인식을 함께 연계하여 뛰어난 설득력과 호소력을 보여 주고 있다.

드라마 '골든타임'의 인기로 인해 의료계, 더욱이 탈모 치료에 있어서 골든타임(시기)의 중요
성은 이후에도 많은 화제가 되고 있다. 이 드라마는 종합병원의 외과를 배경으로 펼쳐지는
일들을 그린 의학 드라마로 2012년 여름 MBC를 통해 인기리에 방영되었다. 드라마에서 다뤄
진 응급 외상환자의 골든타임은 환자의 피해를 최소화하고 생존율을 높일 수 있는 최적의
시간을 말한다. 일반적으로 중증외상 환자는 1시간, 뇌졸중 환자는 3시간으로 알려져 있다.

탈모치료에도 골든타임이 있는데 탈모를 멈추고 모발이 빨리 회복될 수 있는 최적의 시
간을 의미한다. 탈모치료에 있어 골든타임이 중요한 이유는 탈모를 조기에 치료하면 적은
노력으로도 빠른 시간 내에 회복이 가능하기 때문이다. 또한 탈모치료의 골든타임은 계절
적 시기, 두피와 모발의 상태, 탈모를 인지하는 시기로 나누어 규정할 수 있다.

탈모 치료에 있어서 시기의 중요성을 설득한 발머스 한의원의 후속 광고 콘셉트도 매우
시선을 자극한다. "탈모가 유전이라면 왜! 쌍둥이 중에 한명만 탈모가 될까요?"이것 또한
강렬한 인상을 주는 질문형 헤드라인의 접근 방법을 취하고 있다. 이것은 서브 헤드라인,
"스트레스로 인한 두피열이 탈모의 후천적 요인이기 때문입니다."와 연계시켜 탈모는 유전
적, 선천적인 원인보다는 후천적 스트레스의 환경 요인에 의해 발생하며 전문적인 치료를
통해 치유, 개선될 수 있음을 설득하고 있다.

불모지나 다름없던 한방탈모 치료분야를 새롭게 개척했다고 평가받는 발머스 한의원
은 학술위원회를 통해 끊임없이 탈모에 대해 연구하고 있다. 또한 혁신적 탈모이론에 관한
각종 건강강좌·세미나를 개최하여 홍보활동을 강화하고 있다.

2012년 10월 열린 강좌는 발머스 학술위원회의 5년간 연구 성과를 집대성하여 발간한 학
술서 '혁신적 탈모이론 열성탈모'를 바탕으로 구성, 진행되었다. 유료강좌임에도 탈모로

고민하고 있는 많은 사람이 참여하여 발머스의 새로운 탈모이론(열성탈모)과 탈모치료 사례를 수강하였다. 아직도 탈모 한의원에 대해 잘 모르고 신뢰하지 않는 사람들에 대해 발머스 한의원은 앞으로도 건강강좌와 학술세미나를 통해 한방탈모치료의 강점을 계속 알릴 예정이다.

일맥 한의원 (http://www.ilmaek.com/)

일맥 한의원은 2003년 서울 압구정에 첫 터전을 마련한 후, 전국 27개의 광역 네트워크를 구축한 규모 있는 한의원으로 성장하였다. 10여 년 동안 다이어트 한 길만을 걸어오고 있으며, 현재 중국 최대의 여성전문 병원인 중국 마려여성 병원과 제휴하여 여성 질환에 대한 심층적인 학술연구와 교류를 진행하고 있다.

"한 그루의 아름다운 나무는 건강한 뿌리를 가지고 있고, 그 가운데에는 한 줄기 一脈이 있다."와 같이 일맥 한의원이 지향하는 병원 이념은 네이밍과 연계되어 잘 표현되고 있다.

일맥 한의원은 슬로건인 "Only Diet, Ilmaek"에서 알 수 있듯이 비만치료와 다이어트를 전문으로 하는 네트워크 한의원이다. "왜 일맥 한의원인가?"라는 헤드라인과 같이 이를 전문으로 하는 치료기관에서 올바른 관리의 중요성을 역설하고 있다.

현대사회의 생활 특성 상, 비만 인구는 꾸준히 증가하고 이를 위한 다양한 다이어트 제품과 관리 센터가 급속히 증가하고 있지만, 전문 지식이 있는 의료 전문가에 의해 비만에서 비롯된 각 개인의 병리와 병태를 제대로 관리 받는 것이 무엇보다 중요하다.

더욱이 한방다이어트 한약처방은 굶거나 단식을 하지 않고 식욕을 조절하며 체지방을 연소시켜 분해해주기 때문에 부작용을 줄일 수 있고, 각 개인의 체질별 특성에 맞는 개별 처방을 통해 보다 효과적인 접근을 하고 있다.

한편 영리기업에 못지않게 일맥 한의원은 마케팅활동에도 적극적이다. 먼저 다양한 형태의 프로모션을 활발히 전개하고 있다. "놓칠 수 없는 매력 다이어트 가격 꽉~잡았다", "썸머 패키지 이벤트 1년에 단 한번 할인혜택과 이벤트를 동시에"등과 같이 가격 할인을 앞세운 판촉이벤트를 실시하고 있다. 그 밖의 고객과의 소통과 친밀감을 유지하기 위한 체험이벤트로서 소속 네트워크 한의원이 위치하는 지역을 거점으로 하여 「일맥 워킹 클럽 주말 걷기 대회」를 개최하고 있는데, 건강과 자연친화적인 일맥 한의원의 이미지를 부각시킬 수 있는 역할을 수행한다.

또한 독자적으로 개발한 서비스 프로세스는 고객만족을 추구하는 일맥 한의원의 차별성을 잘 나타내고 있다.

첫째, 고객만족을 위한 사내 교육제도이다. 「일맥네트워크 고객감동 직원교육」은 27개 전 지점의 신입직원들을 대상으로 실시하고 있으며, 진료 프로그램에 대한 전반적인 내용을 이해할 수 있는 체계적인 교육을 통해 네트워크 병원간의 서비스 표준화를 실현하고 있다.

또한 「직원 고객만족(CS) 교육」과 상담실장을 대상으로 실시하는 「Leadership Training」과 「일맥네트워크 원장단 정기회의」 등의 지속적인 교육과 평가를 통해서 직원들의 서비스 마인드 향상과 고객중심의 서비스를 구현하여 수준 높은 의료서비스 향상을 위해 노력하고 있다.

둘째, 「고객감동 해피 서비스」는 다음과 같이 구분되어 실시된다.

(1) 밝은 인사 캠페인

고객과의 대화를 주고받을 때는 눈높이를 맞춘 후 상대방을 주시하며, 전화 응대 시에도 언제나 "정성을 다하겠습니다. 일맥 한의원 ○○○입니다."라는 통일된 응대멘트를 사용한다. 또한 치료가 끝난 고객은 반드시 배웅하며 인사를 건넨다.

(2) 고객들과의 일맥 정모 제도

「"우리 만나요~, 일맥정모 프로젝트"」라는 슬로건을 내세우며 고객과의 소통과 교류를 강화하기 위한 오프라인 모임을 지원한다. 평소 다이어트 때문에 받는 스트레스를 해소하고 같은 공감대를 가지고 있는 일맥 가족들 간에 즐거운 시간을 가질 수 있는 일맥 정모 제도에 신청하는 방법은 두 가지가 있다. 먼저 홈페이지의 "[정모신청], 우리만나요~"를 통해 글을 올려 신청하는 방법과 지점에서 "정모신청서"를 작성하여 신청하는 방법이 있다.

홈페이지 "우리만나요"의 공지사항에 글을 올려 신청자가 대략적인 날짜와 장소를 정하면 의견 조율을 통해 구체적인 참가일정을 안내한다. 이 과정들에 있어서의 핵심은 온라인상의 단순한 교류보다는 오프라인 모임의 참여를 통해 고객에게 즐거움과 재미를 제공함과 동시에 적극적인 참여 후기를 유도하여 홍보효과의 극대화를 기대하고자 함에 있다.

(3) 우수고객 선정 제도

매월 홈페이지에 열심히 글을 올리는 참가자 중 15명을 우수고객으로 선정하는 제도를 실시하고 있다.

이 제도는 우수고객들을 비롯해 다른 회원들 간의 친목도모와 정보공유, 그리고 자기관리를 위해 만든 것으로 선정된 우수고객에게는 각 지점 한의원에서 특별한 혜택과 프리미엄을 제공한다.

(4) 다이어트 일기장 주치의 제도

하루하루 주어진 일기장 양식에 맞춰 일기를 쓰면 가까운 위치의 지점에서 식습관이나 운동습관 등을 조절해주고, 여러 조언도 제공한다.

이것은 병원에 내원하지 않는 기간에도 고객에게 꾸준하고 지속적인 관리를 제공하기 위해 실시하는 것으로, 일기장을 매일 빠짐없이 쓰면 「참! 잘 했어요」에 선정되어 그에 맞는 혜택을 받을 수 있다.

참여방법은 자유게시판에 있는 '일맥 채팅룸(Chatting Room) 수다방' 코너를 통해 참여할 수 있으며, 처음 일기를 작성하는 고객이나, 일기를 좀 더 잘 쓰려고 하는 고객들에게 좋은 귀감이 될 수 있는 고객을 매월 한 명씩 '이 달의 일기왕'으로 선발하여 특전을 제공하고 있다. 일기장에는 자신의 식단을 꼼꼼하게 체크하며 오늘의 잘한 점 잘못한 점에 대해 구체적인 기술을 하게 된다.

앞으로도 일맥 한의원은 고객들의 다이어트 일기를 통한 건강한 생활 습관의 변화를 위해 노력할 계획이다.

소리청 한의원 (http://www.soricheong.net/)

소리청 한의원은 이명, 어지럼증, 난청 등을 전문으로 치료하고 있다. 이것은 "소리청이 여러분의 귀와 머리를 맑게 지켜드리겠습니다.", "이명, 어지럼증, 돌발성 난청 전문 한의원"이라는 슬로건을 통하여 함축적으로 잘 나타내 주고 있다.

난청 전문 한의원이 되기 위해 관련 노하우와 차별화된 치료 방법을 축적해오다 2004년

'소리청 한의원 네트워크 추진위'를 구성하여 활동에 들어간 후, 현재 13개의 협력 병원이 참여하여 지속적인 발전을 거듭해오고 있다.

마케팅이나 시각적인 관점에서 특별한 차이점을 발견할 수는 없지만 심벌마크의 착상이 주의를 끈다. 귀와 관련된 치료를 전문으로 하는 이미지를 표현하기 위해 달팽이를 형상화하여 디자인된 심벌마크는 시각적인 효과가 기대된다.

최근 이명, 귀울림 환자가 급속히 증가하면서 치료방법을 두고 선택에 고민이 많아지고 있다. 이명이란 외부로부터 청각적 자극이 없는데도 불구하고 불쾌한 소리가 들리는 증상을 말한다. 소리와 관련된 질환이기 때문에 주로 청각기관에서 원인을 추정하여 이비인후과를 떠올린다.

일상생활에서 평소보다 잡소리가 들리는 횟수가 많아지고 집중력을 감소시킬 정도라면 몸의 적신호이므로 치료가 요구된다. 이명은 정신적 스트레스와 불안, 환경요인 등과 같은 복합적인 요소가 원인이 되어 발생하는 것으로, 이를 전신 질환적 관점으로 치료하는 한의학에 대한 선호도가 높아지고 있다.

소리청 한의원은 이명 치료에 있어 양방, 한방 각각의 치료메커니즘과 장점을 살려 치료에 임한다. 혈액순환을 촉진시켜 청각세포의 재생을 활성화하고 불안증이나 수면장애로 인한 이명의 악화를 방지하기 위한 서양의학과 전신질환적인 관점에서 오장육부의 기능을 회복시켜 머리와 귀의 열을 자연스럽게 내리는 한의학의 장점을 접목시켜 독자적인 치료방법을 개발하였다.

특히 한의학은 개인의 체질적 특성에 맞는 치료가 가능하고 신체전반의 건강상태와 면역기능을 강화해 재발률이 낮은 것이 장점이며, 침과 함께 병행되면 치료효과를 배가시킨다.

스트레스에 추위가 더해지면서 귀울림이나 이명 발생비율을 더 높인다. 11월에는 유독 스트레스를 받는 일이 많아진다. 직장인의 경우는 연말을 앞두고 각종 업무량이 급증하면서 육체적, 정신적인 피로가 극에 달하고 계속되는 야근으로 인한 수면부족과 연말 술자리는 면역력을 감소시키기 쉽다. 또 대학수학능력시험 수험생과 낙마한 취업준비생도 스트레스를 많이 받는 시기이다.

귀 질환은 스트레스와 깊은 관련이 있다. 젊은 층에서의 스마트폰, PC 등의 오랜 사용이 근골격계 및 신경계의 긴장과 스트레스를 유도하여 돌발성난청과 이명이 발생할 수 있다. 직업군으로 보면 정신적 스트레스를 많이 받는 젊은 직장인들과 평소 스마트폰을 자주 사용하는 학생층이 가장 많다.

스트레스에 의한 이명의 발생비율이 높은 시기와 연령대, 직업군 등을 광고 전략에 활용하여 효율성을 향상시킬 수 있다. 특정 시기와 무관한 질병은 메시지 노출을 분산하여 집행하는 것이 보통이지만, 이명과 귀울림은 주로 11월에 많이 발생하므로 이 시기에 광고 예산을 집중시켜 효과를 극대화할 수 있다. 또한 목표 고객에 있어서는 스트레스와 근무환경으로 인해 이명의 발생비율이 높은 직장인, 수험생 등을 대상으로 하여 설득하기 쉬운 광고카피와 표현방법을 찾고 이들이 쉽게 접촉할 수 있는 매체를 선정함으로서 소구력을 강화할 수 있다.

튼튼 병원 (http://www.tntnhospital.co.kr/)

튼튼 병원은 2008년 경기도 안산 개원을 시작으로 서울, 경기를 넘어선 전국 네트워크 병원으로 성장하여 은평, 구로, 안산, 제주, 대구, 광주 등의 9개 지역에 거점을 둔 척추관절 전문 의료기관이다. "척추관절 첨단병원, 국내 최고의 척추관절 첨단치료"의 슬로건과 같이 연 1만 건 이상의 수술, 비수술 척추관절 치료 경험을 축적한 국제척추수술교육 지정병원이기도 하다.

지난해부터 3차례에 걸쳐 베트남 의료진과 인도네시아 의료진 등 해외 의료진에게 첨단 척추 및 관절 수술 기법과 의료 장비 그리고 의료서비스를 둘러 볼 수 있는 기회를 제공하였다. 또 한국의 첨단 의료 기술과 수술기법을 전수하기 위해 해외 병원들의 견학 프로그램을 진행 중이다.

"대한민국 대표 척추관절 병원", "박지성도 선택한 튼튼 병원"이라는 슬로건에서도 잘 나타나고 있듯이 튼튼 병원은 척추 전문병원답게 스포츠스타를 활용한 다양한 마케팅활동을 진행하고 있다. 스포츠선수로 잘 알려진 축구선수 박지성을 비롯한 역도의 장미란 선수, 씨름선수 출신 대학교수인 이만기를 홍보대사와 이미지 모델로 선정하여 병원에 대한 인지도를 향상시키고 환자에게 친근감을 부여하고 있다.

특히 80년대 당시 씨름계를 평정했던 천하장사 이만기는 다부진 체구에서 뿜어져 나오는 강한 힘, 화려한 우승경력 등이 튼튼 병원의 이미지와 부합되어 모델로 선정되었다. 이처럼 튼튼 병원은 다양한 홍보영역에서 스타 마케팅을 활용한 홍보활동을 지속적으로 활발히 전개하고 있다.

스타마케팅의 일환으로 청담 튼튼 병원에서는 2013년 6월, 병원 홍보대사인 「박지성과 함께 하는 숏 골인, 튼튼 토크쇼」를 개최하였다.

평소 키 때문에 스트레스를 받는 성장기 아이들에게 박지성 선수가 직접 참여하여 격려와 용기를 북돋워 주기 위해 마련된 이벤트로 참여를 희망하는 응모자 중에서 추첨을 통해 선정된 아이들과 저소득 저신장 아이들 30명을 대상으로 진행되었다.

행사 프로그램을 통하여 축구 꿈나무들에게 희망의 메시지를 전달하고, 축구선수로 성장하는데 방해가 되는 잘못된 자세와 부상 방지법에 대해서도 소개하였다. 토크 쇼가 끝난 후에는 행사 참가자들과 포토타임, 사인회 등의 프로그램이 함께 진행되었다.

또한 본 병원은 다양한 스포츠이벤트 및 행사를 적극적으로 지원하고 있다. 이것도 척추관절 첨단병원이라는 이미지와 무관하지 않다.

구리 튼튼 병원은 2013년 3월 본원인 청담 튼튼 병원에서 강원랜드와의 협약식을 맺고 강원랜드 소속인 '하이원 스포츠단' 선수들에게 스포츠이벤트 후원의 관점에서 척추관절 건강 지킴이 역할을 하고 있다.

병원은 선수들의 건강 유지를 위해 전문적인 치료와 재활 등 각종 의료 서비스를 제공하고 하이원 스포츠단에서 진행하는 각종 행사에 다양한 방식으로 후원하는 등 앞으로도 적극적인 지원과 노력을 전개해 나갈 예정이다.

또 청담 튼튼 병원은 어린이 골프 전문레슨기관인 '키덜트 골프클럽'에 소속되어 있는 꿈나무 골퍼들을 지원하고 있다. 박세리, 최경주 등의 세계적인 선수들의 영향으로 골프가 점차 대중화되고 골퍼로서 꿈을 키워가고 있는 골프 키즈들이 많아지고 있는 상황에서 이들의 근본적인 관리와 부상을 방지하기 위한 체계적인 시스템을 구축하였다.

골프는 필연적으로 크고 작은 부상에 시달릴 수밖에 없다. 이 때문에 청담 튼튼 병원에서는 미래 골퍼들의 부상을 최소화하고 빠르게 회복시킬 수 있는 방법과 골퍼로서 성장하는데 방해가 되는 잘못된 자세 및 척추골반 교정을 시행하고 있다. 교육프로그램은 정기적으로 진행되고 있으며 향후 참여 현황에 따라 시간을 확대할 계획이다.

다양한 스포츠이벤트 외에도 할인 이벤트를 병행하여 이용기회를 확대하고 있다. 대구 튼튼 병원은 5월 가정의 달을 맞아 한 달 동안 65세 이상 어르신을 대상으로 하여 인공 관절수술(비 급여 항목)을 50% 할인된 가격으로 시술해주는 이벤트를 실시하였다. 이 행사는 부담스런 수술비로 치료시기를 놓쳐 버린 부모님에게 자녀들이 건강 효도 선물을 할 기회를 제공하기 위해 기획되었다.

이와 함께 고령화 사회에 따른 노년 건강에 대한 관심이 늘어나면서 인공 관절수술에 대한 안전성을 알리는 것도 중요한 개최 이유 중의 하나였다.

또한, 참신하고 독창적이며 친근한 병원 캐릭터를 발굴하기 위한 캐릭터 공모전을 2013년 5월 3일부터 6월 16일까지 개최하였다. 권위적이고 차가운 병원 이미지를 캐릭터를 통해 더욱 친근한 이미지로 고객들에게 다가갈 수 있도록 하기 위해 기획되었으며, 수상작은 향후 병원의 이미지 광고 및 홈페이지에 활용될 예정이다.

한편, 허리나 척추관절 질환은 일반적으로 날씨와 깊은 관련성이 있다. 장마철이나 비가 올 때마다 관절이 쑤시는 이유는 바로 관절 내 올라간 압력이 통증을 유발하기 때문에 기존 관절염이나 허리 질환을 겪고 있는 환자들은 평소보다 더 큰 통증에 시달리게 된다.

질환과 날씨와의 연관성은 마케팅과 광고 전략에 적절히 반영되어야 효과를 극대화할 수 있다. 먼저 척추질환의 주요 타깃인 노인층을 목표고객으로 하여 광고카피 등에서 표현 전략에 연계되어야 하며, 장마 시즌과 추운 겨울에 메시지의 노출을 집중시켜 매체전략을 효율적으로 진행하는 것이 바람직하다.

튼튼 병원은 척추관절 전문 병원의 이미지를 확산시키기 위해 노인을 대상으로 하는 무료 건강증진 강좌를 활발히 진행하고 있다. 2013년 동작구 노인복지관에서 '어르신들을 위한 관절 튼튼 운동 강좌'를 개최하였으며, 강남 노인종합복지관에서도 '건강프로그램 - 허리 튼튼 강좌'를 열었다.

지역 내의 노인복지관 회원들과 노인들을 대상으로 한 건강강좌에서는 근력이 떨어지고 뼈가 약해진 노인들의 건강증진을 위해 근력강화 운동법 등의 실전 운동 프로그램과 척추관절 질환 예방법, 치료법을 안내하는 순서로 진행되었다.

척추 전문병원으로서의 이미지를 확산시키기 위해 다양한 활동을 병행하고 있는 튼튼 병원에서는 주요고객인 노인연령층 외에도 다양한 대상층에게 지원활동을 전개하고 있다. 먼저 모델들의 허리건강 주치의로 나섰다. 한국모델협회와 척추관절 건강지원을 골자로 하는 업무협약을 체결하여 직업적 특성상 고질적인 척추 관절 질환에 시달리는 모델들에게 전문적인 치료와 재활 등 의료 지원 서비스를 제공하고 있다.

이 외에도 청담 튼튼 병원은 의사를 꿈꾸는 아이들을 위해 2013년 '1일 의사 체험 행사'를 개최하였다. 중학교 1학년과 3학년 학생 12명을 대상으로 실시된 이번 체험이벤트는 장래 의사가 꿈인 학생들에게 직무 체험의 하나로 의료 체험의 기회를 제공함으로써 미래 직업에 대한 꿈을 심어주고 올바른 직업관을 가질 수 있도록 도움을 주기 위해 계획되었다.

이 행사는 학생들이 직접 의료현장을 체험할 수 있는 다양한 프로그램과 함께 의사로서 갖춰야 할 윤리와 올바른 직업관에 대한 교육으로 진행되었다.

소람 한방병원 (http://www.soram.kr/)

병원에서 경쟁력과 차별성을 강조하기 위해 시장세분화의 이론을 잘 적용한 사례는 소람 한방병원에서 찾을 수 있다. 소람 한방병원은 한의학을 암 치료에 접목시킨 양·한방 통합 면역 암 치료 전문 한의원으로 이미지 포지셔닝을 시도하여 주목을 끌고 있다.

최근 암 면역요법은 암환자들과 암에 관심이 많은 일반인들 사이에서도 화제이다. 면역 세포들이 활성화되고 제 기능을 하도록 도와 인체의 자연치유력을 높이는 것이 면역요법의 핵심이며, 최근 암 극복을 위한 면역력의 우수성, 양·한방 통합진료에 대한 세계적인 관심이 증가하는 추세이다.

"암에 대처하는 면역관리를 아세요?", "긴장하라, 암! 소람 한방병원" 등과 같이 최근 중앙지(동아일보)에 게재된 신문광고를 통해서도 암 전문 치료병원을 알리려는 노력을 자주 발견할 수 있다. 이와 같이 다양한 매체를 통해 통일되고 일관성 있게 제안되는 메시지는 더욱 설득력이 강한 메시지로 고객에게 다가가고 있음을 알 수 있다.

암 치료만 20여 년을 해온 경험을 바탕으로 한의원과 소람 의원이 양·한방 협진병원, 소람 한방병원으로 2011년 3월, 강남구 삼성동에 새롭게 개원하여 운영을 시작하였다.

폐암, 유방암, 위암, 뇌종양, 간암, 대장암, 소아암 등의 말기 암과 4기 암으로 고통 받는 환자들을 위해 외래 시스템을 더욱 체계적이고 과학적으로 구축하였다. 또한 한의학의 통찰력과 과학화시킨 면역 암 치료를 통해 환자의 면역력을 강화시켜 암을 치료함과 동시에, 한방 면역요법과 질환에 수반되는 통증을 완화시키기 위한 통합 진료를 통해 환자만을 위한 맞춤 치료를 진행하고 있다.

더불어 삼성동 코엑스 인근에 위치한 입지조건의 이점을 충분히 살리고, 병원 인근 도심

공항터미널을 통해 지방 및 해외 환자들까지 치료할 수 있도록 진료실, 상담실, 치료실 등의 의료시설을 확장하였다.

의료서비스를 강화할 목적으로 '1대 1 면역 매니저 시스템'을 도입하고 환자 등록부터 수납까지 일원화한 IT 시스템과 휴먼웨어 시스템을 동시에 구축하였다. 1 : 1 면역 매니저 시스템을 통해 대표원장, 진료원장, 상담실장, 담당 간호실장과 간호사로 이루어진 전문 진료 팀이 환자의 체질과 질병(암), 특성에 따른 치료와 함께 정서적 지지를 포함, 긍정적 마인드를 갖도록 유도함으로서 원활하고 효과적인 치료가 가능하게 하고 있다.

소람 한방병원은 암 환자와 보호자들이 보다 편리하게 우수한 양방, 한방 의료서비스를 통합적으로 받을 수 있도록 국내 암 치료 기법의 새로운 장을 여는데 역량을 기울이고 있다.

암은 우리나라 사망 원인 1위를 차지하는 질환으로, 조기 진단과 치료기술 발전에도 불구하고 여전히 암 발병률은 해마다 증가하고 있으며 많은 사람들의 건강을 위협하고 있다. 이에 따라 최근에는 수술과 항암치료, 방사선치료뿐만 아니라 새로운 암 치료법에 대한 관심이 집중되고 있다. 그 가운데 가장 주목받는 것은 인체의 방어 시스템을 이용해 암세포를 제거하는 면역요법이다.

면역요법은 항암 약물치료나 방사선치료 때문에 발생할 수 있는 정상 조직 손상 등 부작용을 최소화하고 암세포를 선택적으로 죽이면서 정상 세포에는 되도록 손상을 주지 않는 표적 항암치료를 추구한다는 점에서 세계적으로 관심이 뜨거운 분야다. 이런 이유로 중국은 정책 속에 한방 암 치료가 활성화되어 있고, 일본의 암 전문병원인 가든 클리닉(Garden Clinic), 세계적 암 치료 전문병원인 미국의 MD 앤더슨(MD Anderson)병원과 메모리얼 슬론 케터링 암센터(Memorial Sloan-Kettering Cancer Center) 등에서도 면역치료를 근간으로 하는 동양의 전통의학과 기존 양방의 통합치료 필요성 및 가능성에 주목하고 있다.

㈜ 일본 가든 클리닉(Garden Clinic): 암, 난치성 질환의 환자를 치료를 위하여 서양의학, 체질개선, 면역활성화를 중심으로 동양의 전통의학과 면역활성의학, 예방의학 등의 통합, 협진에 의한 치료를 중시하고 있다. 본 병원의 설립이념 및 슬로건은 다음과 같다.

"눈에 보이는 치료, 만족하는 치료, 건강을 되찾는(치유되는) 치료"(설립이념)

"밝고 상냥하고 편안하고 친절한 병원, 당신은 결코 혼자가 아닙니다."(슬로건)

프리 허그 한의원 (https://www.freehugs.co.kr)

프리 허그(Free Hugs) 한의원은 1997년 아토피 난치병 연구를 위한 '열린의학회' 설립을 시작으로 서울 잠실 본원을 중심으로 수원, 대구, 대전, 인천, 광주 등 전국 8곳에 협력 네트워크를 구성하고 있다.

아토피 관련 학술서인 '아토피 혁명'을 발간하고, '프리허그 아토피학교'를 설립하여 열정적인 학술 활동과 아토피 진료봉사를 펼쳐나가며 사회적 책임을 다하는 병원의 이미지를 조성하는데 노력하고 있다.

이곳에서는 다양한 코스의 아토피원리, 치료, 관리를 위한 강좌가 상시적으로 열리고 있으며, 또 관공서 문화센터 등에도 출강하여 커뮤니티와의 소통의 장이 되고 있다. 강좌와 질의응답이 한의사 주도하에 소그룹으로 진행되며 기존의 아토피 강좌와 달리, 참여하고 경험을 공유하는 프로그램을 구성하여 아토피로 고통 받는 환자와 가족이 서로 소통하고 공감할 수 있는 좋은 기회가 되고 있다.

프리 허그(Free Hugs) 한의원은 병원 명칭부터 독특하다. 보통 한의원의 명칭은 한자로 되어있거나 최근에는 이미지의 변화를 위해 순수 한글로 구성된 병원 명칭을 사용하는 곳도 늘고 있는 추세이다. 그러나 영어로 만들어진 한의원의 명칭은 쉽게 찾아 볼 수 없다.

"Only 아토피 혁명"이라는 슬로건 역시 프리 허그 한의원이 지향하는 아토피의 전문성이 잘 반영되어 고객의 공감을 유도하기에 충분하다. 또한 헤드라인을 중심으로 한의원의 마케팅전략을 살펴보면 몇 가지 눈에 띄는 사례를 발견할 수 있다. 카피에서 구체적인 숫자를 제시하면 성공한다는 말이 있듯이, 과민성대장증후군에 사용되는 중외제약의 '듀스파타린'은 "일주일에 3번, 하루 세알씩"이라는 헤드라인을 통하여 구체적인 숫자를 밝히고 신뢰감을 얻는데 성공한 바 있다. 광고의 성공법칙 중의 하나는 메시지를 통해 숫자를 명확히 제시하는 것인데, 프리 허그 한의원의 경우에도 "아토피, 7일간 집중치료", "7일만 치료에 집중 하십시오"라는 이성적 소구 카피는 7일이라는 기간을 명시함으로서 광고를 접하는 소비자로 하여금 신뢰감을 주고 주목률을 높이고 있다.

흔히 아토피는 난치병이어서 오랜 기간 치료와 관리에 매달려야 한다고 알려져 있으며, 특히 난치성 아토피는 입원하여 생활습관과 약 복용을 철저하게 관리 받는다면 치료효과가 크지만, 현실적으로 바쁜 성인이나 관리가 어려운 유아가 장기간 입원한다는 것은 거의 불가능하다.

그러나 프리 허그 한의원은 입원하지 않더라도 집중하여 치료하면 그에 못지않은 효과를 기대할 수 있다는 생각으로 「7일간의 아토피 치료법」을 개발하여 주목받고 있다. 이 치료법의 핵심은 의료진이 짧은 기간 동안 모든 수단을 동원하여 환자에게 집중하면 아토피를 빨리 호전시킬 수 있는데, 그 기간을 7일로 설정한 것이다.

"아토피치료, 여러 번 실패하셨습니까? 라는 헤드라인은 의문·질문형 카피가 갖는 강렬함을 바탕으로 소구력을 향상시킨 것 외에도, 특히 단기간의 아토피 치료로 효과를 보지 못한 사람에게 공감을 유도하여 설득력을 높이고 있다.

그러나 가장 주목해야할 것으로는 일반적으로 병원에서 자주 쓰이지 않는 감성 소구에 의한 카피 사례이다. "백 마디 말보다 소중한 단 한 번의 포옹, 당신의 지친 아토피를 안아드립니다"라는 카피를 통해 환자나 그 가족에게 아토피는 의학적인 치료보다는 오히려 포옹이나 스킨십에 의해 정서적, 심리적인 안정감을 줌으로써 스트레스를 줄여 치유효과를 높일 수 있음을 잘 표현하고 있다.

아토피를 치료하려면 환자에 대한 깊은 이해가 필요하다. 더불어 허그는 사람을 변화시키고 관계를 변화시킬 수 있다. 아토피 환자는 너무 내성적이거나 히스테릭한 경우가 많으며 주변과 소통하는 능력이 떨어지는 성향을 나타낸다. 아토피 환자에게 정말 필요한 것은 자신이 사랑받고 있다는 느낌이다. 프리 허그 한의원은 '치료는 기본이고 진정으로 환자를 위하는 마음만 있다면 혼란과 불신의 벽을 허물 수 있다'고 주장한다.

가족끼리 자주 허그하고 아이를 하루에 몇 회 안아주라고 조언하면 처음에는 당황하지만 어색함을 무릅쓰고 가족끼리 매일 아침 허그를 하게 된 그 가족은 그리 오랜 기간이 지나지 않아 큰 변화를 겪게 되었다. 적절한 치료와 더불어 심리적인 안정감이 형성된 환자의 치료결과는 매우 만족스럽다.

만약 아이가 아토피가 있다면 치료도 좋지만, 무엇보다 먼저 아이를 자주 안아주고 매일매일 사랑하는 감정을 표현하는 것이 중요하다. 그리고 보호자의 밝고 흥겨운 모습을 보여주어 아이에게 긍정의 에너지를 전달하게 되면 놀라운 변화를 느낄 수 있을 것이다.

최근 들어 포옹을 통해 파편화된 현대인의 정신적 상처를 치유하고, 평화로운 가정과 사회를 이루고자 노력하는 허그치료(hug Therapy)와 프리허그 문화가 의학적인 효과가 있다는 연구를 아토피 치료에도 접목시켜 관심을 끌고 있다. 이렇듯 프리 허그 한의원은 가장 따뜻한 신체언어로 통하는 포옹의 의미에 착안하여 아토피 환자들을 위한 치료에 심리적인 건강법을 더하여 많은 주목을 받고 있다.

의학 전문가들은 이러한 프리허그와 같은 포옹이나 스킨십은 단순한 교감 이상의 신체 치유 효과가 있다고 전한다. 스웨덴의 신경병리 학자 '하칸 올라우손(Hakaan Olausson)' 교수는 포옹을 통해 피부가 서로 닿으면 애정 호르몬이라 불리는 '옥시토신'이 분비된다고 주장하고 있다. 프리허그의 의학적인 치유 효과에 착안하여 프리 허그 한의원에서는 아토피 환자의 치료를 위한 노력을 기울이고 있다. 포옹을 하

그림 1-8_
프리 허그
한의원
홈페이지
(배너광고)

게 되면 혈압과 심장박동이 낮춰지고 스트레스 호르몬 분비도 줄어들게 되어 우리 몸의 긴장감은 풀리고, 즐거움과 안정감이 생겨 신체적, 정신적 건강을 향상시키는 데 도움을 준다.

아토피는 결코 혼자만의 병이 아니며 단순한 피부 질환이 아니다. 프리 허그 한의원은 치료 과정에서 겪을 수 있는 환자 및 가족들의 무기력, 우울증과 같은 심리적 질환까지 개선하는 좋은 치료 프로그램을 개발하고 있다. 또한 학급 치료와 같은 집단 심리치료 프로그램을 고안하여 최근 많은 아토피 환자들의 정서적 치유를 돕고 있으며, 환자 가족들의 신뢰를 얻고 있다.

또한 고객만족을 추구하기 위한 제품개발에도 관심을 표명하며 의약품 개발에 대한 열정도 남다르다. 한약은 맛이 쓰고 복용하기가 어렵기 때문에 주로 아토피를 앓고 있는 어린이가 주요 고객층인 프리 허그 한의원의 입장에서는 극복해야할 문제점이라고 할 수 있다. 이곳에서 개발한 프리 허그 주스 '번과 해독탕'은 한약을 싫어하거나 거부감을 나타내는 유소아, 청소년 등의 아토피 환자를 위해 야채 주스 맛이 나도록 개발하여 기존 한약의 맛을 크게 개선하였으며, 그 결과 쉽게 복용할 수 있고 장기복용에도 부담이 적다. 또 식욕을 다스리기 힘든 아토피피부염 환자에게는 간식대신 복용이 가능하여 식습관개선에도 큰 도움을 줄 수 있다.

SKY 하늘안과 (www.bweye.co.kr)

직장인을 위한 '원데이 라식, 라섹 수술 프로그램'이 주목을 받고 있다. 라식 수술의 경우

통증이 적고, 회복기간이 짧다는 장점이 있기 때문에 짧은 시간 내 정밀검사와 수술이 가능하다. 직장인들이 금요일저녁 야간수술을 이용하면 주말 동안 회복이 가능하고 월요일에도 정상출근 할 수 있어서 이들에게 인기 있는 수술프로그램이다.

또 직장인 라섹 수술의 경우에는 회복기간이 라식 수술보다 3일~5일 정도 더 길 수 있으므로 사전 정밀검사를 받은 뒤에 연차나 휴가기간을 조정하여 수술을 받을 수 있도록 배려하고 있다.

하늘안과는 현재 3월 신용카드 무이자 할인 이벤트가 진행 중이며, 대학생 및 2명 이상 동반수술 시 추가할인 혜택을 제공하고 있다.

광주 시티병원 (http://www.ct119.co.kr/)

광주 시티병원은 광주 교통방송, 케이블 TV 등의 지역방송과 언론기관을 통해 병원관계자들이 출연하여 협착증, 손 저림, 각종 건강 캠페인과 간염, 어깨통증 등에 대한 건강 강좌를 실시하고 있다.

2005년 종합병원으로 승격된 광주시티병원은 "신뢰를 주는 병원, 사랑으로 함께 하며 봉사하는 병원"이라는 이념을 실현하기 위해 「고객감동 5대 서비스」 프로세스를 제정하였다.

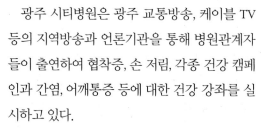

· 고객감동 5대 서비스 ·

5'S 운동:
· Stand - 고객을 보면 일어서라.
· See - 선한 눈으로 상대방을 보라.
· Smile- 웃어라, 미소 지어라
· Speed - 신속하게 응대하라
· Satisfaction - 고객을 만족시켜라
㈜ http://www.ct119.co.kr/ 참고

병원 홍보 및 마케팅 사례 [미국 병원]

메이요 클리닉(Mayo Clinic) (http://www.mayoclinic.com/)

전 세계적으로 가장 주목받는 의료서비스 기관으로서 100여년의 전통과 명성을 이어오며 굳건히 자리 잡게 된 배경에는 환자의 요구에 부응하고 최상의 만족을 제공하려는 병원 이념을 지속적으로 관철시켜 온 것에 힘입은 바 크다. 즉 환자를 먼저 배려하고 고객의 다양한 요구를 충족시키려는 마음과 자세가 핵심가치로서 작용되었다.

메이요 클리닉은 세계최초의 비영리 통합 협진 의료기관으로 세계에서 가장 큰 규모이다. 전체 병상 수는 2,400개, 입원환자 수는 연간 135,000명 수술 건수는 연간 76,300건(2007년)으로 병상수와 입원환자에 있어서 결코 많은 수는 아니지만 연간 전체 매출은 약 8조원으로 매우 높은 편이다.

훌륭한 의사, 좋은 시설의 병원은 주변에도 많다. 그러나 환자의 진정한 만족을 이끌어내려면 명성이 높은 한 사람의 의사보다 팀워크가 강화된 진료체계가 더욱 필요하다. 따라서 협력 진료를 통해 최고의 의료서비스를 제공하는데 있어서 팀워크는 매우 중요하다. 이외에도 환자를 따뜻하고 열린 마음으로 바라보는 의료 마인드가 필요하다.

이 병원이 있는 미네소타(Minnesota) 주 로체스터(Rochester)는 상징적인 보건의료 브랜드가 생겨나기 어려운 인구 10만의 소도시이다. 하지만 지금은 병원의 명성 덕분에 멀리서도 또 외국에서도 180km가 넘는 거리를 이동해온 95,000명의 환자와 가족들로 붐빈다. 이 지역 호텔 방 5,000개 중 65%가 메이요 클리닉을 찾아온 사람들로 채워진다. 당연히 빠른 진료를 위해 한 지붕 아래서 각종 검사 및 진료가 이뤄지며, 종이 진료기록부에서 전자 진료기록부로 바뀌어 시간과 공간을 절약하고 있다. 또한 언제, 어디서, 무엇을 할 것인가에 대한 예약 일정관리도 철저하게 하고 있다.

병원에 오고 싶어서 오는 사람은 없다. 따라서 메이요 클리닉에서는 세세한 곳까지 신경을 쓰고 환자의 입장을 대변한다. 환자와 그 가족들에게 더 친절하게 대하고 품위 있고 아름다운 경험을 제공하려고 노력한다. 또한 내부적으로는 내일의 병원 지도자를 양성하는 것에도 힘쓰고 있다.

미국사람들 다수는 암이나 중병에 걸리면 우선 메이요 클리닉이 떠오른다고 한다. 이처럼 메이요 클리닉이 전통을 자랑하며 발전하는 것은 지금까지 살펴본 것들에 기인하고 있다.

메이요 클리닉은 1883년 남북전쟁 당시 군의관이었던 윌리엄 메이요(William Mayo)가 두 아들과 함께 세운 병원으로 환자 중심의 경영철학을 바탕으로 설립하여 100년이 넘은 지금까지 전 세계에서 매년 2천만 명이 이 병원을 찾고 있다. 어느 조직이건 발전을 추구하려면 환경변화에 대한 혁신을 단행하고 효율적인 시스템을 구축해야만 한다는 윌리엄 블레이크의 말대로 메이요 병원은 혁신(Innovation)과 시스템(System) 및 조직(Organization)의 적절한 융합을 통하여 고객만족을 제공하고 최상의 효율성을 창출시키려 노력하고 있다. 이를 통해 앞으로 10년 후에는 매년 지금의 10배인 2억 명 이상이 병원을 이용하게 하려는 계획을 세우고 있다.

환자의 만족을 추구하는 세계적인 병원이니만큼 홈페이지의 디자인이 여백의 미를 살려 간결하면서도 검색과 조작이 편리하도록 기능이 잘 갖춰져 있다. 메인 화면에는 PC와 스마트 웹 가운데 사용자의 편의에 따라 접근할 수 있도록 구분이 되어 홈페이지 사용의 편리성을 강조하였다.

메이요 클리닉의 심벌마크는 방패를 상징한다. 각각 3개의 방패로 구성되어 좌측 방패는 의료 연구를, 우측 방패는 의료 교육을, 그리고 가운데 큰 방패는 환자 진료를 의미한다. 즉 메이요 클리닉은 환자 진료를 중심으로 '의학 연구'와 '의학 교육'이 시스템적으로 연결되어 시너지효과를 발휘하고 있음을 표현하고 있다.

· 핵심가치: "환자의 요구를 최우선으로!, The needs of the patient come first". 먼저 patients(환자들)이 아니라 patient(환자 개개인)을 지칭한 것에 주목할 필요가 있다. 보편적인 개념의 환자로서가 아니라, 각 환자마다 요구하고 있는(필요로 하는) 것들을 제각기 세심한 배려로 대응하여 만족을 극대화시킨다. 이것은 1910년 창업자 윌리엄 메이요 박사가 러시 의과대학 졸업식 연설에서 언급한 것으로, "우리의 최대 관심사는 환자에게 가장 이로운 것이 무엇인지 알아내는 것이어야 하며, 환자들이 날로 발전하는 의학의 혜택을 받게 하려면 힘을 합쳐야 한다."에서 유래된 것이다.

· 병원이념: "환자가 병원 문을 들어서는 순간부터 메이요의 치료는 시작된다". 이것은 병원이 의사의 전문성과 시설, 장비 중심으로 치료한다는 의식에서 벗어나 환자를 심정적, 감성적인 대상으로 인식하여 그들의 아픔을 함께 공감하고 잘 소통하려는 것에서 출발해야 함을 의미하고 있다.

이러한 병원의 철학은 메이요의 교육과정에서도 잘 나타나고 있다. 메이요는 의사에게 환자가 처음 꺼내는 말에 끼어들어 말을 간섭하거나 방해하지 말고 끝까지 잘 들으라고 가르친다. 그리고 환자의 말이 끝나면 "혹시 더 하실 말씀은 없으신가요?"라고 묻도록 가르친다.

· 메이요 클리닉의 환자관리 원칙 ·

· 전문의로 구성된 팀은 협조적, 협력적 팀워크를 통해 통합 진료를 한다.
· 충분한 시간을 들여 환자의 말을 경청하며 서둘러 진찰하지 않는다.
· 배려와 신뢰로 최상의 진료를 제공한다.
· 환자와 가족, 그리고 환자를 담당하는 지역 의사를 존중한다.
· 시기적절하고 효율적인 평가와 치료를 통해 포괄적으로 평가한다.
· 최신의 혁신적인 진단과 치료기술 및 기법을 사용할 수 있어야 한다.

존스 홉킨스 의대 병원 (http://www.hopkinsmedicine.org/)

1889년 250병상으로 출발한 존스 홉킨스 병원(JHH)은 지난 120여 년간 수많은 임상 연구와 적용을 통해 '난치병 환자의 마지막 희망', '의학의 표준 정립'이라는 인식이 정착되면서 지속적인 발전을 이루고 있다. 한 때 위스키 사업으로 부를 축적한 퀘이커교도 존스 홉킨스 씨가 1873년 타계하면서 기부한 700만 달러를 기반으로 건립되었다.

병원 내부에 먼지가 쌓이는 것을 방지하기 위해 모든 건물 모서리를 직각이 아닌 원형의 형태로 만든 건축물의 특징 외에도, 초기의 건물을 중심으로 17만 8000㎡에 이르는 방대한 면적에 병원과 의대, 연구시설이 함께 들어선 의료단지가 구성되었다.

1991년 이래 가장 많은 연구비를 존스 홉킨스 의대에 지원하고 있으며, 미국 의사들이 자신이나 가족이 아플 때 가고 싶은 병원 중 첫 번째로 꼽는 병원이기도 하다. 또한 존스 홉킨스 병원은 세계 최초라는 기록을 다수 보유하고 있으며, 세계 최고라는 수식어 또한 가장 자주 사용하는 병원이다. 수술실에서 수술용 장갑을 가장 먼저 사용하였고, 신장 투석과 심폐소생술 등을 세계에서 처음으로 실시하였다.

미국 최고의 병원으로 인정받게 된 원동력에는 '연구·교육·진료'의 완벽한 통합과 협력을 통한 이행성 연구 선도, 1,800개 이상의 매우 세분화된 전문 진료 분야 구성과 이들 간의 신속한 협력시스템 및 도전적 진료 관행과 지속적 품질 개선, 강력한 홍보와 철저한 브랜드 관리, 탁월한 재정확보 역량 등이 많은 역할을 주도하였다.

철저한 책임경영도 JHH의 성장을 위한 바탕이 되고 있다. 설립 초부터 이어져 내려온 권한 분산을 통한 일선의 창의적인 협력을 강조하는 문화가 정착되면서 채택한 'Joint Appointment(의대 교수가 병원 임상의를 겸직하는 제도)'라는 협진시스템을 통해 진료 현장에 관여하는 모든 조직을 실질적으로 하나의 팀으로 운영(One Leadership)하고 있다. 즉 환자의 완벽한 치료를 위해 담당 주치의는 물론, 관계되는 다른 전공 분야 의료진들이 신속한 협력 체계를 이루며 치료를 지원하는 통합 의료시스템이 구축되어 있다.

JHH의 의사는 최고 중의 최고만을 선발한다는 원칙하에 사임하거나 해임되지 않는 경우 퇴직 시까지 강력한 권한과 리더십을 발휘한다. 이처럼 창의적 도전을 장려하고 자율성을 보장하는 전통이야 말로 JHH의 진정한 성공요인이라 할 수 있다.

존스 홉킨스는 몇 가지 분야에서 의학발전에 지대한 영향을 가져왔다. 노벨상을 수상한 '제한 효소'의 발견으로 유전자 공학 산업을 크게 발전시켰고, 두뇌에 효과적으로 작용하는 약물의 발견으로 신경 전달 물질의 경로와 기능에 대한 관심을 크게 불러일으켰다. 또한 새로운 형태의 소아마비 바이러스를 발견하고, 현대 심장 수술의 길을 열었다. 이로 인해 신경외과를 비롯한 비뇨기과, 내분비학, 소아과 등에서 최고 수준의 의학 전문분야를 탄생시켰다.

존스 홉킨스의 뛰어난 의학 분야 업적은 미국 병원 평가 순위에서도 잘 나타나 있다. 종합평점 1위로 2011년까지 22년 연속 미국 내 종합병원 순위 1위를 독차지 해온 존스 홉킨스는 이비인후과와 신경과 및 신경외과, 정신과, 류마티스, 비뇨기과 등에서 최고 병원으로 선정되었다.

US 뉴스&월드 리포트가 최근호에서 발표한 2013년도 미국 최고병원 평가 결과에서 메릴랜드(Maryland) 주 볼티모어(Baltimore)에 있는 존스 홉킨스 병원이 총 30점을 기록하여 29점의 매사추세츠 종합병원(Massachusetts General Hospital, MGH)과 메이요 클리닉(Mayo Clinic), 27점의 클리블랜드 클리닉(Cleveland Clinic)을 따돌리고 1위의 영예를 안았다. 메이요 클리닉은 종합점수에서는 매사추세츠 병원과 같았지만 전문성 점수에서 15점으로 1점 밀리면서 3위에 올랐다. 클리블랜드 클리닉이 4위, UCLA 메디컬센터가 5위를 각각 차지하였다.

존스 홉킨스 병원은 US 뉴스의 해당 평가에서 21년 연속 1위 자리를 지키다 지난해 하버드대 의대 부설인 매사추세츠 종합병원에 선두 자리를 빼앗겼다.

US뉴스의 병원 평가는 2013년 현재 24년째를 맞이하였으며 매년 미국 내 약 5,000개의 종합병원을 대상으로, 암과 심장질환, 신경질환, 당뇨 등 16개 전문 분야에서 환자 대비 의료진 수와 의학계 평판, 중환자 생존율 등 각종 자료와 지표를 평가하여 순위를 산출하고 있다. 16개 분야 가운데 최소 6개에서 최고로 평가되어야 순위에 들 수 있으며, 2013년은 18개 병원이 포함되었다.

전공 분야별로 살펴보면, 암 치료 분야에서는 텍사스대 부설 MD 앤더슨이 가장 높은 평가를 받은 가운데, 심장은 클리블랜드, 당뇨는 메이요, 이비인후과와 노인병, 신경질환 등은 존스 홉킨스가 최우수 병원으로 평가받았다.

지역별로 보면 동남부는 노스캐롤라이나(North Carolina) 주에 있는 듀크대 의대 병원(Duke medical center)이 12위로 유일하게 순위에 들었다. 도시별 분포로는 뉴욕과 시카고, 로스앤젤레스가 최고 수준의 병원이 가장 많은 곳으로 평가되었다.

한편, 존스 홉킨스 병원의 진료비는 보통 한국의 10배 수준으로 매우 비싸지만, 명성이 널리 알려지면서 전 세계의 다양한 국가에서 고객들이 찾아오고 있다. 전 세계 의사들도 인정하는 세계 최고의 의술을 보유하고 있으며, 자국에서 치료받기 어려운 중증 치료를 위해 방문하는 경우가 많다. 특히 중동국가의 의료관광객이 증가 추세에 있다. 이들은 치료를 위해 장기간 체류하며 주로 가족 단위로 찾아오는 경우가 많기 때문에 경제적인 측면에서 부가가치가 높으며 지역 활성화에 커다란 역할을 하고 있다.

✚ 표 1-1_ **미국 병원 평가 톱10 (2013~14년)**

순위	병원	종합점수	전문성
1	존스 홉킨스	30	15
2	매사추세츠 종합병원	29	16
3	메이요 클리닉	29	15
4	클리블랜드 클리닉	27	14
5	UCLA 메디컬센터	19	13
6	노스웨스턴 메모리언병원	17	12
7	뉴욕 프레스비테리언병원	17	10
8	UCSF 메디컬센터	17	10
9	브리검 여성병원	16	10
10	피츠버그대 메디컬센터	15	10

출처: 유에스 뉴스 앤 월드 리포트(U. S. News & World Report)

이곳에서는 "환자 없이 세계 최고의 의사는 존재하지 않는다."는 병원 이념에 대한 개개인의 이해와 참여를 가장 중시하고 있다. 고객만족과 의료서비스의 개선을 위해서 각 분야마다 의료진이 자발적으로 참여하는 토론회와 세미나가 상시적으로 열린다. 또 의료설비뿐만 아니라 담당 의사에서부터 간호사, 행정직원에 이르기까지 환자에게 영향을 줄 수 있는 모든 부문이 서로 유기적으로 소통하고 협력하여 최상의 서비스 수준을 지속적으로 유지할 수 있도록 노력하고 있다.

병원 홍보 및 마케팅 사례 [일본 병원]

도쿄(東京)대학 병원 (http://www.h.u-tokyo.ac.jp/)

도쿄(東京)대학 병원은 1858년 도쿠가와(德川) 막부의 행정적인 도움을 받아 의료서비스를 시작하게 되었고, 도쿄대학 캠퍼스 내부에 자리 잡고 있다. 중앙 진료동을 비롯하여 전체 23개의 건물로 구성되어 있으며 연건평은 4만 5,400여 평에 달한다.

"임상의학의 발전과 의료인의 양성에 노력하며, 환자 개개인에게 최상의 의료서비스를 제공한다."라는 병원의 이념과 이를 위한 세부적인 목표를 통해 의료기관으로서의 사명과 환자에 대한 서비스정신을 잘 나타내주고 있다.

· 도쿄대학 병원의 목표 ·

· 환자의 의사를 존중하는 의료의 실천
· 안전한 의료서비스의 제공
· 첨단 의료의 개발
· 우수한 의료인의 양성

도쿄대학 병원은 150년 전통을 자랑하며 일본을 대표하는 유명 병원으로서의 입지를 굳히고 있다. 현재에 이르기까지 일본의 의학, 의료 분야를 견인하는 역할을 수행함과 동시에 지속적인 발전을 추구하고 있으며, 환자의 입장에서 모든 것을 생각하고 이를 적극적으로 반영시킨 최상의 의료서비스를 제공하고 있다.

또한 의료서비스에 대한 사회적 요구를 충족시키고 장기이식이나 로봇수술, 난치병치료 등과 같은 최첨단 의료분야에 있어서도 노력을 기울이고 있다. 편안하고 안전한 의료 환경을 제공하고 환자를 항상 배려하는 의료서비스를 실행하기 위해 계속해서 힘쓰고 있다.

· 도쿄대학 병원의 현황(2012년 기준) ·

- ·병상 수   1,163개
- ·외래환자 수   연간 754,000명
-                      하루   3,100명
- ·입원환자 수   연간 392,000명
-                      하루   1,100명

기간이 만료됨에 따라 2010년에는 '일본 의료기능평가기구'로부터 「병원 기능평가 인정서」를 새로이 경신하여 고객의 신뢰를 쌓고 있다. 인정서의 인증기간은 5년으로 2017년도에 재 인증 절차에 들어가게 된다. 향후에도 제3자에 의한 공식 인증절차에 의존하지 않고 정기적인 자체 평가시스템을 통해서 환자에게 최선의 만족과 의료서비스를 원활히 제공할 수 있는 환경을 유지, 향상시켜나갈 계획이다.

일본 병원 서비스 평가에서 1위를 한 도쿄대학 병원은, 항상 번잡한 상황으로 오랫동안 기다려야하는 불편을 겪고 있는 우리나라의 병원환경과는 달리 외래대기실의 대기 좌석이 대부분 비어 있다. 대부분의 환자는 벤치에 앉아 여유를 즐기거나 따뜻한 햇살을 받으며 주변을 산책한다. 이와 같은 상황은, 자기 순서가 되면 병원 측이 호출기를 통해 개별적으로 연락해 주기 때문에 가능하다.

종합적인 의료수준이 '세계 톱10'안에 들어갈 것으로 평가되는 도쿄대학 병원은 난치병을 앓고 있는 어린이나 장기 입원중인 어린이 환자를 위해 병원의 배려로 마련된 병원 내 분교인 '메아리 학급'에서 학교 교과를 배운다. 3년 전 개교한 이 분교는 비록 많지 않은 숫자지만 이미 3명의 졸업생을 배출했고, 현재 7명이 재학 중이다.

또한 도쿄대학 병원이 편의시설로 운영하는 '도다이 하우스(東大 House)'는 자선재단 로날드 맥도날드 하우스에서 어린이 환자와 그의 가족을 위해 마련한 병원 숙박시설이다. 먼 곳에서 입원한 사람이나 20세 미만의 환자, 또는 환자의 보호자의 편의를 위해 마련한 도쿄대학 병원의 체재시설로서, 이용료는 하루에 한 사람 기준으로 1,000엔(円)이며, 병원에서 시트나 베개 커버 사용료는 180엔이다.

본 건물은 2011년, 로날드 맥도날드 재단의 일본 진출 10주년을 기념하여 건립한 것으로, 슬로건은 'Home Away From Home'을 표방하며 자신의 집과 같이 편히 쉴 수 있는 제2의 휴식처를 내세우고 있다. 마치 자택과 같이 편안한 마음으로 환자를 돌볼 수 있도록 비용 부담을 적게 하고 주방과 리빙 시설, 세탁 시설 등을 구비하여 이용자의 불편을 최소화하였다.

미국인들의 대표적인 글로벌 자원봉사 단체인 로날드 맥도날드 하우스는 불우아동을 돕기 위해 외식업체 맥도날드에서 1974년에 설립한 자선단체이며, 세계 각지에 체인점을 두고 있다.

한국 로날드 맥도날드 하우스 자선재단(Ronald McDonald House Charities Korea, RMHC Korea)은 2007년 전 세계에서 51번째로 설립되었다. 한국의 로널드 맥도날드 하우스도 맥도날드 햄버거에서 기증한 건물로, 집이 먼 환자의 가족들을 위해 매우 저렴한 가격으로 숙박시설을 제공하고 있다.

2010년에는 전국 맥도날드 매장에서 어린이를 돕기 위해 한 달간 '기부 Your Love'모금 활동을 전개하였다. 이를 계기로 현재 전국 맥도날드 매장에 모금함을 비치하고 일년 내내 지속적인 모금 활동을 진행하고 있으며, 매장을 찾는 고객들은 내부에 비치된 모금함을 이용해 기부에 참여할 수 있다. 모아진 기금은 어린이 환자의 교육 시설 지원 등 한국 어린이들의 삶의 질 향상을 위한 다양한 활동들을 위해 사용되고 있다.

그러나 최고 수준을 자랑하는 도쿄대학 병원의 의료서비스도 많은 문제점들에 대

해 지속적으로 개선하고 노력한 결과의 산물이
었다. 의료진을 포함한 병원관계자들은 국립대
학 부설 병원의 공무원 신분에서 출발한 관계로
서비스 마인드에 대한 개념 자체가 거의 없었고,
환자의 입장을 고려하지 않는 불친절의 대명사
이기도 하였다. 이러한 현상은 불과 1990년대
초반까지도 개선되지 않은 채 많은 문제점을 안
고 있었다.

그림 1-10_
도쿄대학병원
전경

　대대적인 변화가 시작된 것은 1994년이다. 병원 측은 가장 먼저 의료서비스를 개선할 자
원봉사단을 구성하였다. 과거 서비스 직종에서 다양한 경험을 쌓은 이들은 전체 소속 인원
270명 중 90%가 주로 백화점에서 근무한 경험이 있었고 서비스의 목표를 백화점 수준으로
변화시키기 위해 아이디어를 제공하였다.

　최근의 도쿄대학 병원에서 일어난 변화는 매우 다양하다. 잠 못 이루는 환자가 어둠의
공포에 시달리지 않도록 하기 위해 병동 휴게실엔 밤새도록 불을 켜둔다. 또한 환자에게
병명과 증세를 정확히 알려 스스로 치료법을 선택하게 하며, 말기암환자에게는 차가운 느
낌의 일상적인 환자복 대신 사복 착용을 허용하였다. 이외에도 면회와 TV시청, 외출도 24
시간 자유이다.

　이런 노력의 결과 얼마 전 월간 문예춘추의 서비스평가 순위조사에서 도쿄대학 병원은
54개 종합병원가운데 1위로 올라섰다. 의료수준뿐 아니라 환자 서비스에서도 일본 최고임
을 널리 인정받은 셈이다.

　도쿄대학 병원이 운영하는 박물관의 정식 명칭은 '건강과 의학의 박물관'이다. 이것은
병원 창립 150주년을 기념하기 위한 사업의 하나로 2011년에 개관하였다. 박물관은 크게
상설전시 부문과 기획전시 부문으로 구성되고 있다.

　먼저 상설전시 부문은 "도쿄대학 병원의 150년, 과거에서 현대로의 발자취"라는 슬로건
을 표방하며 도쿄대학 병원의 발전과정과 업적, 사회공헌과 관련된 내용을 짧은 시간 내에
알 수 있도록 구성하여 연출, 전시하고 있다.

　기획전시 부문은 현재의 의료, 의학에 관한 것 중에서 일반 사람들이 가장 관심이 많은
부분을 테마로 설정하여 알기 쉽게 연출, 구성하고 있으며 연간 2~3회 전시 내용물을 교체
하여 공개한다.

또한 지역사회에 대한 참여와 역할, 병원에 대한 호감도 형성과 이미지를 향상시킬 목적으로 사회공헌과 관련된 건강강좌나 세미나를 적극적으로 개최하고 있다. 특히 만성질환을 중심으로 공개강좌나 세미나를 상시적으로 개최하고 있으며, 병원관계자의 재능 기부의 참여와 다른 단체와의 연계를 통한 문화나 스포츠 분야의 후원과 같은 메세나 활동을 적극적으로 지원하고 있다.

나고야(名古屋) 대학병원 (http://www.med.nagoya-u.ac.jp/)

✚ 그림 1-11_
도쿄대학병원
나고야대학
병원의
의료기능
평가기구
인정서

나고야(名古屋)대학 병원은 명치(明治)시대 1871년(약 140년 전) 동북지방의 병·질환에 대한 치료와 건강 증진을 담당하기 위해 설립되었다. 총 면적은 204,703m³이고 2012년의 병상 수는 1,035개 규모에 달하고 있다. 현재 의료 부문에 제한하지 않고 교육과 연구의 중심지로서 역할을 수행하여 나고야뿐만 아니라, 세계적인 수준의 병원으로 도약하기 위해 다각적인 노력을 기울이고 있다. 이와 함께 의료의 안전과 질적 수준을 중시하고 사회에 널리 개방된 병원을 지향하며, 환자에게 충분한 만족을 전달하기 위하여 최선의 노력을 경주하고 있다.

또 나고야대학 병원은 "의료·교육·연구를 통해 사회에 공헌한다."라는 이념을 설정하고, 기본방침이자 목표이기도 한 "안전하고 최고 수준의 의료와 만족도가 높은 의료서비스를 제공한다."를 통해 지역 거점 병원으로서의 역할 수행과 고객만족도가 높은 의료서비스의 실현을 표방하고 있다.

이러한 고객만족을 철저히 추구하는 병원의 정신은 다음과 같이 나고야대학 병원이 규정한 「환자 권리 선언」에도 잘 나타나 있다.

첫째 환자는 최선의 진료를 받을 권리가 있으며, 어떠한 경우라도 인격이 존중되고 존엄성을 훼손하는 의료행위가 되어서는 안 된다. 둘째 자신의 병에 관한 구체적인 내용과 향후 병의 진행방향과 상태에 대해서도 알 권리가 있다. 셋째 진료에 관계있는 병원관계자의 이름과 진료내용에 대해서도 구체적으로 알 권리가 있다. 넷째 진료내용에 관해서도 충분한 설명을 듣고 이에 대해 동의 및 거부할 수 있다. 다섯째 병의 진단과 치료에 있어서 다른 의사나 병원을 선택할 수 있다. 여섯째 진료내용과 입원생활에 문제점이나 불만이 있을 때는 이를 병원관계자에게 전달할 수 있다.

2007년에는 '일본 후생노동성'으로부터 '특정기능병원'으로 지정되었다. 특정기능병원은 일반 의료기관에서 담당하기 어려운 고난도 수술과 첨단 치료 등 고도의 전문적인 치료가 필요한 경우, 이를 해결할 수 있는 상급 의료기관을 가리킨다.

또 2010년도는 일본 의료기능평가기구로부터 '병원기능평가 ver.6.0'의 인증을 취득하였다. 병원기능평가는 제3자의 입장에서 객관성을 갖춘 의료기능평가기구가 일정한 평가기준을 설정하여 병원의 기능, 의료의 질적 수주에 관해 평가를 실시하는 제도이다. 이것은 병원이 제공하는 모든 영역의 의료서비스의 질을 향상시킬 목적으로 실시하고 있기 때문에 환자는 보다 높은 수준의 치료를 받을 수 있다.

카메다(龜田) 병원(Kameda Medical Center) (http://www.kameda.com/)

일본 치바 현(千葉県) 카모카와 시(鴨川市)에 위치하고 있는 카메다 병원은 2009년 일본에서 최초로 JCI 인증을 받은 병원으로, 2012년 재 인증에 성공하였다. 근대병원의 형태를 갖춘 것은 1948년 이후부터지만, 시작은 에도(江戸)시대부터 가족병원으로 출발하여 설립 후 11대째 이어오고 있으며 약 350년이 경과하였다. 본 병원은 다양한 의료시설이 통합된 형태로 구성되어 있으며, 카메다 종합병원을 비롯하여 카메다 클리닉, 카메다 요양병원을 포함한 의료서비스 시설을 총칭하여 '카메다 메디컬 센터(Kameda Medical Center)'로 총칭한다.

현재 하루 평균 외래환자 수 3,000명, 병상 1,000개 규모로 일본 전국 각지는 물론, 멀리 해외에서까지 외국인 환자를 포함하여 하루 최대 3만 명의 외래환자가 내원하고 있는 일본 내 유명 병원 중 한 곳이다. 또한 철저한 시스템에 입각하여 병원 내에서 의료진이 각자의 역할에 최선을 다하는 것으로 정평이 나있는 병원이다.

병원의 슬로건은 "Always say YES!", "고객을 항상 기쁘게 하자"로 고객만족을 위한 서비스 정신이 강조되고 있으며 "한사람의 고객도 웃는 얼굴로 돌아가게 하자"라는 병원의

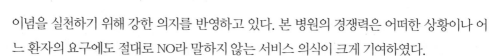

이념을 실천하기 위해 강한 의지를 반영하고 있다. 본 병원의 경쟁력은 어떠한 상황이나 어느 환자의 요구에도 절대로 NO라 말하지 않는 서비스 의식이 크게 기여하였다.

도쿄 역에서 특급열차로 2시간이나 걸리는 입지조건을 비롯한 접근성의 측면에서는 경쟁력이 떨어지는 열악한 조건이지만, 하루 외래환자만 최대 3만 명에 이르는 수준으로 카모카와 시의 전체인구가 36,000명임을 고려할 때 효율성이 매우 높은 병원이다. 수도권에 거주하는 이용객의 편의를 위해 현재 도쿄 역에서 출발하는 직행버스는 하루 16번을 왕복하고 있다. 환자 75%는 도쿄를 중심으로 외지에서 오고 있다.

카메다 병원은 일하는 보람과 의욕을 충족시켜 주면 모든 조직은 성공할 수 있다는 생각이 철저하다. 또 서비스에 대한 충실도는 소속되어 있는 병원 관계자에 의해 좌우될 수 있다는 판단 아래에 내부마케팅의 중요성을 인식하고 있다. 때문에 내원한 환자만큼이나 병원에 소속되어 있는 의사와 간호사, 병원 종사자도 소중하게 생각하고 있다. 직원, 즉 내부고객이 먼저 존중받아야 그것을 토대로 의료 관계자와 직원들은 일의 보람을 느끼며 고객을 존중할 수 있다는 논리이다.

병원의 모토인 "YES"실천 마인드는 환자들에게 고객감동 서비스를 실천하겠다는 의지의 표현으로, 병원 관계자 모두가 항상 긍정적인 생각을 갖고 밝고 적극적으로 의료서비스를 행하며, 어떤 업무를 담당하더라도 절대로 NO라 말하지 않는 불굴의 서비스 정신이 카메다 병원을 오늘에 이르게 하는데 커다란 원동력이 되었다.

또한 전자의무기록 시스템 도입으로 의사들의 권위적인 태도가 크게 개선되었다. 복장에 있어서도 과거의 권위적인 분위기에 변화를 주기 위해 의사는 캐주얼한 가운을 입으며, 간호사들도 캡을 쓰거나 흰 유니폼을 입지 않는다. 환자를 맞이하는 방법적인 측면에서도 외래환자가 진료실에 들어오면 의사는 일어서서 맞이하고 같은 높이의 의자에 앉아서 눈높이를 맞추며 동등한 입장에서 이야기한다. 또 환자들이 자신과 관련한 의료기록을 원할 경우에는 바로 출력하여 제공하고 있다.

병원의 지속적인 서비스 제공과 다양한 노력에 의해 환자의 만족도는 크게 향상되고 있다. 한 예로 카메다 병원 입원환자의 99.4%가 다른 사람에게 병원을 소개하고 싶다는 뜻을 밝혔다.

카메다 병원의 모든 입원실의 면적은 전체 21㎡이며, 환자의 보호자도 충분히 쉴 수 있는 공간이 마련되어 있다. 그들의 편의를 위해 시간적인 제한을 두지 않고 환자의 동의가 있다면 24시간 자유롭게 면회를 할 수 있다. 또한 도서관, 베이커리, 편의점, 카페테리아, 찻집,

건강 숍, 미용실, 레스토랑(스카이라운지 13층) 등 다른 병원에서는 쉽게 볼 수 없는 다양한 편의 시설과 휴식 공간들이 병원 내에 입점하여 서비스를 강화하고 있다.

이 병원은 호텔과 같은 편리함과 서비스가 제공되는 병원을 지향하고 있다. 한 예로 병실에서 언제든지 병원 내 레스토랑에 룸서비스를 요청할 수 있으며, 30분 이내에 모든 음식은 신속히 배달된다. 병원 식단도 자신의 입맛에 맞게 바꿀 수 있으며, 이러한 과정은 병실 내부의 침대 곁에 있는 태블릿 PC를 통해 이뤄진다.

병원 내부의 편의시설에 대해 보다 구체적으로 살펴보면, 병원 1층에 위치한 쇼핑센터가 독특하다. 이것은 경제적 이익이 목적이기 보다는 병원의 고정된 이미지를 주며, 윈도우 쇼핑과 같은 병원 이용객들의 편의와 눈을 즐겁게 해주기 위해 설치하였다.

인터넷을 이용한 서비스에도 역점을 두고 있다. 유아나 어린이가 입원한 경우 원거리의 직장에 근무하는 보호자를 위해 항상 입원환자의 상태나 모습을 확인할 수 있는 '아기 환자 관찰카메라'를 설치하였다. 대부분의 환자 가족이 특급열차로 2시간이나 걸리는 먼 곳에 있기 때문에 이러한 불편을 해소하기 위해 아기환자를 실시간으로 집이나 직장 컴퓨터를 통해 보호자가 확인할 수 있도록 병실과 병원 곳곳에 24시간 관찰 카메라를 설치하여 운영하고 있다.

또한 몸이 비록 아프더라도 지인이나 가족들에게는 좋은 모습, 예쁜 모습을 보여주고 싶어 하는 많은 입원환자들을 위해 '뷰티 살롱'을 운영하고 있다. 이것은 환자 자신을 찾아준 사람들에게 환자가 기운을 되찾고 건강해지는 모습을 보여 주고 싶어 하는 심리를 충분히 이해한 결과이며, 치료받는 과정에서 머리숱이 적어지거나 머리가 빠진 환자들에게는 가발을 제공하여 고객감동을 실천하고 있다.

심야에 운영되는 '바(Bar)'는 음주가 가능한 환자나 보호자, 비번 의사를 위한 휴식공간으로 운영된다. 투병과 의료서비스에 관여하며 시간이 지나면서 몸과 마음이 지쳐있는 모두를 위해 병원 내부 공간을 이용하여 바를 열게 되었다. 이곳에서는 가볍게 맥주나 칵테일 등을 마시면서 잠시 휴식을 취할 수 있는데, 다른 병원에서는 쉽게 찾기 어려운 휴식 공간으로서 차별화에 성공하고 있다.

또한 병원의 가장 큰 불만적 요인이기도 하는 병원식을 개선하여 많은 주목을 받고 있다. 각국의 최고 수준의 주방장을 초빙하여 환자의 입맛에 맞춘 호텔식 같은 고급 식사를 제공하고 있으며, 보험적용이 되지 않는 고급 메뉴의 식사까지도 개발하여 환자의 질환을 고려한 고급 음식 서비스를 받을 수 있도록 하고 있다.

카메다 병원의 최고 꼭대기 층인 13층에는 세간의 주목을 받고 있는 스카이라운지가 있다. 가장 전망이 좋은 이곳에는 영안실이 위치하고 있다. 어느 병원을 막론하고 영안실은 보통 병원 지하에 있다. 하지만 카메다 병원이 이곳에 영안실을 설치한 이유는 지하보다 건물의 높은 층이 사후, 천국과 가까운 곳에 위치하고 있다는 발상 때문이다. 이것은 기존의 일반적인 상식과 관념을 완전히 깨뜨리는 것으로 일본 국내는 물론, 해외에서도 많은 화제를 불러 모은 바가 있으며, 고객만족과 의료서비스를 위한 매우 혁신적인 사례로 볼 수 있다.

카메다의 서비스 정신은 실로 상상을 초월한다. 고객이 원하는 것을 언제나 적극적으로 대응하려는 'Always Yes'서비스 정신과 긍정적인 고객 지향적 사고방식은 지금의 카메다가 있게 한 가장 큰 원동력이다. 병원 내에 바를 운영하고 환자복 입은 사람들에게도 알코올(술)을 판매하는 생각이나, 병원에서 운영하는 식당, 레스토랑에서 조차도 환자들에게는 정해진 병원의 식사 메뉴 외에는 절대 음식을 팔지 않는 것 역시 환자를 위한다는 발상에서 시작되었다. 병원에는 당뇨로 조절 중인 환자도 있고, 식이 조절을 해야 하는 수술 준비 환자나 수술 후 회복 중인 환자, 기타 여러 이유로 외부의 식사를 해서는 안되는 경우가 많기 때문에 환자복을 입은 사람에게는 임의대로 음식을 판매하지 않는다. 카메다 병원처럼 이러한 의료서비스가 제공되려면 의료진은 해당 환자가 약간의 음주가 가능한지 식이를 제한할 필요가 있는지에 대한 정확한 정보를 파악할 수 있어야 하며, 이러한 서비스가 가능하도록 만들기 위해 IT를 적극 활용하고 있다. IT 시스템과 연동된 병원 정보 시스템을 활용하여 병실의 룸서비스를 통해 레스토랑에서 직접 음식을 시켜먹을 때나 음주를 하고 싶을 때 이용 가능 여부를 신속하게 선별하고 있다.

병실에서 환자가 직접 통제 가능한 면회 시스템 역시 IT를 활용한 것이다. 만약 외부 방문객이 프론트에서 면회하고 싶은 시간을 미리 입력해 놓으면 면회가 가능한지 불가능한지를 즉시 알려주게 된다. 이처럼 완벽하게 호텔과 같은 서비스를 제공하고 있다.

또한 진료 과정에도 IT를 적극적으로 활용하고 있다. 병원에서 제정한 표준 진료 지침을 병원의 정보시스템에 적용시켜 모든 의사들이 표준화된 진료 행위가 가능하도록 하며, 특히 환자의 안전을 최우선할 수 있는 여러 아이디어와 프로세스를 전산화하여 의료 수준을 향상시키고 있다.

카메다 병원의 성공비결은 고객만족을 지향하는 철저한 서비스마케팅의 실현에 있다. 병을 안전하고 완전히 치료하는 기본 가치의 충족뿐만 아니라, 고객이 원하는 수준의 서비스를 제공하는 기대가치와 이렇게 해주었으면 좋겠다는 소망가치, 그리고 미처 예상치 못한 최상의 서비스를 제공하여 감동을 주는 예상외 가치, 감동 가치를 제공하는 등 기존의 병원들이 갖추지 못한 의료서비스 의식의 발로가 주된 요인으로 작용하고 있다.

그림 1-13_
카메다 병원
미용실
(안내사인)

현재 카메다 병원은 우리나라의 대전 선병원과 자매결연하고 있으며 양 병원은 병원관계자들의 교류를 통해 상대병원의 장점을 벤치마킹하고 있다.

병원홍보와 마케팅 실무의 체크포인트

오늘날과 같이 기술의 발달과 제품의 균등화 현상으로 인해 경쟁 제품 간의 기능적 차별성이 뚜렷하지 않은 시점에서 제품의 장점과 특징을 소구점으로 나타내는 USP 전략은 더 이상 적절하지 않을 수 있다. 이때는 고객의 마음과 인식 속에서 차별화를 시도해야 한다.

동일한 시설과 장비로 진료를 하는데 특정 병원에 대한 신뢰감이 형성되는 이유는 독자적인 브랜드 이미지에 의해 차별화가 인식되었기 때문이다. 광고와 마케팅 활동은 막연하게 병원을 알리는 것이 아니라, 목표소비자에게 차별적인 브랜드 아이덴티티를 일관성 있고 명확하게 인지시키는 데 있다.

• 병원 고유의 브랜드 아이덴티티(Brand Identity : BI)를 정립하고 장기적으로 일관되고 지속적인 브랜드 포지셔닝(Brand Positioning)을 통해 차별성을 인식시키는 것이 브랜드 마케팅(Brand Marketing)의 핵심이다. 단발의 광고와 가격할인을 앞세우는 온라인 광고, 단기간의 프로모션 활동만으로는 원하는 효과를 기대하기 어렵다. 병원의 브랜드 아이덴티티는 HI(Hospital

Identity)로 표현할 수 있다.

- 마케팅 커뮤니케이션은 통합적으로 관리되어야 효과를 발휘한다. 이를 통합적 마케팅 커뮤니케이션(Integrated Marketing Communication)이라 하는데, 매스미디어를 통한 광고와 홍보, 세일즈 프로모션, 옥외·교통광고, 온라인 광고, 카탈로그·브로슈어 등의 인쇄 홍보물, 로고나 심벌, 텔레마케팅이나 DM광고에 이르기까지 시각적, 전략적으로 일관성 있게 관리되어야만 의도한 목적을 달성할 수 있다. 따라서 병원의 브랜드는 고객의 마음속에 경쟁 대상과 차별화된 특정 병원의 총체적인 산물로 구성된다.

- 광고의 핵심은 알리는 것이 아니라 설득하는 것이다. 우리 주변의 병원광고는 원장이나 의사의 이름을 제외하면 대동소이하고 천편일률적인 내용이 대부분이다. 의사나 의료진의 경력소개, 의료 장비와 시설의 나열, 치료와 시술방법의 장점, 수술 후기, 치료의 전과 후를 비교하는 문구나 사진 등을 단순히 나열하고 반복하는 등의 소구방법은 이제 변화를 모색해야할 시기에 있다. 이러한 소구방법의 변화는 병원이 말하고 싶은 것을 고객에게 알리는 것이 아니라, 고객의 입장에서 다른 병원과 차별화된 내용, 차별적 편익을 찾아 설득하는 것이라고 할 수 있다.

- 인구증가의 정체와 의료시장의 심화된 경쟁관계로 인하여 과거의 '환자(patient)'는 소비의 주체인 '고객(customer)'으로 인식되어야 한다. 그들은 더 이상 오늘의 의료 현실에서 참고 기다리는 대상이 아니며, 병원이 그들을 설득과 구매의 대상으로 인식하는데서 마케팅은 출발한다.

- 모든 고객을 대상으로 경쟁하지 않는 것이 중요하다. 효율적인 경쟁을 위해서는 메시지나 서비스에 강한 반응을 보이는 고객을 찾아 집중적으로 설득하는 것이 필요하며 이 과정에서 목표고객과 목표소비자에 대한 인식이 요구된다. 더불어 지역을 중심으로 성별, 소득, 나이, 직업 등에 따라 해당 병원이 경쟁력이 있는 고객을 선별하여 마케팅을 집중하는 것이 유리하다. 사례를 통해서도 알 수 있는 것처럼 남성 전용 피부과, 어린이 전문 소아과, 노년층을 대상으로 하는 정형외과 등 시장과 고객은 세분화할수록 경쟁력을 향상시킬 수 있다.

- 마케팅과 광고 효과는 단기간에 나타나지 않는다. 현재는 의료서비스의 균등화, 상향평준화 시대이다. 짧은 기간에 병원을 단순히 알리는 것만으로는 브랜드나 차별화된 서비스를 인지시키기 어렵고 의도한 것을 설득시키기도 부족하다. 마케팅 효과는 어느 정도의 기간을 두고 장기적이고 반복적으로 진행하였을 때 발휘된다. 또 가능하면 동일한 경쟁

군 가운데서 제일 먼저 기억되는 최초 상기율이 높은 것이 바람직하다. 더불어 일시적으로 광고를 집중하는 집중형보다 연간 일정한 패턴으로 커뮤니케이션 활동을 분산시키는 분산형 광고가 인지도 상승에 도움이 된다.

- 가격으로 경쟁하지 말고 서비스로 경쟁하라. 성형외과나 치과, 안과 등과 같이 고가 의료 장비에 의존하는 비율이 높을수록 가격할인이나 프로모션에 의존하는 경향이 높다. 그러나 일단 내린 가격을 다시 올리거나 할인 행사를 자주 반복하면 병원에 대한 신뢰도를 감소시킬 가능성이 크다. 때문에 장기적이고 차별화된 서비스로 고객의 마음속에 브랜드에 대한 신뢰감을 인식시켜 경쟁하는 것이 일시적으로 가격에 의해 호감을 형성하는 것보다 생산적이다.

- 개인 병원을 고객이 선택하게 되는 것은 집에서 가까운 곳에, 친절하고, 의료비용이 저렴하면서 퇴근 후나 휴일에도 진료 받을 수 있다는 장점 때문이다. 개인 병원의 목표 소비자는 가까운 지역의 아파트 거주자와 주택 거주자이며, 어린이와 노년층이 주요한 대상이다. 이러한 소비자들에게 멀고 큰 병원을 찾지 말고, 가까운 개인 병원을 찾을 이유와 차별화된 가치로 설득하라. 결국 개인 병원의 HI는 주로 지역 매체를 활용하며, 「가까우면서도 큰 병원에서는 제공할 수 없는 친절한 병원」임을 주요한 콘셉트로 설정할 수 있다.

- 병원의 이전과 증축 시에는 변화된 상황에 맞는 리포지셔닝(repositioning) 전략이 필요하다. 또 이전과 증축에 따른 고객의 불편을 프리미엄과 보상을 통해 해결하는 것이 중요하다. 이를 위해 교통 안내를 충실히 하고, 보다 개선된 치료와 의료서비스를 제공할 것을 약속하며, 재방문한 고객에게 다양한 특전을 제공하여 고객의 이탈률을 최소화한다.

- 광고 메시지는 장기적인 반복 노출에 의해 인지되지만, 오래 반복하면 고객의 관심을 유지하기 힘들다. 매스 미디어를 이용한 광고의 교체 시기는 3개월이 적정하며, 매체 수명이 상대적으로 긴 옥외·교통광고는 6개월이 일반적이다.

- 이성 소구에 입각한 의료진과 시설, 장비에 대한 복잡하고 장황한 설명은 오히려 고객의 시선을 모으기 어렵다. 때문에 복잡한 설명을 줄이고 카피의 양을 제한하여 절제된 미와 여백의 미를 살리는 것이 설득력이 강할 수 있다. 또한 소구점을 분산시키지 말고 집중시켜 가장 중요한 내용 한 가지만을 강조하는 것이 효과적이다.

- 무형성을 보완한 시각적인 효과를 극대화하라. 병원은 서비스업의 하나로 보이지 않는 부분을 시각적으로 보이게 하여 의료서비스에 대한 믿음과 신뢰감을 형성시키는 것이 필요하다. 이를 위해 화장실과 세면대의 청결을 유지하고 내부의 인테리어나 의료종사자의

복장에 이르기까지 좋은 인상과 호감을 줄 수 있는 다양한 노력이 요구된다.

- 시장세분화에서 발전된 포지셔닝 기법은 정보의 홍수 시대에서 자신의 메시지와 이미지를 고객의 머릿속에 기억시키기 용이하기 때문에 자주 사용된다. 선두주자의 포지셔닝과 경쟁·후발업자의 포지셔닝, 그리고 틈새 포지셔닝 등 시장상황에 따라 적합한 것을 선택할 수 있다. 예를 들어 부산의 편작한의원은 소아전문 한의원으로 '60년 전통'이라는 전통성을 포지셔닝에 이용하였다. 동화제약의 '100년 전통의 활명수'의 사례처럼 동종업계에서 창업 후 가장 오래되었다는 것은 차별화에 좋은 소재가 될 수 있다.

- 소아, 여성 전문 한의원이나 비염, 아토피 전문 한의원, 척추 전문 정형외과나 관절, 어깨 전문 정형외과, 소아 치과나 임플란트, 교정, 치아 미백 전문 치과 등과 같이 병원의 질환이나 증후군, 진료과목 별로 세분화하거나 성별, 연령별, 직업별, 소득별 등으로 세분화하고 목표소비자를 발견하여 해당 병원의 차별성이 있는 의료서비스 분야를 집중하려는 것은 경쟁 시장에서 우위를 확보하기 위함이다.

이와 같이 먼저 소비자의 특성별로 몇 개의 세분화된 시장으로 구분하고(segmentation), 여러 세분시장 가운데 자사에 가장 적합한 목표시장을 선정하여(targeting), 경쟁력을 차지하려는 생각은 목표시장의 고객 욕구를 충족시키고 만족을 극대화시킬 수 있는 마케팅 프로그램이나 커뮤니케이션, 메시지를 집중적으로 반복, 소구하는(positioning) STP 전략 사고의 틀에서 함께 이해되어야 한다.

가능하다면 단순한 메시지로 소구하여 마케팅 커뮤니케이션의 효율성을 증대시키려는 포지셔닝 기법은 현대와 같이 광고가 과잉으로 노출되는 '광고의 홍수 시대'에서 잠재고객의 마음과 의식 속에 절제되고 제한된 메시지를 집중적으로 접촉시켜 의도된 효과를 얻기 위해 활용한다. 많은 카피나 복잡한 설명으로 나열된 기존의 병원광고와 같이 메시지의 소구점이 분산된 형태로는 고객에게 설득, 차별화되기 어렵고 커뮤니케이션의 효율성을 발견할 수 없다. 이를 보완하기 위해서는 가급적 복잡한 메시지는 피하고 단순한 접근방법을 통하여 강조점을 제한하는 것이 필요하다.

효율적인 포지셔닝 기법으로는 첫째, 목표고객을 상대로 가장 중요한 가치를 파악하는 것이 중요하다. 광고주의 생각이 아닌 고객이 요구하는 가치를 발견하여 설득 방법을 찾아내라. 둘째, 경쟁사에서 제시된 적이 없는 소구점을 찾아내어 집중적으로 알려라. 셋째, 고객에게 쉽게 기억되기 위해 가능한 단순한 문장으로 표현하라.

- 고객이 원하는 것을 충족시키거나 고객만족을 충실히 실현하는 것은 경쟁력을 강화할 수 있는 필수적인 요소이다. 진정한 고객만족을 실현해야만 고객의 이탈(brand switch)을 막고 고객충성도(brand royalty)를 확보하여 장기적인 관계를 맺을 수 있다.

  그러나 그들이 얼마나 만족했는가를 판단하는 기준은 무엇일까? 다음과 같은 물음에 긍정적인 대답을 할 수 있어야 한다. 첫째, 저희 병원을 다른 사람에서 오라고 소개할 예정입니까? 둘째, 저희 병원을 다시 내원할 생각입니까? 셋째, 저희 병원의 치료와 의료서비스에 정말로 만족하십니까? 또는 지금까지 방문한 병원 중에 저희 병원이 최고라고 생각하십니까?

- 고객 가치는 고객만족의 핵심적인 요소이다. 가치가 커야 만족도 증가한다. 가치(value)는 의료서비스에 대해 고객이 지불한 비용(cost)과 병원이 제공하는 다양한 이익과 편익(benefit)과의 관계에서 발생된다. 다시 말해서 의료서비스를 받고 고객이 지불한 비용보다 병원이 제공한 편익이 크면 가치가 있는 것으로 판단된다.

  또한 고객가치는 하드웨어적인 것보다 소프트웨어적인 것에 더 큰 영향을 받는다. 우수한 진료장비나 병원 시설(편의시설과 주차장 등)과 내부 환경보다는 친절한 의료진과 자세한 설명이나 관심과 배려 등과 같은 요소에 더 많은 만족을 느끼게 된다.

- 차별성을 강조한 임팩트가 강한 카피 유형으로는 질문형식과 주장·제안 형식의 헤드라인의 비중이 높다.
  - 아직도 여성의 질환을 남성과 같은 방법으로 치료하고 계십니까? (질문 형식)
  - 아직도 한의원은 다 똑같다고 생각하고 계십니까? (질문 형식)
  - 탈모치료의 골든타임은 언제인가? (질문 형식)
  - 이 나이에 무슨 임플란트냐? (질문 형식)
  - 요양병원에 대한 잘못된 편견 (주장·제안 형식)

- 병상 기준으로 병원의 규모를 판단할 때, 500개 이상은 대형종합병원, 200~300개는 종합병원이다. 광주광역시를 예를 들면, 전남대학교 병원은 병상 980개, 조선대학교 병원은 병상 709개, 광주 기독병원은 600여개 정도이다. 광주는 2012년 기준으로 병상이 2,000개 증가하였다. 광주 기독병원은 경쟁이 심화되는 가운데서도 병상이 100여개 증가하였는데 이것은 병원내부의 시설 개선 및 적극적으로 고객과의 관계를 유지해 온 결과이다.

- 병원 브랜드 아이덴티티 HI는 다른 곳과의 차별화를 위해 도입되지만, 특히 시각적인 측면에서는 홍보 효과나 인지도의 증가와 함께 친근감을 형성하기 쉬운 장점 때문에 활성화되고 있다. 시각적 차별화를 위한 인쇄 홍보물, 사인 류, 로고, 심벌마크, 캐릭터, 프로모션 대상물 등에는 병원의 이념 및 향후 비전에 대한 주제와 콘셉트가 반영되어야 한다.
- 모든 계획은 실행에 대한 평가가 중요하며, 이를 위해 반드시 피드백(feedback)이 이루어져야 한다. 또한 마케팅이나 홍보 활동이 효율적으로 실행되기 위해서는 명확한 목표 설정이 중요하다.

우리는 주변에서 목표에 대한 올바른 인식 없이 기획을 수립하거나 객관적인 기준과는 동떨어져 마케팅과 홍보를 실행하고 있는 모습을 자주 발견할 수 있다. 목표는 무엇보다 측정가능하면서도 실현가능한 조건이 전제로 되어야 하며, 측정 가능한 기간이 명시되어야 한다. 그런 면에서는 마케팅목표와 광고목표에 대한 정확한 인식이 필요하다.

일반적으로 마케팅목표와 광고목표를 구별하지 못하는 사람이 많다. 마케팅은 기업의 이윤을 극대화하기 위하여 고객만족을 통한 통합적인 판매활동을 실행하는 것이므로 판매액의 증가나 주어진 시장점유율을 달성하는 것과 같은 목표는 타당하다. 그러나 마케팅활동은 광고만이 독자적으로 그 역할을 수행하고 있는 것이 아니라 마케팅믹스, 프로모션믹스 등의 다양한 요소가 조화를 이루며 적절히 통합이 되어 목표를 수행하게 된다. 이들 구성요소의 총합이 곧 마케팅활동으로 결집되며 그 결과는 판매액의 증감 형태로 나타나고 있다.

광고는 어느 정도 마케팅활동에 참여하면서 판매액의 증가와 같은 마케팅목표에 나름대로 기여하고 있는 것은 사실이지만 광고만이 판매활동에 영향을 주는 것으로는 생각할 수 없다. 이 이야기는 광고활동을 통하여 과연 어느 정도 판매에 기여했는가를 정확히 측정하기 어렵다는 말과도 의미를 같이 하고 있다.

따라서 광고의 목표로서 적합한 영역을 설정하는 일은 매우 중요하고도 생각했던 것보다 쉬운 일은 아니다. 판매의 성과를 광고목표로 설정할 수 없다면 광고에 알맞은 측정 가능한 범위는 무엇인가? 그러한 의문은 한마디로 브랜드 인지율이나 광고의 메시지 침투율과 같은 합리적이고 측정 가능한 커뮤니케이션 목표를 세워 광고의 효과를 정확히 측정할 수 있다는 광고목표 과업법으로 제안된다. 이와 같은 생각의 이론적 근거로는 DAGMAR(Defining Advertising Goals for Measured Advertising results)의 이론이 기여하였다.

- 신규고객과 소개고객은 매출액의 증가와 병원의 성장에 중요한 요소로 작용한다. 신규고객의 비율은 향후 해당 병원의 매출이 성장할 가능성을 나타내는 주요한 지표이다. 일반적으로 신규고객에 의한 매출액의 비중이 총 매출액의 25%에서 30%로 정도이면 앞으로 매출이 성장할 것으로 예측할 수 있다. 마지막 방문일로부터 1년이 경과하여 재방문할 경우도 신규고객에 포함시킨다.

  또한 소개고객을 늘리는 것도 매출액의 증가에 많은 영향을 미친다. 소개고객의 비율은 고객만족도와 밀접한 관련성이 있다. 소개로 인해 내원한 고객의 비율이 신규고객의 60% 이상을 차지하면, 고객만족도가 매우 높은 것으로 판단할 수 있다.

  그러나 소개고객이 감소하고 기존의 고객마저 이탈한다면 병원 경영에 적신호로 보아야 한다. 이러한 고객 이탈율은 병원진료에 대한 예약 준수율에 의해 판단할 수 있다. 고객 이탈율은 예약 부도율과 긴밀한 관련성이 있으며, 이를 방지하기 위해 사전에 세심한 관리가 필요하다. 한 예로 미국의 치과병원에 의하면 단순히 예약 준수율, 진료 동의율을 잘 관리하는 것만으로도 매출이 15%로 상승하는 것으로 나타났다.

- 병원의 홈페이지나 블로그 등 인터넷 상에 치료후기나 서비스 개선에 대한 의견, 각종 아이디어 등의 의견이나 제안을 적극적으로 남기는 사람들을 대상으로 참여를 유도하고 촉진하는 프로모션과 프리미엄, 기프트 등을 제공한다. 또한 내부마케팅을 강화하는 방법으로 싸이월드나 블로그 등을 통해 병원직원들 간의 소통을 활성화하고 고객과의 의견 교환 및 커뮤니케이션을 도모한다.

- 지루한 대기시간에 대한 저항을 감소시키는 방법을 모색한다.

  - 휴게실이나 대기실 주변에 디지털카메라나 인스턴트카메라를 준비하여 기다리는 동안 기념사진을 촬영하거나 스마트폰을 통해서 친구에게 소개하는 등의 이벤트를 마련한다.

  - 대기실 주변을 꽃과 화분 등으로 장식하고 식물 이름과 꽃말을 적어 지루한 느낌을 완화시킨다.

  - 정기적인 도서구입을 통하여 미니 도서관을 활성화하고 대기하는 동안 책을 읽으며 보내도록 하며, 단골 고객에게는 도서대여도 병행한다. 치료과목에 따라 주부, 어린이를 타깃으로 한 도서 구입을 세분화한다.

  - 음료의 종류를 다양화하여 음료 서비스를 실시하고, 어린이를 대상으로 일정규모의

공간을 확보 하여 놀이공간을 마련하거나 유아의 경우, 수유 장소를 설치한다.

· 병원에 가장 적합한 매체전략은 무엇인가 하는 것은 매우 중요한 문제이다. 가장 기본적인 매체로는 불특정다수를 대상으로 하는 TV, 라디오와 같은 전파매체와 신문, 잡지 등의 인쇄매체가 있지만 병원은 의료법의 규제 때문에 전파매체를 통한 광고행위는 제한을 받고 있다. 정형외과를 비롯한 치과, 안과 한의원 등의 다양한 진료과목은 주로 신문광고를 이용하고 있으며 성형외과, 피부과를 중심으로 여성잡지를 활용하는 사례가 많다.

그러나 지역을 거점으로 하는 중소병원이나 지역 의원은 비용 상의 문제점과 효율성을 생각할 때 지역매체(local media)를 주로 활용하고 있다. 지역매체에는 주로 옥외광고나 교통광고 등이 주를 이루며, 그 밖의 전단광고나 브로슈어, 카탈로그 등의 인쇄홍보물, DM광고, POP광고, 텔레마케팅 등의 SP매체나 기타 미니 미디어(mini media)가 포함된다.

한편 정보, 통신 기술의 발달과 함께 PC, 스마트폰이나 모바일 매체의 대중화는 인터넷매체에 대한 접근성과 활용성을 향상시키고 있다. 젊은 층이나 주부를 대상으로 언제든지 손쉽게 접촉할 수 있는 인터넷 광고나 홈페이지 등은 병원의 규모에 관계없이 매우 유용한 매체이다. 해마다 병원에 관한 정보나 서비스 내용을 알기 위해 인터넷을 이용하는 소비자의 비율은 증가하고 있으며, 비용 대 효과적인 측면에서도 인터넷 광고나 홈페이지는 효율성이 입증되고 있고, 블로그 마케팅이나 SNS 등에 의해 매체로서의 비중과 영향력은 급속히 증가하고 있다.

지역과 밀착되어 있는 의원이나 지역 거점 병원에서는 우선 주목해야할 매체로 지역매체와 인터넷 홈페이지를 주목할 필요가 있다. 지역의 내과나 소아과, 이비인후과, 치과, 한의원 등은 홍보와 마케팅을 위한 주요 매체로서의 활용은 물론, 고객과의 소통과 관계 유지를 위해 이들 매체를 적극적으로 이용하는 것이 필요하다.

고객의 입장에서는 원하는 병원에 관한 정보를 얻기 위해 방문 전에 해당 병원의 홈페이지를 탐색하게 된다. 자주 이용하는 홈페이지 메뉴는 담당 의사의 전문성을 비롯해 치료후기나 상담코너를 통해 치료방법과 비용 등에 대해 정보를 접촉하고 있다. 또한 병원을 찾기 위해 이용할 수 있는 교통수단과 위치, 약도, 전화번호 등도 자주 검색하는 중요한 사항에 포함된다.

· 최근 조사 결과에 의하면 전국 주요 대학병원들은 지난 1일 3000~8500명의 외래환자를 진료한 것으로 나타났다. 대형병원이나 유명 의사에 대한 집중 현상이 심화되면서 극단

적으로는 한 시간 기다려 30초진료를 받는 일이 발생하고 있다. 어떤 경우에는 의사 한사람이 하루에 200명 가까이 진료하기도 한다. 심지어는 한두 달 예약기간을 거처 대개 30초~3분 진료 받는 것이 고작인 경우도 많다.

요즘 대학병원 진료실의 한 단면이다. 환부를 만지거나(촉진·觸診), 살피거나(시진·視診), 청진기(聽診器)를 대거나 두드리는(타진·打診) 등의 정상적인 진찰법을 찾아보기 쉽지 않다. 두세 개 방을 짧게 오가는 진료 방식이어서 '모니터 진료', '컨베이어벨트식 진료'로 불린다. 한두 달 기다리다 갔는데 대개 30초~3분 진료 받는 게 고작이다.

짧은 시간에 환자를 소화하려고 방 사이 칸막이에 문을 만든 두 개의 진료실을 하루 종일 왕래하며 그 안에서 간호사가 모니터에 미리 환자 자료를 띄워 놓으면 그걸 살펴 진료한다. 이러한 진료 방법은 '컨베이어 벨트식 진료'로 불린다. 요즘 의료가 자기공명영상촬영(MRI)나 컴퓨터단층촬영(CT) 등의 첨단검사장비나 유전자 검사 등 각종 검사 의존도가 높아진 것도 모니터 진료를 부추기는 결과이다.

✚ 표 1-2_ 대형 병원 하루 외래환자 수(단위 : 명)

병원	환자	병원	환자
서울대	8585	중앙대	3089
세브란스	7834	부산대	3677
삼성서울	7813	경북대	3500
서울성모	6378	충남대	3463
분당 서울대	4852	전북대	3800
고려대	3800	충북대	1837

※ 서울아산·한양대·전남대(화순)병원은 공개 거부
※ 4월 1일 외래환자 기준
(출처) 중앙일보 2013년 4월 10일

병원 홍보의 필요성과 향후 방향

1. 병원 홍보의 필요성

　　병원과 의료업계는 전문성을 바탕으로 환자의 병과 질환을 치료하여 만족을 추구하는 서비스 기관이다. 또 일반 기업과는 달리 단순히 제품을 제공하여 고객의 욕구를 충족시키기 보다는 고객과의 소통과 교류, 관계를 맺으면서 그들의 욕구를 만족시키는 서비스 업종의 하나이다.

　　과거 의료기관은 소득과 건강에 대한 관심이 증가함에 따라 의료 수요의 확대되고 양적 성장을 추구해 왔다. 그러나 의료시장이 개방되고 공급 초과에 따라 환자가 꾸준히 감소하여 의료기관 사이에 경쟁이 심화되는 등, 경영의 어려움을 겪고 있다. 경쟁력이 약한 소규모 병·의원은 더 이상 설 자리를 잃고 전문화하거나 경영혁신을 시작하여 조직을 다시 정비하고 있다.

　　병원의 환자는 본래 영어의 'patient'라는 용어에서 출발하였지만, 현재는 더 이상 권위적이고 병원 중심적인 사고에 불편을 감수하며 참아야 할 대상이 아닌 시대이다. 의료서비스에 대한 기대 수준이 향상되고 욕구가 다양화, 개성화, 고급화로 양적에서 질적으로 변화되면서 앞으로 의료시장은 어느 때보다 치열한 경쟁이 예상되고 있다.

　　이에 병원과 의료기관은 고객의 욕구를 철저히 파악하고 이를 충족시킬 수 있는 다양하고 차별화된 의료서비스를 개발하고, 꾸준한 커뮤니케이션 활동을 통해 공감과 소통을 지속적으로 유지함으로써 고객만족을 제공해야만 앞으로의 경쟁 환경을 슬기롭게 극복할 수 있을 것이다.

　　또한 장기적인 관점에서 홍보계획을 수립하여 해당병원에 대한 정보를 고객에게 제공하고 꾸준히 알려서 이미지 개선은 물론, 호감을 형성하여 고객 충성도를 형성할 수 있도록 노력을 기울여야 한다. 더불어 병원의 입장에서 메시지를 전달하려 하지 말고 고객의 시각에서 그들이 원하는 것을 전하고 설득하려는 자세와 노력이 필요하다. 병원 홍보의 필요성에 대해 정리하면 다음과 같다.

1) 고객 욕구의 변화

기존의 폐쇄적, 권위주의적인 의료 환경에서 고객 지향적인 의료서비스 시장의 변화에 따라 욕구의 다양화, 고급화, 개성화가 진행되고 있다. 의료기관은 과거의 양적 성장에서 질적 성장을 고려하며, 고객의 욕구를 파악하여 이를 충족시킬 수 있는 의료서비스를 개발해야 지속적인 발전이 가능하게 되었다. 또한 고객의 소통과 교류를 위해 꾸준히 정보를 제공하고 호감을 갖도록 하기 위해 홍보활동을 적극적으로 전개해야 할 필요가 있다.

2) 건강 정보의 매체환경 개선

정보, 통신에 관한 기술의 발달과 미디어나 전달 수단의 개선으로 커뮤니케이션 환경이 크게 변모되었다. 소비자의 건강에 대한 욕구가 증대함에 따라 이에 관한 정보 수요도 대폭 증가하고 있는데, 의료기관 이를 충족시키기 위해 다양한 홍보 매체를 적극 활용하고 있다. 신문, 방송 등의 매스미디어와 인터넷 등의 디지털 매체, 그리고 옥외광고, 교통광고 등을 이용하여 병원을 알리고 이해시키는데 노력을 기울이고 있다.

3) 의료 시장 환경의 변화

향후 의료기관은 의료 시장의 개방과 환자 감소로 인해 치열한 경쟁이 예상되며, 생존하기 위해서는 차별화된 서비스 마케팅이 필요하다. 이에 따라 병원들은 경쟁력을 강화하기 위해 메시지 설득력을 향상시키고 이미지를 차별화하여 시장에서의 경쟁력과 잠재력을 개발해야만 한다.

4) 병원 관계자의 소통과 내부마케팅의 필요

병원은 다양한 직종의 많은 사람들이 환자의 진료를 위해 협력하는 노동집약적 산업이다. 또한 병·질환을 제대로 치료하고 양질의 차별화된 의료서비스를 제공하기 위해서는 병원내부에 있는 의료종사자의 원활한 의사소통과 협력이 요구된다. 먼저 병원내부의 의료관계자의 고객만족을 위한 의식변화가 선행되고 또한 이를 적극적으로 추진하기 위해서는 직무상의 만족이 병행되어야 좋은 성과가 기대될 수 있다.

2. 병원홍보의 문제점

영리를 목적으로 하는 기업을 제외한 대부분의 비영리조직은 판매나 마케팅에 대해 부정적인 시각을 갖는다. 특히 의료기관은 마케팅활동을 직업윤리나 의료종사자의 품위를 손상시키는 행위로 간주하고 그 활동을 제한해오고 있다.

그러나 이러한 부정적인 생각도 의사의 윤리강령에 대한 변화와 함께 개선의 움직임이 일어나고 있다. 지금까지 허용되지 않았던 의료광고에 대해서도 완화된 조항이 나타나고 있고, 의료관광 분야에서는 전면적인 개정이 시도되고 있다. 특히 의료법이 개정되면서 병원은 해외에서 외국인 환자나 의료관광객을 유치할 수 있는 법적인 근거가 마련되어 자유로운 광고, 홍보 활동이 가능해졌다.

1) 병원홍보의 규제와 제한

기업이나 일반 서비스업과는 달리, 병원의 홍보활동은 의료법 상의 엄격한 제약이 뒤따른다. 이러한 홍보 업무에 관한 제한 행위는 다른 곳에서는 쉽게 찾아볼 수 없는 것이다.

미국은 의료광고에 관한 규제나 법조항이 따로 정해진 바 없으며, 일본은 매체에 대한 특별한 규제가 없기 때문에 전파광고를 이용할 수 있다. 반면에 우리나라의 의료광고는 TV나 라디오와 같은 전파광고는 사회에 미치는 영향력과 파급력을 고려하여 금지하고 있다(2007년 의료광고에 관한 조항이 일부 개정되었음).

· 의료법 시행령 제19조 및 대한병원협회가 제정한 병원윤리강령 제9항에서는 병원은 타 병원을 비방 또는 비교하여 우수한 효과가 있는 것으로 광고하거나 환자를 유인하는 행위를 금지하고 있다.
· 의료법 제4장 제46조 및 제47조는 의료광고와 관련된 것으로 의료에 대한 광고의 제한 내지 금지를 규정하고 있으며, 의료법 시행규칙 제33조는 광고를 할 수 있는 범위를 제한적으로 규정하고 있다.
· 대한의학협회제정 의사의 윤리강령 제7항은 의사의 품격과 명예를 손상시키는 광고 행위를 전면적으로 금지하고 있다.

2) 병원 홍보에 대한 오해와 인식 부족

과다한 홍보활동이 소비자를 조정하여 마케팅 비용이 상승하거나 불필요한 의료수요를 조장하여 금전 낭비를 초래한다고 보고 있다. 이는 불필요한 홍보활동은 오히려 의료비용을 증가시켜 고객의 불만으로 이어질 수 있으며, 이를 제한하거나 규제할 필요가 있다고 보는 견해이다. 이것은 전통적인 경제학자의 입장과 맥락을 같이 하는데, 홍보를 통해 고객에게 적절한 정보를 제공하고 판단 기준을 다원화한다는 생각을 적게 평가한 것에 기인하고 있다. 또한 아직 환자가 많아서 대기상태에 있는 병원이나 공급 부족에 따른 생산자 중심의 의료시장에서 군이 홍보가 필요한가하는 생각을 가진 경영자가 많이 존재하고 있다.

3) 의료인의 인식 부족

의료기관은 박애주의에 바탕을 두고 자금을 기증받거나 비영리조직으로 운영되기 때문에 고객에 대한 인식과 차별화된 의료서비스를 제공하여 타 병원과 경쟁한다는 인식이 부족하다. 따라서 상업적인 행위와 서비스에 대해 부정적인 의식이 강하고, 의료광고나 홍보활동은 의료인의 자존심과 품격을 떨어뜨리는 행위로 간주하고 있다.

4) 전문 인력의 부족

의료기관은 마케팅과 홍보를 전담하는 조직과 전문 인력이 부족하다. 대부분의 병원은 마케팅과 홍보의 기능이나 효과를 인식하지 못하여 이에 따른 전담 부서를 두지 않고 주먹구구식이나 전문성을 갖추지 못한 채 홍보 업무를 관장하고 있다. 의료인은 생산과 소비가 동시에 작용하는 업무 구조 때문에 의료서비스를 충실히 제공하기에는 환경적인 제약요소가 많다. 따라서 전문 인력을 확보하여 홍보활동의 효율성을 향상시킬 필요가 있다.

3. 병원 홍보 · 마케팅의 향후 개선 방향

병원 홍보·마케팅의 향후 방향은 병원경영 합리화와 경쟁적 차별화에 우월성 확보, 그

리고 의료서비스 마케팅을 중심으로 문제점을 발견하고, 이를 개선하는 방향으로 진행되어야 한다.

1) 시장세분화와 전략적 사고

병원이 생존을 위해 필요한 경쟁적 우위를 확보하려면 전략적 사고에 의한 접근방법이 필요하다. 전략적 사고란 한마디로 조직이 가진 자원을 효율적으로 활용하는 방법을 고려하여 상대와의 경쟁력 확보하는 것을 의미하며, 이를 위해서는 무엇보다 사업 영역에 있어 선택과 집중이 수반되어야 한다. 선택과 집중에 대한 논리는 마케팅전략의 핵심이다. 이는 성공적이고 효과적인 마케팅활동을 수행하기 위해서는 조직이 가지고 있는 자원을 효과적으로 배분하고, 경쟁력이 있는 사업 부분에 집중 투자하여 경쟁력을 향상시키려는 전략적 사고에서 출발하고 있다.

병원에서 사업영역을 선택하고 집중하여야 하는 이유는 여러 가지가 있다. 첫째, 한 병원이 모든 영역에 있어 경쟁적 우위를 확보하고 고객만족을 이룬다는 것이 불가능하기 때문이다. 둘째, 선택과 집중에 의해 전문화를 이룰 경우 병원 경영의 생산성과 효율성, 그리고 수익성의 증대를 기대할 수 있기 때문이다. 셋째, 의료서비스에 있어 고객들은 전문화된 의료기관을 선호하고 있기 때문이다. 향후 병원에서 요구되는 선택과 집중전략은 주로 경쟁력이 있는 특정사업 영역을 선택하면서 사업성이 낮은 부문을 과감히 퇴출시키는 전략이 될 것이다.

한편 선택과 집중에 의해 목표고객을 명확히 선정하는 것을 시장세분화라고 하는데, 이것은 특정 병원이 대상으로 하는 고객을 정확히 규정하지 않는 경우, 고객만족이 어렵고 마케팅 효과 적기 때문이다. 시장세분화에는 여러 방법이 있지만, 고객의 특성과 욕구에 따라 세분 시장을 구분하여 특정 고객을 찾아내고 마케팅 자원을 효율성을 극대화시킬 수 있기 때문이다.

병원들도 지금까지의 백화점식 경영을 지양하고 경쟁력 없는 진료과는 투자를 제한하여 비용을 줄이는 지혜가 필요하다. 또 의사 한명이 병원을 경영하는 1인 의원 시대는 한계에 부딪쳐, 의사들끼리 자본과 의료기술을 묶는 공동 개원이나 병원끼리 정보와 시설을 공유하는 네트워크가 필요하다는 전문가들의 제안과 같이, 자신 있는 분야를 특화하고 기능에 맞는 만큼만 시설과 인력을 유지하며, 서비스 품질을 높여 나가는 전략이 필요한 때이다.

2) 네트워크화 · 협력체계 및 전문화의 추구

1990년대 후반 산업전반에 걸친 개방화, 세계화에 대한 적절한 대응이 요구되고, 의료서비스 분야에서 변화가 시작되면서 의료기관은 공동 개원이라는 새로운 형태의 경영방식이 등장하였다. 또, 최근 경쟁력을 강화하기 위해 전문병원이나 소규모 병원을 중심으로 다른 의료기관과 네트워크화와 협력체계를 구축하려는 움직임이 활발히 전개되고 있다. 서로의 약점을 보완하고 네트워크화나 협력관계에서 파생하는 시너지효과를 최대한 창출할 수 있기 때문에 여러 의료기관으로부터 관심의 대상이 되고 있다. 이러한 경향은 앞으로 더욱 확대될 것으로 예상되며, 특히 어떤 형태의 협력체계를 구축하느냐에 따라 병원 경영의 성패는 크게 좌우될 수 있다.

병원의 협력체계 구축의 필요성은 크게 두 가지 측면에서 제기할 수 있다. 첫째 병원이 서비스 영역을 선택하고 집중하여 병원 간의 서비스 영역이 전문화됨에 따라 수평적 상호 협력의 필요성이 제기되고 있기 때문이다. 다른 하나는 의료기관간의 수직적 협력체계의 필요성이다. 즉 의료전달체계, 환자후송체계와 같은 의료기관의 기능분담을 통하여 해당 의료기관에 적합한 유형의 환자를 진료하도록 함으로써 전체적인 의료자원 활용의 효율성을 높일 수 있을 것이다.

한 예로 소규모의 어느 성형외과는 종합병원과의 협력병원 관계를 유지하여 성형외과적 진료뿐만 아니라, 환자치료와 진료에 관한 전반적인 사항에 관해 교류, 협진 등의 상호 협력체계를 확립하여 부작용과 합병증에 관한 충분한 준비를 하고 있다.

또 치과와 안과, 한방병원을 중심으로 네트워크 병원들이 늘어나고 있으며, 이것은 브랜드 공유에 따른 인지도, 이미지 향상과 함께 치료에 필요한 부자재 등의 대량구매를 통해 비용 절감이 가능하기 때문이다.

3) 지역사회와의 소통과 의료서비스 영역의 확대

지역사회 주민의 건강유지와 증진 및 병 질환에 대한 예방과 교육 등은 병원의 주요 기능중의 하나다. 병원은 지역사회에 거점을 두고 주어진 역할을 수행하면서 함께 발전을 도모해야 하기 때문에 자신을 알리고 자주 소통하며, 지역에 기여할 수 있는 다양한 활동을 통해 좋은 이미지 구축에 노력하고 있다. 지역병원을 이용하는 소비자들은 주로 집에서 가까이에 있어 쉽고, 빠르게 이용할 수 있다는 이점 때문에 지역 거범 병원을 자주 이용하고 있다. 병원이 지역사회와 보다 좋은 관계를 만들기 위해서는 의료 봉사 및 서비스 영역을 확대하며 다양한 커뮤니케이션을 통해 홍보활동을 강화할 필요가 있다.

지역사회 주민을 위한 홍보 및 의료서비스의 확대 방안은 다음의 세 가지를 주목할 필요가 있다. 먼저, 환자들이 거리나 교통 소요시간을 어느 정도 주거지 근접성 여부의 판단기준으로 삼고 있는지를 제대로 파악하여 병원의 진료권역을 확실하게 설정하고, 이를 통해 지역의 잠재 의료고객들을 대상으로 하는 의료서비스를 개선하거나 창출한다.

둘째, 지역사회 주민을 병원운영에 참여시키는 방법을 통해 상호 협력 및 관계를 증진시킨다. 예를 들어 지역주민의 소리를 듣기 위한 운영위원회를 개최하거나, 병원자문 위원회를 구성하여 사회단체의 지도층이나 지역사회의 유지를 대상으로 지역의 어려운 점을 듣고, 병원에 대한 주민의 협조를 구하는 방법을 통해 병원의 신뢰감을 높이고 이미지를 향상시킬 수 잇다.

셋째, 지역과의 관계를 강화하기 위한 홍보활동을 활발히 전개해야 한다. 예를 들어 의료지원 형식의 자원봉사자의 협력, 교류에 의한 지원활동, 재해지에 의료팀을 파견하는 의료봉사, 홍보활동의 일환으로 지역행사에 참가하거나 기부 활동, 지역사회의 오피니언 리더가 참석하는 세미나와 심포지엄, 그 밖의 주민과의 교류를 위한 간담회, 좌담회 등 형태는 매우 다양하다.

4) 자원의 공유

병원은 고가의 장비나 인력을 필요로 하는 다른 의료기관과의 자원공유를 통해 의료비용을 줄이고 공급시설을 확대할 수 있다. 최근에는 중소 병원이나 네트병원을 중심으로 고가 의료장비를 함께 이용하는 등의 자원공유를 통해 다양한 장점이 나타나고 있다. 또 인근 의료기관과의 협력병원 체제를 활용하여 의료자원을 효율적으로 활용하고 있다.

의료종사자의 교환교육을 통해 의료서비스의 질을 높이고 공급능력을 확대하는 경향도 늘고 있는데, 이것은 적은 인원으로 의료서비스의 수요를 대처할 수 있는 효율적인 방법으로 인식되어 확대 추세에 있다.

5) 진료 대기시간의 단축

환자의 대기시간이 길다는 것은 서비스의 공급이 부족하고 수요가 불규칙하여 특정시간대에 집중되기 때문이다. 대기 시간에 따른 불만족이 장기화될 경우, 현재의 이용 병원을 이탈할 가능성이 크다. 이를 개선하기 위해서는 서비스의 공급 확대 및 수요를 조절하여 서비스의 질을 일정하게 유지, 개선하려는 노력이 요구된다.

먼저 지루한 대기시간에 대한 저항을 감소시키는 방법을 모색한다. 예를 들어 대기실 주변을 꽃과 화분 등으로 장식하여 지루한 느낌을 완화시키거나 정기적인 도서구입을 통하여 미니 도서관을 활성화하고, 음료 서비스를 실시하는 등의 노력을 기울인다.

또한 진료접수 절차를 간소화하고 의료 행정업무의 전산화를 추진하거나 각 부서간의 원활한 업무 협조체제를 구축하여 환자의 이동거리와 대기시간을 크게 단축시킨다. 그리고 특정 시간대의 집중현상을 피하기 위한 진료예약제의 활성화와 환자가 집중되지 않는 시간대를 이용하는 고객에게 진료비 할증이나 기타 혜택을 제공하는 프로모션 활동을 통해서 고객을 분산시킬 수 있다.

+ 그림 1-14_
전남대학교
병원 사례

6) 고객과의 커뮤니케이션의 중시

의료서비스업의 특성인 동시성(불가분성, 비분리성)은 고객이나 환자의 구매, 치료 현장에서 생산과 소비가 동시에 이루어지는 것을 가리키는데, 그만큼 의료종사자의 행위는 의료서비스현장에서 고객에게 많은 영향을 주게 되어 재구매 및 로열티와 밀접한 관련성을 갖게된다. 즉, 의료현장에서 의료진의 커뮤니케이션 행위나 태도는 고객만족 및 태도 변화에 직접적인 영향을 미치게 됨으로, 다양한 소통 방법을 개발하고 고객과의 만남을 중시하는 홍

보 방안을 구사하여 경쟁력을 강화하는데 노력해야 한다. 한 예로 의료기관의 불만족 요인으로 대기시간이 긴 것과 함께 의료진의 병 질환에 대한 설명 부족과 소통의 부재를 지적하고 있는 것을 생각하더라도 커뮤니케이션의 중요성을 충분히 이해할 수 있다.

따라서 의료관계자는 기본적으로 서비스업의 종사자로서의 자각과 더불어 올바른 자세를 가지는 것이 중요하다. 병원이 단지 전문적인 의료 행위를 제공하는 곳으로 국한하지 말고, 환자에게 편안함과 친절, 안심감을 주는 곳이라는 인식을 가지고 고객과의 관계 개선, 유지 및 적절히 소통하는 자세를 지향해야 할 것이다.

또한 의료종사자 스스로의 권위의식을 없애고 환자나 보호자에게 질병에 대하여 친절하게 자세한 설명을 제공한다. 이를 위해 구체적인 친절교육과 인성교육을 실시하고 항상 일정한 수준의 서비스가 유지되도록 매뉴얼을 작성하여 업무에 임할 수 있게 해야 한다. 더불어 진료과별 병에 대한 안내 책자나 각종 건강 정보에 관한 인쇄 홍보물을 제공하여 고객의 편의를 돕고, 의료종사자 및 환자와의 소통 기회를 늘려서 상담을 활성화하는 등의 커뮤니케이션 활동을 통해 호감을 유도한다.

7) 병원의 환경 개선 및 연출

기업이 생산하는 제품은 고객이 직접 눈으로 확인하며 구입할 수 있지만, 의료서비스는 눈으로 보거나 제품의 상태를 가시적으로 확인할 수 없다. 이것은 의료서비스의 특성인 무형성(intangibility)을 나타내는 것으로, 보이지 않는 가치를 만회하기 위해 부단히 노력해야 함을 강조한다. 다시 말해서 의료서비스를 이용하는 고객은 물리적 증거(physical evidence)를 통해 품질이나 가치를 판단하는 근거로 생각하게 되는데, 여기에는 다음의 속성이 포함된다.

첫째 내부속성으로 병원내부의 인테리어나 분위기, 화장실, 의료장비, 조명, 인쇄물, 의료종사자의 유니폼 등이 포함된다. 둘째 외부속성으로 건물외관이나 안내·유도 사인 및 간판, 표지판, 진입로 및 주차장 등이 있으며, 셋째 기타속성으로 직원들의 태도나 용모, 커뮤니케이션 방법 등이 있다.

이와 같이 일반적인 제품처럼 일정한 외형이나 형태가 없는 의료서비스의 행위를 가급적 물리적인 환경이나 물리적 증거를 통해 가시화함으로써 이용 환자에게 신뢰감과 믿음을 주고, 이미지를 향상시켜 이것을 홍보활동의 일환으로 활용하는 것은 새로운 경쟁력을 창출함을 의미한다.

또 보이지 않는 서비스의 가치를 외관적으로 연출하고 보이도록 하는 것은 고객만족도를 향상시키는데 도움을 주며, 환자나 고객의 신체적, 정신적 안정에 긍정적인 영향을 준다. 병원의 깨끗하고 쾌적한 환경과 시설 공간, 그리고 편의 시설 등의 물리적 증거는 향후 병원이 관심을 가지고 꾸준히 개선해야 할 중요한 속성으로서 다양한 활용 방법이 요구된다.

8) 의료시장의 개방과 의료관광 사업

최근 정부가 추진하고 있는 의료시장 개방의 움직임은 향후 국내 의료시장의 판도에 많은 변화를 가져 올 것으로 예상된다. 외국인 전용병원의 도입이 검토되고, 인천 송도의 경제자유구역과 제주도의 외국 영리의료기관 설립이 벌써 가시화됨에 따라 의료시장은 더욱 광범위하게 확대될 것으로 전망되고 있다.

미래의 성장 동력산업으로서 의료관광은 최근 많은 나라에서 주목받고 있다. 한국은 아직 시작단계에 불과하지만, 선진국 수준의 높은 의료기술과 저렴한 의료비용을 바탕으로 경쟁력이 평가되고 있으며, 정부나 지자체의 지속적인 관심 속에 의료관광객이 빠른 속도로 증가하고 있다.

현재 의료기관 및 각 지자체에서는 강점을 가지고 있는 치료분야를 특화하고 주변의 관광자원과 연계하여 의료관광 사업에 적극적으로 대응하고 있다. 또 의료와 관광, 힐링이 결합된 의료관광 상품의 개발이 추진되고, 비급여서비스의 비중이 높은 치과, 피부과, 성형외과 안과 등을 중심으로 마케팅활동이 활발히 전개되고 있다.

특히 한류의 이미지를 이용한 문화산업과의 협력을 통해 해외홍보에 적극적으로 나서고 있으며, 주요 국가의 매체를 활용하여 광고활동을 하고 있다. 한 예로 서울시를 중심으로 성장 잠재력이 큰 동남아 및 일본, 중국의 해외 언론매체를 초청하여 국내 의료업계의 우수성을 체계적으로 홍보하고 있다.

9) 유비쿼터스(Ubiquitous)의 도래

'언제, 어디서나'라는 의미의 유비쿼터스(Ubiquitous)는 의료기관에도 급속히 파급되어 최근 U-health care(Ubiquitous Healthcare)라는 신조어를 만들었다.

이것은 소형, 휴대 가능한 다양한 종류의 생체신호 측정 감지기의 출현과 초고속 통신망 인프라의 정비, 고성능 무선 통신기기의 발전이 어우러져 언제 어디서든 자신의 건강상태를 모니터링하고 개인화된 건강관리 서비스를 받을 수 있는 시대가 도래 하였음을 보여준다. U-Healthcare가 완비된 환경에서는 사용자들은 무자각 상태에서 자신의 건강상태를 실시간으로 모니터링하고 가장 적절한 시점에서 적합한 조치를 취함으로써 개개인의 건강상태를 최상으로 유지하는 것이 가능하다.

향후의 노령화 사회, 웰빙을 추구하는 사회에서는 이러한 U-Healthcare 환경을 필요로 하게 되며, 산업계에서도 개인 건강관리 서비스를 휴대단말에 접목시켜 산업화하려는 시도가 꾸준히 이루어지고 있다. 또한 정부에서는 수년 전부터 이러한 U-Healthcare 분야의 중요성을 인지하고 기술개발과 산업 육성에 다각적인 노력을 하고 있다. 보사부에서는 의료기관 간 정보 공유 및 교류를 위한 보건의료정보 표준화와 전자건강기록 시스템 도입을 추진하며, 공공의료기관의 정보화와 관련 법률 제정도 2006년에 들어서면서부터 본격적으로 추진 중이다.

이러한 정부, 산업체 등의 노력으로 인해 U-Healthcare 기술이 발전되고 관련 산업이 육성될 것으로 기대되지만, 수행중인 U-Healthcare 프로젝트가 상호 유기적인 연결성을 가지지 않은 상태에서 진행되고 있다는 것은 우려해야 할 사항이다. 따라서 다양한 사업주체 간의 공유할 수 있는 U-Healthcare 서비스 플랫폼 구축을 통해서 독립적으로 수행된 프로젝트의 산출물의 상호 연계와 통합이 필요하다.

한편 현재 대부분의 대형병원들이 지향하고 있는 U-healthcare는 실제로 병원 간에 또는 원거리에 있는 진료, 응급구조, 통합 건강관리를 총괄하는 의미로 보는 것이 타당하다. 이와 관련하여 병원 내에서 주로 사용되는 사례를 살펴보면 다음과 같다.

먼저 전자태그-환자 개인들에게 부여된 바코드 또는 전자 태그를 이용하여 언제 어디서든지 환자의 id가 확인 될 수 있고, 간호사들에게는 노트북이 하나씩 지급되어 모든 업무를 진행하며, 의사결정지원 시스템(DSS)이나 전자의무기록(EMR) 등 다양하게 활용되고 있다.

각주 정리

박주희 외, 『의료마케팅』, 대학서림, 2010, pp.194~198

병원을 살리는 마케팅 병원을 죽이는 마케팅, 홍성진 저, 케이앤피북스 2009, p.147.

원융희, 『병원서비스마케팅』, 대학서림, 2002, pp.47~107

유명희, 『의료관광마케팅』, 한올출판사, 2010, p.330

이창호, 『우리병원 좀 살려주세요』, 다산북스, 2010, pp.194~198

㈜ http://www.dmhcj.or.jp/house/list/todai.html

㈜ http://blog.daum.net/sukyung3326/5517935, 도쿄대학병원과 고객감동(세계의 초일류병원), 2008년 2월 1일

㈜ NSP 통신 2012년 11월 14일, ㈜ 덴탈 투데이 2012년 11월 14일

㈜ SBS 뉴스 2013년 7월 18일

㈜ 건강뉴스 2011년 2월 25일, 한국경제 2011년 2월 17일, http://blog.naver.co/tkatjd3366/80191347608

㈜ 경북일보 2013년 5월 7일

㈜ 경향신문 2013년 3월 14일

㈜ 뉴시스아이즈, 2011년 7월 13일

㈜ 레너드 L. 베리, 켄트 D 셀트먼(김성훈 역), 『메이요 클리닉 이야기(세상에서 가장 사랑받는 의료서비스기관)』, 살림Biz, 2012.

㈜ 매일경제 2013년 6월 19일

㈜ 문상식 외, 『제 2판 병원경영학』, 보문각, 2009, pp.431~450

㈜ 서울경제 2012년 3월 26일

㈜ 서울경제 2013년 7월 4일

㈜ 서울신문 2013년 8월 22일

㈜ 세계경영연구원 정진호 블로그, 세상에서 가장 사랑받는 병원 〈메이요클리닉〉, http://blog.naver.com/jjhland/50175162236

㈜ 세계일보 2010년 11월 8일

㈜ 세계일보 2012년 11월 6일

㈜ 스포츠서울 2013년 1월 14일

㈜ 스포츠조선 2013년 2월 15일

㈜ 스포츠조선 2013년 7월 26일

㈜ 스포츠한국 2013년 1월 14일

㈜ 아시아투데이 2012년 10월 19일

㈜ 아이뉴스 24 2012년 7월 4일

㈜ 아주경제 2013년 2월 19일

㈜ 아주경제 2013년 5월 14일

㈜ 아주경제 2013년 6월 11일

㈜ 아주경제 2013년 7월 12일

㈜ 아주경제 2013년 7월 18일

㈜ 안영창 외, 『병원마케팅 및 홍보』, 보문각, 2007, pp.342~348.

㈜ 이시타쇼이치(송영진 역), 『잘되는 병원 무엇이 다른걸까』, 느낌이 있는 책, 2006, pp.111~113

㈜ 이투데이 2013년 7월 18일

㈜ 조선일보 미디어다음 2011년 7월 26일

㈜ 중앙일보 2000년 8월 30일

㈜ 중앙일보 2013년 4월 10일

㈜ 중앙일보 헬스미디어 2012년 7월 5일

㈜ 청년의사 2013년 5월 13일, 윤상철의 병원경영브리프, [칼럼] 혁신병원 이야기③존스 홉킨스병원

㈜ 코카뉴스, 2011년 7월 14일

㈜ 파이낸셜뉴스 2012년 3월 8일

㈜ 한경닷컴 키즈맘 뉴스 2011년 8월 12일

㈜ 한국경제 2011년 11월 23일

㈜ 한국경제 2011년 4월 12일

㈜ 한국경제TV 2012년 5월 3일(아토피치료에도 문화가 필요한 이유)

㈜ 한국의료정보교육협회, 『의료전산일반』, 서원미디어, 2010, pp.279~283

㈜ 홍성진, 『병원을 살리는 마케팅, 병원을 죽이는 마케팅』, pp.78~79

http://www.kenkobatake.com

Theory & Practice of Hospital Marketing

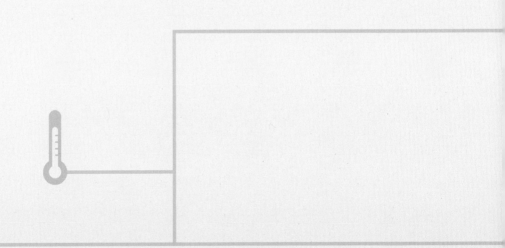

CHAPTER 02_

병원 마케팅 커뮤니케이션의 이론과 실무

✚ 홍보 활동과 매체 활용
✚ 광고와 유사 개념
✚ 소구 유형과 기법
✚ 커뮤니케이션 이론과 병원 홍보

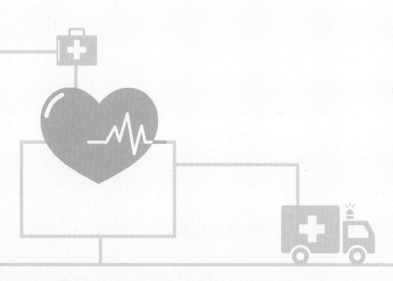

CHAPTER 02_

병원 마케팅 커뮤니케이션의 이론과 실무

 ## 홍보 활동과 매체 활용

최근 들어 홍보는 각 분야에서 관심의 대상이 되고 있다. 홍보는 광고와는 달리 매체 접촉이 자연스럽고 신뢰감이 높다는 장점 때문에 그 비중이 날로 높아지고 있다.

영리조직인 기업이 마케팅활동을 효율적으로 전개해야 본래의 목적을 달성할 수 있듯이, 비영리조직인 병원과 같은 의료기관도 홍보활동을 잘 수행함으로써 얻을 수 있는 기대효과는 매우 높다.

홍보 계획을 입안할 때 많은 사람이 혼동하기 쉬운 것이 있는데, 그것은 홍보의 영역과 범위이다. 일반적으로 병원 등의 의료기관에서 전개하고 있는 홍보는 그 쓰임새가 정확하지 않다. 홍보와 광고 그리고 선전의 의미는 전혀 다르다. 프로모션과 세일즈 프로모션도 전혀 다른 개념이다.

홍보(Publicity)는 비 인적 매체를 통하여 매체 비용을 지불하지 않고 시간과 지면을 이용하는 프로모션 수단이다. 또 제품이나 서비스 또는 자사의 수요를 촉진하기 위해 상업적 의의가 높은 뉴스, 출판물 또는 라디오, TV 등의 매체에 게재하여 주는 비 인적 수요환기 활동이다.

또한 홍보는 마케팅을 수행하기 위한 프로모션 믹스 요소의 하나로, 광고뿐만 아니라 인적판매, 세일즈프로모션 등이 함께 통합적으로 실시되어 시너지효과를 얻게 된다. 그러나 병원이 습관적, 관행적으로 홍보라는 용어를 자주 사용하는 이유는 대표적인 비영리조직의 하나로 판매나 상업적인 활동에 대해 소극적이고, 이에 대한 부정적인 경향이 많기 때문에 이를 대신하기 위해 홍보를 선호하고 있다.

홍보를 광고, 세일즈프로모션 등의 프로모션 수단의 하나로 보는 것이 타당하지만, 의료업계는 보다 넓은 의미로 홍보 개념을 사용하는 것이 일상화되어 있다. 즉 다른 비영리조직과 마찬가지로 병원에서 홍보라는 용어를 사용할 경우, 본래의 의미보다는 대부분 광고나 마케팅을 지칭하는 표현으로 사용하고 있다.

1. 홍보 기본방향 설정

프로모션믹스에서 홍보의 역할은 마케팅활동을 실시하기 전에 퍼블리시티를 전개하여 충분한 인지도를 유도하려는 데 목적이 있다. 여론에 영향을 주기 위해 계획된 노력과 소비자의 입소문을 유도하는 구전광고를 통하여 퍼블리시티는 그 효과를 극대화시킬 수 있다. 병원 및 의료기관은 적극적인 퍼블리시티를 실시하여 의도한대로 효과를 기대할 수 있다.

홍보활동의 형태는 매우 다양하다. 기자회견이나 신제품 발표회, 홍보성 이벤트 등을 통하여 병원에 대한 고객의 관심과 흥미를 높이고 이미지를 향상시킬 수 있다. 대규모 경우에는 해당기관에 대한 홍보내용을 본격적인 마케팅활동에 앞서서 언론에 발표하는 것이 필요하다. 홍보는 프로모션 활동에 대한 인지도를 확산시키기 위한 기능을 활용하여 여러 가지 정보를 수요자들에게 적극적으로 알리고 그 매력을 증대시킴으로써 보다 많은 관객을 끌어내기 위한 활동이다.

최근에는 홍보의 중요성이 날로 증가함에 따라 대외적으로 다양한 사전 고지 활동이 필요하다. 고지 시 중요하게 고려되어야 할 사항으로는 다음과 같다.

첫째, 언제, 누구에게, 무엇을, 어떤 방법으로 전달할 것인가를 확실하게 해야 한다. 정확한 대상에게 정확하게 소구하기 위해 메시지 내용을 충분히 검토하고 신문 등의 인쇄매체를 비롯한 옥외광고, 교통광고, 인터넷, SNS 등의 활용 방법을 충분히 고려한다.

둘째, 홍보의 대상은 외부인뿐만이 아니라 내부 관계자 전원의 적극적인 이해와 참여도 중요하므로 전사적, 통합적인 활용 방안을 모색한다.

셋째, 구전효과를 극대화해야 한다. 전달하고 싶은 것을 직접 그 정보를 접한 사람을 통해 몇 배의 사람들에게 입에서 입으로 전달될 수 있도록 하는 방법을 연구해야 한다.

넷째, 매스미디어 및 언론기관의 영향력은 매우 크기 때문에 보도기관에 대한 적극적이고 체계적인 대응이 요구된다. 홍보 메시지의 상세한 부분까지 정보를 제공해야 하며, 취재에도 적극적으로 협력하는 것이 중요하다.

다섯째, 충분한 사전 고지를 위해 광고뿐만 아니라 퍼블리시티 활동에도 신경을 써야 한다.

2. 기업사명문·경영이념과 홍보

기업이나 조직체는 「기업사명문(mission statement)」을 명확히 제정하여 존재이유와 가치를 명확히 밝힌다. 기업사명문은 경영전략의 출발점으로, 기업의 이념과 같이 창업자나 최고경영자의 의지나 신념 등의 기업이 추구하는 목표, 방향을 문장으로 표현한 것이다.

이것은 기업이 수행하고자 하는 모든 목표나 계획의 근간이 되며 경쟁기업과 차별화되고, 과장되지 않고 구체적이며, 대다수의 직장 구성원이 동기를 적극적으로 유발할 수 있도록 작성되어야 한다. 예를 들어 '세계를 선도하는 기업', '여성을 아름답게, 사회를 아름답게', '인류의 건강을 책임지는 기업'등과 같이 사업영역이나 기술, 서비스 등이 기업사명문에 반영되는 것이 일반적이다.

기업 사명문의 핵심사항인 「경영이념」은 기업의 사명감이나 가치관 등의 철학을 나타내는 것으로 해당기업이 궁극적으로 무엇을 목표로 하는지에 대한 운영 방침이나 방침 등을 표현한 것이다. 따라서 무엇을 홍보할 것인지, 또 어떻게 홍보할 것인지를 말하기 이전에 반드시 먼저 설정되어야 할 것이 경영이념을 명확하게 정립하는 일이다.

경영이념에는 그 조직체가 사회에 존재하는 이유를 설명한 '존재 가치'를 중심으로 하여 무엇을 어떻게 성취할 것인가에 대한 '기본이념', 그리고 조직 구성원들이 사회와 관계하고 교류할 때의 마음가짐이나 자세를 나타내는 '행동지침' 등의 내용이 포함된다.

또한 경영이념은 쉽게 바꿀 수 없다는 생각도 공감할 수 있지만, 변화가 필요하면 과감하게 콘셉트를 재설정하여 새롭게 구축하는 것도 필요하다. 조직체 존재 의미와 가치는 무엇인가, 또 사명이란 무엇인가 등에 대한 생각을 체계화하여 독자적인 경영이념을 창출해야 한다.

그러나 소수의 경영책임자나 설립자가 직접 경영이념을 작성하고 정리하기는 쉽지 않다. 창출과 표현의 과정에서는 경영자의 생각에서 종사자의 의견에 이르기까지 다양한 생각들을 충분히 망라하여 검토하는 것이 중요하다. 경영자의 생각을 효과적으로 표현하기 위해 전문가의 손을 빌리거나 종사자의 참여의식을 높이기 위해 내부 직원에게 아이디어를 구하는 것도 바람직할 것이다.

기업 사명문이나 경영이념의 형태는 매우 다양하며, 한마디로 간결하게 표현한 것부터 몇 줄의 단문이나 긴 문장을 사용하여 표현한 것도 있다. 너무 형식적이거나 추상적인 내용이나 미사여구로 표현한 것보다는 형식에 맞지 않더라도 열의나 성의가 있고 차별적이고 정체성을 가진 표현이 바람직하다. 왜냐하면 경영이념을 제정하는 목적은 병원관계자나 종사자들이 조직문화를 비롯한 가치관이나 의식을 서로 공유하거나 소통하기 위해서이기 때문이다.

최근에는 병원을 새롭게 개원하는 경우나 이전이나 확장을 통해서 병원을 개선하고자 하는 경우에 경영이념에 대한 관심을 나타내며 재구축하려는 병원이 증가하고 있다. 이와 함께 경영이념에 대한 중요성이 인식되면서 대부분 병원은 경영이념을 홈페이지나 기타 홍보 수단을 통해 지속적으로 명시되고 있으며, 병원의 이름이나 심벌마크와 함께 조직의 아이덴티티(Identity)를 표현하는 원천으로 자주 사용되고 있다.

그러나 평소 대부분의 병원은 실제로 경영이념을 논의할 수 있는 기회는 많지 않으며, 사회에서 당연시하는 도덕적인 문제를 형식적으로 표현하거나 실현하기 어려운 사항을 표기하기 하는 사례가 많다. 또 멋진 표현이라는 이유로 의료기관에 어울리지 않는 내용을 이념으로 표방하는 곳도 있다. 기업사명과 경영이념에 대한 올바른 인식과 진성성이 부족한 채로 단지 액자 속에 넣어 감상하거나 대형 병원의

+ 그림 2-1_
병원의
이념 패널

㈜ 이시다 쇼이치, 송영진 역 『잘 되는 병원 무엇이 다른 걸까』, 느낌이 있는 책, 2006, p.62

로비나 홍보 브로슈어에 장식하기 위해 사용된다면 마치 무용지물과 같다. 이러한 잘못된 생각과 관행을 빨리 벗어나야 할 것이다.

이를 위해 기업 사명문과 경영이념 패널(policy panel)에 대한 인식이 재정립되었으면 한다. 병원이념을 시각적으로 상징화하여 표현한 것이 심벌마크이기 때문에 경영이념에 심벌마크가 함께 표기되어 사용되는 사례가 많다. 병원의 대기실이나 진료실 내부 등의 집객력이 높은 장소에 기업 사명문과 경영이념 패널을 게시하여 시선을 유도한다. 경영이념을 표기하는 방법은 패널 외에도 병원 안내 카탈로그나 홈페이지 등에 표기하거나 각종 홍보 수단을 통해 고객에게 노출시키는 방법도 있다.

3. 미디어 홍보와 보도 방법

미디어 홍보는 매스컴과 언론기관에 제품이나 서비스에 대한 다양한 정보를 제공하여, 조직체의 호감을 유도하고 해당 정보를 가능한 널리 확산시키기 위한 전반적인 활동을 말한다.

가치가 있는 정보를 매스컴을 통해 확대시키거나 화제를 이끌어내면 해당 병원에 대한 태도형성에 도움이 되고, 고객을 비롯한 사회의 관심과 이해, 공감을 획득하여 신뢰관계를 구축하는데 유리하게 작용을 한다. 그러나 언론사에 제공된 정보는 병원의 의도나 희망대로 보도되지 못하는 경우가 많다. 취사선택 기준과 판단은 매스컴이 하기 때문에 객관적인 관점에서 뉴스의 가치가 충분히 인정되어야 보도될 기회를 얻게 되며, 또 적극적인 자세로 추진해야 홍보의 기회는 증가한다.

중요한 홍보의 수단으로는 기자발표, 기자회견, 기자간담회, 보도 자료의 배포 등과 같은 홍보 설명회나 이벤트가 포함된다.

홍보 설명회나 이벤트에는 본격적인 마케팅활동을 실시하기 전에 고객의 흥미와 언론기관을 비롯한 사회적 관심을 촉진, 유도하기 위해 실시한다. 이러한 설명회는 일반적으로 홍보활동의 일환으로 실시되는데, 홍보의 목적과 테마, 관련 내용 등을 중심으로 하여 전반적인 스케줄과 진행 계획을 널리 인지시키거나 고지하기 위해 마련한 행사이다.

홍보 설명회의 참가 대상으로는 언론 기관을 중심으로 관련 기관이나 단체 등에 대해 데이터베이스를 활용하여 초청하게 된다. 설명회는 기본적으로 홍보활동을 지원하고 촉진하기 위해 실시되지만, 현장에서 참석한 사람들로부터 질문을 받을 수 있고 반응과 호응을 감지하면서 유연하고 융통성 있는 대응이 가능하다는 장점이 있다.

또한 사전에 많은 자료 및 사진, 안내문 등의 홍보 자료를 준비하여 취재나 기사화에 적극 협조할 수 있을 뿐만 아니라 다과회나 리셉션 방식을 통해 해당 주최자에 대한 이해와 호감도를 향상시킬 수도 있다.

사전 설명회를 위한 준비 및 고려 사항으로는 다음을 참고할 필요가 있다.

첫째, 설명회 자료는 사전에 정확한 참가 인원을 파악하여 준비하고 여유(참가 예상인원의 10~20% 정도)를 두고 참고 자료 및 안내문을 준비하는 것이 좋다.

둘째, 설명회에 배포하는 자료에는 안내문과 사진, 홍보 인쇄물 등이 있고 참가자의 네임카드나 명판을 미리 제작하여 현장에서 배포하고 참석 여부를 확인한다.

셋째, 설명회는 홍보활동을 강력히 지원하는 수단이 될 뿐만 아니라 관계자의 흥미, 관심을 유도, 권유할 수 있는 기회의 장소이다. 호의적인 감정과 우호적인 분위기 연출을 위해 다과회나 리셉션을 함께 병행하는 것이 효과적일 수 있다. 소규모 전시 행사에는 간단한 다과나 음료 등을 준비하는 수준에서 실시한다.

넷째, 설명회는 목적을 달성하기 위해 참가자들을 설득할 수 있는 프레젠테이션 수단이 동원된다. 프레젠테이션에는 참가자들이 지루하지 않고 주목을 유도하기 위해 많은 동영상, 사진, 도표 등의 시각적인 요소가 투입되며, 때로는 휴식 시간을 이용하여 이벤트나 프로그램 등이 실시되기도 한다.

보다 세부적인 설명을 덧붙이면 기자발표, 기자회견은 매스미디어에 정보를 제공하여 해당 기자단이 호텔이나 정해진 장소를 이용하여 모이도록 하며, 기자발표에는 소극적으로 보도 자료만 배포하는 경우와 홍보 담당자가 기자를 직접만나 관련 내용을 설명하는 기자회견 등이 있다.

또한 기자 간담회는 기자발표와 같은 공식적인 장소를 통해 행사가 진행되지 않고 홍보 담당자가 매스컴의 기자와 직접 만남을 통해 홍보활동이 전개되는 방식이다. 화제나 이슈별로 비정기적으로 진행되기도 하지만 일반적으로는 봄 시즌을 통해 1회 실시하거나 봄, 가을에 거쳐 두 번에 걸쳐 개최하는 경우도 많다.

설명회가 종료된 후, 원활한 홍보활동이 진행될 수 있도록 언론관계자가 궁금한 사항을 언제든 문의할 수 있도록 관련 자료를 꼼꼼히 준비하는 것이 필요하다. 먼저 담당부서

나 담당자와 관련되는 「문의처」를 중심으로 전화번호, 이메일 주소 등을 명기하여 배포한다. 또 병원명칭이나 소재지, 그리고 병실 수, 주요 진료과목 등과 같은 「시설 개요」에 대한 정보를 명시하여 보도에 도움이 될 수 있도록 준비를 한다.

한편, 홍보자료로서 잘 선택되기 위해서는 보도자료가 정해진 규정에 맞게 작성되어야한다. 보도자료는 언론기관에 배포하는 문서자료를 말하며, '프레스 릴리스(press release)'라고도 한다. 또 취재가 원활히 진행될 수 있도록 보도자료와 함께 관련 자료나 도표, 사진등을 함께 첨부한 문서를 '기자회견 자료집(press kit)'라고 하며 설명회에 참석한 언론관계자나 사람에게 배포한다. 언론관계자는 하루 일과를 통해 다량의 보도자료를 받는다. 따라서 말하려는 내용을 쉽게 이해할 수 있고 관심을 불러일으키는 보도자료가 아니면, 정성을들여 힘들게 작성한 원고라 하더라도 읽히지 않고 사장될 수 있다는 것을 명심해야 한다. 몇 번을 반복하여 읽고도 쉽게 내용의 핵심이 전달되지 않는 보도자료는 매일 일상 업무에바쁜 사람의 시선에 머무르기 어려울 것이다.

홍보를 위해 매스미디어에 배포하는 보도 자료는 일반적인 비즈니스 문서와는 달리, 간결하고 알기 쉽게 작성되어 오해의 소지가 없어야 하며, 일정한 양식을 갖추어 자료로서의공신력과 신뢰감을 높일 수 있도록 한다. 즉 대부분의 비즈니스 문서처럼 인사치레나 의례적인 표현, 불필요한 부분은 생략하며, 먼저 관심을 충분히 끌만한 결론부터 알리고 난 다음에 본 건에 대한 배경과 목적, 필요에 따라서는 부가설명이나 상세한 해설 자료를 첨부하는 것도 중요하다.

보도 자료는 필요한 정보가 빠짐없이 들어 있어야 하는데, 내용 파악이 비교적 쉽게 이루어질 수 있는 작성법은 다음과 같다.

먼저 보도자료는 지시성, 표의성이 높은 문장을 채택한다. 예를 들어 「9월에 접어들어갑자기 날씨의 변화가 심하고 아침, 저녁으로 기온차가 10도 이상 벌어지면서 유행성 감기환자가 증가하고 있다. 특히 노약자나 만성질환자는 많은 주위가 필요하며 면역주사를맞아 예방효과를 늘이는 것이 좋다.」이라는 문장은 지시적인 언어가 많이 구성되어 있다.

또 보도자료는 5W 1H와 함께 문장을 작성하는 것이 기본이며, 정확(Correctness)하고 간결(Conciseness)하며, 이해(Clearness)하기 쉽게 작성하는 것이 필요하다. 또 전달하고 싶은 것이나 전달해야 할 결론을 먼저 쓰며, 보도의 편의를 제공하기 위해 문의에 대한 준비를 철저히 한다.

홍보의 목적으로 제공되는 정보는 객관성, 보편성, 의외성, 신기성 등 종합적으로 판단하여 뉴스의 가치를 높일 수 있도록 한다. 이에 대한 기준으로는 먼저 보도 자료가 허위가 있어서는 안 되며 사실적, 객관적이어야 한다. 뉴스 내용이 이미 알고 있는 사실이 아니라 식상하지 않고 신선해야 한다. 또 사람들의 생활이나 공공의 이익에 부합하여 사회적 가치가 있어야 한다. 이와 함께 불명확하지 않고 정확한 근거에 의해 사실유무가 확실해야 하며, 신뢰감을 잃지 않도록 표현이 과장되지 않아야 한다.

또 홍보를 할 때는 게재의 가능성을 높이기 위해 해당 정보가 제공할 가치가 있는지 없는지 정확한 판단이 요구된다. 뉴스의 가치는 대체로 다음과 같은 경우에 높게 나타난다.

첫째 사회적으로 관심을 끄는 대형사건, 대형사고와 관련된 소식이 뉴스의 가치가 높게 받아들여진다. 이것은 홍보의 관점보다는 방어적인 자세로 병원의 리스크를 줄이려는 마음가짐으로 접근해야 한다.

둘째 이례적인 것인 사실은 좋은 홍보 자료가 될 수 있다. 처음으로 시행하거나 업계 최초, 새로운, 획기적 등의 수식어가 붙는 사건과 정보는 뉴스의 대상으로서 가치가 높다. 국내 최초로 의료장비를 도입하거나 획기적인 시술방법을 개발할 때는 이를 적극적인 보도 자료로 활용해야 한다.

셋째 현대사회의 화제가 되거나 유행하는 소재나 관심사는 뉴스 가치가 높은 편이다. 예를 들어 저출산 문제나 수명 증가에 따른 고령화 시대로의 변화, 건강과 힐링, 육아나 간병 등과 관련된 해당 병원의 소재는 홍보 자료로 채택될 가능성이 크다.

넷째 지역사회와 관련된 일은 좋은 보도 자료이다. 병원의 지역 진출이나 지역 봉사활동이나 후원, 그리고 지역의 이벤트나 행사에 참여하는 소식 등은 화제성이 높기 때문에 뉴스로서의 가치를 찾아낼 수 있다.

다섯째 유명인과 사회적 리더, 전문인의 동정과 소식은 홍보가치가 높다. 일반

> · 의료기관의 주요 홍보 소재 ·
>
> · 새로운 경영이념이나 목표 설정
> · 신규 진료과목
> · 새로운 기술이나 새로운 치료방법의 개발
> · 의사, 병원관계자의 연구 및 활동 소식
> · 병원의 신설과 이전
> · 병원장, 간부의 공직활동과 취임, 퇴임 소식
> · 건강 세미나, 강연회 소식과 이벤트 정보
> · 창립기념 파티
> · 신축·개축·시설의 준공과 확장
> · 지역주민과의 대화 및 모임, 활동 소식
> · 신규 사업의 진출과 확대, 축소

적으로 유명인과 전문인과 관련된 정보는 사람들의 관심이 집중된다. 의료관계자가 언론기관에 출연하거나 지역단체에서의 활동 내용, 건강 강연회·세미나 소식, 서적 출판이나 수상 경력 등도 좋은 홍보소재가 된다.

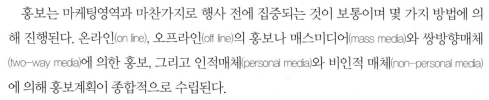

4. 홍보계획과 매체의 활용

홍보는 마케팅영역과 마찬가지로 행사 전에 집중되는 것이 보통이며 몇 가지 방법에 의해 진행된다. 온라인(on line), 오프라인(off line)의 홍보나 매스미디어(mass media)와 쌍방향매체(two-way media)에 의한 홍보, 그리고 인적매체(personal media)와 비인적 매체(non-personal media)에 의해 홍보계획이 종합적으로 수립된다.

홍보활동이 시너지 효과를 얻기 위해서는 통합적 마케팅 커뮤니케이션(IMC)이 수립되어 하나의 목표와 콘셉트에 의해 일관성 있게 유지, 관리되는 것이 필요하다. 또한 각 매체별 특성을 잘 이해하여 매체의 장점을 충분히 살린 미디어 믹스(media mix) 전략이 함께 실시되어야 한다. 실패한 홍보 사례를 보면 매체의 특성을 제대로 파악하지 못한 채 여러 매체를 예산 범위 내에서 적당히 섞는 방식을 취하거나 각 매체 운영계획이 따로 수립되어 통합적으로 관리되지 못하는 경우가 많다. 뿐만 아니라 비현실적인 홍보 예산 설정 때문에 어느 정도의 예산이 투입되어야 가장 적합한 홍보계획이 수립될 수 있는지에 관해 제시되지 않고 있다.

또한 홍보매체로 자주 이용되는 현수막, 광고탑, 광고사인 등의 옥외광고, 버스나 지하철에 부착되는 교통광고, 포스터나 안내 카탈로그(catalog) 등과 같은 인쇄광고 제작물, 그리고 이벤트 현장을 방문한 참가자에게 인센티브(incentive)로 제공되는 쿠폰, 경품 등의 SP매체, 쌍방향으로 직접적 소구가 가능한 인터넷 광고 등, 홍보매체에 활용될 수 있는 매체는 해를 거듭하면서 더욱 다양화되고 복잡화 되고 있다.

1) 포스터, 현수막에 의한 고지

지하철 등의 역구내, 지하철의 차내, 버스정류장 주변, 기타 옥외·교통광고를 비롯한 관공서, 조직체의 내부 장소, 그리고 통행인구가 많은 지역이나 집객력이 높은 곳을 중심으로 홍보에 유리한 지역과 장소를 찾아내어 적극 활용한다.

　짧은 시간 내에 강력한 설득력을 이끌어내기 위해 시선을 사로잡고 임팩트가 강한 메시지가 전달될 수 있도록 한다. 특히 단순한 비주얼과 절제된 광고카피에 의해 소구점이 명확해 질 수 있도록 고려한다.

2) 카탈로그, 팸플릿, 리플릿 등의 광고 인쇄물

　홍보활동에 대한 취지와 특징, 개요는 물론, 행사나 이벤트에 관한 구체적인 내용을 자세히 알 수 있는 것이 카탈로그, 팸플릿 등의 홍보 인쇄물이다. 홍보에 대한 흥미를 유발시키고 홍보 내용을 알리는데 사용되기도 하고, 주변 사람들의 이해촉진 및 협력을 얻기 위한 중요한 프로모션 수단(tool)이다. 또 고급스러운 인쇄와

✚ 그림 2-2_
밝은 세상
안과 카탈로그

시각적인 효과를 살려 메시지 전달력을 높이고 자아관여도가 높은 소비자를 중심으로 많은 정보를 소구하기에 적합하다.

　신규개업이나 병원 이전 등에 있어서 신문 전단지 광고를 이용하는 의료기관이 많다. 이때 구인광고를 겸한 경우도 많은데 이때 급여체계나 근무지, 근무체계, 복지설비, 파트근무의 대우 등 최소한의 필요한 정보를 함께 기재한다.

3) 신문, 잡지 등의 인쇄매체 광고

　홍보활동을 위한 광고 노출은 광고예산과 소구방법에 맞게 실시되어야 하며, 각 매체의 특성을 잘 분석하여 그 특성에 맞게 운영되어야 효과를 창출할 수 있다. 병원에서는 정규적인 지면보다는 건강정보와 관련된 특집 기사를 활용하여 기사성 홍보에 의한 자연스러운 노출방법이 주목효과가 높고 신뢰감을 향상시킬 수 있다.

　신문광고는 지면에 많은 양의 정보를 실을 수 있고 독자의 이성이나 지성에 맞게 소구

할 수 있기 때문에, 비교적 매체 만족도가 높은 매체이다. 또 TV만큼의 속보성은 없지만 시기를 조절하여 광고를 집행할 수 있으며, 높은 매체 신뢰도가 형성되어 있어 홍보활동에는 중심이 되는 매체이기도 하다. 또 잡지의 경우는 그 내용에 따라 독자층이 세분화되어 있기 때문에 목표소비자의 특성에 맞는 홍보를 전개할 수 있다.

4) TV와 라디오 등의 전파매체 광고

활자에 의한 매체 외에도 시청각을 활용한 TV와 라디오 등의 전파매체를 중심으로 홍보를 전개할 수 있다. TV광고는 색채를 지닌 영상과 음성으로 강한 소구력을 지니고 있으나, 15~30초 정도의 짧은 시간 내에 핵심적인 메시지를 전달해야하는 매체 특성이 있다. 복잡한 내용보다는 간단한 메시지로 요령 있게 시선을 강하게 자극하면서도 즐겁게 연출해야 한다.

전파매체는 다른 미디어에 비해 내용을 단 시간 내에 알리기 위해서는 최적이다.

라디오의 특성은 AM, FM의 프로그램 내용에 따라 타깃이 정해져 있어 소구대상으로 운영할 수 있으며 효과에 비해서 저렴하다.

최근 건강과 힐링(healing)이 사회적인 관심사로 대두되면서 건강관련 프로그램에 대한 인기가 매우 높다. 관련 프로그램에 병원 의료진이 적극적으로 출연하여 병원 지명도를 높이고 홍보의 기회를 마련하려는 노력이 필요하다.

5) 옥외광고

옥외광고는 일정공간을 점유하여 노출되기 때문에 다른 매체와는 차별화된 특징을 가지고 있다. 특정 공간에 위치하면서 그 지역의 상징성을 나타내고, 특정지역에 고정되어 통행인에게 반복적으로 노출되어 인지성, 주목성, 시각 디자인 효과를 갖고 있다. 또한 건물에 부착되어 설치되기 때문에 안정상의 문제점이 발생할 수 있으며, 주변 시설물과의 조화를 이루어야 매체 효과를 거둘 수 있다.

병원 내부나 외부, 그리고 시설물에 사인을 게재하거나 부착할 때는 통일된 이미지에 의해 기존 메시지에 대한 연상이 쉽도록 소구하는 것이 중요하다. 디자인 콘셉트를 설정하거나 이미지 전략을 활용할 때는 건강을 치료하고 의료서비스를 제공하는 전문시설임을 명심하여 병원의 이미지와 너무 동떨어지지 않은 건전한 이미지를 연출하고, 또 색이나 디자인이 너무 어둡거나 병적인 느낌을 주지 않도록 주의를 기울인다.

(1) 와이드 컬러

와이드 컬러(Wide Color : W/C)는 지하철이나 공항, 역 주변, 터미널 등의 주요 통로나 출입구에 설치되어 통행인에게 노출되어 시선을 끄는 옥외광고이다. 특히 조명이 내부에 설치되어 매우 밝으며, 실내나 실외, 그리고 주야간에 관계없이 주변을 지나가는 사람들의 흥미를 유도하여 메시지의 인지도를 향상시킬 수 있다. 다른 옥외·교통

✚ 그림 2-3_
**밝은 눈 안과
와이드 컬러**

광고 매체와 같이 병원이 자주 이용하는 지역매체로 크기는 장소나 지역 특성에 따라 다양하게 제작된다.

특히 최근에는 주요 통로에 위치한 기둥에 조명효과를 넣어 제작하는 기둥조명광고가 주목을 끌고 있다. 광고 면이 360도 어느 각도에서도 보이기 때문에 노출 효과가 크고, 대형 조명광고이면서도 주요 통로 중앙에 위치하므로 메시지 집중도가 뛰어나다.

(2) 병원 입구 안내 사인

일반적으로 병원 현관이나 입구 근처에 병원명이나 진료안내를 표시하는 사인을 가리킨다. 여기에도 다른 옥외광고와 동일한 심벌마크나 심벌컬러를 사용하여 통일감과 차별성을 부여한다. 또한 주변의 장소나 외부의 도로에서 불특정 다수에게 자연스럽게 노출될 수 있으므로, 이를 고려하여 제작되어야 하며, 홍보의 중요한 매체로서의 자각과 인식이 필요하다.

그러나 병원부지에 속하는 공간이라도 다른 옥외광고와 마찬가지로 광고규제를 받을 수 있으므로 관련 조항을 잘 검토하여 규제대상이 안되도록 세심한 배려가 요구된다. 이때의 글자 크기는 먼 거리에서 잘 보일 수 있도록 조절하고, 야간에는 밝기를 조정하여 시각적인 효과를 고려한 디자인 연출이 가능하도록 제작한다.

옥외광고 중에서 병원이 주로 이용하고 있는 것은 병원의 주차장 사인·간판, 병원 내부 안내·유도 사인, 옥상·옥외 사인물 등이 있다.

(3) 주차장 사인·간판

외래 차량의 출입을 안내하고 관리하는 주차장의 사인이나 간판도 별도의 개념으로 이해하지 말고, HIS의 일환으로 통일된 디자인을 적용하여 홍보효과를 극대화한다. 주차장의 구간별로 특징에 맞는 디자인을 채택하여 멀리서도 찾기 쉽게 하고 각각의 사인에 심벌마크나 컬러를 활용하거나 변화를 주어 지루한 느낌을 완화시키는 노력이 필요하다.

(4) 병원 내부 안내·유도 사인

병원 내부 안내·유도 사인은 각 영역별로 공간구성과 분위기 연출이 필요하고 구역별로 차별화되고 명확한 콘셉트를 설정하여 시각적인 차별화를 꾀한다. 이것은 사인컬러(sign color)를 중시하는 것으로 기존의 심벌컬러(symbol color)의 사용을 자제하는 전략을 구사한다. 예를 들어 병원의 지정 색이나 심벌컬러가 녹색이라 하더라도 비상구는 녹색으로 표기하거나 구간 안내사인은 파란색으로 사용하여 용도에 따라 지정함으로써 이용자의 식별이 쉽도록 한다.

(5) 옥상·옥외 사인물

✚ 그림 2-4_
밝은 광주 안과
옥외사인

옥상·옥외 사인물은 옥상이나 지붕에 부착하는 사인이나 병원 건물 외벽에 설치하는 안내, 표시물을 말한다. 병원에서 벗어나 다른 위치에서도 보일 수 있다는 점에서 불특정 다수가 인식하는 옥외광고의 범주에 포함된다. 거점 표시나 소재 표시의 기능성이 부가되며, 이를 위해 랜드 마크 효과가 기대될 수 있도록 고려하여 제작한다.

그러나 높은 건축물이 많은 대도시에서는 시야가 제한되기 때문에 눈에 띄는 옥외 사인물을 설치하는 일은 생각만큼 쉽지 않으므로 건물 전체를 포함시켜 옥상·옥외 사인물을 설치하여 주목을 끄는 방법이 바람직하다. 또한 옥외 사인물을 설치할 때는 건물 전체와 조화를 이루도록 크기와 컬러 디자인에 주의를 기울여 시각적으로 너무 눈에 튀지 않도록 한다.

6) 교통광고

교통광고는 옥외광고의 연장선으로 지하철, 기차, 자동차, 버스, 선박, 항공기 등의 차체 및 플랫폼, 정류장, 각종 설비 등을 이용한 조명간판, 포스터, 그리고 교통기관 내에 설치된 간판이나 서비스로 제공되는 시설 등을 매체로 이용한 광고를 말한다. 교통광고는 가정이나 직장을 제외한 모든 생활환경에서 쉽게 발견할 수 있기 때문에 일상적인 공간에서 자연스럽게 접하게 되며 광고에 대한 반응이 빨라서 구매행동으로 직접 연결되는 경우도 많다.

교통광고 중에서 병원이 주로 이용하고 있는 것으로는 병원 차량이나 셔틀버스, 전철, 버스 광고 등이 있다.

(1) 병원 차량

병원이 운행하는 차량이나 셔틀버스는 거리를 통행하면서 사람들에게 노출되어 많은 홍보효과를 유발시킨다. 최근 '움직이는 광고탑'으로서 역할이 정착되면서 병원마다 차별화된 이미지로 디자인되어 홍보의 중심으로 부각되고 있다. 자기 병원 소유의 차량일 경우는 광고비가 지출되지 않으므로 경

+ 그림 2-5_
밝은 광주 안과
차량광고

제적인 홍보매체로서의 가치가 매우 높으며, 해당병원의 다른 사인류나 상징물들과 통일된 이미지의 심벌마크나 로고타입을 병원 셔틀버스에 사용하여 주목율과 기억율를 향상시킨다.

병원명이 너무 크게 들어간 것은 시각적으로 역효과가 있을 수 있고, 너무 화려한 디자인을 해서 의료기관으로서의 품위를 손상하지 않도록 주의한다.

(2) 전철, 버스 광고

병원이나 의료기관은 지역 거점을 중심으로 제한된 지역 주민을 대상으로 서비스를 제공하게 됨으로 로컬매체(local media)를 자주 이용한다. 전철이나 버스 광고는 대표적인 지역 매체인데, 이를 이용할 때는 보통 자기 병원의 가까운 역이나 정거장 주변을 지나는 전철이나 버스를 중심으로 해당 광고를 게재하게 된다. 전철역과 버스정거장 등에 교통광고를 게재할 경우는 병원과 통일된 메시지 내용과 이미지를 사용하여 메시지 침투율과 연상율을 높이도록 하는 것이 효과적이다. 차량 내부의 광고를 이용할 때는 시선이 머물 수 있는 승차 시간이 많기 때문에 많은 정보를 줄 수 있고 소구 효과가 높게 기대된다.

7) 기타 홍보매체

(1) 노벨티의 활용

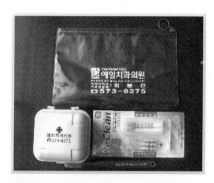

+ 그림 2-6_
예일 치과 –
노벨티와 기프트

노벨티(novelty)는 회사를 방문한 사람을 위해 준비한 기프트(gift)를 가리키며 호감도를 향상시키기 위한 프로모션 수단으로 사용된다. 각종 설명회, 사전 미니 이벤트 행사장 등에서 참가한 취재진이나 방문객에게 사전에 준비하여 배포한다. 노벨티에 기재할 수 있는 메시지 내용은 명칭 등, 아주 한정된 것이며 가격도 싸야 하기 때문에 홍보가 효과적으로 실시될 수 있도록 디자인이나 색상, 소재, 아이디어 등이 목적에 잘 부합할 수 있도록 고려되어야 한다.

(2) 진료·진찰 카드

진찰 카드는 병원을 방문하는 불특정 다수를 상대로 의료서비스를 위한 보조 수단이지만, 이를 매체로 활용하여 환자에게 필요한 정보를 제공하고 홍보수단으로서 활용되는 특징이 있다. 그러나 의도적으로 병원 이름을 너무 크게 표시하거나 광고의 느낌이 들게 하는 디자인은 오히려 심리적인 저항감을 주고 소지하기에도 불편하다.

또 개인의 신상정보와 진찰일, 건강내역 등과 관련된 사항을 기록하는 경우에는 이용자의 프라이버시를 고려하여 제작되어야 한다. 최근의 진찰 카드는 IT기술의 발전에 따라 휴대하기 쉽도록 은행카드나 신용카드 크기로 제작된 것이 대부분이다. 카드에는 아주 중요한 메시지만을 디자인하며, 심벌마크를 적당한 위치에 레이아웃하고 심벌 컬러를 통해 통일된 이미지를 갖도록 조성한다. 상업적인 느낌보다는 공공성의 이미지를 느낄 수 있는 디자인이 필요하며, 독특하고 즐겨 소지할 수 있도록 아이디어가 뒷받침되어야 한다. 특히 소아과나 안과 치과, 한의원 등 각 의료기관의 특징을 살린 디자인 감각이 필요하다.

(3) 편지지·소개장·봉투

특정한 고객을 상대로 하여 메시지를 전하는 문서나 서신 형식으로 편지지나 소개장 등의 홍보수단으로 활용된다. 유럽이나 미국에서는 비용을 투자하여 특별히 디자인하거나 병원의 정체성을 적극적으로 드러내는 디자인을 채택하고 있다. 편지나 소개장을 받는 상대방에게 고급스럽고 좋은 느낌을 줄 수 있는 디자인이 요구된다. 인쇄될 컬러의 수는 현란한 느낌이 들지 않도록 가급적 단순화시키는 것이 바람직하며, 심벌마크를 활용하면 신뢰감을 주어 홍보효과를 높일 수 있다.

봉투는 편지지와 함께 하나의 틀에서 통일된 디자인 전략으로 제작하는 것이 효과적이다. 또 DM(Direct Mail)은 우편으로 본인에게 직접 배달되므로 받는 사람이나 보내는 사람이 명확하게 명시되도록 하며, 이 때 심벌마크는 공간 한쪽으로 보기 좋게 배열하고 병원의 슬로건 등을 적당히 삽입하여 다른 홍보매체와의 통일된 이미지를 유지해야 한다.

(4) 명함

과거 병원에서는 명함을 극히 제한적으로 사용하였지만, 최근에는 병원 간의 경쟁마인드가 확산되면서 일반 기업과 마찬가지로 명함을 사용하는 곳이 늘고 있다. 진료실에서 초진의 환자에게 명함을 건네는 의사도 차츰 증가하고 있으며, 상대에게 명함을 건네는 것은 상호간의 친밀감을 주고 주요한 홍보 활동이라는 인식이 일상화되고 있다.

+ 그림 2-7_
명함 홍보 사례
(하나로 신경과)

또 가급적 차별화된 디자인에 의해 제작되어 호감을 주며, 필요한 메시지를 삽입하여 홍보에 활용하는 사례가 늘고 있다.

(5) 전화번호부 광고

전화번호부 광고는 의료기관에서 이용하는 가장 일반적인 광고이다. 최근에는 PC와 스마트 폰 보급에 따른 이용도가 감소하고 있지만, 장년과 노년층, 주부를 중심으로 활용도가 높게 나타난다. 전화번호부의 특성을 잘 생각하여 진료과목이나 진료내용, 그리고 소재지, 전화번호나 연락처, 진료시간, 주차장 유무 등과 같이 병원과 관련된 주요 자료나 정보를 알기 쉽게 제공하며 복잡한 디자인은 피하도록 하는 것이 중요하다.

(6) 전신주·원주 광고

전신주·원주를 이용하여 병원 광고를 노출시키는 방법은 사인을 부착시키는 광고와 돌출형 광고의 두 종류가 있다. 주변을 지나가는 통행인의 시선을 자극할 수 있고 짧은 시간에 분명한 메시지가 전달될 수 있도록 소구방법과 디자인 방식을 고려해야 한다.

(7) 사보(社報)

병원 홍보의 중요한 수단으로 사보(社報)가 있다. 사보는 크게 사내보와 사외보로 구분된다. 전자는 원내보로도 표현하며 병원 및 조직 내부의 구성원 간의 친목 도모 및 소통을 위해 제작된 것이고, 후자는 조직과 관련된 정보를 고객 및 이해관계자에게 배포하여 교류를 증진하고 우호적인 관계를 유지하기 위해 만든 것이다.

그러나 양자의 사이에 엄격한 구분이 지켜지는 것은 아니다. 사내보의 경우에도 내부의 종사자뿐만 아니라 외부로 배보되는 경우도 많고, 사외보라 하더라도 조직 내부에 회람되어 소식지로 활용되는 사례도 많이 발생한다.

① 사내보(社內報)/원내보(院內報)

사내보는 기업이나 비영리기관이 경영자와 종사자 간의 교류 및 소통, 상호관계를 원활하게 하기 위해 소식지 및 정보 유통의 수단으로 발행되는 인쇄물이다. 즉, 그것은 경영방침이나 정책 및 사내의 여러 동정이나 정보 등을 직원에게 알려주는 한편, 종사자의 의견이나 소식 등을 경영자들에게 전달하거나 또는 직원 상호간의 정보를 교환할 수 있도록 역할을 수행한다. 더불어 이러한 사내보는 조직의 구성원뿐만 아니라 그들의 가족까지도 대상으로 포함시켜 조직에 대한 이해 및 관심을 증진시키려는 목적도 있다.

② 사외보(社外報)/원외보(院外報)

+ 그림 2-8
세브란스병원
사보

사외보는 홍보 수단으로서 사내보보다는 훨씬 주목할 가치가 있다. 이것은 직접 소비자를 대상으로 하여 회사나 상품에 대한 다양한 정보를 제공하여 이미지를 향상시키고 호감을 갖도록 하기 위한 것과 언론기관이나 지역사회 등과 같은 이해관계자와의 교류 및 이해를 도모하기 위한 것 등 두 가지 형태로 운영되고 있다.

의료기관은 의료시장이 개방되어 경쟁이 심화되면서 홍보의 기능이 점점 강화되고 있는 추세인데, 원내보와 원외보에 대해 관심을 갖고 이를 적극적으로 활용하는 병원은 나날이 늘고 있다.

또한 병원은 원외보를 적극적으로 활용하여 지역주민과의 상호교류를 확대시키고 지역주민이나 고객을 상대로 건강 지식과 의료서비스 에 관한 정보를 제공하여 호감을 향상시키고 병원 이용률을 높이기 위한 노력을 기울이고 있다.

(8) 매뉴얼(Manual)

병원의 홍보나 행정, 경영에 필요한 상세한 업무 지침서를 말한다. 효율적인 업무가 가능하도록 이와 관련하여 언제, 어디서, 누가 담당하더라도 동일한 결과를 낼 수 있도록 업무의 진행 방법이 그림이나 사진으로 구성되어 있다. 매뉴얼은 관련된 모든 사람이나 초보자들도 신속하고 정확한 업무처리가 가능하도록 각각의 업무에 대하여 기본 지침과 표준화가 이루어진 것으로 효율성을 향상시키고 일의 방향성을 제시하는 일종의 업무 교과서라 할 수 있다.

매뉴얼에 대한 이해를 돕기 위해 이연안과 병원에서 개발한 'MOT 매뉴얼'에 대해 설명해 보기로 한다.

이연안과 병원은 2009년 제정한 "따뜻한 마음을 두 눈에 가득 담아 첫눈에 반할 수 있는

우리가 되어 봅시다"라는 슬로건을 토대로 이연안과 병원 MOT 매뉴얼」을 개발하였다. 고객만족을 위한 효과적인 마케팅 방법의 하나로 널리 알려진 「MOT(Moments of Truth) 마케팅 기법」은 스칸디나비아 항공사에서 처음 도입하여 성공을 거두었다.

MOT 마케팅의 주요 내용은 직원들이 고객을 만나는 15초를 진실(상대방의 진정성)을 결정하는 가장 중요한 순간으로 판단하여, 고객만족에 최선을 다할 것을 종사자에게 요구한다. 즉 15초는 매우 짧은 순간이지만 고객을 평생 고객으로 만드느냐 또는 불만족을 주어 다른 경쟁사에 빼앗기느냐를 결정하는 중요한 순간이 된다.

이연안과 병원의 MOT 매뉴얼은 총 4개의 Part로 구성되어 있다. Part 1은 '원무과'에 적용되는 매뉴얼로 내원한 고객에 있어 원무과는 병원의 첫인상임을 고려해 고객을 친절히 맞이하고 따뜻하게 응대하며 헤어지기까지의 전반적인 응대방법을 상황별로 담아내고 있다.

Part 2는 '간호과' 매뉴얼로 외래와 수술, 병동 매뉴얼로 구성되어 보다 세분화 되어 있다. 환자와 직접 대면하여 접촉하게 되는 간호과의 특성상 '외래' 항목에서는 전문적인 의료지식과 함께 내미는 손길 하나에서부터 환자 입장에서 모든 것을 배려하도록 사례별로 규정하고 있다. '수술실' 항목에서는 수술을 기다리는 환자의 두려운 마음을 이해할 것과 따뜻한 눈빛과 손길, 신속하고 정확한 업무처리 요령 등에 관해 제시하고 있다. 마지막 영역으로 '병동' 부분에서는 따뜻한 미소와 말투, 눈빛에 사랑과 배려를 담아 병동 환자들을 보살필 수 있는 내용 등이 구성되어 있다.

Part 3은 '검사실' 부분으로 환자에 대한 검사 전후의 자세한 행동 지침과 편안한 검사 진행, 따뜻한 미소와 눈빛으로 고객을 맞고 검사를 진행할 수 있는 요령 등이 제시되고 있다.

마지막으로 Part 4는 '라식센터' 매뉴얼로 기분 좋은 미소와 환자의 마음을 여는 상담 스킬을 비롯해 수술환자에 대한 따뜻한 배려, 지속적인 관심과 관리 방법으로 구성되고 있다.

이처럼 이연안과 병원에서는 내원환자들에게 표준화된 방법에 의해 구성 모두가 동일한 서비스를 제공할 수 있도록 고객에 관한 다양한 응대 요령과 스킬 등을 MOT 매뉴얼을 통해 제시하고 있다.

(9) 기타 광고매체 활용

의료기관의 광고매체로는 옥외나 교통광고가 중심을 이루는 것이 보편적인데, 대체로 주변 역의 통로나 거리의 사인물, 벼룩시장과 같은 지역 언론매체를 자주 이용하게 된다. 의료 광고는 규제가 많아서 원하는 것을 모두 전달하는 것이 어렵지만 반복적으로 메시지를 노출시켜 지명도를 향상시키는 커뮤니케이션 방법을 모색하여 홍보효과를 향상시킬 수 있도록 한다. 광고규제 사항을 주의하면서 심벌마크, 병원명칭, 로고를 잘 배치하여 주목율이 높거나 시선을 사로잡아 소구력이 강한 광고를 노출시키도록 노력한다.

+ 그림 2-9_
이연안과 병원
MOT 매뉴얼

(10) 인터넷 광고와 홈페이지

인터넷은 오늘날 사용 인구의 급증으로 인해 효과가 높은 미디어로 부상했다. 따라서 웹 사이트에 홈페이지를 만들어 홍보할 뿐만 아니라 배너광고를 활용하는 등 다각적인 방법을 연구해야 한다. 홍보매체로서 인터넷은 몇 가지 장점이 있다.

① 의사소통: 다양한 소비층과의 쌍방향적인 커뮤니케이션에 의하여 유익한 정보교환이 가능하다.

② 비용절감: 인터넷은 마케팅을 위한 실로 다양한 비용절감 방법들을 제공할 수 있다. 우편요금도 들지 않고, 전화통화 요금도 저렴하기 때문에 홍보담당자들은 예산절감 방법을 스스로 산정할 수 있다. 광고비 또한 웹에서 더 많은 사람에게 도달하기 위하여 더 많이 지출할 수 있다.

③ 조사: 웹은 가치 있는 정보자원들로 가득하며 거의 모든 질문에 대답해 줄 수 있다. 또 사무실에서 이동하지 않고도 특정 장소, 상거래인, 그리고 표적시장 대상으로 조사할 수 있다.

④ 관심 끌기: 마케팅을 촉진시키기 위해 웹 정보를 활용함으로써 지금 맡고 있는 홍보활동에 대한 소비자의 관심을 끌어 모을 수 있다. 웹을 이용한 홍보는 웹 사이트로 직접적인 관심을 불러일으키며, 직접 보내는 이메일 캠페인은 표적시장에 적중시킬 수 있다.

⑤ 편의성: 사무실을 떠나지 않고도 세계 전역에서 오는 정보에 접속할 수 있으며, 효율적인 관리도 원거리로 가능하다.

정보, 통신 기술의 발달과 함께 PC나 모바일 매체의 대중화는 인터넷 매체에 대한 접근성과 활용성을 향상시키고 있다. 언제든지 손쉽게 접촉할 수 있는 인터넷 광고나 홈페이지 등은 병원의 규모에 관계없이 매우 유용한 매체이다.

병원 홍보의 일환으로 병원 홈페이지를 개설하는 것은 이제 어느 곳이나 할 것 없이 보편화되었다. 매체 사용에 있어 가격경쟁력이 뛰어날 뿐만 아니라, 특히 인터넷에 친근한 젊은 연령대는 대부분 홈페이지를 방문하거나 다양한 블로그를 통하여 다양한 정보 탐색을 하고 있다. 요즘에는 특정 병원의 홈페이지에 접속만 하면, 자기가 원하는 병원이 어디에 있는지 관련 정보를 쉽게 접할 수 있으며 궁금한 사항에 대해서도 즉각적인 해결이 가능하게 되었다.

매년 병원에 관한 정보나 서비스 내용을 알기 위해 인터넷을 이용하는 소비자의 비율은 증가하고 있으며, 비용 대 효과적인 측면에서도 인터넷 광고나 홈페이지는 효율성이 입증되고 있고, 블로그 마케팅이나 SNS 등에 의해 매체로서의 비중과 영향력은 급속히 증가하고 있다.

한편 인터넷 시대에 홈페이지가 병원 홍보를 위해 적합한 경로라는 것은 두말할 필요도 없다. 그러나 고객이 알기를 원하는 정보와 병원 측이 제공하는 메시지 사이에는 일정한 오류와 차이가 존재하며 기대효과를 충족시키기 위해 송신자의 지속적인 노력이 요구되고 있다.

또한 홈페이지 관리가 제대로 이루어지지 않거나 접근성, 조작성, 기능성 등의 문제가 있는 경우는 만족도가 저하되고 이미지에도 부정적인 영향을 미칠 수 있으며, 병원 홈페이지를 보고 방문한 고객가운데 실제 진료가 홈페이지 상의 안내 내용과 상이할 경우에는 초진 이후 고객만족으로 이어지지 않아 다시 병원을 찾는 재진 비율이 생각보다 낮게 나타난다.

지역과 밀착되어 있는 의원이나 지역 거점 병원에서는 우선 지역매체와 인터넷 홈페이지에 관심을 가질 필요가 있다. 지역의 내과나 소아과, 이비인후과, 치과, 한의원 등은 홍보와 마케팅을 위한 주요 매체로서의 활용은 물론, 고객과의 소통과 관계 유지를 위해 이들 매체를 적극적으로 이용하는 것이 필요하다.

고객의 입장에서는 원하는 병원에 관한 정보를 얻기 위해 방문 전에 해당 병원의 홈페이지를 탐색하게 된다. 자주 이용하는 홈페이지 메뉴는 담당 의사의 전문성을 비롯해 치료후기나 상담코너를 통해 치료방법과 비용 등에 대해 정보를 접촉하고 있다. 또한 병원을 찾기 위해 이용할 수 있는 교통수단과 위치, 약도, 전화번호 등도 자주 검색하는 중요한 사항에 포함된다.

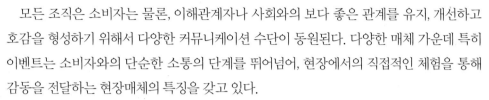

5. 효과적인 이벤트 홍보

모든 조직은 소비자는 물론, 이해관계자나 사회와의 보다 좋은 관계를 유지, 개선하고 호감을 형성하기 위해서 다양한 커뮤니케이션 수단이 동원된다. 다양한 매체 가운데 특히 이벤트는 소비자와의 단순한 소통의 단계를 뛰어넘어, 현장에서의 직접적인 체험을 통해 감동을 전달하는 현장매체의 특징을 갖고 있다.

따라서 병원이 다양한 이벤트를 적절히 활용한다면 언론관계사의 훌륭한 보도자료가 될 수 있기 때문에 이를 이용하여 해당 병원의 홍보로 연결될 수 있는 기회가 크게 증가될 수 있다. 오늘날 이벤트는 독립적인 매체로서 많은 장점을 가진 홍보 수단으로 인식되어 중요시되고 있다. 이를 나타내듯이, 일반적으로 가장 긴 역사를 가진 광고 인쇄물이나 신문, 잡지 등의 인쇄매체를 제1미디어로 지칭하며, 텔레비전, 라디오와 같은 전파매체를 제2미디어, 그리고 이벤트와 같은 현장매체는 제3미디어로 부르고 있다.

인간은 커뮤니케이션을 위해 고전적인 매체의 형태로부터 신문, 잡지 등의 인쇄 매체와 라디오, TV 등의 전파 매체 등을 활용하고 있다. 제1매체인 인쇄 매체는 오랜 역사를 지니고 있으며 커뮤니케이션 활동을 위해 활용되는 기본 매체로서 보존성, 기록성, 설득성 등의 특성을 지니고 있다. 그리고 제2매체인 전파 매체는 시각과 청각에 의한 소구력을 갖고 있으며 즉효성(卽效性)과 적시성(適時性)의 특성을 지니고 있다.

이러한 제1, 2매체의 공통점은 커뮤니케이션의 흐름이 일방적이며 일반 대중은 항상 수신자의 입장이 된다는 점이다. 그러면 제3매체라고 불리는 이벤트가 어떠한 매체적 특성을 갖고 있는지 살펴보자.

먼저 이벤트는 기존의 제1, 2매체와는 달리 쌍방향적 커뮤니케이션이 가능하다는 특성을 갖고 있으며 일정 장소에서 사람과 사람의 직접적인 만남을 통해 커뮤니케이션을 행한다는 원시적, 축제적 성격을 갖고 있다. 또한 현장 참가라는 특성상 기존 매체에서 일방적 수신자 위치를 갖고 있던 대중이 적극적으로 송신자의 역할을 수행할 수 있다는 특성도 갖고 있다. 이와 같은 매체적 특성이 현대 사회의 대중 욕구와 연결됨으로써 이벤트는 새로운 매체로서 자리잡아가고 있다.

이러한 이벤트의 홍보매체로서의 중요성은 단순한 커뮤니케이션이라는 인식을 넘어 실질적인 성과로 연결되고 있다. 건강 강좌나 세미나를 통해 건강에 대한 관심을 높이고 다

양한 도움을 제공하며, 여러 사회봉사와 공헌을 위한 행사 참여를 통해 지역사회의 일원으로서의 역할도 성실히 수행하고 있다. 또 병원이 개최하는 음악회, 미술행사 등은 병원이 단순한 치료기관이 아닌 문화적인 교류를 통해 정신적인 치유와 힐링에 도움을 주는 주체로서의 인식이 확산되고 있다.

의료기관이 주최하는 이벤트는 주로 건강, 교육, 친목을 목적으로 개최되며, 몇몇 경쟁이 심한 병원에서는 상업적인 성격이 강한 세일즈 이벤트도 열리고 있다. 건강강좌나 강연회 등의 회의이벤트를 비롯하여 음악회, 콘서트, 그림대회, 꽃 축제 등의 문화이벤트, 미술관·박물관 운영 등의 전시이벤트, 또 걷기대회, 등산대회, 체육행사 등의 스포츠이벤트, 그리고 지역이나 공동체 가꾸기 등의 행사에 참여하는 지역이벤트, 그 밖의 가격할인이나 인센티브를 제공하여 프로모션을 강화하려는 판촉이벤트 등 매우 다양하다.

이외에도 비영리조직인 병원의 특성을 살린 공공이벤트도 다른 곳에 비해 활발히 전개되고 있다. 소외계층이나 가정형편이 어려운 사람을 위해 무료로 의료지원을 하거나 자원봉사자로 협력을 아끼지 않고 있으며 이를 통해 병원의 이미지와 호감도를 향상시키는데 도움이 되고 있다. 또 지역의 운동회에 의료팀을 파견해 협력함으로써 병원에 대한 호감도를 높이고, 좋은 이미지를 심어 주는 계기가 된다. 이러한 이벤트 소재는 상시적으로 매스컴에 보도될 수 있는 좋은 보도자료가 될 수 있으므로 곧바로 해당 병원의 홍보로 연결되어 고객에게 자연스럽게 노출되기 쉬운 특징이 있다.

앞으로도 이벤트를 홍보에 활용하는 사례는 더욱 증가할 것으로 예상되지만 효과를 나타내기 위해서는 몇 가지 노력이 필요하다. 먼저 명확한 목적 없이 다른 경쟁자의 이벤트 형태를 그대로 모방하여 실시하는 것은 지양해야 한다. 이와 같이 비슷한 이벤트가 남발하게 되면 차별화에 실패하여 많은 비용을 들여도 생각만큼 효과를 기대하기 어렵다.

또한 장기적인 관점에서 해당병원의 특성에 맞는 이벤트를 지속적으로 개최하여 이미지 향상을 통한 지명도를 향상시킨다. 이벤트는 단발로 효과를 나타내기 보다는 이미지 개선이나 호감을 형성하는 도움을 주어 장기적으로 병원을 찾게 되는데 도움을 주기 위한 행사이다.

마지막으로 효율적인 예산편성과 다른 매체와의 통합적인 운영이 중요하다. 이벤트는 프로모션 믹스요소의 하나로 단독으로 효과를 기대할 수 없다. 신문이나 DM, TM, 인터넷 매체와 연결되어 시너지효과가 창출되며 예산편성에 있어서도 주먹구구식으로 하지 말고 마케팅예산 속에서 통합적으로 관리되어야 한다.

어느 경우이건 간에 성공적인 이벤트를 위해서는 먼저 정확한 대상을 정하고 사전에 충분한 계획과 준비가 필요하며, 이벤트와 개최와 함께 홍보담당자의 발 빠른 대응에 의해 홍보효과가 향상될 수 있도록 하는 주의력과 열정도 또한 중요하다.

1) 병원 이벤트 사례

① 태백 중앙병원(문화이벤트): 뜻하지 않은 산업재해로 입원중인 산재근로자들의 아픔과 그 가족들의 노고를 위로하고 새로운 희망을 갖고 다시 서는 의지를 다지자는 의미에서 '수요일 희망드림 음악회'를 개최하였다. 음악회는 마술사 공연과 퓨전 색소폰 연주자의 열정적인 무대와 산재근로자들의 공연 등으로 꾸며졌다.

② 뷰 성형외과(방송이벤트): 뷰 성형외과 최순우 원장은 케이블TV 인기 프로그램 '김원희의 맞수다'에 출연하여 눈길을 모았다. 자신의 신체 중 가슴 때문에 고민 중이던 출연자의 상담을 위해 출연하여 가슴성형 전문의로서의 인지도를 높이고 해당 병원에 대한 신뢰도를 향상시키는데 도움이 되었다.

③ 그랜드 성형외과(방송이벤트): 지하철 역사 광고를 통해 '개가 성형한 곳'이라는 문구로 소비자들로 하여금 개도 성형을 하는 곳(성형외과)이라는 착각을 유발해 화제가 되었던 그랜드 성형외과는 KBS 2TV '미녀들의 수다'에 출연해 특색 있는 목소리와 입심으로 시청자들의 시선을 모았던 '브로닌(Bronwyn)'을 해외담당 매니저로 채용해 화제성을 통한 병원홍보에 활용하고 있다. 또한 한국어를 비롯해 총8개 언어로 홈페이지를 구성해 운영 중에 있으며 중국어를 비롯해 4개 언어로 상담이 가능한 언어별 직통전화를 개설해 운영하고 있다.

④ 제니스 안과(판촉이벤트): 최근 경쟁이 치열한 일부 병원들에 있어서는 고객의 구매를 자극하는 강력한 세일즈 콘셉트를 쉽게 접할 수 있다. 다양한 프로모션 요소 중 가격측면에서 접근하고 있는 제니스 안과는 "최저가 보장"이라는 광고 헤드라인을 통해 과거 영리 기업에서나 볼 수 있었던 강력한 프로모션을 전개하고 있다.

⑤ 킨 임플란트 치과(판촉이벤트): 인터넷 배너광고를 통해 파격적인 가격할인(임플란트 79만원) 이벤트를 실시하고 있다.

⑥ 서울대학교병원(전시이벤트): 의학박물관에서는 2013년 3월, 이비인후과의 과학 발전과 귀·코·목에 관한 올바른 의학 지식을 널리 알리기 위해 「듣고, 맡고, 숨쉬고, 말하고

특별전」을 개최하였다. 9월까지 열린 특별 전시회에서는 국내 이비인후과 치료법의 발전상을 전시하고 관람을 위해 내원한 사람들에게 다양한 이비인후과 검사를 실시하였다.

⑦ 단국대학교 병원(회의이벤트): '복막전이암 수술' 심포지엄을 개최하였다. 심포지엄에서는 수술시연과 함께 수술동영상을 관람하고 복막전이암 수술과 관련한 다양한 정보를 제공하였다.

⑧ 가톨릭대학교 성빈센트 병원(회의이벤트): 성빈센트 홀에서 '수면건강'강좌를 개최하였다. 세계수면의 날을 기념하여 열리는 강좌에서는 '낮 졸림증', '수면무호흡증', '불면증' 등을 주제로 강의가 진행되었다. 강의 후에는 의료진들이 수면건강과 관련한 궁금증에 대해 설명하는 시간도 마련되었다.

⑨ 경희대학교 병원(회의이벤트): 병원 강당에서 '건강장수의 비결'을 주제로 건강강좌를 개최하였으며, 강의종료 후에는 4층 치과병원에서 참가자들을 대상으로 '무료구강검사와 스케일링'도 진행되었다.

⑩ 아주대 병원(회의이벤트): 골관절염 특화센터는 아주대병원 별관 대강당에서 '건강한 관절, 행복한 노후'를 주제로 건강강좌를 개최하였다. 강좌에서는 허리통증, 허리와 무릎을 튼튼하게 하는 운동치료법, 건강하게 스트레스 관리하는 웃음치료법 등 관절과 관련한 다양한 건강정보가 제공되었다.

⑪ 건국대학교 병원(회의이벤트): 대강당에서 '알레르기 비염'을 주제로 건강강좌를 개최하였으며, 분당 서울대학교 병원은 '어깨관절의 날'을 맞아 대강당에서 '어깨질환 최신치료법 소개'를 주제로 건강강좌를 열었다. 강좌에서는 어깨질환에 대한 진단과 최신치료법에 대한 정보 등이 소개되었다.

⑫ JP성형외과(회의이벤트): 국제워크숍을 통해 첨단기술의 모발이식을 적극적으로 보급하고 있다. 모발이식 전문클리닉을 표방하는 JP성형외과는 외국인 의료진을 대상으로 'Live Surgery Observational Workshop'을 개최하고 있다. 한국형 모발이식에 관심이 많은 동아시아의 대만, 홍콩, 싱가포르, 태국 등 4개국의 의사들이 참석하여 한국형 모발이식 수술을 교육받고 실습 프로그램에 참가하였다. 워크숍은 1년에 4차례 열리고 있으며, 외국인 의사들의 참관 요청이 끊이지 않아 향후에도 워크숍을 정기적으로 개최할 예정이다.

2) 특별 이벤트(크리스마스이브 성탄절) 사례

경기도내 대학병원 등에서는 크리스마스이브인 24일에 성탄절을 주제로 하는 이벤트가 개최되었다.

수원 가톨릭의대 성빈센트 병원은 병원장을 비롯한 의료종사자들이 24일 오전 10시 소아병동 54개 병실을 시작으로 병원 입원환자들에게 귀마개나 이불 등을 선물하는 행사를 가졌다. 병원장과 각 층 담당 수간호사 등 병원 관계자들은 산타모자 등을 착용하고 54개 병실을 시작으로 각 병동 입원환자들을 찾아가 위로의 말과 함께 선물을 나눠 주었다. 일반 병동 환자들에게는 병원에서 제작한 티슈, 아동병동 환자들에게는 인형과 장갑, 귀마개, 이불 등을 선물하는 행사를 실시하였다.

성빈센트병원 외에도 경기도 주요 병원에서는 풍성한 크리스마스 행사가 열렸다. 분당 서울대병원은 '소아병동 놀이방'을 개최하여 입원한 아이들과 함께 크리스마스카드를 만들고 캐럴 공연을 관람하였으며, 학용품과 뽀로로(Pororo)캐릭터 베개 등을 선물로 나눠 주었다. 또 내원객들을 위해 병원 1층 로비에서는 오르간 연주와 현악 앙상블 크리스마스이브 콘서트 이벤트를 열었다.

수원 아주대병원은 병원 1층 로비와 외래진료 공간에서 '산타 데이(Santa Day)'행사를 개최하였다. 산타 복장을 한 병원 관계자들이 내원한 고객을 맞이하여 크리스마스 분위기를 돋웠고, 오후에는 산타 복장을 한 직원들이 병원 1층 로비와 1~3층 외래 진료공간을 돌며 내원객 및 보호자에게 초콜릿, 사탕, 학용품 등을 나눠주는 기프트 행사를 진행하였다.

6. 방송 매체를 활용한 병원 홍보

TV나 라디오에서 '1분 건강정보' 제공이나 방송사 주관의 '공익캠페인'후원 등의 마케팅 활동을 통해 병원의 신 의료기술과 병원명, 의료진을 적극 홍보하고 있다.

병의원의 경우 방송광고 제약에 따라 방송을 통한 건강정보 제공형태는 병원들의 대표적 방송 홍보수단으로서 매우 선호되고 있다. 공익적인 건강관련 정보제공형태의 이러한 병원 홍보기법은 일방적으로 기업의 메시지를 전달하려는 인쇄매체 광고보다는 기사나 정보자료의 형태를 취하여 홍보 메시지로 인식하게 하는 것이 신뢰도를 형성할 수 있다는 판

단에 따라 기사형태의 광고를 선호하는 것과 맥을 같이 한다.

대부분의 '1분 건강정보'는 청취자들의 주목률 극대화를 위해 매 시간 시보 이전에 방송되어지고 있다.

대표적인 사례를 살펴보면, 밝은안과21 병원의 경우 안전한 백내장 시술관련 정보를 제공하는 광주방송(KBC) '1분 건강정보'를 진행하고 있다. 모발이식 전문병원인 나용필모 피부과의 경우도 모낭이식술에 대한 정보를 제공하고 있으며, 어깨통증 팔꿈치통증 치료 전문병원인 여수 백병원은 어깨통증과 관련한 건강정보를 제공하고 있다.

척추·관절 전문병원인 신세계통증의학과 의원은 KBC광주 방송의 '1분 건강정보'를 진행하고 있으며, CMB광주 방송을 통해서도 '건강365' 프로그램에 출연하여 척추질환의 비수술적 치료를 주제로 관련 정보를 제공하고 있다.

또 다른 사례로, 수완청연요양 병원의 경우 병원 전문의가 KBC광주 방송의 '1분 건강정보'에 등장해 고령이나 노인성 질병 등의 사유로 일상생활을 혼자서 수행하기 어려운 노인들이나 보호자들에게 노인장기요양보험제도에 대한 정보를 제공함과 동시에 관련 도움을 가까운 요양병원에 문의토록 안내하고 있다. 이처럼 의료정보 제공 전·후 정보를 제공한 전문의의 소속 명원명칭과 함께 전문의의 성명이 제시됨으로서 병원과 의료진에 대한 인지도를 제고하고 있다.

병의원들에 있어 신문이나 잡지와 같은 인쇄매체를 통한 광고는 보다 활발히 전개되고 있다. 이러한 인쇄매체들에 있어서도 일반적인 광고보다는 건강관련 지면을 통한 건강정보 제공 형태의 건강칼럼 등이 의료인과 독자들 모두에게 선호됨에 따라 광고와 칼럼게재를 패키지 형태로 묶어 판매하는 언론사의 광고판매 사례들도 찾아볼 수 있다.

어깨·무릎 전문병원인 광주21세기 병원은 다양한 매체를 활용해 적극적인 마케팅 활동을 펼치고 있다. 방송의 경우 KBC광주 방송 TV 프로그램인 '건강클리닉'에 출연해 건강관련 정보를 제공하고 있으며, '생방송 투데이'에도 출연하여 건강정보를 제공하고 있다. 또한 CMB광주 방송의 '건강 365' 프로그램에 출연해 척추질환의 비수술적 치료를 주제로 관련정보를 제공하였다. 라디오의 경우는 KBC광주 방송의 '1분 건강정보'를 통해 무릎통증과 새로운 인공관절 수술 요법에 대한 의료정보를 제공하고 있고, CBS광주방송의 'CBS 건강메모'를 통해서도 관련정보를 제공하고 있다. 더불어 지역 일간신문을 통한 의료관련 기사의 제공이나 칼럼 필진 참여를 통해 의료정보의 제공과 병원홍보를 진행하고 있다.

+ 그림 2-10_
광주 21세기병원
홍보 사례

또한 광주21세기 병원은 적극적인 스포츠마케팅을 전개하고 있는 대표적인 지역병원들 중 하나이다. 2011년 유아축구대회 의료지원을 시작으로 광주 FC배 유소년 축구대회 의료 지원을 하였으며, 2012년에는 3·1절 전국 마라톤대회를 의료 지원하였다. 이 밖에도 광주 FC 축구단을 후원하며, 동시에 월간 MVP를 선정하여 현장에서 수여 장면을 기념 촬영하여 홍보활동에 활용하고 있다. 기념 촬영 시에는 선정된 선수가 광주21세기 병원 명칭과 로고타입이 선명하게 인쇄되어 있는 대형패널을 들고 촬영에 임하게 된다. 이외에도 택시를 통한 교통광고도 지속적으로 진행해오고 있다.

7. 홍보활동의 유의점

홍보활동에 있어서 가장 중요한 것은 '호의적인 기사가 얼마나 자주 매스컴에 등장하는가?'라고 할 수 있는데 그러기 위해서는 보도관계자와 밀접한 관계를 유지할 필요가 있다.
홍보활동에서 주의해야 할 사항은 다음과 같다.

· 개막에서 폐막까지 홍보테마를 기간 중에 가능한 한 시의적절하게 제공하여 기자 활동을 돕는다.
· 보도기관에 따라서 취재방향이 다르기 때문에 일방적인 정보제공만 해서는 안 되고 개별대응에도 신속하게 응할 필요가 있다.
· 주요매체 기자와는 초기단계에서부터 간담회 개최 등을 통해서 상호간의 성격 등에 따라 대응하는 것이 중요하다.
· 퍼블리시티 기사는 프레스 릴리스에 의해 씌진 것만으로는 불충분하기 때문에 실제의

담당자 취재에 의해 부가해서 쓰는 경우가 있다. 특히 문제에 대한 현장취재, 담당자 취재가 있을 때는 홍보담당자가 입회하에 정보관리를 해야 한다.

· 정보에 대한 오해로 상호불신이 일어나지 않도록 주의해야 하며 모든 정보를 정확하게 파악해서 통일된 정보를 전달하여야 한다.

· 매체별로 취재형태가 다르기 때문에 각각의 매체의 특성을 충분히 이해하고 각각의 요구에 바로 대응할 수 있는 자료를 준비해야 한다.

① 신문·잡지 등 인쇄매체에의 대응책

신문·잡지 등 인쇄매체에서의 기사는 전문분야의 시각에서 취재하는 경우가 많기 때문에 분야별 자료의 정리라든가 특징 해설 등도 필요하다. 예를 들면, 병원설립이념, 진료과목, 진료내용, 진료장비, 기타 건강정보, 지역사회 활동 등의 등 다방면의 취재에 응할 필요가 있다.

② TV·라디오 등 전파매체에의 대응책

TV, 라디오 등의 전파매체의 경우에는 뉴스프로그램 등에서 다루는 경우가 많기 때문에 재료로서는 인쇄매체의 경우와 같이 전문성이 높은 정보보다도 뉴스성이 높고 화제성이 있는 것이 요구된다. 또 인터뷰 형식의 직접 취재이므로 간결하고 요령 있게 대답할 필요가 있다. 사전에 인터뷰에 맞게 질문에 대한 답을 미리 준비해 두는 것도 중요하다.

③ 프레스(press)대응 지침

홍보활동에 대해 각종 매체사로부터 다양한 현장 취재, 혹은 취재요청을 받을 것으로 예상된다. 보도관계자의 취재 내용은 짧은 시간대에 대량 전달이 이루어짐에 따라 기업의 이미지 제고는 물론 구전효과에도 직접적인 영향을 미치게 되므로 세심히 협력관계를 구축한다.

현장 취재나 취재 요청의 신청접수, 보도일자 조정, 자료협조 등 취재의 직접 대응은 전담부서가 담당한다. 취재진의 에스코트, 전시물 안내, 취재진의 요청에 따른 인터뷰 등은 담당자와 사전 협의하고 필요에 따라 전담요원이 보조한다.

광고와 유사 개념

광고는 마케팅커뮤니케이션의 관련 전문 용어 중에서는 가장 친숙하고 전략적인 커뮤니케이션 도구로서 빈번히 사용되고 있다. 우리는 일상생활에서 선전과 홍보, 인적판매, 판매촉진과 같이 광고와 유사한 개념들을 혼동하여 사용하는 경우가 많다. 아마도 이러한 현상은 개별 용어에 대한 정확한 이해가 부족하거나 이와 관련된 개념이 사회적으로 정착되지 못하였기 때문에 용어에 대한 의미의 이해를 돕기 위해 융합된 표현이나 어휘를 사용하고 있는 것으로 생각된다.

본래 광고의 어원은 '주의를 돌리다'는 의미의 라틴어 'adverter'에서 출발하여 강한 주장을 통해 주의를 끌기 위한 메시지의 전달 행위로 정리하였지만, 오늘날에는 조직체에 대한 호감을 형성하기 위해 사용되는 종합적인 설득 커뮤니케이션을 지칭하고 있다.

이것은 마치 일반인들이 광고 분야에서의 광고와 선전을 제대로 구분하지 못하는 것과 같다. 광고와 선전은 전혀 다른 용어이지만 오랜 관습과 사회적인 인식 때문에 광고를 가리키는 경우에 선전이라는 용어를 잘못 사용하거나 때로는 '광고'만 단독으로 사용할 경우, '선전'에 대한 고정적이면서 사회적인 인식으로 인해 "기업이 제품을 팔기 위해서는 광고 선전을 잘 해야 돼요."라는 경우의 예에서처럼 광고, 선전을 함께 사용하고 있는 사례가 많다.

광고를 영어로 표기할 때는 'advertising', 'advertisement'를 사용한다. 먼저 advertising은 일반적인 의미의 광고 활동이나 광고 행위를 넓게 가리키며, advertisement는 특정 광고물이나 광고제작물, 광고작품(시안) 등과 같은 구체적인 형상물을 의미한다. 또 advertisement는 advertising의 하위개념이기 때문에 advertising의 종속된 의미이며, 일부 영역으로서 사용되고 있다.

가끔 일상생활에서 선전이나 홍보, 판매촉진, 인적판매 등과 광고를 혼동하는 경우가 많다. 광고와 관련된 유사한 개념들을 올바로 이해하기 위해서는 광고의 정의에서 나타나는 핵심개념들을 기준으로 하여 차이를 살펴보는 것이 효과적이다.

AMA(American Marketing Association)는 세 가지 핵심적인 내용을 열거하며 광고의 정의를 잘 정리하고 있다. "광고란 명시된 광고주에 의해 아이디어, 상품, 서비스가 비대인적으로 제시되고 촉진되는 유료형태이다."라는 개념을 통해서 광고가 되기 위한 세 가지 중요한 조건을 역설하였다.

다시 말해서 광고의 기본 요소로, 반드시 광고주가 확인 가능함과 동시에 명시적(identified sponsor)이고, 비인적(mass communication media: nonpersonal presentation)이며, 유료형태(paid form)를 제시하고 있다. 이처럼 앞의 세 가지 핵심개념이 모두 포함되어 있다면 광고라 할 수 있지만, 하나라도 누락된 경우 광고로 정의될 수 없다.

1. 선전과 광고

선전(propaganda)이란 개인이나 집단이 어떤 주장이나 이념 등을 수용자나 집단 구성원에게 전달하여 통제하고 변화시키려는 조직적인 기도 또는 커뮤니케이션 활동을 말한다.

선전은 주로 정치적이거나 군사적 목적을 위해 사용된다. 선전이 다른 형태의 커뮤니케이션들과 구별되는 특성은 전달의 목적이 호의적이기보다는 비방과 비난을 위한 경우가 많기 때문에 선전의 주체를 은폐하게 된다. 특히 심한 경우에는 감정적이고 허위적 내용을 전달해서 대중이나 여론을 조작할 수도 있다.

이처럼 선전은 주체가 명확히 드러나지 않지만, 광고는 반드시 그 주체가 명시된다는 점에서 차이가 있다.

2. 홍보와 광고

홍보(Publicity)는 매체 비용을 지불하지 않고 대중 매체를 통해 기업이나 조직체의 호감과 이미지 향상을 위한 목적으로 실시된다. 전달자가 언론 매체에 보낸 정보나 자료가 수용자의 입장에서 보도할 만한 뉴스 가치(news value)가 있다고 판단되면 미디어를 통해 이를 뉴스나 기사의 형태로 내보내게 된다. 그러나 홍보는 담당 기자나 편집자가 정보원을 여과하여 전달하는 방식을 취하므로 객관성은 유지할 수는 있지만, 메시지 양의 조절 및 게재횟수, 표현 방법 등에 있어 제한되거나 어려움을 겪을 수 있다.

홍보는 광고와 함께 매스미디어를 이용하는 비대인적인 매스 커뮤니케이션인데 반하여, 인적판매나 판매촉진은 대인 커뮤니케이션이라 할 수 있다. 또 홍보와 광고는 모두 광고주를 확인할 수 있다는 점에서는 같지만, 광고는 반드시 유료로 매체의 지면이나 시간을 구입하는 반면, 홍보는 무료로 매체를 이용하는 형태이다.

3. 인적판매와 광고

인적판매(Personal Selling)는 한 사람 또는 두 사람 이상의 잠재고객과 직접 대면하면서 대화를 통해 판매를 실현시키고, 개인적인 접촉에 의해 구매를 유도할 수 있기 때문에 설득성이 매우 강한 커뮤니케이션 수단이다. 또한 인적판매는 판매원이 접촉할 수 있는 고객수가 제한되고 많은 비용이 드는 것이 단점이지만, 고객과의 대면과정에서 상대방의 욕구와 상황을 면밀히 직접 관찰할 수 있고, 즉각적이고 융통성 있는 대응조치를 취할 수 있기 때문에 매출액의 증가를 가져올 수 있다.

결국 인적판매는 판매원이 소비자와 직접 대면을 통해 판매 메시지를 전달하는 대인 커뮤니케이션인 반면, 광고는 매스 미디어를 이용하여 불특정다수의 소비자들에게 전달한다는 점에서 분명한 차이가 있다.

4. 판매촉진과 광고

판매촉진(Sales Promotion)은 비교적 특정되고 세분화된 소수를 대상으로 제품 또는 서비스의 구매나 판매를 촉진시키기 위해 이용되는 강력하고 충동적이며 단기적·즉시적인 유인, 자극하는 프로모션 수단의 하나이다.

판매촉진에는 DM이나 잡지광고를 비롯해 지역이 한정된 옥외광고, 교통광고, 영화광고와 소매점의 점포 내부에서 행하는 POP광고, 그 밖의 텔레마케팅, 쿠폰광고, 프리미엄, 가격할인, 견본제공, 이벤트, 전시회, 박람회 등이 이에 포함된다.

이처럼 비교적 세분화된 미니 미디어를 통해 특정된 소수를 대상으로 한다는 점에서는

매스 미디어인 광고와 다르며, 판매에 대한 직접적인 반응을 유도한다는 점에서는 다른 프로모션 요소인 홍보나 광고와 차이를 보이고 있다.

소구 유형과 기법

기업체나 조직체의 목표를 위해 목표소비자가 특정한 행동을 취하도록 만드는 자극이 동기(motivation)인데, 이러한 동기가 구매에 연결될 수 있도록 의도된 방향으로 메시지를 설정하는 것을 소구(appeals)라고 한다.

메시지 소구방법(message appeals) 또는 소구유형이란 간단히 말해서 메시지 송신자가 그 메시지에서 내세우고 있는 자신의 주장이나 결론을 수신자가 받아들이도록 수신자에게 호소하는 방식을 말한다. 특히 광고와 같은 설득 커뮤니케이션에서는 이러한 소구방법이 매우 중시되고 있는데, 왜냐하면 그 소구방법이 소비자들에게 어필하는 것이냐 아니냐에 따라서 광고가 성공할 수도 있고, 또는 실패할 수도 있기 때문이다. 즉 아무리 훌륭한 콘셉트를 가진 광고 전략이라도 표적 소비자에게 가장 잘 어필할 수 있는 소구방법을 찾지 못한다면 그 광고는 실패 할 수밖에 없다.

광고의 소구방법은 여러 가지 분류방법에 의해 나누어 볼 수 있으나, 가장 일반적으로 사용되는 분류는 이성적 소구(rational appeals)와 감성적 소구(emotional appeals)로 나누는 것이다. 이성적 소구란 실증적, 논리적 자료들을 통하여 소비자의 이성에 호소하는 소구방법을 말하고, 감성적 소구란 광고의 메시지를 통하여 소비자의 감정이나 감성 또는 가치관에 호소하는 것을 말한다. 감성적 소구는 다시 공포·위협(fear), 유머(humor), 성(sex), 온정(warmth) 등으로 구분한다.

또한 광고 크리에이티브 기법에 따르면 광고 유형은 비교(comparative), 티저(teaser), 패러디(parody), 정언(testimonial), 생활의 단면(slice of life), 그리고 실연(demonstration), 애니메이션(animation) 등으로 나눌 수 있다.

이때 중요한 점은 어떤 특정 소구유형이나 기법 하나만으로 특정 광고를 모두 설명할 수는 없다는 것이다. 즉 최근의 많은 광고들은 여러 가지 소구유형이나 기법들을 혼합하여 사용하고 있다. 때문에 많은 광고 사례에서 알 수 있듯이, 특정 광고를 단 하나의 소구유형과 기법으로 단정하기는 힘들다. 오히려 최근에는 여러 방법을 혼용해서 최상의 효과를 거둘 수 있도록 광고를 기획하는 사례가 증가하고 있다.

오늘날과 같이 경쟁이 치열한 병원의 홍보활동에 있어서 소구유형이나 기법을 결정하는 일은 효과적인 크리에이티브 전략을 실행하기 위해 매우 필요하다. 고객을 제대로 설득하고 마음속에 공감할 수 있는 메시지로 다가가기 위해서는 소구방법을 결정하는 일이 무엇보다 중요하며, 해당 병원에 대한 호감을 형성하고 이해의 폭을 넓히는 필수적인 수단이 된다.

한편 병원광고는 영리를 목적으로 하는 기업의 상품광고와는 달리, 소구방법이 제한적이며 다양하지 못한 특징을 갖고 있다. 일반적으로 병원광고에서는 감성적이거나 이미지를 소구하기 보다는 전반적으로 치료와 시술방법의 특징을 알리거나 의료진을 소개하는 등의 이성적, 사실적인 표현들이 중심을 이루는 이성적 소구가 주류를 이루고 있다. 따라서 위협소구와 실연 및 증명소구, 증언소구가 대부분을 차지하고 있다.

병의 증상 및 치료의 당위성을 소구하는 과정에서 위협소구가 자주 등장하며, 유명인이나 연예인이 치료 소감과 후기를 알리는 증언소구, 그리고 치료의 전과 후를 비교하여 해당병원의 우수성을 입증하는 실연 및 증명소구 등은 이미 병원광고에서 자주 볼 수 있는 일반화된 패턴이다.

우리 주변의 병원광고는 원장이나 의사의 이름을 제외하면 대동소이하고 천편일률적인내용이 대부분이다. 의사나 의료진의 경력소개, 의료 장비와 시설의 나열, 치료와 시술방법의 장점, 수술 후기, 치료의 전과 후를 비교하는 문구나 사진 등을 깊은 생각 없이 나열하고반복하는 등의 소구방법은 이제 변화를 모색해야할 시기에 있다.

병원이 말하고 싶은 것을 고객에게 알리는 것이 아니라, 고객의 입장에서 다른 병원과 차별화된 내용, 차별적 편익을 찾아 설득하는 것이 필요하다.

1. 공포소구

공포소구(fear appeal)는 메시지를 수용자에게 강력한 심리적 자극 및 각성이 요구되는 부정적인 감정인 공포, 위협적인 수단을 통해 의도된 방향으로 설득하는 소구 방법이다. 또

공포소구는 감성소구의 한 유형이며, 소비자에게 일종의 불안이나 공포심을 조성하여 제품에 대한 강한 관심과 흥미를 유도하는 기법이기도 하다. 특히 이러한 소구방법은 공익적인 목적이나 사회적 가치에 저해되는 행위, 행동에 대해 소비자의 주의나 금지를 유도하거나 안전의식을 강화하기 위한 공공 캠페인, 헬스커뮤니케이션 등에 많이 활용된다. 예를 들어 금연운동이나 에이즈 추방, 또는 건강이나 재산 등의 손실로부터 소비자를 보호하기 위한 제품(제약, 보험 등) 등에서 많이 사용되고 있다.

공포소구를 사용하는 광고주들은 단순히 광고에서 소비자에게 위협을 주는 것으로 끝나서는 안 된다. 공포소구를 사용할 경우 소비자에게 위협을 주어 관심을 유도한 후 자신의 제품이나 브랜드가 그러한 위협을 확실히 제거시켜줄 수 있다는 기대를 심어줌과 동시에 소비자의 수용을 이끌어 내야 한다. 만약 광고가 소비자의 위협을 해소해 준다는 어떤 확신을 주지 못하면 소비자는 그 메시지를 외면하는 경향이 있기 때문이다.

또한 광고주가 원하는 소비자의 메시지 수용을 이끌어 내려면 위협이 적절한 수준에서 이루어질 필요가 있다. 특정 사례에서 볼 수 있듯이, 만일 위협 수준이 너무 낮다면 정서적 반응이 발생하지 않아서 광고물의 근본적인 문제에 소비자로 하여금 주의나 관심을 끌지 못할 수도 있다. 반면 위협 수준이 너무 높으면 소비자는 해당 문제에 직면하는 것을 피하기 위해서 일부 방어적 메커니즘을 활성화하려고 할 것이다. 즉 위협수준이 너무 높으면 광고를 아예 보지 않으려 하기 때문에, 광고 효과도 감소하는 것이다.

물론 이러한 위협수준의 효과는 표적 소비자에 따라 다르게 나타날 수 있다. 예를 들어 흡연으로 폐암에 걸린 환자를 보여주는 공포소구 광고는 비흡연자에게는 앞으로 담배를 피우지 말아야겠다는 각성을 일으키므로 효과적일 수 있다. 그러나 골초들에게는 그러한 강력한 위협수준이 광고를 회피케 하는 결과를 초래할 수도 있다.

병원광고에서는 공포소구를 자주 발견할 수 있다. 병의 증상이나 치료의 당위성을 설명하고 소구하는 과정에서 자연적으로 위협소구가 자주 등장하고 있다. 병원광고의 공포소구에 있어 주의해야할 점은 치료의 당위성을 강조하기 위하여 표현이 지나치거나 혐오스러운 사진이 함께 게재되어 위협의 정도가 너무 높을 경우, 소비자들은 이를 회피할 수 있다는 사실이다.

또한 일부 병원의 경우, 수술 장면이나 치료 과정을 표현하는 과정에서 관련 사진이 여과 없이 그대로 등장하는 경우가 있다. 이 역시 본래의 의도와는 다르게 메시지에 접촉하는 사람들에게 혐오감을 주게 되어, 해당 병원의 이미지에 손상을 주거나 메시지를 회피하는 결과를 초래하기 쉽기 때문에 세심한 주의가 필요하다.

2. 유머소구

유머(humor)란 인간생활에서 익살이나 가벼운 농담, 해학, 그리고 고상한 멋을 가리키는데, 소비자에게 우리의 제품을 좀 더 친밀하게 보여줌으로써 소비자들을 자연스럽게 끌어들이는 최선의 수단이다. 유머소구(humor appeal)는 웃음과 즐거움을 통해 소비자의 관심이나 흥미를 향상시키고 호감을 가지도록 유도하여 설득효과를 높이는 소구방법이다.

오늘날과 같이 포화상태에 이른 광고환경에서 광고를 차별화시키고 소비자의 주의를 끄는 가장 효과적인 요소이기도 한 유머광고는 특정 제품의 장점이나 편익 등을 강조하는 직접적인 광고에 비해 심리적인

긴장감을 해소하고 보는 즐거움을 줌으로써 소비자들이 제품에 대해 친숙함을 느끼도록 하는 것이 가장 큰 장점이다.

일반적으로 광고에서 유머의 사용에 대해 찬성하는 쪽은 유머가 주의와 기억능력을 증가시킨다고 주장한다. 또한 그들은 유머가 광고주에 대해 긍정적인 감성을 만들고, 메시지의 설득력을 증가시킨다고 제안한다. 더불어 유머는 경쟁 제품을 사용하는 소비자들이 자사의 브랜드에 대해 거부하거나 반박하려 할 때, 이를 완화시켜서 메시지를 은연중에 받아들이도록 한다.

그러나 유머의 사용에 부정적인 쪽은 만약 유머소구가 너무 지나치면 메시지의 본연의 내용으로부터 주의를 분산시켜 올바른 이해에 부정적인 영향을 미치며, 제품 편익을 제대로 전달하지 못한다고 주장한다. 또한 소비자들은 같은 농담을 반복해서 보고 듣는 것에 금방 실증을 느끼기 때문에 유머 광고가 다른 형태의 광고들보다 효과가 더 빨리 감소되는 경향이 있다고 문제를 제기하고 있다.

일부 병원광고에서 유머광고를 확인할 수 있다. 모 치과 병원광고에서는 임플란트 치료를 소구하기 위해 익살스럽고도 유머러스하게 이를 표현하여 즐거움을 주고 있다. 유머소구를 남발하면 병원의 신뢰성에 문제를 야기할 수 있지만, 적절하게 표현하면 병원의 보수적이고 권위적인 이미지를 완화시켜서 고객에게 친근감을 유도할 수 있는 장점이 있다.

3. 온정 소구

온정(warmth)은 가족이나 우정 관계를 경험함으로써 빠져 들게 되는 긍정적이고 온화한 정서로서, 온정소구(warmth appeal)는 소비자가 광고를 통해 가족애와 사랑, 우정, 그리고 따뜻함 등을 경험하게 하여 긍정적이고 온화한 감정을 불러일으키게 하는 전략이다. 국내 광고에서는 오리온의 초코파이 광고가 대표적인 사례로 잘 알려져 있으며, 사람 사이의 정을 소재로 한 것에서부터 부모님에 대한 효심이나 고향에 대한 그리움 등을 소재로 스토성이 매우 풍부한 광고 유형이 많다.

친근함과 따뜻함을 유발하는 온정소구가 성공하려면 무엇보다도 메시지 내용에 대해 소비자의 공감이 이루어져야 하며, 광고가 묘사하고 있는 상황에 대한 충분한 이해나 몰입을 통해 자신의 감정을 제대로 이입되어 자사의 브랜드가 가지는 이미지에 연결될 수 있어야 한다.

온정소구는 데이비드 아커(David A. Aaker) 교수에 의해 광고 소구유형의 하나로 확립되었는데, 특히 한국적인 정서와 가장 가깝기 때문에 광고 콘셉트에 자주 이용되고 있다. 우리 민족은 단일 민족으로 보편적으로 공통적인 정서를 갖고 있는데, 가족을 포함해 혈연과 지연, 그리고 학연 등 정서적 측면을 유독 강조하는 문화를 향유하고 있다. 따라서 온정을 이용한 광고는 특히 일본, 중국 등 우리와 같은 동양 문화권에서 효과적으로 사용될 수 있다.

병원에서도 온정소구를 도입함으로써 병원에 대한 호감을 유도할 수 있다. 온정을 콘셉트로 삼아 일반적으로 환자가 갖고 있는 병원에 대한 차가운 이미지를 따뜻하게 변화시키고 의사에 대한 관계 개선을 이끌어 낼 수 있다. 예를 들어 환자와 의사의 고정된 관계 설정을 벗어나, 가족처럼 환자의 아픔과 고통을 이해하고 치료를 위해 최선의 노력과 정성을 다하는 의사와 병원의 이미지를 창출하여 정이 넘치고 마치 가족과 같은 병원을 소구할 수 있다.

4. 패러디

패러디(parody)란 문학이나 미술 작품, 연극, 영화 등 예술분야에서 기성 작품의 소재나 문체를 교묘히 모방하여 과장이나 풍자를 통해 해학적으로 제공하는 소구 방법을 말한다. 이것은 다른 광고를 그대로 표절하는 것이 아니라 원전의 해체와 창조적인 재구성에 의해 재창조를 시도하는 방식이다.

패러디 기법을 이용한 광고는 원작의 인기에 힘입어 소구하기 때문에 실패할 확률이 적으며 소비자들로 하여금 제품에 친숙하게 다가갈 수 있게 하여 제품에 대한 흥미를 유도할 수 있다. 그러나 일방적인 모방이나 단순한 흉내수준에 그칠 경우 비난을 받을 수 있고, 원작의 이미지에 크게 손상을 줄 위험이 있다.

이 범주에 속한 광고 유형으로는 이미 널리 알려진 기존 브랜드나 광고물을 패러디하는 광고와 기존 영화장면을 그대로 이용하는 광고가 많으며, 주로 시리즈 광고를 제작하여 소비자의 관심을 유도하고 화제를 이끌어나가는 방식이 많이 등장하고 있다.

5. 성적소구(섹스어필 광고)

성적소구(sex appeal) 광고는 소비자의 주의를 끌기위해 주로 성적 호기심과 암시, 누드 등의 시각적인 요소를 소재로 사용하여 소구하는 방식으로, 이것이 효과적으로 작용하기 위해서는 제품과 성(性)의 연관관계를 확실한 메시지로 보다 명확하게 전달하는 것이 중요하다. 이러한 소구방식은 특히 화장품이나 술, 향수, 의류 등의 제품에서 많이 쓰이고 있다.

성적소구는 성적인 상징성과 제품의 이미지가 조화를 이룰 경우 메시지에 대한 기억을 증가시킬 수 있으며, 광고에 대한 집중력을 강화하고 주의를 환기시키는 효과를 기대할 수 있다.

그 밖의 성적소구 광고의 효과에 대한 결과를 요약해보면, 대부분 광고 자체에 대한 관심을 끌고, 광고내용을 회상하는 데는 긍정적인 효과를 나타냈으나, 나머지 효과들에 대해서는 부정적인 효과도 동시에 나타났다. 그 이유는 우선 성적소구가 소비자의 주의를 끄는데 있어서 매우 강력하기 때문에, 제품 또는 브랜드에 대한 영향은 소비자의 주의분산으로

인해 부정적인 결과가 나타난 것이라 할 수 있다. 또한 성적소구의 영향은 여러 중개변인들에 의해 효과가 각기 다르게 나타난다.

성적소구 광고의 영향은 피험자의 성과 모델의 성(性) 및 메시지 변인에 따라 다양하게 나타날 수 있다. 커트니(Courtney)와 위플(Whipple)에 의하면, 매력적인 광고모델은 그렇지 않은 모델보다 긍정적인 효과를 나타내지만, 노골적인 성적자극은 부정적인 효과를 보이며, 제품과 관련성이 떨어지면 효과는 더욱 부정적으로 나타나게 된다. 또한 대부분의 피험자들은 광고모델이 자신과 동성인 경우에는 부정적이고, 이성적일 때 긍정적인 반응을 보이며, 성적표현 소구수준이 강력할 때는 가벼운 성적소구보다 비윤리적인 것으로 지각되어 윤리적 측면에서 부정적인 효과를 나타낸다.

따라서 성적소구를 사용하려고 하는 광고주들의 경우, 모델의 매력, 표적 소비자의 성, 제품과의 관련성 등을 고려하여 신중하게 접근해야 보다 긍정적인 반응을 이끌어낼 수 있게 된다. 한 가지 더 추가하자면, 문화권이나 국가별로 용인되는 성적 표현에 대한 나름의 기준이 있기 때문에, 국제광고를 집행하려는 광고주는 이를 정확히 파악하고 광고 전략을 수립해야 한다.

병원광고에서의 성적소구는 피부과나 성형외과에서 자주 볼 수 있다. 이러한 병원들의 광고에서는 시각적인 자극을 주거나 아름다움을 표현하는 과정에서 모델의 과다 노출 장면과 성적 소구가 등장하기 쉽다. 그러나 제품과의 관련성이 희박한 성적 표현은 부정적인 효과를 유발하기 쉬우며, 소구하려는 메시지에 대해 집중력을 분산시킬 수 있는 문제점을 안고 있다.

6. 비교소구

비교소구(comparative appeal)는 경쟁자를 직접 또는 간접으로 거론하며 자사 브랜드와 비교하는 메시지 전달 방법이다.

코카콜라와 펩시 등의 광고 경쟁에서 잘 나타나듯이, 비교소구는 소비자가 상품에 대한 선택이 용이하도록 자사 제품을 차별화할 수 있는 정보를 많이 제공하여 관심과 주의를 환기시키기 위해 이용되지만, 잘못 소구될 경우는 의도하지 않은 분쟁이나 이미지 하락에 따른 신뢰감을 저하시킬 수 있다.

미국의 연방거래위원회가 1972년 비교광고(comparative ad)를 본격적으로 허용하여 소비자의 알 권리를 충족시키고 제품에 대한 비교를 쉽게 하여 구매를 용이하게 하는데 도움을 주었다. 이를 위해 동종의 제품이나 서비스군 내에서 자사 제품의 특성을 강조하기 위해 두 개 이상의 경쟁 제품명을 자사 제품 광고에 등장시키고 비교하게 하여 원활히 진행되도록 하였다.

비교광고는 경쟁 브랜드뿐만 아니라 자사 브랜드의 상대적인 장점에 관한 정보를 포함하고 있기 때문에, 소비자들은 그러한 정보들이 구매결정을 용이하게 하는데 가치 있고 적합하다고 생각한다. 더욱이 비교광고는 자사 브랜드의 속성들을 경쟁사의 그것과 개별적으로 비교해야 하기 때문에 필연적으로 비교의 형식을 취하지 않은 일반 광고보다 더 정보적일 수밖에 없는데, 이것이 연방거래위원회가 비교광고를 장려하고 있는 주된 이유이기도 하다.

비교광고에 대한 초기 연구자인 윌키(Wilkie)와 패리스(Farris)는 비교광고의 장점으로 특정 제품과 경쟁 제품을 비교하게 하여 우수한 제품은 소비자의 사랑을 받게 되고, 열등한 제품은 시장에서 도태되도록 하여, 나아가 기업은 자사 제품이 시장에서 도태되지 않도록 하기 위해 제품개발에 박차를 가하게 만든다는 점을 들었다. 반면 단점으로는 자칫하면 비교를 넘어 비방광고가 되기 쉬워 광고의 신뢰성을 저해시킬 수 있으며, 별로 중요하지 않은 속성을 비교함으로써 소비자의 혼동을 유발할 수 있다는 점을 들었다.

비교광고는 특히 선발기업을 추월하려는 후발기업의 입장에서 기업이나 제품의 이미지 열세를 만회하는 데 유력한 방법이 될 수 있다. 구체적인 정보를 제공하여 소비자들이 가지고 있는 이미지와 실상과의 차이를 증명하는 것이 선발기업을 따라가는데 효과적이기 때문이다. 더불어 최소한 선발기업의 제품과 자사의 제품을 비교하는 사회적 논쟁을 불러일으킬 수만 있다면 후발기업으로서는 성공적이라고 할 수 있기 때문이다. 즉 후발기업이 선발기업의 브랜드와 비교를 하게 되면 소비자들은 그 두 브랜드가 서로 유사한 포지션에 있다고 간주하게 된다. 따라서 신규 브랜드는 비교광고를 통해 자신의 포지션을 유리하게 구축할 수 있다.

반면 비교광고는 우리 광고에서 경쟁 브랜드도 함께 노출되기 때문에 무료로 경쟁업체를 광고해주는 위험을 초래할 수 있으며, 소비자들도 비교광고에서 내세우는 일방적인 주장을 믿지 않을 수도 있다. 따라서 선발기업의 경우에는 가능한 한 비교광고의 사용을 피하는 것이 효과적이다.

7. 증언소구

증언소구(testimonial appeal)는 제품의 실제 사용자의 경험을 통해 제품사용을 권장하는 소구를 말한다. 이는 구전(word-of-mouth)의 효과를 광고에 옮기려는 시도로 광고 전편에 걸쳐 제품에 관한 자신의 경험을 이야기하는 광고 모델이 등장하여 일련의 증언을 제품시범 중간에 넣는 형식을 취한다. 때로는 몰래 카메라 식 기법을 이용해 길거리 인터뷰 등으로 제품에 대한 사용상황을 보여주기도 한다.

이러한 증언식 소구는 유명 모델을 이용할 경우 소비자들이 그 제품을 사용하면 유명인과 동일시 될 것이라는 효과를 심어줄 수 있고, 무명 모델을 이용할 경우에는 광고가 아닌 실제 상황인 것과 같은 효과를 거둘 수 있다.

성형외과를 중심으로 유명 연예인이 모델로 등장하여 해당 병원의 우수성을 증언하는 광고가 자주 눈에 띤다. 또 치과나 다른 치료 분야의 병원에서도 유명인의 친근감과 인지도를 이용하여 이미지 모델로 삼거나 치료 체험과 경험을 소개하는 광고가 자주 등장하고 있다. 때로는 해당 병원을 이용한 경험이 있는 무명의 환자나 가족을 광고 모델로 등장시켜 꾸밈없이 자연스럽게 어필하는 경우도 있다.

8. 티저

티저광고(teaser ad)는 감질나게 하다, 살살 약을 올리다의 'tease'라는 단어에서 유래된 용어로, 소비자들의 호기심을 유발하기 위해 제품의 이름이나 형태, 회사 이름 등 핵심적인 내용을 숨기고 조금씩 실체를 드러내는 광고 기법을 일컫는다.

티저광고는 무엇보다 소비자들의 호기심을 자극하여 눈길을 끄는데 매우 효과적이라는 장점이 있다. 대표적인 사례로는 펩시콜라 '챌린지 캠페인'과 2000년에 모 포털 사이트에서 실시했던 '선영아 사랑해', 그리고 신용카드 'M' 등이 티저 기법을 이용해 소비자의 주목을 받았다.

그러나 티저광고가 마케팅적 측면에서 항상 효과적이라 말할 수는 없다. 대부분의 경우 티저광고는 브랜드나 광고주인 회사명을 숨기기 때문에 특출한 기법을 사용하지 않는다면 오히려 기존의 광고들에 비해 비효과적일 수도 있다.

우선 티저광고는 신선한 아이디어를 바탕으로 소비자의 주목을 유도하며 기대감이 자연스럽게 연결될 수 있도록 해야 한다.

또 티저 소구가 종료된 다음의 소비자의 관심을 어떻게 유지시키는가도 중요한 문제이다. 너무 오랫동안 자신을 드러내지 않는 광고는 곧 소비자의 싫증을 불러일으킨다. 첫 인상의 분위기만을 그대로 유지하다가는 실패하기 마련인 것이다. 그러한 첫 인상의 분위기를 구체적인 자기 알리기로 얼마나 효과적으로 전환하느냐가 무엇보다 중요하다. 이를 위해서는 프리미엄 서비스로의 차별화를 위해 광고도 중요하지만 기본적으로 제품의 품질이 뒷받침 되어야한다.

또한 티저광고를 사용하기에는 많은 예산이 투입되어야 한다는 문제점도 존재한다. 소비자에게 자주, 그리고 하나의 스토리를 통해 계속적인 호기심을 추구하는 단계에서 이미 많은 예산이 투입되므로 본격적인 광고 단계까지 고려할 경우 많은 자금이 투입되어야 하는 것이다. 더불어 티저광고가 성공하기 위해서는 보안 또한 중요하다. 어떠한 제품인지를 마지막까지 드러내지 않아야만 최대의 효과를 기대할 수 있다. 따라서 내부적으로도 비밀이 철저히 유지되어야 하는 것이다.

이처럼 티저 효과를 노리는 광고가 점차 증대하고 있다는 것은 제품 간의 경쟁이 치열해지면서 브랜드의 차별성을 강조하기 위한 기업들의 고민이 더욱 증대되고 있다는 반증이기도 하다. 요컨대 티저광고는 소비자를 대상으로 주목과 관심을 유발하는 심리적 자극을 제공한다는 점에서 매우 긍정적인 광고 기법이다.

9. 생활의 단면

생활의 단면(slice of life)은 제품이 생활의 문제점들을 해소시켜 주는 실제 생활상황을 드라마 형식으로 제시하는 방법이다. 우리나라에서는 연속극의 인기가 높아 인기 드라마에 출연하는 연예인들을 드라마 상황 그대로 재현하여 제품을 광고하는 드라마 형이 많다. 이러한 광고 기법은 주로 주부를 목표소비자로 겨냥하는 경우에 빈번히 나타나며 생활용품이나 식품, 약품 광고에서 주로 많이 사용한다. LG나 CJ 그룹, 미국의 P&G 등의 사례에서 이러한 형태의 광고 기법을 많이 발견할 수 있다.

대부분 이런 종류의 광고에는 실제 생활과 거의 비슷한 장면에서 제품의 장점과 우수성에 대한 공감을 유도하고, 가능한 꾸밈이 없는 자연스러운 연출기법을 활용하여 소구력을 극대화시키는 것이 중요하다.

10. 실연 및 증명

제품의 성능이나 편익을 보여주는 효과적인 방법은 실연(demonstration)을 하는 것이다. 제품이 소비자에게 이익이 될 만한 차별성을 지니고 있다면 광고는 이를 시각적으로 설명하도록 노력해야 한다. TV광고에서 브라운관을 때리고 냉장고의 문을 여닫는 실험을 보여주는 대우전자의 '탱크주의' 광고는 이러한 실연의 예이다. 그 외에 홈쇼핑 광고들 역시 대부분 실연을 이용한 것이라 할 수 있다.

한크 사이덴(Hank seiden)은 좋은 실연의 기준을 다음과 같이 제시하였다.

첫째, 재미있고 흥미롭고 극적인 요소가 있어야 한다. 둘째, 광고 제작자가 주장하려는 주제와 일치해야 한다. 셋째, 결과적으로 주장을 증명해야 한다. 넷째, 이해하기 쉬워야 한다. 다섯째, 경쟁제품보다 먼저 실연되어야 한다. 여섯째, 실연하거나 증명하는 내용을 소비자가 신뢰할 수 있어야 한다. 이상과 같은 조건을 갖추지 못할 경우, 특히 실연의 신뢰성이 의심받을 때는 소비자의 인지적 반응 중 반박 주장(counter argument)을 발생시켜 부정적인 효과를 초래할 수 있다는 점에 주의해야 한다.

의료서비스산업에 있어서도 해당 병원의 차별화된 의료서비스나 치료방법을 증명하기 위해 실연 및 증명소구형 병원광고는 자주 등장하고 있다. 일반적으로 치료의 전과 후를 비교하여 해당 병원의 우수성을 입증하려는 방식이 많으며 성형외과, 피부과, 정형외과 등의 광고에서 주로 발견할 수 있다.

그러나 '비포(Before) & 애프터(After)'를 통하여 수술 전과 수술 후의 모습이 너무 리얼하게 여러 장면의 사진과 함께 등장하거나 입증하는 방식이 여과 없이 표현될 경우, 본래의 의도와는 달리 혐오감을 줄 수 있기 때문에 신중한 도입과 전개방식이 요구된다.

커뮤니케이션 이론과 병원 홍보

오늘날 기업의 마케팅 담당자는 마케팅 리서치를 통해 다양화, 개성화 된 소비자의 니즈(needs)와 욕구(wants)를 통찰하고 제품과 서비스에 반영시켜 소비자로 하여금 그 존재를 인식시킴과 동시에 기업이 의도하고 있는 대로 바람직한 태도를 형성토록 한다. 또한 그 수용성을 높여 자기가 의도한 반응을 이끌어 낼 수 있을 지에 대한 평가를 한다. 때문에 이러한 상호작용은 커뮤니케이션 프로세스에 매우 긴밀하게 관련 되어 있다.

일반적으로 커뮤니케이션이란 의미의 공유이며 어떤 사람이 다른 사람들의 요인 또는 행동을 변형시키기 위하여 어떤 자극을 전달하는 프로세스로 정의된다. 커뮤니케이션(communication)이란 본래 공유나 공통의 의미를 가진 라틴어 'communis'에서 파생된 용어로서 하나 또는 그 이상의 특정 대상물이 다른 대상과 지식이나 정보, 의견, 감정, 주장 등을 공유하는 행동을 가리킨다. 즉 커뮤니케이션은 사람들의 언어·비언어적매체를 통해서 상호간의 정보나 메시지를 전달하고 수신하여 서로 공통된 의미를 교환하고 서로의 행동에 영향을 미치는 과정 및 행동이라 할 수 있다.

커뮤니케이션이 원활이 수행되기 위해서는 일반적으로 5가지의 핵심적인 요소가 제대로 작용되어야 한다. 먼저 메시지를 전달하는 주체인 송신자(communicator, sender)나 정보원(source)이 있고, 이에 대해 송신자가 전달한 메시지를 접촉하는 수신자(receiver)가 있다. 다음은 송신자가 수신자에게 전달, 제공하고자 하는 메시지(message)가 있으며, 송신자와 수신자 사이에서 메시지를 전달하는 수단인 채널(channel) 또는 매체(media)가 존재한다. 마지막으로 송신자가 수신자에게 메시지를 전달함으로서 사전에 의도한 것을 얻게 되는 반응, 즉 효과(effect)가 있다.

한편 이를 알기 쉽게 하기 위해 커뮤니케이션 3요소를 중심으로 단순화시켜 설명할 수 있다. 커뮤니케이션을 구성하는 요소는 정보의 발신원인「전달자(source)」와 그것을 전달하는「메시지(message)」, 또 이와 같은 메시지를 수신하는「수신자(receiver)」등으로 구성된 커뮤니케이션 3요소가 있다. 이 밖에도 커뮤니케이션 프로세스는 부수적 요소로서「노이즈(noise)」와 수신자가 발신자로부터 보낸 정보에 대해서 어떤 반응을 나타내는가 하는「수신자의 반응(feedback)」등 복수 요소로 구성되어 있다. 따라서 커뮤니케이션 과정에 상

호작용을 하고 있는 모든 커뮤니케이션에 대한 요소에 관해 충분한 이해를 통하지 않고서는 커뮤니케이션 프로세스를 이해하는 것은 참으로 어려운 일이다.

앞서 살펴 본 것처럼 정보의 발신자는 전달해야하는 목적, 개념, 의도 또는 욕구를 메시지로 코드 변환한다. 코드 변환이란 전달하려는 의미를 언어 등의 심벌형태로 표현하는 것이다. 이처럼 메시지는 채널을 통해 수신자에게 전달되고 채널로 표현되어지는 다양한 매체를 이용하여 발신자와 수신자에게 의사전달(communicate)하는 역할을 하며, 수신자는 전달된 메시지를 해독하고 그 의미를 파악한다.

또한 발신자와 수신자 사이에서 일어나는 커뮤니케이션 프로세스는 수신자는 발신자로부터 전달된 메시지 중에서 이해하고 해독한 부분에 대해서만 반응하기 때문에 발신자는 수신자의 메시지에 관한 이해 및 해독(피드백: feedback)과정이 올바르게 진행되고 있는지에 대한 여부를 확인하려는 노력이 매우 중요하다. 메시지에 대한 오해(소비자의 이해수준이 본래 기업의 의도된 메시지와 다르게 나타날 때 커뮤니케이션 노이즈 및 오차로 표현함)는 커뮤니케이션 프로세스에 있어서 송·수신 간에 정보의 내용이 일부 왜곡되기 때문에 발생하는데 발신자와 수신자간의 메시지, 다시 말해서 심벌이 지닌 의미에 어떠한 오해 및 왜곡이 생기는 현상을 우리는 '의미적 오류(semantics noise)'로 부른다.

예를 들면 광고 커뮤니케이션의 경우 어떤 특정 타깃 오디언스(target audience)에 대해서 새로운 메시지를 제시할 때, 당초에 기업이 의도한대로 언어의 의미를 이해하지 못하는 사례는 종종 일어난다. 따라서 오늘날의 기업, 즉 발신자는 시장의 성숙화와 함께 점점 다양화되어가는 소비자의 요구에 대해 적절하게 대응하려는 노력뿐만 아니라 더욱 효과적이고 적합한 메시지를 수신자에게 보내기 위한 의미적인 오차를 최소화하려는 노력도 필요한 것이다.

병원 홍보나 마케팅활동을 효과적으로 진행하려면 무엇보다 정보나 지식의 주체라 할 수 있는 「정보원(송신자)」에 대한 이해가 필요하다.

정보원이나 송신자는 정보나 지식을 공유하기 위한 개인 및 조직을 말하는데 광고활동에 있어서는 광고 메시지의 주체인 광고주(advertiser, sponsor)나 특정 광고(제작물)에서 광고주나 기업의 메시지를 표현하고 전달하는 광고 모델이 포함된다.

특히 동일한 내용과 형식의 광고 메시지라도 광고 모델을 어떻게 선정하느냐에 따라 수용자에게 서로 다른 효과를 나타내기 때문에 신중을 기해 채택할 필요가 있다. 예를 들어 인지도가 높은 연예인이나 유명인을 모델로 선정할 것인지, 아니면 의사나 예술가와 같은 전문인, 또는 전혀 알려지지 않은 일반인을 선정할 것인가를 결정하는 것은 매우 중요하다.

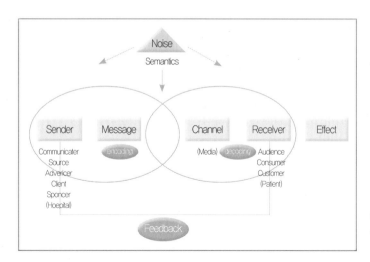

그림 2-12_
커뮤니케이션 모형

일반적으로 인지도가 낮은 일반인보다는 유명한 사람을 모델로 채택하는 것이 효과적이다. 다시 말해서 광고가 노출되었을 때 유명 모델에 비해 일반인의 경우는 소비자의 관심과 시선을 집중시키는 주목율이 낮게 나타난다. 또한 유명인이나 전문인을 모델로 이용하는 것이 모델이 갖고 있는 친근감이나 신뢰감에서 훨씬 긍정적인 효과가 있는 것으로 전해지고 있다. 심리학적으로 대부분의 사람은 일반인과 같이 평소 눈에 익숙하지 않은 모델을 기용하게 되면 낯선 모습에 부담스러워하고 전달된 메시지에 대해서도 부정적으로 느끼게 된다.

1. 정보원의 매력

1) 친근감과 유사성

광고 커뮤니케이션에 있어 효과적인 측면에서 중시되는 특성가운데는 정보원의 매력성(attractiveness)이 있다.

매력적인 요인 중에서 특히 심리적인 매력에 대한 이해가 필요하다. 심리적인 매력이란 소비자가 정보원에 대해 느끼는 친근감이나 애호성(liking), 동질감과 유사성(similarity) 등이 포함된다.

먼저 친근감은 광고 모델에 대해 수용자가 호감을 가지며 친근하게 느끼는 정보원의 속성을 나타낸다. 이것은 수용자로 하여금 정보원에게 심리적인 매력을 느껴 좋아하게 하거나 정보원과 수용자 사이의 교감과 공감을 촉진시킴으로서 메시지에 대한 효과를 상승시켜 준다.

두 번째의 유사성은 수용자가 정보원에 대해 동질감이나 자신과 비슷하게 느끼는 심리적인 속성을 가리킨다. 사람들은 자신과 유사성을 갖고 있는 정보원에 대해 더욱 매력을 느끼며 노출된 메시지에 의해 설득되기 쉬운 경향이 있다. 병원에서는 홍보나 이미지 모델을 선정함에 있어 잘 알려지지 않은 모델보다는 인지도가 높은 유명인을 사용하는 경우가 많다. 예를 들어 힘찬 병원(김병만), 룡플란트 치과(이순재), 튼튼 병원(박지성, 이만기) 등과 같이 건강한 이미지의 친근감이 높은 모델을 선정하여 호감도를 향상시키고 있다.

이것은 목표 고객층에 맞춘 친근하거나 동질감, 유사성이 있는 모델을 채택하게 되면 정보원에 대해 더 많은 매력과 호감을 느끼며 설득성이 향상되기 때문이다.

2) 정보원의 전문성과 신뢰성

정보원의 친근감과 유사성 등의 심리적인 특성은 수용자로 하여금 주로 메시지에 대한 호감도를 갖게 하여 강한 매력성을 부여하게 되며, 정보원의 전문성과 신뢰성은 메시지에 대한 신뢰와 믿음을 제공하여 설득력을 높이는데 초점을 두고 있다.

정보원의 전문성(expertness)이란 수용자가 제시된 메시지에 대해 정확한 판단이나 건전한 결론을 낼 수 있도록 기준이 되는 정보원의 지식이나 능력을 가리킨다. 이러한 정보원의 전문성에는 교육수준이나 사회적 지위, 능력, 경험, 업적 등과 같은 특성이 포함된다. 다음으로 정보원의 신뢰성(trustworthiness)은 정보원이 메시지에서 제시하는 기준과 판단에 대해 수용자가 선의와 믿음을 갖게 되는 것을 말한다.

정보원의 전문성과 신뢰성의 특성은 광고 메시지에 대한 수용자의 거부감을 완화시키는데 도움을 주며, 공신력의 개념으로 추가적인 설명이 가능하다.

즉 정보원의 공신력(credibility)은 커뮤니케이션에 있어 수용자의 메시지 수용에 영향을 미치는 정보원의 전문성과 신뢰성 등의 특성을 함께 지칭하고 있는데, 광고나 홍보활동을 위해 등장하는 모델이 전문적이고 신뢰할 수 있다고 판단하게 되면 메시지에 대한 태도나 수용 자세도 더 긍정적이 된다. 일반적으로 광고주들은 자사의 광고에서 가능한 전문성과 신뢰성 등의 특성에 의해 공신력이 높은 모델을 기용하려 한다. 또한 메시지의 공신력은 정보원 또는 송신자의 객관적인 기준에 의해 형성되는 것이 아니라 수용자의 마음속에 주관적인 판단에 의해 지각하게 됨으로 전략적으로 의도된 메시지를 장기간 반복하여 노출시키는 것도 중요하다.

특히 다른 분야보다는 병원광고에서는 각 해당 전문분야의 의사가 모델로 등장하는 사례를 자주 볼 수 있다. 이것은 전문 능력과 경험이 풍부한 의사를 모델로 함으로서 메시지에 대한 전문성과 신뢰성을 제공할 수 있기 때문이다.

2. 메시지

1) 메시지 설득의 측면성

마케팅 커뮤니케이션에 있어서 메시지(message)는 기업이 소비자에게 전달하고자 하는 제품과 서비스에 대한 정보, 지식, 의미 등을 가리킨다. 기업은 핵심적인 대상에게 메시지를 통해 본래 의도한대로 설득하고 호감을 향상시키려고 노력한다. 메시지를 전달하고 설득함에 있어 중요한 것으로는 메시지의 측면성, 결론의 제시방법과 순서, 그리고 소구 방법 등이 있다.

먼저 메시지 설득의 측면성(sidedness)이란 정보원이 메시지를 통해 자신의 주장을 제시할 때 긍정적인 측면만을 강조할 것인가, 아니면 부정적인 측면도 함께 주장할 것인지에 대해 나타내는 방식을 말한다. 메시지의 측면성에는 크게 두 가지 유형이 있다. 첫째는 일면적 메시지(one-sided message)로 이는 긍정적인 측면만을 주장하는 것이다. 둘째는 양면적 메시지(two-sided message)로 이는 긍정적, 부정적 측면을 함께 언급하는 것을 말한다.

일면적 메시지는 목표소비자가 특정 주제에 대해 반감이 적으며 반대의 주장에 노출될 가능성이 없거나 호의적인 태도나 의견을 갖고 있을 때 효과적이며, 교육 수준이 낮을 때도 효과적이다. 반면 양면적 메시지는 소비자가 메시지에 대해 상반된 의견을 나타내거나 반대 주장에 노출될 가능성이 있을 때 설득성이 강하고, 또한 교육 수준이 높을 때 효과적이다.

광고 커뮤니케이션에 있어서 일면적 메시지는 소비자에게 자신의 제품이나 서비스의 장점만을 주장할 때 사용하는 소구방법으로, 대부분의 광고는 이 방법을 사용하고 있다. 이

에 반해 양면적 메시지는 주로 자사 제품의 단점을 솔직하게 밝히는 대신 다른 측면에서 이를 상쇄시킬만한 장점을 찾아 부각시키는 것으로, 흔히 쓰이는 방법은 아니다. 보통의 광고들이 자신의 장점만을 일방적으로 주장하거나 과장하여 표현하는 반면, 양면적 메시지 광고는 오히려 솔직하고 정직한 메시지 전달 방식을 통해 소비자들에게 설득력을 높이고 있다.

즉 이러한 양면적 메시지의 광고는, 일반적으로 교육 수준이 높은 소비자들의 경우 객관적인 생각으로 사물을 바라보는 경향이 많으며, 따라서 광고된 제품이나 서비스에는 긍정적인 것뿐만 아니라 부정적인 면이 함께 존재하고 있다는 것을 인지하고 있다. 때문에 교육 수준이 높고 제품 선택이 까다로운 소비자들에게는 양면적 메시지를 통해 단점마저 솔직히 인정하고 밝힘으로서 정보원의 신뢰성을 높일 수 있다.

예를 들어, "우리 제품은 비쌉니다."라는 어느 회사의 광고 카피를 통해 양면적 메시지에 대한 이해를 넓힐 수 있다. 해당 기업은 양면적 메시지의 광고 방식을 통해 제품이 비싸다는 사실을 먼저 솔직하게 밝히고, 그 만큼 다른 사람과 차별화된 자부심과 만족감을 느낄 수 있음을 설득하여 소비자의 공감을 얻는데 성공하였다. 즉 제품 가격이 비싸다는 단점을 최상의 고객만족이라는 가치 제공을 통하여 상쇄하고자 노력한 것이다.

또 다른 유형의 양면적 메시지로 반박 소구(appeal of refutation)를 들 수 있는데, 이것은 먼저 광고 메시지의 특정 주제에 대한 쌍방의 주장을 제시하고, 반대의 입장과 견해에 대해 반박하는 방법이다. 반박 소구는 자사의 제품, 서비스에 대한 경쟁회사의 비판으로부터 이를 반박하는 비교 광고에서 자주 나타나고 있다.

한편 양면적 메시지의 광고는 아직 그 사례가 드문 만큼 병원에서도 시도할만한 가치가

+ 그림 2-13_
양면적 메시지 사례
(편강한의원)

있다. 최근 경쟁이 과열되고 있는 치과, 안과, 성형외과에서는 가격할인을 콘셉트로 하는 마케팅전략이 일반화되고 있다. 하지만, 가격에 대한 이익보다는 고객에게 치료방법에 대한 신뢰감과 안전함을 가치로 제공하여 차별화를 꾀하는 것이 보다 도움이 될 수 있다. 예를 들어

"저희 병원은 비용은 비싸지만, 안심하고 편안하게 진료 받을 수 있도록 노력하겠습니다."
라는 문구를 통해 진료비용이 비싸다는 것을 솔직히 인정하면서도, 오히려 신뢰감과 안전
함을 가치로 제공하겠다는 의지를 표현할 수 있을 것이다.

예를 들어 편강 한의원은 "편강 한의원의 한약은 만병통치약이 아닙니다."라는 양면적
메시지로 소구하여 즉시 효과를 기대하는 고객에게 제품효과에 대한 솔직함을 표현하여
설득력을 강화시켰다.

2) 결론의 제시

기업은 때로 효과적인 광고를 위해서는 메시지에서 결론을 제시하는 방법에 대해서도 주
의를 기울일 필요가 있다. 즉 기업은 메시지를 통해 명확하게 특정 결론을 내릴 것인가, 또
는 소비자 스스로 결론을 도출하도록 허용할 것인가를 결정해야 한다.

대다수의 연구는 광고의 주체자인 기업이 명확한 결론을 제시하는 메시지가 좀 더 쉽게
이해되고, 태도에 영향을 미치는데 있어 효과적이라고 제안하고 있지만 또 다른 연구에서
는 표적 소비자, 이슈 또는 주제의 유형, 그리고 상황 특성에 따라 결론 제시의 효과가 다르
게 나타나는 것으로 이야기하고 있다.

일반적으로 교육 수준이 높은 소비자들은 스스로 결론을 내리는 경향이 강하며, 따라서
그들은 광고 메시지에서 기업이 제품에 대해 일방적으로 주장하고 명확하게 결론을 내리
는 것을 신뢰하지 않는다. 하지만 교육 수준이 높은 소비자라 하더라도 특정 분야에 있어
지식수준이 낮다면 확실한 결론에 의해 메시지에 대한 이해를 도울 필요가 있다. 반면에 결
론을 명확하게 제시하는 방법은 교육 수준이 낮은 소비자들에게 긍정적인 효과가 크다. 왜
냐하면 그들은 광고를 보고도 쉽게 결론을 이끌어내지 못하거나 때때로 메시지로부터 의
도된 것과는 상이한 생각을 하기 때문이다.

결론 제시의 효과는 해당 기업의 목표에 따라서 다르게 나타난다. 먼저 시장에서 고객의
즉각적인 반응을 얻기 위해서는 메시지에 명확한 결론을 제시하는 것이 효과적이다. 그러
나 메시지의 반복적인 노출에 의해 고객 스스로 결론을 도출할 기회를 제공하려면 결론을
도출하지 않은 광고 형태가 바람직하다.

한편 일반적인 병원광고에서는 치료효과를 강조하기 위하여 일방적으로 결론을 제시하
는 사례가 많이 나타난다. 하지만 이러한 형태의 광고접근보다도 오히려 신뢰감을 향상시

키기 위해 수용자가 스스로 생각하고 판단할 수 있는 형태의 광고를 다른 경쟁대상보다 선제적으로 시도해 보는 것도 바람직하다.

3) 메시지 내용의 제시 순서

메시지 내용의 제시 순서 효과는 메시지 내용들의 배열 또는 제시 방법에 따라 다르게 나타난다. 고객을 의도한대로 설득하기 위해서는 메시지 내용의 제시 순서를 어떻게 하는 것이 가장 효과적인가를 결정하는 것이 무엇보다 중요하다.

다양한 연구들에서는 일반적으로 처음과 끝에 제시된 메시지 내용이나 항목이 중간에 제시된 것보다 더 잘 기억된다고 주장하고 있다. 따라서 광고를 집행할 때에는 광고 내에서의 핵심적인 주장을 가능한 메시지의 처음이나 끝에 위치시키는 것이 효과적이다.

이를 보다 구체적으로 살펴보면, '초두 효과(primacy effect)'는 메시지의 첫 부분에 핵심적인 주장이나 제안 등을 제시하는 방법으로, 이는 처음에 제시된 정보가 고객에게 가장 인상적이며 효과적이라는 이론에 바탕을 두었다. 반면 '최신 효과(recently effect)'는 메시지 끝 부분에 핵심적인 주장을 제시하는 것으로, 이것은 가장 나중에 제시된 메시지의 주장이 고객에게 보다 설득적이라고 제안한다.

다른 메시지 요소들과 마찬가지로 광고 메시지에서 강력한 제안점 또는 주장을 어느 부분에 두어야 할 것인지는 상황에 따라 다르게 나타날 수 있다. 먼저 표적소비자가 광고주의 주장과는 상이한 반대의 입장을 취하고 있을 때에는 처음에 강력한 의견이나 주장을 제시하는 것이 수용자의 반박 수준을 감소시킬 수 있다. 또한 처음부터 약한 주장을 제시할 경우는 오히려 소비자의 반박이나 반론을 유발하기 쉬우므로 메시지의 효과는 의도한대로 실효를 거둘 수 없다.

이에 대해 소비자가 메시지에 대해 관심을 갖지 못하는 경우에는 메시지의 첫 부분에 강력한 주장을 제시하는 것이 메시지에 대한 흥미나 주목을 유발시키는데 효과적이다. 반면 소비자가 광고주의 의견에 동조하거나 제품 또는 광고메시지에 대해 관심이 많다면 메시지의 후반부에 강력한 주장을 피력하는 것이 보다 효과적이며, 기업이 제공하는 메시지에 대해 소비자의 긍정적인 태도와 호감을 형성할 수 있다.

4) 메시지 소구방법

메시지 소구방법(message appeals)이란 정보의 주체자가 해당 메시지에서 사전에 의도된 자신의 주장이나 의견을 수용자가 받아들이도록 호소하는 방식을 의미한다. 광고와 같이 수용자의 이해와 설득을 필요로 하는 커뮤니케이션 방식에 있어서는 특히 어느 소구방법을 선택하느냐에 따라 메시지의 영향력이 좌우될 수 있다. 즉 아무리 훌륭한 광고 전략을 수립하더라도 표적소비자의 마음속에 공감을 유도할 수 있는 소구방법을 찾지 못한다면 그 광고는 실패할 수밖에 없다.

광고의 소구방법은 여러 가지 분류방법에 의해 구분할 수 있지만 가장 일반적으로 활용되는 것으로는 이성소구(rational appeals)와 감성소구(emotional appeals)가 있다. 여기서 이성소구란 과학적이며 실증적, 논리적 자료들을 통하여 수용자의 합리적인 의사결정에 호소하는 소구방법을 말하며, 제품의 기능적 특징이나 성능, 품질 등 경제적인 가치나 수용자가 얻을 수 있는 이익, 편익 등에 초점을 맞추고 있다. 또 감성소구는 광고의 메시지를 통하여 수용자의 정서나 감성, 감정 또는 가치관에 호소하는 것을 가리키며, 제품에 대한 이성적인 설득보다는 분위기와 공감 등을 유발시키는 것에 중점을 둔다.

결국 이성소구와 감성소구의 효과는 시장 환경이나 수용자에게 영향을 주는 다양한 요소와 변인들에 의해서 달라질 수 있기 때문에 어느 소구방법이 특정 상황에서 더 효과적인가를 상시적으로 판단하여 선택해야만 한다. 특히 이성소구는 비교 광고를 비롯한 증언 광고, 입증 광고 등의 소구방법에서 찾을 수 있고, 감성소구는 유머나 위협(공포), 패러디, 온정(warmth), 성(sex) 등을 소구한 광고에서 그 예를 발견할 수 있다.

대부분의 병원광고는 이성소구를 사용하는 사례가 많다. 병의 증상과 치료방법을 설명하는 과정에서 자연히 이를 비교하고 입증하려는 소구방법을 주로 선택하게 된다. 하지만 오늘날처럼 많은 소비자들이 정서적인 교감을 보다 중요하게 여기는 상황에서는 천편일률적인 이성소구의 패턴에서 벗어나 '따뜻하고 친절한 병원', '환자의 고통을 이해하고 마음을 나누는 병원', '환자의 입장을 진심으로 이해하고 배려하는 병원', '편안함과 행복을 드리는 병원' 등과 같이 이미지의 차별화뿐만 아니라 수용자의 정서와 감정에 공감을 유도하는 감성소구를 시도할 필요가 있다.

· 맥락효과 (Context Effect) ·

처음에 제시된 정보가 나중에 접촉하는 정보들에 관여하게 되며, 이것은 전반적인 맥락과 사물의 상호 관계를 통해 판단하는 단초나 실마리를 제공하게 되는 현상을 말한다. 그리고 맥락효과는 크게 타협효과(Compromise Effect), 유인효과(Attraction Effect), 범주화효과(Categorization Effect)로 구분된다.

예를 들면 어떤 사람을 판단할 때는, 그 사람에 대해 이미 인지하고 있거나 보고 있는 현상에 대한 정보에 의해 그 사람의 나머지 부분을 판단하게 되는 것을 의미한다. 이것을 병원 마케팅의 시각에서 쉽게 설명하면, 병원 내부의 인테리어나 시설이 깨끗하고 고급스러우면 호감이 생긴다거나, 시내 중심가에 위치한 병원을 외곽에 있는 병원보다 더 선호하게 되는 것, 또는 의사의 경력이 화려하면 그렇지 않은 경우보다 더욱 신뢰할 수 있게 되는 것 등으로 설명할 수 있다.

· 초두효과 (Primacy effect) ·

초두효과(초두현상)는 심리학에서 처음 제시된 정보 또는 첫 인상이 나중에 제시된 정보(인상)보다 특정 사람의 판단에 더 강력한 영향을 주게 되는 현상을 뜻한다. 면접이나 첫 대면에서 처음에 느낀 인상이 중요함을 알려주는 효과이다. 초두 효과는 광고 제작 과정에서 중요한 이론으로 자리 잡고 있다. 이것은 광고의 헤드 카피와 바디 카피의 관계에서 설명될 수 있다. 소비자가 광고 메시지를 접촉할 때 헤드라인에서 첫인상이 정해지고, 나중에 이어질 정보에도 강한 영향을 미치게 된다.

병원 마케팅의 시각에서 쉽게 설명하면, 특정 병원에 대해 이미 형성된 인상과 이미지는 나중에 변경하거나 전환하려 해도 쉽게 바꾸지 않는다. 즉, 40세 이상의 여성을 목표소비자로 진료를 해왔던 병원이 20대의 젊은 여성을 전문으로 하는 병원으로 전환하려 할 때 짧은 시간에 기존에 형성된 병원의 이미지를 바꾸기 어려운 것과 같다.

· 밴드 왜건 효과(Bandwagon Effect) ·

밴드 왜건 효과(편승효과)는 사회적 분위기, 대중적인 유행에 따라 다른 사람을 모방하여 상품을 구입하는 소비 심리현상을 뜻한다. 미국의 경제학자인 하비 라이벤스타인(Harvey Leibenstein)에 의해 주창되었으며, 퍼레이드나 서커스단의 행렬을 맨 앞에서 선도하는 그룹이 보통 사람들의 관심을 이끌어내기 쉽다는 데서 유래하였다. 예를 들어 유명 연예인의 패션을 모방하여 흉내 내거나 부동산이나 주식의 가격이 갑자기 상승하게 되면 이를 따라 함께 구매하게 되는 효과로 설명할 수 있다.

이것은 초기의 소비는 일부 혁신층에 의해 주도 되며, 이에 영향을 받은 대중에 의해 유행과 소비가 확산된다는 로저스(Evert M. Rogers)의 개혁확산이론(Diffusion of innovative theory)과도 관련이 깊다.

병원 마케팅의 시각에서 설명하면, 눈, 코, 가슴 등의 성형수술이 유행에 민감한 소수의 연예인에 의해 시도되지만, 점차적으로 이를 따라하고 싶은 일반 여성에 의해 성형수술이 대중적으로 받아들여지는 것과 같다.

· 단순 노출 효과 (Mere Exposure Effect) ·

사회 심리학 용어로 사람들이 처음에는 좋아하지 않았지만 관련 메시지를 자주 반복해서 접촉하게 됨으로써 친숙한 느낌이 생기고 나중에는 더욱 호감을 갖게 되는 현상이다.

미국의 사회 심리학자 로버트 자이웅(Robert Zajonc)에 의해 이 이론은 정립되었다. 실험대상인 대학생에게 특정 모델들의 사진을 여러 번 반복해서 보여주고 호감도를 측정하였다. 측정 결과 여러 번 보게 했던 모델일수록 더 많은 호감을 형성하는 것으로 나타났다.

결국 광고 효과와 단순 노출 효과를 연계해서 생각하면, 반복 노출된 광고 브랜드나 메시지는 복잡한 인지 과정을 통하지 않아도 호감도와 친숙함이 증가할 수 있으며, 향후 브랜드에 대한 구매로 연계될 가능성이 높아짐을 알 수 있다.

한 예로 드라마나 영화 속에 자주 등장하는 PPL은 단순 노출 효과의 전형적인 사례이며, 메시지 수용자들에게 자주 노출시킴으로써 특정 브랜드에 대한 호감도를 형성하도록 하는 방법이다.

레오나드 호일, 『이벤트마케팅』, 경문사, 2005, pp71~73

리대룡 외, 『현대광고론』, 무역경영사, 1993, pp.50~55

시노자키 료이치(장상인 역), 『홍보, 머리로 뛰어라』, 월간조선사, 2004, p.89

장영렬·최규홍·김은정, 「이벤트 운영 실무」, 커뮤니케이션북스, 2002 참고

조용석 외, 『광고·홍보 실무특강』, 커뮤니케이션북스, 2007, pp.11~19

㈜ Alexis S Tan, Mass Communication Theories and Research, 2nd ed., NY: John Willey & Sons, 1985, pp.15~119

㈜ Ralph S Alexander and the Committe on Definitions, Marketing Definitions, American Marketing Association, Chicago, 1963, p.9

㈜ 경향신문 2013년 3월 20일

㈜ 기호일보 2010년 12월 23일

㈜ 마이데일리 2011년 6월 2일

㈜ 스포츠 한국 2012년 12월 27일

㈜ 연합뉴스 2010년 12월 24일

㈜ 이명천 외, 『광고학개론』, 커뮤니케이션북스, 2005, pp.34~37, pp.78~96, pp.99~124

㈜ 이시다 쇼이치, 송영진 역, 『잘 되는 병원 무엇이 다른 걸까』, 느낌이 있는 책, 2006, pp.60~238

㈜ 차배근, 『설득커뮤니게이션이론』, 서울대학교 출판부, 1990, pp.376~383

㈜ 차배근, 『커뮤니케이션학개론(상)』, 세영사, 1988, pp.17~25.

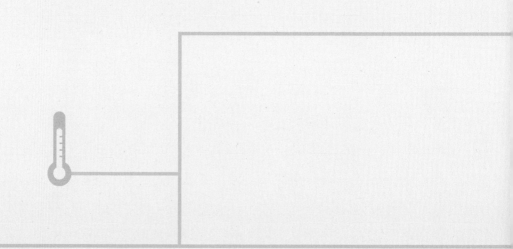

Theory & Practice of Hospital Marketing

CHAPTER 03_

병원 홍보의 매체 특성과 실무

+ 매체 특성과 실무

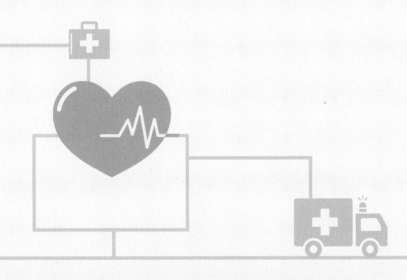

CHAPTER 03_

병원 홍보의 매체 특성과 실무

매체 특성과 실무

매체에는 각각 고유의 특성이 있다. 이 특성을 잘 이해하여 매체전략을 실시하는 것은 마케팅과 홍보의 성공과 직접적인 관련이 있다.

그러면 마케팅과의 전략적인 매체 통합을 전제로 각 매체가 갖고 있는 특성에 대하여 알아보기로 하자.

1. 신문 광고

신문은 크게 중앙지와 지방지로 분류된다. 중앙지의 독자층은 TV의 전국 네트워크 프로그램과 거의 동일한 경우가 많다. 반면에 지방지는 일부 지역에 있는 고객만을 대상으로 하는 형태가 일반적이다.

신문을 마케팅활동에 활용하는 경우, 특성은 다음과 같다.

- 신문과 같은 인쇄매체는 전화번호의 고지가 편리하다.
- 신문을 광고매체로 할 경우에는 전국판, 지방판 등을 구분해서 집행해야 한다.
- 상품을 소구하기 위하여 색감을 나타내기가 일반적으로 어렵다.

1) 신문 광고의 장점

신문 광고의 장점은 첫째, 신문 광고는 신속성이 뛰어나다. 신문은 대부분 매일 발간되며 광고 집행 절차가 간단하기 때문에 의견 광고나 부고 광고, 공고처럼 당면한 사항에 대해 광고를 신속히 게재해야 하는 경우 유리한 매체이다.

둘째, 매체를 접촉하는 수용자 층이 매우 넓다. 신문은 다른 매체와 비교해 볼 때, 다양한 독자들이 읽기 때문에 여러 계층의 사람에게 폭넓게 소구할 때 적합하다.

셋째, 여론 형성에 미치는 영향이 크기 때문에 다른 매체 광고에 비해 신뢰도가 높다.

넷째, 신문 광고는 많은 정보를 전달할 수 있다. 즉 신문은 전파매체와는 달리 시간의 제약이 없기 때문에 비교적 자세한 정보를 전달할 수 있으며, 자아관여도가 높고 많은 정보가 요구되는 제품의 경우 적합한 매체이다.

다섯째, 지면 및 위치선정과 광고 크기 등에 있어 융통성이 높다. TV 광고는 지상파의 경우 현재 거의 모든 광고가 15초로 획일화 되어 있지만, 신문은 전면광고, 5, 7, 8, 10단 광고, 다양한 크기의 변형광고 등 필요에 맞게 게재하는 것이 가능하며, 지면과 위치의 선정도 비교적 자유롭다.

2) 신문 광고의 단점

신문 광고의 단점은 다음과 같다. 첫째, 광고의 질이나 해상도에 있어서 TV나 잡지에 비해 매우 떨어진다. 또 광고의 수명도 다른 매체에 비해 비교적 짧은 편이다.

둘째, 특정 소비자를 제한하여 필요한 대상에게 광고를 도달시키는 선별 능력이 약하다. 예외적으로 경제지나 스포츠지 등을 활용할 경우, 일정 부분 특정 시킬 수도 있지만 TV나 라디오, 그리고 잡지에 비하면 선별성에 한계가 있다.

셋째, 비용적인 측면에 있어서도 신문 광고의 단가는 여러 매체 중 매우 비싼 편이다.

넷째, 할인 등으로 영업단가의 잘못된 관행에 의해 대부분의 신문 광고의 공시가격이 제대로 지켜지지 않고 있다. 이로 인해 합리적이고 객관적인 매체전략을 수립할 수 없다.

3) 신문 광고의 유형

신문 광고의 유형은 형태에 따라 디스플레이 광고, 분류광고, 간지광고 등으로 구분할 수 있고, 광고 게재 위치에 따라 광고면 광고, 제호광고, 돌출광고 등으로 나뉜다. 또 광고 성격에 따라 영업광고, 일반공고, 특수공고, 법정공고, 안내광고, 계약광고, 성명서, 부고 등이 있다.

(1) 디스플레이 광고

디스플레이 광고(display ad)는 헤드라인, 바디카피, 삽화 등으로 구성된 일반적인 신문 광고를 말하는데, 거의 모든 면에서 주로 하단 부분이나 전면에 게재된다. 실제 신문에서 볼수 있는 대부분의 광고는 디스플레이 광고이다.

(2) 분류광고

분류광고(classified advertising)는 짧은 문구로 구성된 형태의 광고로서 주로 구인정보, 부동산매매 등에 이용되는 광고이다. 최근 사랑방, 교차로와 같은 생활정보지의 확산으로 광고 판매량이 감소하고 있는 추세이다.

(3) 돌출광고/제호광고

돌출 광고는 기사 중 돌출광고라고도 하며, 일반적인 광고 면에 게재되는 것이 아니라 신문의 기사 면에 박스 형태로 게재되어 있는 작은 크기의 광고를 지칭한다. 제호광고는 신문의 최상단에 있는 제호 옆에 박스 형태로 게재되는 광고이다.

광고단가는 조선일보의 경우, 돌출광고는 1면 컬러(5cm × 7cm)로 게재될 경우 약 100만원이고, 1면 제호광고(6.5cm × 2.5cm)는 300만원이다.

✚ 그림 3-1_
제호광고(날개병원)

(4) 간지광고

간지광고(preprint inserts)는 사전에 제작된 광고물을 신문지 사이에 끼워서 배달하는 형태의 광고를 말한다. 간지광고는 소책자, 카탈로그, 전단 등의 다양한 형태로 제작된다.

4) 신문 광고의 요금

현재 국내 일간지의 규격은 세로 51cm, 가로 37cm인데, 이를 각각 세분화하여 집행되고 있다. 과거에는 1단(3.4cm) x 1cm를 기본으로 하여 매체단가를 책정하였지만, 현재는 1단 (3.4cm) x 1칼럼(3cm)을 기본 단위로 정하고 있다. 또 게재하는 광고 크기에 따라 광고 단가가 산정되는데, 그 밖에 신문의 종류를 비롯해 광고 게재면, 색도, 광고내용 등에 따라 광고요금에 차이가 있다.

먼저 신문의 종류에 따라서는 보통 전국 종합일간지가 가장 비싸고, 다음으로 경제지, 스포츠지 순으로 차이가 난다. 특히 전국 종합일간지 중에서도 가장 수용자 수가 많은 3대 일간지(조선, 중앙, 동아)의 광고요금이 가장 비싼 편이다.

광고 게재 면에 따라서는 1면, 사회면, back면, 제2사회면, 2-3면, 스포츠 면 순으로 단가가 높게 책정된다. 또 컬러 광고(C/L)는 흑백(B/L)보다 약 1.5배 정도 비싸다.

2. 잡지 광고

잡지는 "클래스 미디어(Class Media)"라고 지칭할 정도로 고객대상이 명확하게 구분되는 특징을 가지고 있다. 이런 점에서 잡지는 비교적 마케팅에서 활용하기 쉬운 매체이다. 또한 인쇄감이 뛰어나다는 잡지광고의 특징을 살려 화려하고 아름답게 이미지 소구를 할 수 있다는 이점이 있다. 특히 패션, 식품, 음료와 같은 업종은 잡지를 이용하여 고급스럽고 섬세한 표현을 나타낼 수 있다.

잡지를 통하여 광고할 때는 그 잡지의 독자층이 갖고 있는 인구통계학적 특성을 사전에 조사하여 자기제품과의 연계성을 따져보아야 한다. 취미, 그리고 특수 분야의 전문잡지 등은 대상층이 명확하게 세분화되기 때문에 매체선택이 쉽지만 주간지, 종합잡지, 문예지 등에 광고할 경우에는 별도의 독자층에 관한 조사가 필요하다.

다른 매체와 잡지를 연계하여 활용할 경우는 다음과 같은 기대효과가 있다.

> ・잡지는 창간, 폐간이 빈번하므로 안정된 발행부수를 가진 잡지를 선택해야만 한다.
> ・잡지의 독자층은 주로 대도시에 집중되고 있다.
> ・월간지의 경우 광고의 만기일, 발매일과 캠페인 기간과의 관계를 미리 염두에 두어 실행하는 것이 좋다.
> ・광고효과를 향상시키기 위해 발행부수 조사를 철저히 해 두어야 한다.

1) 잡지 광고의 장점

광고 매체로서 잡지의 장점으로는 첫째, 목표소비자를 제한하는 선별성이 가장 높은 매체이다.

예를 들어 월간 바둑, 월간 낚시 등과 같이 특정 분야에 관심이 많은 사람들만 그 잡지를 볼 가능성이 크기 때문에 시장을 세분화하여 소구하기가 용이하다.

둘째, 잡지 광고는 인쇄의 선명도나 광고의 질이 매우 좋다. 통상적인 정보제공 외에도 이미지나 감성적인 광고가 가능하기 때문에 패션, 화장품 등의 광고에 적합하다.

셋째, 잡지는 대부분의 발행주기가 월간이기 때문에 광고의 수명이 상대적으로 긴 편이다. 소비자가 광고를 그냥 한번 지나치더라도 오랜 기간 반복하여 읽을 가능성이 크며 다른 매체와 비교하여 광고의 회독율이 높다.

2) 잡지 광고의 단점

잡지 광고는 앞에서 제기된 장점과는 반대로 먼저 수용자 수가 적다는 단점이 있다. 잡지의 발행부수는 신문에 비해 매우 떨어지며 보통 몇 만부에서 몇 천부에 이른다. 소수의 잡지를 제외하고는 영향이 없는 매체라 할 수 있다.

둘째, 발행주기가 대부분 길기 때문에 적시성이 떨어지는 단점이 있다. 즉 광고가 잘못 시행된 경우 수정이 즉시 이루어지지 않으므로, 시급을 요하는 광고주에게는 매력적인 매체라고 할 수 없다.

3) 잡지 광고의 유형 및 요금

잡지 광고의 유형은 게재되는 면의 위치와 광고 형태에 따라 분류할 수 있다. 먼저 광고가 게재 되는 면의 위치에 따라 크게 표지면 광고와 내지면 광고로 구분된다. 표지면은 잡지의 앞면과 뒷면 겉표지를 말하며, 표1, 표2, 표3, 표4로 구분된다.

잡지광고는 형태에 따라 좌수광고, 우수광고, 기사대면광고, 접지(폴더)광고, 카탈로그형광고, 그리고 새로운 페이지가 삽입되는 여부에 따라 삽지광고로 분류된다. 접지광고는 잡지의 가운데를 기준으로 두 페이지가 마주보는 형태로 된 광고를 말하

■ 그림 3-2_
그랜드 성형외과
잡지광고

며 삽지광고는 잡지면 사이에 2분의 1페이지 혹은 엽서크기로 끼워 넣는 광고를 말한다.

또한 잡지 광고의 요금은 게재 면에 따라 달라지는데, 가장 단가가 비싼 면은 표4면이다. 동일한 크기에도 불구하고 표4면 광고가 가장 비싼 이유는 다른 면에 비해 노출확률이 크기 때문이다.

3. TV 광고

TV나 라디오 등의 전파매체는 다른 분야와는 달리 의료법에 의해 광고하는 것이 제한되어 있기 때문에 아직은 비중 있는 매체가 아니지만, 앞으로 개방의 경우를 대비해 대략적인 매체 특성을 소개하기로 한다.

먼저 TV는 현재 모든 매체 중에서 가장 넓은 지역을 소구대상으로 하고 있다. TV 매체는 시청률을 비롯한 광고효과를 측정할 수 있는 과학적인 데이터가 비교적 잘 정리되어 있는 것이 특징이다. 어느 시간대에 어떤 사람들이 보고 있는가를 나타내는 시청자 구성도 잘 공표 되어 있다. 그러나 TV의 최대 특징은 동시에 많은 사람이 접촉하기 때문에 1인당 광고비용이 다른 매체에 비해 가장 낮다는 것이다.

TV 광고의 요금방식은 시간대에 따라 SA, A, B, C 4단계로 설정되며 가격에 차이가 있다.

TV를 마케팅과 연계하여 실행하는 데는 몇 가지 문제점이 제기되는데 다음과 같은 것들이다.

- 순간적으로 사라져 버리는 TV에서는 전화번호의 고지가 어렵다.
- 짧은 스팟 광고로는 전화번호의 고지가 어렵다.
- 반응 발생이 거대한 피크를 동반함에 따라 충분한 설비를 갖추고 있지 않으면 유효한 착신 콜이 되지 않는다.
- 현재의 전국 네트워크 프로그램 이외에는 좋은 시간대의 확보가 어렵다.
- 1인당 비용은 저렴하지만 전체적으로는 광고비가 많이 든다.
- 목표소비자를 특정하여 소구하는 것이 곤란하다.

일본 제1위의 통신판매업체인 '세실'은 유통 대리점에 의한 고정비용을 지불하지 않고 주로 카탈로그와 텔레마케팅을 이용하여 시장 확대에 성공하고 있다. 텔레마케팅을 인지시키기 위하여 직접 TV를 이용하지는 않지만, 저가상품이라는 통신판매제품의 마이너스 이미지를 TV-CF를 통하여 풍부한 감성적 이미지 광고를 계속 내보냄으로써 소비자의 호감을 획득하는 데 성공하였다.

다른 마케팅활동을 하지 않고 대부분 TV 광고에 의존하고 있는 통신판매업체가 증가하고 있는 것을 고려하면 TV 매체는 마케팅의 단점을 보완할 수 있는 미디어 믹스의 유력한 대상이라 할 수 있다.

4. 라디오 광고

라디오는 음성이나 소리에 의해 커뮤니케이션이 가능한 매체이기 때문에 광고매체로서는 한계가 있다고 생각하는 것이 일반적이다. 그러나 또 다른 측면에서 생각해 보면 라디오는 오히려 풍부한 상상력을 자극하는 매체이므로 이러한 특징을 잘 활용한다면 의외의 효과를 발휘할 수 있다.

기업이 마케팅을 실행할 때, 해당 브랜드의 특징과 장점에 관한 광고 메시지를 라디오를 통해 내보내면 TV 매체에 의해 비주얼로 표현하는 것보다 그것을 들은 청취자는 상상력을 발휘하여 자신의 머릿속에서 그 이미지를 자유롭게 그려볼 수 있다.

라디오 광고가 갖고 있는 또 다른 장점은 의외로 구매상품에 대한 클레임이 적다는 것이다. 광고에 의해 구매한 상품이 결국 자신의 자유로운 의지와 상상력에 의해 이미지 했던 바로 그 제품이라는 의식이 태도변화에 작용했을 가능성이 높다. 이처럼 라디오는 구매한 후, 자신의 구매행동을 정당화시키는 매체적 특성이 강하다.

라디오 광고의 요금방식은 시간대에 따라 크게 A, B, C 3단계로 설정되며 가격에 차이가 있다.

라디오를 주요 광고매체로 삼아 매체전략을 실시하는 경우에는 독특한 편성방법을 고려할 필요가 있다. '클러스터(cluster) 편성'이라고 하는 것인데, 청취자의 특성에 맞추어 이들이 접촉하기 쉬운 시간대에 광고메시지를 집중시키는 것이다. 예를 들면 아침시간대는 바쁘게 아침식사 준비를 하는 주부를 타깃으로, 통근시간에는 운전자를 중심으로 하여 광고를 노출시킨다. 또한 다른 매체와 비교하여 라디오를 접촉하는 주요고객은 자가운전자가 차지하는 비중이 매우 큰 것이 특징이다.

다음은 라디오와의 매체 믹스 결과, 얻을 수 있는 효과를 알아본다.

- 전화번호의 고지가 TV보다 어렵다.
- 특정 대상별로 광고를 하는 것이 비교적 용이하다.
- 상품은 잘 알려진 것이 바람직하다.
- 라디오 광고는 통상 20초가 표준이다.
- TV 광고의 보조로 이용하는 것이 가능하다. 동일한 음성을 사용하면 청취자는 TV 광고의 영상을 연상해 낸다.

라디오는 즉흥적으로 노출되는 매체이므로 이러한 매체 특성을 잘 이용하면 특정 세분화된 고객층을 설득하는 접근 수단으로는 상당히 효과적인 매체이다.

5. 전단 광고

　　전단광고는 가장 손쉽게 지역을 한정하여 대상을 융통성 있게 실시할 수 있는 매체이다. 자체 제작한 전단광고는 노출을 원하는 지역에 가깝게 위치한 신문보급소를 통하여 신문에 끼워 넣어 배포가 가능하다.

　　최근에는 인쇄기술의 향상으로 인쇄 표현력이 뛰어난 전단광고의 제작이 간편하게 되었다. 전단광고라 하면 전혀 읽지 않은 채 쓰레기통으로 직통하는 무용지물의 광고매체를 연상하는 사람도 있지만, 현재는 상당히 정독률이 높은 매체에 속한다. 이것은 전단광고가 때에 따라서 소비자에게 도움이 되는 정보를 게재하고 있기 때문이다.

　　요즘은 유통광고의 대부분을 전단광고가 차지하고 있을 정도로 유통업계나 지역을 제한하는 업종일 경우에는 전단광고의 효과가 대단히 높다. 그러한 만큼 마케팅에서도 활용가치가 상당히 높은 매체라 할 수 있다.

- 배포지역을 명확하게 설정한다.
- 계약업무는 일반적으로 신문보급소와 광고회사를 통하여 체결한다.
- 전화번호의 고지에 매우 편리한 매체이다.
- 최근에는 디자인이 떨어지는 전단광고가 급증하고 있다. 디자인의 표현상 실수가 없도록 주의한다.
- 신문사명이 붙어 있는 신문사 발행의 전단광고도 있는데, 이것은 신문의 별지 인쇄에서 나타나는 부가효과를 겨냥한 것이다.

6. 인쇄제작물 광고

　　카탈로그 등의 인쇄제작물 광고는 목표소비자를 대상으로 소구할 때 시각적인 효과와 함께 비용에 대한 효율성이 매우 높은 매체이다. 인쇄제작물 광고를 이용하여 마케팅을 실행하고 있는 기업의 수는 실로 헤아릴 수 없을 정도로 방대하다. 특히 대규모의 통신판매업체가 발행하는 두꺼운 분량의 카탈로그는 단순한 상품 정보를 안내하는 홍보인쇄물로서

뿐만 아니라, 장기간에 걸쳐 고정적인 고객의 재주문에 의해 회독률, 열독률이 높게 기대되기 때문에 잡지 매체의 축소판으로도 말할 수 있다.

또한 특정 고객에게 발송되는 인쇄제작물 광고는 텔레마케팅과 연동될 때 반응률이 가장 높은 매체에 속한다. 먼저 해당고객에게 카탈로그를 우송하고 어느 정도 시간이 경과한 후, 텔레마케팅을 이용하여 이를 다시 확인, 기억시킴으로써 시너지 효과를 창출할 수 있다.

통신판매사업에서 인쇄제작물 광고가 차지하는 비중은 비즈니스의 성패를 좌우할 정도로 큰 의미를 갖고 있으므로 카탈로그의 제작에는 세심한 배려가 필요하다.

그러나 인쇄제작물 광고가 아무리 잘 제작되었다고 해도 문제는 그 배포방식에 있다. 충분히 잘 선별된 고객 리스트에 의해 카탈로그를 정확히 구분하여 배포해야만 효과를 극대화시킬 수 있다. 카탈로그 쇼핑의 핵심은 과학적인 시장조사와 양질의 고객 리스트가 전제로 되어야만 함께 실시하는 마케팅활동이 제 역할을 다할 수 있다.

인쇄제작물 광고를 마케팅에 활용할 때 고려해야할 사항은 다음과 같다.

- 발행부수와 비용에 대한 효율성을 생각한다.
- 배포방식 및 수단에 따른 가장 효과적인 방법을 고려한다.
- 전화번호를 표기할 때는 보기 쉽고 기억하기 용이하도록 고려한다.
- 고객의 욕구에 맞는 상품을 선별하여 게재한다.
- 고객의 높은 주목도를 유지하기 위해 선명한 색상과 잘 계획된 디자인이 요구된다.
- 카탈로그의 발행에는 많은 비용이 소요되므로 사전에 신중하게 계획해야 한다.

---

7. 온라인 마케팅

전체적으로 병원 홈페이지들의 가장 큰 특징은 디자인의 유형이나 내용의 구성에 있어서 차별점을 발견하기 어렵다는 것이다. 물론 최근 들어 홍보활동에 적극적인 병원을 중심으로 크리에이티브 콘셉트가 명확히 차별되는 사례도 있지만, 이미 홈페이지나 블로그는 매우 일반화되어 대부분의 내용이 비슷하다고 할 수 있다.

물론 온라인 검색에서 잘 노출되는 것은 의미 있는 일이 될 수도 있지만, 문제는 고객으로 하여금 브랜드에 대한 명확한 인식을 갖게 하기 어렵다는 것이다. 다른 병원이 하니까 우리도 한다거나 구색을 맞추기 위해 무조건 만들어 보여야 한다는 생각은 합리적인 생각이 못된다. 브랜드 아이덴티티를 바탕으로 병원 고유의 차별성을 구현하여 인터넷 마케팅도 전략적 사고에 의해 기획되어야 한다.

병원 홈페이지에서 기본적으로 볼 수 있는 콘텐츠 외에도 해당 병원 홈페이지 고유의 콘셉트를 구체적으로 공감시켜줄 주요 콘텐츠를 기획하고 이를 효과적으로 구현할 사이트맵 구축과 레이블링, 웹카피, 웹디자인을 실행해야 한다. 또 웹디자인은 홈페이지 콘셉트와 핵심 메시지, 해당 병원이 추구하는 이미지 등을 고려해야 하고 콘텐츠 이용의 효율성을 높이도록 감각적이고 가독성을 높이는 방향에서 진행되어야 한다.

메인 페이지와 서브 페이지, 게시판 등 홈페이지의 모든 웹페이지가 일관성을 유지하는 것도 중요하며, 막연히 여자 모델의 비주얼이나 병원 시설이나 의료장비 등을 보여주는 것보다 병원 고유의 이미지를 형성할 수 있고 브랜드 콘셉트가 직관적으로 잘 전달될 수 있도록 주의를 기울려야 한다.

1) 인터넷 광고의 형태와 진화

인터넷 광고는 기술의 발전, 임팩트 강화 등 판매자 입장에서 변화가 이루어져 왔다. 그러나 인터넷 이용의 패러다임이 바뀌면서 사용자 중심의 미디어로 변화되고 있다.

초기의 인터넷 광고는 신문의 돌출 광고 형태의 배너 광고였다. 전송속도의 제약으로 인해 하이퍼텍스트(hyper text)를 활용한 단순한 링크 형태의 정적 이미지를 사용할 수밖에 없었다. 이후 웹상에서의 동적 이미지 구현이 가능한 소프트웨어의 개발과 전송속도 향상에 의해 형태가 변하기 시작했다. 이 시기부터 대량광고 전송 시스템이 사용되었으며, 현재 가장 많이 쓰이는 형태다. 배너 광고가 늘어나면서 웹서핑에 방해가 심해 마우스 조작을 통해 플로팅(floating)되거나 팝업(pop-up) 광고가 생겨났다. 플로팅 광고는 돌출형태의 광고가 콘텐츠를 강제로 가리게 되어 반드시 클로즈(close) 버튼을 조작해야 벗어날 수 있다.

플로팅과 팝업 광고는 언제든지 회피가 가능한 고정지면 광고의 단점을 극복하기 위해 개발된 형태다. 전송속도의 향상으로 다층 구조의 페이지를 구현할 수 있는 레이어(layer) 활용이 가능해지고 사운드도 삽입되어 리치미디어(rich media)로서의 가능성을 보여 준 계기가 되었다.

그림 3-3_
인터넷광고의
발전과정

㈜ 양윤직,『디지털시대의 광고미디어 전략』, 커뮤니케이션북스, 2010, p.204 수정작성

　　동영상 광고가 활성화됨에 따라 유튜브(You Tube: 무료동영상 공유사이트)를 통한 새로운 영상 기법의 광고인 익스팬터블(expandable) 광고, 마우스를 드래그해서 실행하는 드래그(drag) 광고 등 사용자의 편의와 광고효과 측정을 고려한 다양한 인터넷광고 형태가 등장했다.

　　디스플레이 광고는 동영상 광고를 통해 풍부한 메시지 전달이 가능해지고, 사용자 편의성이 증대되었다. 이와 동시에 IP나 ID를 통한 소극적 타깃팅 형태에서 벗어나, 검색어 관련 광고를 노출하는 키워드 광고가 등장했는데, CPC 요금 방식㈜을 통해 소액 광고주를 끌어들인 것이 키워드 광고의 성공 요인이다.

　　㈜ CPC는 Cost Per Click의 약자이다. 이것은 CPM(Cost per Milli, Cost per Thousand) 요금 방식에 비해 합리적이지만 인기 키워드의 경우 상당히 고가이다. CPM은 1,000회의 광고 노출을 얻기 위해 소요되는 광고비용을 의미한다.

　　웹 2.0의 도입과 함께 인터넷의 패러다임이 바뀌면서 광고의 형태도 사용자 주도 형태로 변하고 무료로 동영상을 공유하는 웹사이트인 유튜브(You Tube)나 UCC(User Created Contents: 전문가나 기관 등이 아닌 일반 사용자들이 직접 제작한 콘텐츠) 등이 등장하여 사회적 관심을 끌게 되었다.

　　인터넷이 광고뿐만 아니라 마케팅의 전략적 수단으로서 활용도가 넓어지면서 트위터, 페이스북, 미투데이, 싸이월드 등과 같은 다양한 SNS(Social Network Site), 그리고 유튜브, 블로그와 같은 새로운 형태의 마케팅 툴이 생겨났다.

　　한편 온라인 마케팅의 효율화와 사용자의 편의를 위해 접근성과 호환성을 향상시키려는 노력이 지속적으로 진행되고 있으며, 웹 개방성을 확대하고 다양한 브라우저에 대응하려는 움직임도 활발하다. 또 검색 광고를 이용하기 위해 검색어를 입력 할 경우, 접속 사이트에 따라 인터넷 서비스가 브라우저(browser)㈜에 관계없이 사용함에 있어서 불편이 없도록 여러 보완책이 뒤따르고 있다.

㈜ 브라우저는 '넷스케이프 네비게이터'와 '인터넷 익스플로러'와 같이 월드와이드웹(world wide web/www)에서 모든 정보를 검색할 수 있도록 해 주는 응용 프로그램이다.

최근에는 스마트폰의 급속한 보급에 따라 인터넷 환경의 모바일 서비스를 지원하는 움직임도 왕성하다. 현재 운영 중인 사이트와 SNS(Social Network Service), 각 블로그와의 연동이 용이하도록 하드웨어와 소프트웨어의 개발이 진행 중에 있다. 예를 들어 모바일 기기의 특수성을 고려하여 슬라이딩 방식의 클릭킹(clicking) 서비스를 개발하여 호평을 얻고 있다. 이것은 이용자가 스마트폰을 통하여 해당 사이트를 검색할 때, 기존 PC에서는 터치방식과는 다른, 세로와 가로방향의 슬라이딩 검색이 가능하도록 개발한 것으로 이용과 조작에 편리성을 제공하고 있다.

마케팅 커뮤니케이션 수단으로 블로그나 SNS의 영향력이 커짐에 따라 적극적으로 입소문을 확산시키기 위해 다양한 프로모션 방법이 개발되고 있다. 여기에는 제안이나 후기, 의견 등을 해당 사이트에 남기면 마일리지를 제공하고 누적된 점수나 실적, 공헌도에 따라 각종 프리미엄, 경품 등을 수여하는 마일리지 시스템(milage system)이 있다.

SNS 서포터즈(supporters)와 같이, 20~30대의 젊은 층을 중심으로 특정 홈페이지나 블로그에 발전 방안이나 아이디어, 제안 등을 제시하는 사람이나 단체에게 각종 프리미엄을 제공하고 있다. 또 바이럴 마케팅을 위해 의도적으로 해당 기관이나 조직체에 대한 호감을 조성하도록 이벤트나 행사를 개최하고 있다.

이와 같은 움직임은 기존의 기업뿐 만아니라 입소문에 좌우되는 병원에서도 활발히 진행되고 있다. 온라인 광고나 마케팅에 대한 의존도나 비중은 최근 들어 병원과 같은 비영리 조직에서 크게 나타나고 있다. 특히 건강에 영향을 미치는 의료기관은 많은 정보와 탐색과정, 대안의 평가와 같은 복잡한 의사결정 과정이 요구되며 이로 인해 커뮤니케이션에 있어서 인지부조화가 일어나는 특징을 갖고 있다. 젊은 세대가 대상층인 성형외과나 피부과, 그리고 가격 경쟁이 심한 안과, 치과 등은 바이럴 마케팅을 통해 적극적, 의도적으로 호감도와 신뢰감을 형성할 수 있는 노력이 필요하다.

2) 인터넷 광고의 유형과 특징

기존 대중 매체를 이용하는 광고와는 다르게 소비자가 자신의 선택에 따라 광고 내용에 접근하는 메커니즘을 갖고 있기 때문에 인터넷 매체 상에 표출되는 형태와 이를 선택함으로써 접할 수 있는 광고 내용으로 구성된다.

인터넷상에서는 다양한 유형의 광고들이 집행되고 있으며 가장 일반적이고 많이 쓰이는 유형은 다음의 5가지 형태이다.

(1) 인터넷 광고의 유형

① 배너(Banner) 광고

배너광고는 인터넷에서 가장 많이 사용되는 광고 유형으로, 웹 페이지 내 특정 위치에 사각형의 띠 모양으로 보이는 것을 말한다. 이를 소비자가 클릭 할 경우 해당 광고 메시지와 연결되는 형식이다.

- 고정형 : 말 그대로 고정되어 있는 것을 의미. 다른 형식에 비해 효과가 낮음
- 애니메이션 : 애니메이션 효과를 의미. 연속적인 그림을 보여주면서 움직이는 화면을 만들어내는 GIF Animation을 활용해 제작된다. 이것은 소비자에게 광고 배너의 선택권이 있는 인터넷 광고의 특징에 따라 주목률을 높일 수 있는 형태로 발전한 것이다.
- 인터렉티브 : Two way(양방향) Banner라고도 한다.

② 콘텐츠형 광고

배너광고 자체가 상업성을 가지고 있기에 소비자에게 신뢰를 갖지 못하는 경향이 있다. 또한 광고 옵션에 따라 소비자에게 노출되는 위치나 시점이 고정되기 때문에 인터넷이용자를 따라다니며 광고메시지를 전한다는 것은 어려운 일이다.

따라서, 소비자들이 주로 찾고 많은 시간을 보내는 정보나 콘텐츠를 활용하여 브랜드 인지도를 강화하고자 하는 형태의 광고가 특정 Site에 대해 스폰서(sponsor)를 제공하는 형태로 이루어지는데 기존 협찬광고와 동일한 개념이다.

예를 들어 소비자들이 자주 찾는 특정 사이트, 페이지에 스폰서로 참여해 회사의 로고나 제품 브랜드를 명시함으로써 그 페이지를 이용하는 사용자에게 보다 높은 브랜드 인지도를 얻게 되는 것이다(코카콜라 : 'coca cola red zone' site).

③ 틈입형 광고

인터넷에서 정보는 정보 요청자와 제공자의 상호 작용에 의해 교환되는데, 이러한 상호

작용은 순차적으로 이뤄진다. 정보 요청자는 하나의 정보를 요청한 후 그 결과를 확인, 다시 새로운 정보를 요청하는 행위를 반복하게 되며, 이러한 일련의 과정들 속에서 순차적인 정보전달의 틈새를 이용하여 광고 화면을 표출시킴으로써 높은 인지도를 얻고자 실시되는 광고이다.

④ Push형 광고

Push 기술을 이용하여 PC를 사용하지 않는 시간에 다른 정보와 함께 광고 메시지를 전달하여 보여주는 형태이다.

이미 등록되어 있는 사용자 정보에 의해 정확한 목표고객 선정이 쉽지만 등록된 사용자만을 대상으로 하기에 도달범위에 제한을 받을 수 있다.

⑤ Internet Access형 광고

소비자에게 인터넷 사용을 무료로 제공하는 대신 특정 광고창을 보게 하는 형태의 광고를 의미하는 것으로 사용자들에게 인터넷 접속 서비스를 무료로 제공하고 이에 대한 비용을 광고주로부터 받는다.

3) 인터넷 광고의 특성(장·단점)

인터넷 광고는 능동적인 수용자와 쌍방향 커뮤니케이션을 통한 상호작용이 가능하며, 정보제공에서 구매행동까지 연결시킬 수 있다.

(1) 장점

① 고객과의 쌍방향 커뮤니케이션 수단
   · 광고주는 사용자의 반응을 신속히 알 수 있고, 잠재고객과의 접촉 가능
   · 소비자의 개인적 특성을 사용 회원등록, 상품 주문을 실시간으로 가능
② 타깃 광고, 홍보가 가능
   · 제품을 필요로 하는 개인 또는 집단에게 직접적으로 접근 가능
③ 전 세계 고객을 대상으로
   · 인터넷은 국경이 없는 세계적 규모의 매체이므로 전 세계를 대상으로 광고가능

④ 정보제공의 무제한성: 시간과 지면을 무제한으로 확보 가능

⑤ 24시간 지속적으로: 하루 종일 지속적인 광고 가능

⑥ 멀티미디어적 요소로 다양한 크리에이티브 창출 가능

⑦ 광고를 구매로까지 연결

⑧ 정보의 갱신이 용이하고 신속

⑨ 제작, 매체 비용이 상대적으로 저렴

(2) 단점

① 제한된 도달범위: 전국적, 국제적인 규모로 시행이 가능하나, 특정지역 한정된 고객에 대해서는 한계가 있다.

② 인터넷 반응 촉진의 적합성 및 침해성: 인터넷 광고는 구매를 전제로 하기에 구매의사가 없을 경우 광고제품에 대해 부정적인 시각을 줄 수 있다.

③ 콘텐츠와 비용: 인터넷은 멀티미디어이므로 글, 영상, 음성, 동영상 등 여러 가지 처리가 가능하고 이를 개발하기 위해 비용이 많이 들지만 관여 상황에 따라 비효과적, 비효율적일 수 있다.

④ 개인 프라이버시: 개인정보의 유출을 우려하여 신용카드 번호 등 개인 정보를 인터넷에 노출을 꺼려 허위로 기재하는 경우도 많다.

이러한 장·단점을 토대로 타 매체와의 비교를 살펴보면, 인터넷 광고가 피드백(Feedback) 측면이나, 정보용량, 측정성 측면에서는 매우 높게 나왔으나, 전부가 이런 특성을 지닌다고는 볼 수 없을 것이다.

따라서 인터넷의 강점을 토대로 다른 매체와 보조 수단으로 사용되고 있다.

8. 블로그 광고

병원이 실시하는 인터넷 마케팅의 일환으로 '블로그 마케팅(blog marketing)'이나 '바이럴 마케팅(viral marketing)'이 있다. 이것은 카페, 블로그 등 온라인 커뮤니티를 이용하여 병원 이름과 진료 등을 노출시키는 마케팅의 유형을 가리킨다. 그러나 대부분의 경우 커뮤니케이션

의 활성화보다는 눈에 자주 노출되는 것에 의의를 두기 때문에 카페나 블로그에 들어가 있는 콘텐츠는 상대적으로 매우 빈약한 것이 사실이다. 주로 홈페이지에 있는 진료 정보와 병원 정보, 상담 후기 게시판을 그대로 옮겨다 놓거나 자발적인 유저들에 의해 웹에서 자연스럽게 확산되는 것이 아니고, 키워드에 의한 의도적 노출 방법으로 검색 사이트에 일단 보이도록 치중하고 있다.

다른 병원들과 비슷비슷한 내용의 홈페이지로는 메시지 수용자의 흥미를 끌거나 공감을 유도하기는 매우 힘들다. 그리고 병원이 소비자의 욕구를 파악하기보다 병원 입장에서 알리고 싶은 정보를 일방적으로 제공하는 것에 그치는 커뮤니케이션 상황은 카페나 블로그의 활성화를 더욱 어렵게 한다. 따라서 단기적인 혜택과 파격적 할인 이벤트를 실시하여 즉흥적으로 고객의 시선을 끌려는 사례가 많이 등장한다.

또한 각종 이벤트를 통해 병원의 지명도를 향상시키고 입소문 효과를 유발시키는 것도 의미 있는 일이지만, 장기적인 관점에서는 결코 득이 될 수 없으므로 신중히 판단해야 할 것이다. 더불어 프로모션 유인책에 의해 우연한 행운에 초점을 맞추거나 일회성 이벤트에 의해 흥미만 자극하는 경우는 그 효과가 불분명하기 때문에 브랜드의 차별성을 명확히 인식시키는 데는 역부족일 수 있다.

1) 블로그 이용자의 특성

블로그(blog)는 웹로그(weblog)라고도 한다. 인터넷을 뜻하는 '웹(web)'과 자료를 뜻하는 '로그(log)'의 합성어인 '웹 로그(weblog)'의 줄임말이다. '1인 미디어'라고도 하며, 개인이 관심 있는 주제나 견해, 주장에 따라 자유롭게 글을 올릴 수 있는 웹사이트로 개인 홈페이지보다는 운영, 관리기 편하다는 장점이 있다. 누구나 하고 싶은 말이 있고, 또 이야기를 듣고 싶어 한다. 블로거는 블로그를 소유해서 운영·관리하는 사람을 가리킨다.

블로그는 사이트 운영자가 제작, 편집, 운영을 총괄하는 개인 커뮤니케이션 채널의 역할을 수행한다. 블로그는 불특정 대중을 상대로 자기표현과 의사소통이 가능하다. 미니홈피로 대변되는 개인 홈페이지가 표현의 욕구는 충족시켜 주지만 누군가 찾아오길 기다리는 구조이다. 이와 달리 블로그는 블로그스피어(blogsphere)라는 거대한 블로그 네트워크에 자신을 의도적으로 공개하고 대화 상대나 소통의 대상자를 지속적으로 탐색한다.

인터넷에서 제공되는 정보를 수동적으로 검색해 보기만 하던 네티즌들이 이제 직접 정보의 제공자가 되고자 자신이 정보생산 기지를 인터넷 공간이 심어 놓고 있는 것이다. 특히 자신의 생각에 대한 표출이 적극적인 10대와 20대에서 블로그 이용률이 높은 편이다. 또 블로그에 게재된 정보에 대해 모든 정보 분야에서 높게 신뢰한다.

✛ 그림 3-4_
병원 홈페이지의
고객 상담 비주얼

이런 이유로 이미 미국 등 해외에서는 개인 미디어로서 블로그의 상업적·공공적 영향력과 가치를 크게 인정하는 상황이기 때문에 국내에서도 블로그의 영향력이 더욱 커질 것으로 전망하고 있다. 기업은 물론, 고객의 평판과 입소문의 영향력이 높은 병원 등의 입장에서는 블로그를 고객과의 소통과 교류의 창구로 활용하면서 브랜드나 서비스의 신뢰도를 높이는 것이 매스미디어를 이용하는 광고 이상으로 중시되고 있다.

2) 블로그를 활용한 마케팅 사례

블로그는 개개인의 관심사를 자유롭게 작성하여 웹 사이트에 올림으로써 다양한 사람과 소통하고 주목받을 수 있기 때문에 홍보수단으로서 가치가 향상되고 있다. 이 때문에 2000년 이후 새로운 온라인 서비스의 하나로 등장한 블로그는 현재 전체 인터넷 인구의 95% 이상이 이용하는 핵심적인 인터넷 서비스로 자리 잡았다. 따라서 이를 활용하여 수익 모델로 창출하려는 노력은 다양하게 시도되고 있다.

블로그 마케팅의 초기는 '프레스 블로그(press blog)'와 같은 단순한 형태였다. 프레스블로그는 블로그 회원들에게 과제를 주고 글을 작성하여 특정 사이트에 게재하면 내용 수준과 등급에 따라 이에 따른 비용과 프리미엄을 제공하는 방식을 취한다. 이렇게 작성된 블로그는 포털 사이트의 검색을 통해 네티즌에 의해 전달되며, 확산 과정을 통해 바이럴 마케팅의 기능을 수행한다.

또한 블로그 마케팅은 프레스 블로그 형태의 단순한 배너 광고, 검색 광고와 같은 일방적인 푸시(push)형 광고에서 벗어나, 정보 제공에 충실한 콘텐츠 중심의 형태로 전환되어 고객만족과 사용자 중심의 인터넷 서비스를 개발하려는 노력을 계속하고 있다.

블로그가 보편화되고 소비자들의 구매 결정에 큰 영향력을 미치게 된 이유는 블로그를 운영하는 블로거(blogger)의 주관적이고 개성적인 시각이 콘텐츠에 반영되어 있기 때문이다. 다소 거칠고 미흡한 내용이 담긴 블로그의 콘텐츠라도 기업의 시각만이 일방적으로 반영되지 않기 때문에 소비자의 입장에서는 이러한 아마추어적인 글에 더 큰 신뢰가 갈 수 있다. 이것은 시간과 면을 유료로 구입하여 광고주의 일방적인 메시지를 전달하는 광고보다 언론기관의 입장이 반영되어 의도한 대로 메시지가 게재되지 않는 홍보를 더욱 신뢰하는 것과 같다.

그러나 마케팅 담당자들은 아직까지 기업 블로그를 기업 홈페이지의 연장선으로 생각하여, 여러 문제점을 야기하고 있다. 대부분의 기업 블로그들은 홈페이지와 거의 변화된 것이 없는 동일한 콘텐츠를 담고 있으며, 또 지속적인 관리도 이루어지지 않고 있다.

따라서 블로그 마케팅이 성공하기 위해서는 무엇보다 소비자의 욕구를 제대로 파악하고 광고주의 의도나 개입 없이 블로거가 자율적으로 이를 확산할 수 있도록 여건과 배경을 만들어주는 것이 필요하다. 네티즌의 입장에서는 세련된 정보나 메시지보다는 거칠고 아마추어적인 내용이라 하더라도 이것이 더 공감을 주기 때문이다. 기업과 의료기관이 먼저 해야 할 것은 창의적인 콘텐츠를 개발하여 인터넷에 자주 구전되고 회자될 수 있는 이야기 거리를 제공하는 일이 중요하다.

9. 위젯 광고

1) 위젯의 개념과 특성

온라인 광고의 또 다른 형태로 위젯광고가 주목을 받고 있다. 위젯광고는 모바일이나 인터넷 기기의 바탕화면에 떠있는 작게 디자인된 어플리케이션을 나타내는데, 여러 사용상의 편리성 때문에 기업은 물론 네티즌으로부터 많은 관심의 대상이 되고 있다. 오늘날 스마트폰의 보급이 확산됨에 따라 인터넷매체는 좋은 홍보수단으로서의 가치가 향상되고 있는데, 병원 등의 의료기관도 효과적인 마케팅수단으로 위젯광고를 적극적으로 활용할 필요가 있다.

최근 유행처럼 번지고 있는 '위젯(widget)'은 사전적인 의미로 작은 기계장치나 도구를 가리키지만, 주로 다양한 사용자 기기나 모바일 단말에 설치하거나 다운로드하여 간편히 쓸 수 있도록 화면에 표시되는 작은 윈도우 형태의 응용 서비스를 지칭한다.

즉, 위젯은 블로그나 PC 바탕화면에 설치해 놓고 시계나 달력, 뉴스, 날씨, 주가, 게임, 계산기, 그 밖의 생활 정보, 메모장, 일정 관리 등 다양한 소프트웨어나 어플리케이션의 모임을 의미하고 있다. 시계 또는 날씨 등을 보여 주는 간단한 기능의 위젯뿐만 아니라, 무료 문자나 여러 형태의 정보를 제공하는 위젯에 이르기까지 점점 활용범위는 확대되고 있다. 1984년 애플사가 컴퓨터 바탕화면에 계산기, 메모장 등의 기능이 있는 서비스를 제공한 것이 위젯의 시초가 되었다.

이와 비슷한 용어로 '가젯(gadget)'이 사용되고 있다. 가젯은 본래 작은 기계장치나 부속, 도구 등을 의미하지만, 오늘날에는 윈도우의 바탕화면에 나타나는 작은 프로그램을 가리킨다. 결국 위젯이나 가젯은 비슷한 의미로 통용되며, 윈도우 상에서 활용되는 작은 크기의 다양한 기능을 갖고 있는 인터넷 기반의 소비자 소프트웨어나 어플리케이션을 지칭하는 점에서 차이가 없다.

위젯은 '대체 브라우저'라고도 하는데, 인터넷 익스플로러와 같은 브라우저에서 제공되던 많은 기능들을 웹브라우저를 통하지 않고 사용할 수 있는 장점 때문에 많은 네티즌들이 즐겨 이용하고 있다. 위젯은 최근 휴대폰 등 모바일 기기나 IPTV 등으로 그 쓰임이 확대되고 있다.

웹의 진보된 형태인 웹 2.0의 사용자들은 상대방과 소통하기 위한 수단으로 다양한 위젯을 사용하기 시작했고, 일반적인 데스크 탑 PC에서부터 모바일까지 영역을 확대하고 있다. IT 기술적인 측면에서는 대단한 기술은 아니지만, 소비자에게 디자인 요소에 의한 시각적인 효과와 함께 필요한 정보나 편리한 기능을 제공하고 있기 때문에 마케팅 툴로서의 가치는 더욱 주목을 받고 있다.

2) 위젯 광고의 활용

위젯을 활용한 마케팅은 전통적인 배너, 검색광고 형태를 벗어난 다양한 인터넷 서비스로 활용되고 있다. 위젯을 이용한 광고와 마케팅의 형태는 기업이 직접 관여하지 않고 제3

자에 의해 간접적으로 호감이 형성되는 홍보 수단으로서 활용되기 때문에 이용자의 자연스러운 참가를 유도하고 흥미와 재미를 더할 수 있어 브랜드이미지의 창출과 호감을 형성하는데 도움이 된다.

오늘날 위젯 마케팅은 홍보 수단으로서 시간적인 제약이 없고 소비자들이 원하면 언제든지 설치하여 서비스를 이용할 수 있다는 장점으로 인하여 많은 주목을 받는다. 실제로 '삼성 하하하 캠페인'의 경우는 소녀시대의 표정과 댄스를 활용한 위젯을 제작, 배포하여 짧은 시간 내에 폭발적인 인기를 모은 바 있다.

한편, 위젯은 크게 인터넷 위젯(웹 위젯), 모바일 위젯 등으로 나눌 수 있다. 먼저 인터넷 위젯은 인터넷 홈페이지나 블로그에 사용하는 위젯을 말한다. 웹사이트가 가지지 못했던 기능들을 웹 위젯을 통해 쉽게 보강하고, 또 홈페이지나 블로그를 더욱 예쁜 디자인으로 꾸밀 수도 있다.

모바일 위젯은 휴대전화기와 모바일 기기를 통해서 사용할 수 있는 위젯으로, 휴대전화 화면에 위젯 기능을 적용하여 사용자가 원하는 콘텐츠나 사이트로 편하고 신속하게 이동할 수 있는 기능을 사용자 인터페이스로 적용한 것이다. 스마트폰 속에 있는 게임이나 지하철 노선도를 대기 화면으로 빼내어 터치 한 번으로 지하철 노선도를 확인하거나 게임을 할 수 있게 해 놓은 것이 바로 그것이다. 흔히 애플리케이션이라고도 한다.

위젯을 마케팅이나 홍보로 활용한 최초의 사례는 일본의 유니클로(Uniqlo)이며, 블로그용 시계를 위젯으로 제작하여 배포하였다. 국내에서는 롯데백화점이 PC설치용으로 위젯을 제작하여 사용자들이 시계, 날씨, 달력 등의 콘텐트를 이용할 수 있도록 하였다.

한편, 위젯광고는 비용을 절감하고 효율적인 마케팅수단으로서 가치가 높지만, 사용자들의 자발적인 참여에 의해 이들이 의도적으로 확산에 나서야 비로소 마케팅 활용이 가능하다. 또한 제품의 특성에 맞게 위젯을 커스터마이징(주) 할 수 있는 마케터의 센스가 중요하다. 사용자는 수많은 위젯을 다 설치할 수 없으므로 제한된 위젯만 사용한다. 위젯은 대체로 세 가지 조건 중 적어도 하나를 갖추어야 어느 정도 효과를 얻을 수 있다. 위젯의 콘텐츠가 유용하거나, 기능이 유용하거나, 소비자에게 보상이 수반되어야 한다.

(주) 커스터마이징(Customizing)은 맞춤제작을 의미하는 'customize(주문 제작하다)'에서 나온 말이다. 최근에는 IT산업에서 자주 쓰이며, 소비자의 요구에 따라 솔루션이나 서비스를 원하는 형태로 재구성하여 제공하는 의미로 사용되고 있다.

10. 병원과 바이럴·구전 마케팅

시장 논리에 의한 경쟁 환경은 병원이라고 예외는 아니다. 마케팅 및 홍보 활동이 영리기업만의 전유물이 아니라 병원과 같은 비영리기관의 관심사로 떠오른 것은 당연한 일이다. 2007년 4월 의료법 개정으로 인해 광고 활동에 대한 규제가 완화되면서 병원 광고 및 홍보 시장이 급속히 활성화되었다.

제일기획에 따르면, 2011년 제약·의료 광고 시장 규모는 2,198억 원으로, 전년의 2,006억 원보다 9.5% 성장했다. 특히 신문광고를 비롯해 대표적인 지역 매체(local media)인 버스나 지하철, 택시 등의 교통광고나 옥외광고에서 병원 광고를 보는 것이 일상화되어 있다. 또한 병원 광고를 전문적으로 하는 광고회사도 수십 곳이 이르고 있다.

요즘 병원 광고 시장에서 가장 활성화되고 있는 수단으로는 '바이럴 마케팅(viral marketing)', 일명 '바이러스 마케팅(Virus Marketing)', '구전(口傳)·입소문 마케팅'으로 이것은 인터넷 상의 소비자 사이에서 소문과 입을 통해 전해지는 프로모션 형태를 말한다. 최근에는 네이버 지식iN 등 인터넷 포털사이트 질의응답 코너나 블로그, 카페, 소셜 네트워크 서비스(SNS)를 통한 입소문 마케팅이 활발히 이뤄지고 있다.

구전 마케팅을 확산시키기 위해서는 보다 체계적인 방법을 활용하는 것이 바람직하다. 우선 홍보 활동에 영향력이 큰 '온라인 서포터즈'를 모집하여 온라인을 통한 정보 전달에 주력하고, 특히 온라인상에서 정보의 확산과 파급에 막대한 힘을 가진 '파워 블로거'나 '온라인 슈퍼 히어로'를 별도로 선별하여 마케팅 활동에 활용해야 한다.

그러나 일반적으로 홍보 활동의 UCC 행사나 온라인 서포터즈의 모집을 실시할 경우 참가율은 의외로 낮은 편이다. 온라인에서 병원이 주도하는 바이럴 마케팅에 도움을 줄 수 있는 온라인 서포터즈나 이벤트 체험단의 적극적인 참여를 유도하려면 동기부여를 위해 다양한 형태의 프로모션이 필요하다. 참가자에게 상금이나 상품, 인센티브를 목적에 따라 제공하며, 프리미엄에 이용되는 프로모션 경품은 가격이 비싸거나 소수로 제한하는 것보다 저가품이라 하더라도 많은 사람에게 당첨의 기회가 많은 경우가 참가율이 높게 나타난다. 또한 홍보를 위한 이벤트를 실행할 때는 사전, 사후로 구분하여 실시하는 것이 중요하다.

의료 서비스의 구매에 따른 불확실성과 두려움을 감소시키기 위해서 요구되는 것이 '정보 원천'이다. 일반적으로 고객의 구매의사결정에 영향을 주는 정보 원천에는 가족이나 이웃, 전문가의 경험과 지식 등의 인적 정보와 광고, 홍보, 카탈로그 등의 비인적 정보가 있다.

의료소비자들은 병원을 선택하는 과정에서 '비인적 정보'보다는 '인적 정보'에 신뢰성을 갖는 것이 보통이다. 일상적으로 접하고 있는 의도적이며 일방적 메시지의 하나인 광고보다는 주변의 가까운 사람이나 쌍방향성이 강한 매체를 통해 비의도적으로 전달되는 구매 행동에 강력한 소구력을 발휘하게 된다. 또한 다양한 블로그나 SNS를 통해 자연스럽게 구전되는 정보는 설득력과 신뢰감이 크게 향상될 수 있다. 대부분 병원을 선택할 때는 다른 정보보다 치료후기나 소감, 개인의 느낌과 생각을 의도성과 여과 없이 제시되는 구전(口傳)이나 입소문에 의한 메시지는 어느 매체보다도 시선을 사로잡고 있다.

"정말로 친절하고 신뢰할 수 있는 병원", "치료 효과가 좋고 안심할 수 있는 병원"등과 같이 회자되고 구전되는 타인의 경험과 인적 정보에 의해 구매의사가 결정되곤 한다. 특히 부작용에 대한 우려가 큰 성형외과, 치과, 피부과, 안과의 경우 일반적으로 인터넷을 통해 타인의 경험을 먼저 수집한 뒤 병원을 선택하는 구매패턴을 보인다. 또한 최근 많은 사람이 간단한 생활정보는 물론, 복잡한 전문 지식까지 포털사이트에서 검색하는 습관이 보편화되어 있기 때문에 검색어·키워드 광고나 인터넷을 통한 병원 바이럴 마케팅 효과는 매우 높은 편이다.

그러나 너무 의도성이 강한 홍보기사나 홍보를 가장한 광고, 그리고 의도적이고 조작적인 구전 광고 등은 최근 많은 문제점을 표출하고 있다. 도가 넘은 인터넷의 바이럴 마케팅이나, 아이디를 도용한 홍보 글, 의도적으로 과장된 병원 후기가 90%에 이르는 것으로 나타났다.

당연히 이용자가 자신의 경험을 바탕으로 올렸을 것이라고 생각한 치료후기나 병원을 추천하는 글 등이 병원이나 의뢰한 광고회사에서 계획적으로 게재한 상업적인 메시지인 것을 알아차린다면 오히려 역효과를 얻을 수 있다. 최근 상당수 병원이 전담 광고회사를 통해 자발적인 후기처럼 꾸민 상업 메시지를 인터넷 사이트에 올리고 있다.

이러한 움직임은 구전광고의 비용 산정에도 영향을 미쳤다. 성형외과, 피부과, 안과, 치과 등은 하루 방문자가 수천 명에 달하고 영향력이 큰 블로거를 선정하여 각종 특혜나 인센티브를 제공하고, 자신의 블로그에 해당 병원에 유리한 정보와 의견 등을 적극적으로 올리도록 조장하고 있다. 더불어 경우에 따라서는 건당 30만원의 수고비를 따로 지불하기도 한다.

인터넷 사이트에서 별도로 모집한 이벤트 참가자나 방문 체험단의 경우는 일반적인 블로거에 비해 인건비용을 2배 이상 지불하여 보다 설득력이 강한 시술 후의 개선 효과나 차별화된 정보나 장면을 동영상, 사진 등의 시각 자료와 함께 올리도록 한다. 최근에는 페이스북, 트위터 등 병원 전용 SNS나 블로그를 직접 운영·관리하면서 고객과의 소통을 강화하는 사례가 증가하고 있다.

'네이버 지식iN'이나 유명 포털 사이트의 질의응답 코너는 특히 효과가 높은 바이럴 마케팅의 수단으로 활용되고 있다. 예를 들어 "강남에서 눈 성형 잘하는 성형외과를 추천해주세요"라는 방문자의 요구에 "제가 지난달에 아는 사람의 소개로 시술했는데, 강남의 압구정동 ○○성형외과가 의사선생님도 믿을만하고 좋아요"와 같이 조작된 경험담을 댓글로 올려서 해당 병원에 유리한 입소문을 유도한다.

또한 포털사이트의 검색 상위에 노출되도록 순위도 조작하는 사례도 증가하고 있다. 매달 30만 원의 비용으로 병원과 관련된 키워드를 검색했을 때 특정 사이트의 5위 안에 해당 병원에 관련된 후기가 노출되도록 하는 바이럴 마케팅 전문 광고회사도 등장하고 있다. 경우에 따라 다르지만 일반적으로 병원 당 한 달에 200만~500만 원의 바이럴 마케팅 비용이 드는 것으로 나타나고 있다.

이와 함께 불법적으로 운영되는 구전 광고의 게재 수법이 점차 교묘해지고 있다. 최근 들어 블로거나 온라인 이벤트 참가자가 순수한 목적으로 자발적으로 의견을 제시하거나 정보를 제공하는 방식이 아니라, 타인의 아이디, 아이피(IP)를 불법 도용하여 글을 올리는 경우가 많다.

또 같은 아이디로 같은 광고 글을 반복적으로 게재할 경우, 조작적, 의도적인 상업 메시지인 것을 고객이 쉽게 알 수 있고 포털사이트로부터 제지도 받을 수 있기 때문에 불법적인 구전 광고가 빈번히 등장하고 있다. 심한 경우에는 수천 개의 아이디를 보유하고 아이디, IP를 돌려가면서 글을 올리기 때문에 게재되는 후기나 댓글의 진위 여부를 정확히 판별하기가 어려운 사례도 많다.

기만적인 구전 광고나 후기를 가장한 불법 광고는 인터넷 사용자나 누리꾼이 인터넷을 통해 건전한 정보를 얻을 수 없을 뿐 아니라, 정상적인 인터넷 광고 시장까지 위축될 소지가 있다. 합법적인 인터넷 광고는 정상적인 광고비를 지급해야 하지만, 위와 같은 불법 광고는 광고비는 물론, 세금조차 내지 않는다. 2007년 의료법 개정 당시 SNS, 인터넷 등에 대한 명확한 규정이나 가이드라인이 없었기 때문에 무분별한 인터넷 병원 광고가 태동하는 원인을 제공하게 되었다. 소비자의 건강한 알 권리를 보장하기 위해서라도 포털사이트와 정부의 적극적인 관심과 제도 보완이 필요하다.

11. 병원의 오프라인·온라인 광고매체 활용

우리나라의 경우 2007년 의료법 개정으로 의료광고에 대한 규제가 대폭 완화됨과 동시에 관련단체에 심의업무를 위탁하면서, 과거에는 까다로운 사전심의 등으로 인해 어려움을 겪던 병의원들의 광고 활동은 과거보다 훨씬 적극적이고 공격적인 형태로 진화하고 있다.

환자유치를 위한 의료기관의 심화된 경쟁 속에서 다양한 매체를 통해 보다 적극적인 홍보 활동을 진행하고 있는 대표적인 병원은 이화여자대학교 의료원과 고려대학교 의료원이다.

먼저 이화여자대학교 의료원의 사례를 살펴보면, 병원 홍보의 핵심 전략 지역으로 내국인을 비롯한 외국인 유동인구가 가장 많은 서울의 명동과 공항을 타깃으로 주요 광고, 홍보 매체를 집중 공략하고 있다. 이화의료원은 서울의 주요 명소 중 한 곳인 명동의 충무빌딩을 비롯해 고속터미널과 호텔, 병원 등이 운집해있는 반포 센트럴시티, 합정동 로터리 등에 옥외 전광판 광고를 시행하고 있다.

또한 지하철 1~4호선 120개 역내에 설치된 900여개 디지털 뷰(Digital View)와 무료전화 모니터광고 2,000여개를 홍보에 활용하고 있으며, 지난 2009년부터는 제주공항과 김포공항 이용객들이 사용하는 운반용 카트에 병원광고를 진행하고 있다. 최근에는 이동통신업체인 LG U+와 제휴하여 서울 및 수도권지역의 아파트 엘리베이터에 설치된 LED 모니터광고에 이르기까지 다양한 매체를 폭넓게 활용하고 있다.

이화의료원은 이러한 노력의 결과 광고를 집행한 후 신규 환자가 지속적으로 늘어나고 있는 상황이며, 외래환자의 경우에도 연간 1만 명 정도 증가하고 있어 의료기관의 대표적인 광고 집행 성공사례로 볼 수 있다.

고려대학교 의료원은 2012년 7월부터 시내버스 내 TV모니터 광고를 진행하고 있다. 특히, 런던올림픽 기간 중에는 버스 내 설치된 TV를 통해 경기가 중계되는 사이사이에 고려대학교 의료원 안암 병원의 22초 분량 광고를 자연스럽게 노출시켜 시선을 끌었다.

시내버스 내 TV모니터 광고는 공중파 광고에 비해 비용이 저렴하면서 버스 이용객들에게 친숙하게 다가갈 수 있다는 장점이 있다. 특히 올림픽과 같은 메이저 스포츠이벤트 기간 중 경기가 중계되는 중간 중간 해당 병원의 광고가 노출됨으로서 병원 이미지 제고와 인지도 확산에 도움이 되고 있다. 이러한 매체적 특성을 활용하여 안암병원의 버스광고는 서울시 50개 버스노선의 1000여대 차량을 통해 진행 되었으며 버스 이용객들에게 상시적으로 노출됨으로서 그에 맞는 홍보효과를 창출하고 있다.

이처럼 버스나 지하철과 같은 교통광고 매체는 현장에서의 메시지 소구력과 파급력이 강하고 의료소비자에게 필요한 정보를 직접 제공하는 광고매체로서의 속성 때문에 의료법상, 매체 이용에 제한이 많은 병원의 입장에서는 활용 가치가 매우 크다. 현재 화제성 있는 병원의 기획광고가 다양한 형태로 등장하여 메시지 수용자의 관심을 끌고 있다.

의료시장의 치열한 경쟁 속에서 전문병원과 여러 네트워크 병원을 중심으로 지하철·버스를 이용한 교통광고와 전광판이나 LED를 활용한 옥외광고, 인터넷 등의 뉴미디어를 통해 대대적인 광고, 홍보 활동을 전개하고 있다.

이와 같은 추세는 대형병원은 물론, 치과·안과·정형외과 등의 전문병원, 중소병원, 네트워크 병원 등에서 폭넓게 나타나고 있으며, 과거의 소극적인 자세에서 벗어나 고객을 유치하기 위한 공격적인 마케팅을 선보이고 있다.

특히 일부 지역을 거점으로 삼고 있는 중소병원과 네트워크 형태의 병원들은 대규모 마케팅 비용의 증액을 통해 다양한 매체를 효율적으로 활용하고 있는 사례가 증가하고 있다.

새롭게 조성되는 신도시의 경우 1~2개의 상가 건물마다 병·의원이 입주하거나 하나의 빌딩에도 몇 개의 병·의원이 오픈하여 환자유치를 위해 경쟁하고 있다. 의료 소비자들의 눈길을 사로잡기 위한 전략적 측면에서, 전통적 매체인 옥외 광고와 함께 홈페이지나 블로그 마케팅, SNS로 대표되는 인터넷 등의 온라인 광고가 새로운 시장 분위기를 반영하여 주목을 모으고 있다. 이처럼 의료기관 간 경쟁이 격렬해지고 있는 시장 환경 속에서는 기존의 편향적인 매체활용 방법에서 벗어나 온라인·오프라인의 모든 매체를 적절히 활용해서 효과를 극대화하려는 노력을 기울일 필요가 있다.

광고 집행에 있어 대부분 의료기관들은 지하철과 버스광고에 의존하는 비율이 비교적 높은 편이다. 이것은 지역을 거점으로 하는 병원의 특성 때문에 지역매체에 대한 비중이 높은 것을 반영한 결과이기도 하다. 교통광고의 하나인 버스광고의 경우 병·의원의 광고시장 규모가 과거에 비해 3~4배 이상 확대 되었다.

특히 프랜차이즈나 네트워크 형태 병원들의 경우 과거에는 철저히 병원이 위치한 지역을 중심으로 제한적으로 버스광고를 진행하였지만, 현재는 해당 병원의 인근 지역으로 국한하지 않고, 보다 광역화된 지역으로 진출하여 다양한 지역의 의료소비자들에게 브랜드를 인지시키고 이미지를 차별화하는 전략을 취하고 있다.

온라인과 오프라인 광고매체의 특성에 따라 주요 타깃이 되는 대상층도 달리하고 있다. 오프라인 광고는 목표소비자를 50~70대로 선정하여 진행하고 있으며, 온라인은 주 타깃을 20~30대로 선정하여 마케팅활동을 전개하고 있다.

예를 들어 안과 전문병원에서는 노안이나 백내장처럼 노년층이 주요 환자인 경우는 버스나 지하철과 같은 오프라인 광고를 꾸준히 진행하고 있으며, 인터넷과 같은 온라인 광고는 라식이나 라섹처럼 주로 20~30대 젊은 층을 타깃으로 하여 메시지를 소구하고 있다.

그러나 인터넷 매체의 개발과 스마트폰의 보급에 따라 향후 지속적으로 온라인 광고의 비중이 확대 될 것으로 전망된다. 이는 현재도 다수의 고객들이 다양한 옥외광고들을 접한 후 카페나 블로그, SNS(페이스북 등)에 접촉하는 등의 매체이용 습관이 확산됨과 동시에 정보 이용에 대한 적극적인 피드백 행위가 증가하였고, 가격대비 효과가 매우 큰 이유가 반영되고 있기 때문이다.

일반적으로 의료기관의 매체이용 방법에는 버스나 지하철, 신문 광고처럼 전통적인 매체 형태를 취하는 오프라인 광고가 있으며, 1990년대에 들어서면서부터는 첨단 IT기술이 반영된 온라인 광고가 지속적으로 발전을 거듭해오고 있다. 의료서비스 마케팅에서는 병원을 선정하는 과정에서 인터넷 매체가 많은 영향력을 발휘할 뿐만 아니라 구전 마케팅의 효과가 매우 크기 때문에 블로그나 SNS를 통해 이용자 개개인의 의견이 제대로 반영되는 인터넷 마케팅에 대한 발전 가능성은 향후에도 높게 나타날 것이다.

오늘날 우리사회를 표현하는 키워드는 '소통'이다. 오프라인 광고뿐만 아니라 온라인 광고에서도 '소통'은 매우 중요한 요소이다. 특히 병·의원이 개원하거나 증축, 이전할 때는 오프라인 매체와 최근 활성화되고 있는 SNS(페이스 북이나 트위터 등)를 활용하여 적극적으로 이를 알리고 홍보하는 것이 필요하다. 또한 실시간으로 고객들이 원하는 사항에 대해 자세한 정보를 제공하고 즉시적으로 상담에 응하는 등 고객과의 소통을 중시하는 자세도 요구된다.

온라인 마케팅 방법 중에서도 의료기관들이 가장 선호하는 것은 치료, 수술 후의 개선된 내용을 객관적으로 증명하고 이를 설득하기 위한 입증식 소구(demonstration appeal) 방법이다. 이것은 시술 전후에 대한 비교가 가능하도록 'Before & After'모습을 보여주고 상담으로 연결시키는 설득 방법이다. 입증식 소구와 함께 의료기관들 간의 치열한 경쟁에 기인해 시도되는 최근의 의료기관 마케팅 프로모션으로는 '라식 ○○만원', '임플란트 00만원'처럼 영리조직인 기업의 특가 세일이나 판촉이벤트에서 자주 볼 수 있는 형태와 유사한 프로모션들이다. 하지만 이러한 의료기관들의 가격할인 프로모션의 경우 자칫 고객들로 하여금 기존 의료서비스 가격에 대한 불신이나 의료서비스의 질적인 부분에 의문을 초래하는 역효과로 연결될 수 있다는 점을 간과해서는 안 될 것이다.

최근에는 신문, 잡지 등의 인쇄매체 광고와 다음이나 네이버와 같은 포털사이트에 '검색어 광고(또는 키워드 광고)'를 홍보수단으로 활용하는 사례가 늘고 있다. 예를 들어 검색창에 '성형외과', '쁘띠성형', '양악', '앞트임', '탈모', '비만', '다이어트' 등 특정 단어를 입력하면 관련 사이트가 바로 검색되어 필요한 정보를 보다 쉽게 알 수 있는 '키워드 광고'는 많은 관심을 끌고 있다.

고객의 입장에서는 키워드를 입력하여 원하는 정보에 간단하고 신속히 접근할 수 있다는 장점이 있고, 병원 관점에서 봤을 때는 검색어에 의해 해당 병원과 특정 의료서비스에 관심을 표명하는 잠재고객에게 의도된 정보를 제공할 수 있으므로 기존의 온라인 광고보다 비용대비 효과가 뛰어나기 때문이다.

또한 마케팅과 홍보에 의존성이 큰 몇몇 병원 등에 있어서는 호기심을 유발하거나 자극이 강한 문구를 사용하는 광고를 다양한 형태로 제시하며, 기발한 아이디어를 내세운 온라인 광고가 선호되고 있다.

한 예로 설득력을 강화하기 위해 스토리성이 강한 소재를 바탕으로 시리즈물 광고를 기획하거나, 어느 안과의 경우는 인터넷을 통해 원장이 직접 만화캐릭터로 변신하여 등장하는 등 기발한 아이디어가 동원되고 있다.

이 밖의 일부 성형외과와 피부과, 안과 등에서는 유명 블로그를 활용한 광고도 진행하고 있다. 유명 블로그의 경우 일일 방문자 수가 적게는 몇 천 명에서 많게는 몇 만 명까지 매우 다양하다. 때문에 일부 병원들은 네티즌들에게 파급효과가 큰 유명 블로그를 운영하는 블로거들에게 일정 금액의 비용을 지불하고 해당 병원의 시술사례와 방문기 등을 블로그에 적극적으로 게재하도록 하여 홍보효과를 향상시키고 간접 광고에 도움이 되는 방법을 선호하고 있다.

12. 옥외 광고

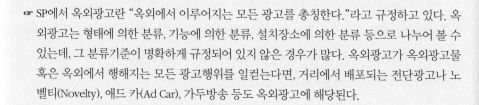

☞ SP에서 옥외광고란 "옥외에서 이루어지는 모든 광고를 총칭한다."라고 규정하고 있다. 옥외광고는 형태에 의한 분류, 기능에 의한 분류, 설치장소에 의한 분류 등으로 나누어 볼 수 있는데, 그 분류기준이 명확하게 규정되어 있지 않은 경우가 많다. 옥외광고가 옥외광고물 혹은 옥외에서 행해지는 모든 광고행위를 일컫는다면, 거리에서 배포되는 전단광고나 노벨티(Novelty), 애드 카(Ad Car), 가두방송 등도 옥외광고에 해당된다.

1) 옥외광고의 정의 및 종류

옥외광고는 거리의 네온사인, 고속도로의 야립 간판광고, 소형 전신주 간판 등에 이르기까지 그 크기가 각각 다르고 모양도 각양각색이다. 이들은 "불특정 다수의 사람들을 소구 대상으로 하는 광고물이며 어떤 일정한 공간을 점거하여 그 시계(視界)영역에 강제적·반복적·시각적 자극을 부여하는 광고수단"이라는 공통점을 갖고 있다.

따라서 다른 광고매체와는 이질적인 사회성과 공공성을 지니고 있다. 즉 건축물의 형태로 일정한 장소에 고정되어 있어서 건물 및 주변 환경과 조화가 필요로 되는 매체이므로 그 광고물에 자연미(自然美), 시가미(市街美), 건축미(建築美) 등이 가미되어 있어야 한다. 만약 그렇지 않으면, 항시 여러 가지 법적 규제에 부딪혀 논쟁의 소지가 발생할 수 있다.

병원이나 의료기관은 특정 지역을 기반으로 하여 권역별로 의료 활동을 실행하고 있으므로 지역 매체(local medea)를 활용한 에어리어 마케팅(area marketing)을 실시하는 것이 일반적이다. 따라서 다른 단체나 조직에 비해, 병원은 특히 지역 매체를 잘 활용하는 것이 특징이다. 지역 매체 중에서도 대표적인 옥외광고를 적극적으로 실행하고 있는데, 현수막과 와이드칼라, 아파트 현관 액자 광고, 쇼핑업체의 카터 광고, 버스정류장 광고, LED 매체를 비롯해 각종 교통 광고 등을 잘 운영하고 있다.

한편 옥외광고에 대한 다양한 정의를 정리하면 다음과 같다.

옥외광고물 등 관리법에 옥외광고물이라 함은 '상시 또는 일정 기간 계속하여 공중에게 표시되어 공중이 자유로이 통행할 수 있는 장소에서 볼 수 있는 것으로서 간판·입간판·현수막·벽보·전단, 기타 이와 유사한 것으로 정의되고 있다. 여기서 공중이란 일반 불특정 다수인을 지칭하므로 특정인만이 볼 수 있는 운동경기장 등 내부에 표시하는 것은 제외된다.

국내외 옥외광고업계의 일반적인 견해를 종합해 보면 "옥외광고는 불특정 다수의 공중을 대상으로 옥외의 특정한 장소에서 일정 기간 동안 계속해서 시각적 자극을 주는 광고물"을 총칭하고 있다. 결국 옥외광고물 등 관리법이 정하는 범주(옥외, 교통광고) 외에 최근의 LED 전광판 광고 등 뉴미디어 광고물을 포괄하는 개념으로 폭넓게 해석하고 있다.

옥외광고물 등 관리법 시행령에는 옥외광고물에 대한 분류를 16가지로 나누어 구분하고 있다. 옥외광고의 종류는 '가로형 간판, 세로형 간판, 돌출간판, 공연간판, 옥상간판, 지주 이용 간판, 현수막, 애드벌룬, 벽보, 전단, 공공시설물 이용 광고물, 교통수단 이용 광고물, 광고탑, 아치 광고물, 창문 이용 광고물'로 구성되고 있다.

옥외광고는 그 성격과 특성에 따라 다음과 같이 다양한 형태로 분류할 수 있다.

(1) 광고목적 기간에 의한 분류

옥외광고는 다른 매체에 비해서 비교적 장시간에 걸쳐 행해진다고 볼 수 있는데, 크게 장기적 옥외광고와 단기적 옥외광고로 나눌 수 있다.

① 장기적 옥외광고

장기적 옥외광고는 제작일수가 많이 소요되므로 단기적인 요소는 거의 없고, 회사명이나 상품명을 인지시키기 위한 소구가 일반적이다.

② 단기적 옥외광고

단기적 옥외광고는 어떤 행사의 고지(告知)나 행사의 특징 또는 세일즈 캠페인(Sales Campaign)을 알리기 위한 수단(캠페인 행사 안내 광고)으로써, 다른 매체와 연동하여 사용되는데 그런 경우에는 타이밍이 중요시된다.

(2) 게재지역에 의한 분류

① 주택지광고
② 번화가광고
③ 철도간선광고(연선광고)
④ 터미널부근의 광고

⑤ 고속도로간선광고

⑥ 유원지광고

(3) 설치장소에 의한 분류

① 옥상광고

② 벽면광고

③ 야립(野立)광고

④ 돌출광고

⑤ 입(立)간판광고

(4) 구조에 의한 분류

① 네온 탑, 네온간판

야간조명으로 네온관을 일부라도 사용하는 경우에도 네온간판이라고 하는데, 다른 옥외광고보다 야간에 광고효과가 매우 높은 매체이다.

② 광고탑, 광고간판

페인트 도장을 한 광고탑이나 광고간판을 가리키며, 조명을 필요로 하지 않는 경우나 조명을 사용할 수 없는 경우에 사용된다.

③ 조명광고탑

네온관을 사용하지 않고 다른 조명수단에 의하여 야간에 광고효과를 높이는 것을 말한다. 예를 들면 수은등, 백열등, 조명 등에 의한 간접조명이 그것이다.

④ 묘사간판

문자나 색채뿐만 아니라 상품 그 자체를 묘사하여 상품이미지를 소비자에게 소구하는 것이다.

⑤ 플라스틱(Plastic) 간판

회사나 영업소의 표시간판, 돌출간판 등에 형광등을 내장하여 사용한다. 플라스틱 간판은 동일규격으로 대량생산이 가능하며 비용이 싸서 POP 광고에 적합하다.

⑥ 회전광고탑

탑 전체 혹은 일부를 회전시킨 것으로 네온관을 사용한 것도 많다.

⑦ 입간판

대량생산이 가능하고 제작일수가 비교적 짧으며 비용도 저렴하다. 재료는 비닐, 천, 종이 등이 사용된다.

2) 옥외광고의 특징과 기능

옥외광고는 일정기간에 일정공간을 점유하여 실행되기 때문에 인쇄매체나 전파매체에 의한 광고와는 다른 특징을 가지고 있다. 여기에서는 옥외광고의 중요한 특성과 그에 따른 기능에 대해서 설명하기로 한다.

(1) 고정·상징성

일정공간을 점유하기 때문에 특정 공간에 고정적으로 위치하게 되면 그 지역의 상징성이 강한 심벌(symbol)이 될 가능성을 갖고 있다. 예를 들면 영화나 TV 등에서 밤의 이미지를 전달하려고 할 때 상징적인 심벌로 네온사인을 방영하게 되면 네온사인을 보고 관람자들이 밤이라는 것을 알아차리게 되는 것과 같은 원리다.

(2) 인지성(認知性): 주목성, 시각 디자인 효과

특정지역에 고정되어 통행인에게 반복적으로 노출되기 때문에 특정 기업이나 브랜드에 대한 인상을 강하게 하여 좋은 이미지를 형성하는 데 효과적이다. 또한 사람의 시선을 집중시키기 위하여 시각적 효과와 함께 주목을 끌 수 있는 다양한 아이디어가 요구된다.

(3) 지역 한정성

옥외광고를 특정지역에 게시하면 그 장소에 모이거나 통행하는 사람 등 특정지역관계자를 대상으로 소구할 수 있다. 따라서 지역별로 소구대상을 선별하는 것이 중요하다. 옥외광고는 게시되는 장소에 따라 그 효과가 달라진다고 할 수 있으며 이러한 특징은 옥외광고의 표현에도 큰 영향을 미친다.

(4) 반복 소구성

일정장소에 고정되어 비교적 장기간에 걸쳐 동일한 메시지를 지속적으로 게재하기 때문에 반복소구에 의한 효과가 크다.

(5) 장기성

특정 광고 캠페인용으로 단기간을 목적으로 제작된 것도 있지만, 일반적으로 장시간에 걸쳐 지속적으로 게시되는 것이 많다. 반복소구에 의한 인상효과나 거점 표시적 역할을 띠는 것이 많다.

(6) 소재 표시성

옥외광고는 오랜 역사를 지닌 광고매체로 원래 소재 표시를 하기 위한 기능에서 출발하였다. 상점 밖에서 볼 때 가장 보이기 쉬운 곳, 눈에 잘 띄는 곳에 상점명이나 제품명을 게시하여 그 존재를 알리기 위한 거점 표시적인 역할을 한다.

오늘날 기업은 옥외광고가 단순한 소재 표시 기능뿐만 아니라 적극적인 POP 광고로써의 역할을 동시에 수행하고 있어 그 전략적인 중요성을 더욱 깊이 인식하고 있다. 따라서 기업의 본사, 지사, 대리점 등에는 CI 전략을 고려하여 소재를 표시하는 기능을 나타내는 광고탑이나 돌출간판 등을 게시하고 있다.

그밖에도 일본 관동지역 네온 협회의 조사보고서에서는 옥외광고의 특성을 'SSL 효과'로 표현하고 있다. 옥외광고의 효과와 특성을 소비자측면에서 분석해보면 다른 매체와는 스케일효과, 서브리미널효과, 랜드마크효과 등의 독자성을 가지고 있다.

① 스케일 효과(Scale)

옥외광고는 다른 광고매체와 비교해서 물리적으로 크기 때문에 스케일에 따른 강력한 임팩트(impact)를 주고 있다.

② 서브리미널 효과(Subliminal)

옥외광고에 정기적으로 접촉할 기회가 많기 때문에 일반인들은 광고메시지 내용을 잘 기억하고 있다. 이것은 잠재의식 속에 스며드는 서브리미널효과의 일종이라 할 수 있다.

③ 랜드마크효과(Landmark)

디자인 측면의 '유용한 측면' 또는 '도시경관의 중요한 요소' 등의 높은 평가는 다른 매체와 차별화된 옥외광고의 독자성이라 말할 수 있다.

이상과 같이 옥외광고는 여러 가지 특징을 지니고 있으며, 옥외광고만이 가질 수 있는 독자적인 영향력을 가지고 있다. 옥외광고의 본질은 옥외에서 행해지는 광고이며, 옥외에 있는 소비자를 대상으로 한다는 것이다. 그러므로 옥외광고가 갖고 있는 다양한 기능은 옥외에 있는 사람들 특유의 심리상태를 사전에 충분히 파악하지 않은 채 실행된다면 효과를 기대하기 어렵다.

일반적으로 구매활동은 방문판매 등을 제외하면 대부분 가정 밖에서 이루어진다. 소비자 구매상황을 살펴보면, 가정에서 미리 구입 브랜드 명을 결정하고 구매를 행하는 경우도 있고, 구입품목만을 결정하고 브랜드의 지명(指名)은 매장에서 직접 하는 경우도 있다. 또한 외적인 자극에 의해 예측하지 못했던 구매행동을 일으키는 경우도 많다.

대부분 가정과 점포의 매장 사이에는 상당한 거리가 존재한다. 옥외의 여러 장소를 이용하는 교통광고나 옥외광고는 점포에서 멀리 떨어져 있는 소비자를 구매 장소까지 유도하는데 중요한 역할을 하고 있다. 즉, 옥외광고는 '가정 → 점두'라고 하는 이른바 소비자 행동과정에 영향을 주는 광고 매체이면서, 그 물리적·공간적인 한계를 극복하여 '심리적 거리'를 축소시키는 매체 기능을 수행하고 있다.

3) 옥외광고의 종류와 사례

(1) 야구장 광고

① 야구장 옥외광고의 특성과 요금체계

야구장 광고는 야구장 입장관중과 TV중계를 통한 시청자를 대상으로 광고가 진행된다. 특히 TV중계의 경우 광고 당 방송 카메라에 잡히는 시간이 길지 않아 광고내용에 있어 복잡한 소구나 다양한 설명이 요구되는 카피는 삽입할 수 없기 때문에 주로 제품이나 브랜드명(기업명)을 강조하는 형태로 진행하고 있다. 또한 설치되는 광고물에 있어서도 출전선수나 시청자들의 시야를 고려해 단일한 색상으로 제작된다.

야구장 광고의 요금체계는 다른 매체와 차이점이 존재한다. 계절적 요인이 고려된 야구의 특성상 다른 오프라인 광고들과는 달리 경기가 진행되는 시즌으로 계약하게 된다. 여기서 말하는 시즌은 야구 정규게임이 시작되고 끝나는 4월에서 10월까지를 말하며, 광고가 게재되는 위치에 따라 가격은 크게 차이가 있다. 방송 노출이 적은 지역의 광고비는 보통 몇 천만 원에서부터 시작되며, 경기장 홈의 경우처럼 타자의 경기 장면이 노출되고 본부석이 위치하여 방송카메라의 노출이 빈번한 위치의 경우는 1~3억 원이 넘는 곳도 있다.

야구장 광고는 정규시즌이 개막하기 이전인 매년 12월이나 다음해 1월에 계약이 진행된다.

서울 잠실야구장을 기준으로 광고게재 위치에 따른 한 시즌의 광고단가를 살펴보면 광고가 부착되는 장소는 '본부석'을 중심으로 관중석 '1층과 2층 사이', 선수단 대기소인 '더그아웃 상단', '1·3루 내야와 외야, 조명탑 하단', '직문 위(차량 출입문)' 등 7곳이며, 위치에 따라 모두 22개의 가격대로 구분된다. 다른 야구장들에 있어서도 광고의 게재위치는 크게 다르지 않지만 입장관중 수나 광고게재 경쟁률 등에 따라 광고가격에는 많은 차이를 보이고 있다.

방송중계진과 스포츠 기자들이 몰려 있고 노출빈도가 가장 많은 잠실야구장 본부석의 한 시즌(1년 단위)을 임대 하는 데 소요되는 비용은 한 구좌 당 2억 2,300만원이 든다. 본부석 광고는 중계방송 등에서 노출빈도가 높다는 장점으로 동시에 두 개의 광고물을 보여줄 수 있으며 구좌 당 약정되어 있는 15개의 광고가 차례대로 순환되며 노출된다. 그 밖의 본부석의 LED보드 광고의 경우, 부산 사직야구장은 연 1억 원, 서울 목동구장은 5,000만원의 광고비용이 든다.

잠실야구장에서 단일 구좌 당 최고 금액 광고의 위치는 조명탑 하단이다. 단색으로 처리되는 다른 곳에 비해 원색으로 광고할 수 있다는 것이 큰 장점으로 통하는 조명탑 하단 광고는 1루와 3루 쪽에 각 2개가 구성되어 총 4곳에 광고를 집행할 수 있으며 구좌 당 단가는 3억 3,500만원이다.

야구경기가 진행되는 동안 감독과 코치, 선수들이 대기하는 더그아웃도 광고주들이 선호하는 위치 중 하나이다. 이것은 경기 도중 빈번하게 더그아웃의 분위기가 방송 카메라를 통해 시청자에게 방영되기 때문이며, 광고가 게재되는 면적도 넓어 다양한 효과를 기대할 수 있다. 따라서 서울 잠실구장은 더그아웃의 상단광고만 해도 광고비용이 2억 원에 달하며, 목동야구장이 2억 원, 부산 사직야구장 4억 원, 광주 무등경기장이 4,500만원 선이다.

일반적으로 야구장 광고 중에서 가장 저렴한 광고게재 위치는 투수연습 장소인 불펜 상단으로 야구장 내에서도 잘 보이지 않을 뿐만 아니라 야구 중계방송에서도 노출 빈도가 미약한 위치 중 하나이다. 잠실야구장의 경우 불펜 당 3개소의 광고 설치 장소가 있으며 가격은 구좌 당 1,700만원 정도이다.

이외에도 왼쪽 3루의 파울라인이 4,500만원이며 오른쪽 1루의 파울라인은 3,400만원이다. 또한 관중석 1층과 2층 사이에 위치하는 펜스광고의 경우 2,300만원 정도이다. 외야 펜스광고는 1루와 2루 사이에 9개, 2루와 3루 사이에 9개로 총 18개가 있으며 게재 위치에 따라 3,400~8,400만원이고, 경기장 차량 출입구의 바로 위의 펜스광고는 2,800만원 선에서 광고가 집행되고 있다.

또한 잠실경기장 외부의 경우 1루와 3루 로비 기둥에 위치하는 랩핑광고와 매표소 상단 LED 광고를 포함한 14곳을 묶은 A세트 광고는 1억 5,000만원이며, 관중 입장소 캐노피광고와 매표소 상단 LED 광고를 포함한 10곳을 묶은 B세트 광고가 1억 3,000만 원 선이다.

WBC(World Baseball Classic)와 베이징 올림픽을 거치며 우리나라 야구의 인기는 제2의 전성기를 맞고 있다. 이러한 야구의 인기에 편승해 야구장 펜스광고를 집행함으로서 병원 인지도와 이미지 향상에 활용하는 병의원들이 늘어나고 있다. 가톨릭대학교 인천 성모병원의 경우에는 인천 문학경기장의 외야 펜스광고를 이용하고 있는데 SK와이번스의 경기가 중계될 때마다 인천 성모병원의 외야 펜스광고를 통해 로고와 광고 카피가 시청자들의 눈에 자주 노출되는 효과를 얻고 있다.

인천성모병원 이외에도 인천 문학경기장 펜스광고를 진행하고 있는 병원들은 나누리 병원과 푸른 세상 안과, 한길 안과병원, 바로 병원, 인하대 병원, 세종 병원 등이 있다.

(2) LED전광판 광고

LED전광판 광고는 유동인구가 많은 밀집 지역에 위치한 빌딩의 벽면이나 옥상에 설치되어 운영되고 있으며 뛰어난 화질과 영상을 통해 보는 이들의 시각을 자극함으로서 광고효과의 극대화를 유도하고 있다.

1일 광고노출시간은 평균 18시간(20초 광고 100회 기준)으로 TV광고 대비 저렴한 광고비와 흥미를 유도하는 각종 정보와 프로그램을 함께 편성하여 볼거리를 제공하고 해당 광고를 자연스럽게 노출시킬 수 있기 때문에 매체가치가 높게 평가되고 있다. 또한 불특정 다수의 많은 사람들에게 광고가 노출되고 전달된다는 장점이 있다.

일반적인 전광판 광고규격은 가로 10~15m×세로 7~10m이며, 1개월 이상 계약 기준으로 월 광고료는 8백만 원이다.

(3) 미디어 보드 광고

미디어 보드 광고는 LG U+나 KT와 같은 통신업체와 제휴되어 운영되는 광고로 아파트 엘리베이터 한쪽 모서리 상단에 20인치 세로형 넓은 화면의 LED모니터를 통해 광고주의 메시지를 전달하는 광고형태를 가리킨다. 이것은 아파트 입주민이나 방문객들에게 아파트 공지사항을 알리거나 실생활과 밀접한 정보를 제공하면서 주변의 병의원 광고 메시지를 자연스럽게 노출시킬 수 있는 특성 때문에 지역매체로서 활용도가 높은 편이다.

1대당 월 5,000원으로 타 매체 대비 저렴한 비용으로 해당 아파트 엘리베이터를 이용하는 고객들에게 효과를 기대할 수 있는 매체이다. 광고는 5분 간격으로 최대 200회 송출이 가능하며 영상과 함께 음향이 지원된다. 비교적 낮은 매체비용으로 반복된 광고 노출이 가능하기 때문에 브랜드 인지도를 높일 수 있으며 시간대별 타깃 마케팅이 가능한 장점을 갖고 있다.

(4) 대형마트 광고

롯데마트나 이마트, 홈플러스와 같은 대형마트를 통해서도 해당 지역의 병의원들은 지역밀착형 광고를 진행 할 수 있다. 대형마트 광고는 크게 와이드칼라 조명광고와 쇼핑카트 광고, 무빙워크 랩핑(wrapping) 광고, 엘리베이터 랩핑 광고 등으로 구분할 수 있다. 대형마트 광고는 주요 매체에서 할 수 없는 역할을 수행하면서 또한 적극적으로 보조, 보완하여 매체의 시너지효과를 얻을 수 있다는 장점이 있다.

와이드칼라 조명광고는 주차장 진입 및 매장 출입구에 설치하며 밝은 조명으로 고객의 시선을 유도하여 강제적, 지속적 노출 누적효과를 얻을 수 있다. 광고규격은 300~350cm×

~200cm이며 제작비용은 1기당 40만 원이다. 월 광고료는 서울과 수도권 지역에 있어서는 120~150만 원선이며 광역시 지역의 경우는 120~130만 원선에 집행되고 있다.

쇼핑카트 광고는 고객들이 이용하는 쇼핑카트의 앞부분에 부착되어 마트에 들어서는 순간부터 마지막 나가는 순간까지 평균 90분 동안의 쇼핑시간 내내 광고 노출이 가능하다. 쇼핑을 많이 하는 주부나 여성에 대한 소구력이 매우 뛰어나다. 광고규격은 37cm×33cm×2면이며 월 광고료는 대당 10,000원에서 11,000원선이다. 광고물 제작비용은 대당 5,000원 정도이다.

무빙워크 랩핑 광고는 대형할인점 내 층간 이동시 이용하게 되는 무빙워크 옆면에 대형 사이즈의 광고 면을 부착하여 메시지를 노출한다. 대형 광고에 의한 시각적 인지 효과와 임팩트가 커서 메시지 소구력이 탁월한 장점이 있다. 광고규격은 할인점의 규모에 따라 달라 질수 있으며 1기당 월 광고료는 300~350만 원선이다. 광고 제작비용은 다소 비싼 편으로 1기 제작에 120만 원 정도가 소요된다.

엘리베이터 랩핑 광고는 엘리베이터 전면에 설치되어 엘리베이터를 이용하기 위해 대기하는 고객들에게 주목도가 높은 광고형태이다. 광고의 규격은 할인점별 엘리베이터 크기에 따라 상이하며, 1기당 월 광고료는 150만 원이다. 광고제작 비용은 1기당 50만 원이다.

(5) 야구장 펜스광고

홍보활동에 관심이 많은 병원의 경우는 지역 야구팬들의 눈이 집중되는 야구장 펜스광고를 적극적으로 활용하고 있다. 펜스광고는 비용 대비 홍보 효과가 뛰어나 매체로서 중계방송을 통해 노출빈도와 주목률이 높은 특징 때문에 스포츠 이벤트에서 이용도가 매우 높다. 먼저 대구 야구장의 경우는 제일 안과병원을 비롯해 대구 우리들 병원, 튼튼 병원, 광개토 병원 등이 펜스광고를 적극적으로 이용하고 있다.

광주 야구장에서는 보라 안과병원, 밝은안과21 병원, 새우리 병원, 우리들 병원, 청연 의료재단 등이 펜스광고를 이용하고 있다. 인천 야구장의 경우에는 위드미 병원, 푸른세상 안과병원, 바로 병원, 나누리 병원, 힘찬 병원 등이, 그리고 관절 전문병원인 세명 기독병원은 포항 야구장의 펜스광고에 참여하고 있다. 또한 일부 병원의 경우에는 펜스광고 뿐만 아니라 병원 이름을 크게 부각시킨 홈런 존(Zone)이나 날개 존 등을 지정하여 운영하고 있다.

+ 그림 3-5_
야구장 펜스광고
사례

야구장 펜스광고를 진행하는 병원들의 진료 과목을 살펴보면 안과와 척추, 관절전문 병원들이 다수를 이루고 있다. 펜스광고 이외에도 광주의 밝은안과21 병원처럼 홈구장의 매 경기마다 MVP 선수를 선발하여 경기 종료이후 MVP 선수를 선정하여 이를 홍보에 적극적으로 활용하는 사례도 등장하고 있다. 병원이름이 담긴 포상금 현판을 들고 해당 선수가 기념사진을 찍게 함으로서 언론에 병원명칭이 자연스럽게 노출시키고 이를 소비자들이 널리 인지할 수 있도록 이벤트를 진행하고 있다.

13. 교통 광고

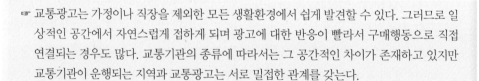

☞ 교통광고는 가정이나 직장을 제외한 모든 생활환경에서 쉽게 발견할 수 있다. 그러므로 일상적인 공간에서 자연스럽게 접하게 되며 광고에 대한 반응이 빨라서 구매행동으로 직접 연결되는 경우도 많다. 교통기관의 종류에 따라서는 그 공간적인 차이가 존재하고 있지만 교통기관이 운행되는 지역과 교통광고는 서로 밀접한 관계를 갖는다.

1) 교통광고의 개념

교통광고는 "교통수단의 내부와 외부에 부착 설치되거나 교통광고 기관 및 그것에 수반되는 부대시설을 이용하여 행해지는 각종 광고형태의 총칭"이다. 다시 말해서 지하철, 기차, 자동차, 버스, 선박, 항공기 등의 차체 및 플랫폼(Platform), 정류장, 각종설비 등을 이용한 조명간판, 포스터, 그리고 교통기관 내에 설치된 간판이나 서비스로 제공되는 시설 등을 매체로 이용한 광고를 말한다.

일본을 비롯한 외국의 광고매체 분류에는 교통광고는 하나의 독립된 광고매체로 인정하고 별도로 분류하고 있다. 따라서 외국의 경우에는 교통광고를 다음과 같이 한정하여 정의한다. 교통광고란 "일반철도, 고가철도, 지하철, 전철, 버스, 선박, 항공기, 택시 등 운송기관이 관리하는 차량의 내부 및 그에 부대

그림 3-6_
부산 고려병원 –
지하철광고
(역사 내 광고)

하는 건물, 토지, 통로, 비품 등을 이용하여 오디언스(audience)에게 소구하는 광고로 그 범위를 축소하여 놓고 있다.

앞에서 언급한 바와 마찬가지로 우리나라의 경우에는 옥외광고에 교통광고를 포함시켜서 관리하고 있다. 위의 내용들을 정리하면 교통광고는 법적으로 옥외광고의 한 분야로서 교통수단 내 외부에 부착하는 광고물과 교통관련 시설물을 이용해서 설치하는 광고물이 된다. 또한 일반적으로 4대 매체를 제외한 모든 광고를 SP광고매체에 포함시킴으로써 교통광고는 SP매체에 포함되어진다.

병원의 홍보활동에 교통광고를 이용하는 방법에는 다양한 형태가 존재한다. 먼저 자주 이용하는 교통기관으로는 버스 광고를 비롯하여 전철, 지하철 광고와 택시 광고 등이 있다. 다음으로 교통 시설물을 이용하는 광고로는 버스정류장 광고와 터미널과 같이 집객력이 높고 눈에 잘 띄는 장소에 부착하는 와이드 칼라나 LED, 전광판을 이용한 교통광고 등이 있다.

병원이 직접 운영하는 셔틀버스이나 차량도 훌륭한 교통광고의 역할을 한다. 이는 움직이는 광고탑의 기능을 수행하며 통행인에게 높은 인지도를 이끌어 낸다. 중요한 것은 HI의 관점에서 병원 차량에 다른 매체 사용하는 것과 동일한 심벌마크나 로고타입을 사용하여 시각적으로 통일해야만 효과를 기대할 수 있다는 점이다.

해당 병원 이 직접 소유한 경우라면 비용이 지출되지 않으므로 효율적인 광고매체로서 활용할 수 있다. 이 경우 병원명이 너무 크게 디자인 된 것보다는 주변 환경과 잘 어울리고 자극적이지 않은 색채로 디자인하는 것이 좋은 인상을 줄 수 있다. 또 지나가는 통행인에게 순간적인 노출을 통하여 소구하는 교통광고는 임팩트가 강한 간결한 카피와 브랜드 네임만을 강조하는 것이 효과적이다.

2) 교통광고의 기능과 특성

교통광고는 가정이나 직장을 제외한 모든 생활환경에서 쉽게 발견할 수 있다. 그러므로 일상적인 공간에서 자연스럽게 접하게 되며 광고에 대한 반응이 빨라서 구매행동으로 직접 연결되는 경우도 많다. 교통기관의 종류에 따라서는 그 공간적인 차이가 존재하고 있지만 교통기관이 운행되는 지역과 교통광고는 서로 밀접한 관계를 갖는다. 일반적으로 교통광고의 기능은 크게 세 가지로 나타난다.

(1) POP 광고 기능

주간지나 단행본 등의 예와 같이 시사성이 강한 메시지를 교통광고로 게재함으로써 즉시적인 효과를 얻게 되는 기능을 말한다. 보통 옥외광고는 단기적인 효과를 기대하기 어려운 매체이지만, 특히 차량 내부에 부착된 광고형태는 교통광고를 통하여 강한 자극을 받게 된 사람이 즉시 역내의 매점 등에서 직접 구매로 연결될 가능성이 크다. 즉 차내 광고는 매장에서 현장소구가 가능한 매체이므로 구매시점에서 직접 구매에 영향을 주는 POP 광고의 역할을 겸하고 있다.

(2) 고지(告知)기능

교통광고는 대표적인 지역매체(local media)이다. 전국적 규모의 소비자보다는 오히려 지역주민과 밀접한 관계가 있기 때문에 지역 내의 기업이나 상점 등의 영업소·판매점의 개점 안내 및 다양한 이벤트, 행사 등을 알리는 데에 매우 효과적이다. 특히 지역내부의 부동산, 관광, 레저, 백화점 등의 업종에 있어서 메시지 주목률을 향상시키는데 효과가 있다.

(3) 메시지 침투기능

의류, 화장품, 음료 등의 경우는 대중매체를 이용하여 일반적인 브랜드나 캠페인(campaign) 내용을 알리는 것 외에도 별도로 교통광고가 갖고 있는 표현력, 디자인성을 활용하여 직접적이고 구체적으로 소구할 수 있다.

특히, 높은 색감과 고급적인 분위기가 요구되는 제품에 있어서는 좋은 효과를 얻을 수 있다. 예를 들어 패션, 의류 업종은 교통광고를 이용한 경우와 그렇지 않은 경우에 있어서 지역 의류상점 및 백화점에서의 매출액은 현저한 차이가 나타난다.

옥외광고와 분리하여 교통광고의 특성을 살펴볼 필요가 있는데 이는 다시 일반적인 '교통광고의 특성'과 '매체적 특성'으로 세분화시켜 볼 필요가 있다.

한편 교통광고는 불특정 다수를 소구대상으로 하여 행해지는 광고이기 때문에 이는 일정공간에서 시각적 자극을 주어 효과를 얻는 매체 장점을 갖고 있다. '매스 트랜스포테이션(Mass Transportation)의 꽃'이라 불리는 교통광고 매체의 종류는 매우 다양하게 개발되어 있으며 독자적인 특성을 지니고 있다. 매체 종류를 세분시키지 않고 '매체적 특성'을 살펴보면 11가지로 구분할 수 있다.

① 소구대상의 지역세분화 및 지역과 밀착된 캠페인 실시가 가능하다. 제한된 지역을 상권으로 하는 백화점이나 상점에 있어서 높은 효과를 얻을 수 있는 매체이다.

② 대형 광고매체 형태와 색감의 표현력이 높은 새로운 매체를 통하여 직접적, 입체적인 효과를 얻을 수 있다. 식품, 화장품 등의 광고 캠페인을 전개할 때는 교통광고를 병행하여 다양한 색채로 소구할 수 있기 때문에 구매 욕구를 환기시키는 효과를 기대할 수 있다.

③ 교통광고 중에서 차내 광고의 경우는 사람이 승차하고 있는 동안 광고와 접촉, 주목할 가능성이 높은 매체이다.

④ 광고를 게재할 수 있는 공간에는 많은 제약과 한계가 따르지만, 때때로 표준형을 두 장 이상 연결하여 게재하거나, 천장부착 포스터 여러 장을 연속적으로 배열하는 방법 (예 : 일본의 지하철광고) 등 다양한 매체 활용방법이 가능하다.

⑤ 일정한 지역에서 광고메시지의 도달빈도가 높은 매체이다. 또한 이용지역에 따라서 각각의 교통기관의 조합에 관한 계획의 조정이 가능하다.

⑥ 최근 도시는 인구집중이 가속적으로 이루어지고 있으며 도시의 각 지역을 연결하는 교통기관도 더욱 발달하여 1인당 승차회수도 증가하는 경향이 있기 때문에 오늘날 교통광고는 매스미디어의 일종으로 볼 수 있다.

⑦ 교통광고는 그 규격이 통일되어 있다. 일반 옥외광고의 경우 규격의 통일성이 없어 최대의 약점으로 되어 있으나 교통광고에 있어서는 전국적으로 어느 정도 규격이 통일되어 있다.

⑧ 도시 교통기관의 발달에 따라 도시 공간에 초점을 맞춘 집중식 접근이 쉬우며, 통행 인구가 많은 지역은 매체접촉 인구(Circulation)는 커진다.

⑨ 교통광고는 이를 이용하는데 유연성이 많다. 즉, 전국의 교통기관을 동원하는 것이 가능하며, 특정지역의 1개 노선 또는 1개 역의 노출도 가능하다.

⑩ 캠페인 실시의 예고, 도입, 인센티브(가속기)의 보강 매체로서 이용이 쉬우며 옥외, 미디어로서 독자적인 미디어 믹스효과를 기대할 수 있다.

⑪ 통근, 통학 등 정기권 이용자를 대상으로 했을 때 반복 소구성이 강하며, 광고물이 사람들이 집중된 장소에 등장함으로써 화제성, 구전효과를 기할 수 있다.

3) 교통광고의 종류

점차 다양해지고 그 수량 역시 방대해져 가는 교통광고의 종류를 분류하는 방법은 여러 가지가 있으나 여기에서는 세 가지의 분류방법으로 구분해 살펴보겠다.

첫째, 교통수단을 통해 공간적 이동행위를 하는 사람의 행동시점에 의해 분류되는 방법이다. 이는 승차하고 있을 때(이동행위 중)와 승차의 전후(이동행위의 전후)로 구분해서 승차중의 기대(audience)에게 광고 메시지를 보내는 것을 이동매체(audience를 일정시간 포착할 수 있음)라 하고, 승차의 전후에 역구내 등의 교통관련 지점이나 지역에서 집합, 통과하는 기대(audience)를 대상으로 한 매체를 고정매체로 간주하여 크게 세 가지로 나누는 것이다.

먼저, 사람의 행동시점에서 분류하는 교통광고는 크게 교통기관 그 자체에 부착되는 차내, 차외광고와 교통기관의 주변이나 제반시설에 게재된 광고로 분류할 수 있다.

➕ 표 3-1_ **교통광고의 종류**

차내광고	천장걸이포스터, 액면포스터, 측면걸이
차체광고	차체 액면광고, 차체 뒷면광고
교통기관광고(고정광고)	역, 버스정류장, 터미널, 공항

(1) 차내 광고

차내 광고에는 천장걸이 포스터, 액면(額面)포스터, 측면걸이 등으로 나눌 수 있다. 차내 광고는 특히 주목률과 도달빈도가 높기 때문에 신제품 판매나 영업소 개설, 고지광고, 계절상품의 소구에 효과적이다.

(2) 차체광고(차외광고)

차체광고는 주로 교통기관 이용자 이외의 보행자를 대상으로 한 매체이기 때문에 지역적인 범위를 고려해야하며, 상품 또는 상점, 기업명의 소구에 적당하다. 교통광고는 거리를 순회하는 이른바 움직이는 옥외광고로서, 최근 도심지역의 교통체증 영향으로 차체광고에 대한 인식은 더욱 높아지고 있다.

(3) 교통시설물 광고(고정광고)

고정광고는 교통기관에 부착되지 않고 역 주변이나 버스정류장, 터미널, 공항 등에 설치된 포스터나 간판 등을 말한다. 옥외광고와의 분류가 혼돈 될 수도 있으나 같은 광고물이라 하더라도 교통시설물에 부착, 게재되면 고정광고에 포함된다. 고정광고의 게재형태는 그 종류에 따라서 다양하지만, 다른 교통광고물보다 사람들이 많이 모이는 장소에 노출되기 때문에 광고효과가 높다고 할 수 있다.

둘째, 교통수단과 그 해당관련 시설을 분류의 기준으로 삼는 것으로 가장 일반적으로 행해지는 분류방법이다. 이는 차량광고, 지하철광고, 철도광고, 공항 및 터미널광고, 고속도로 광고로 나뉜다. 또한 각각의 교통광고는 다시 다양한 광고물의 형태나 소재 등에 따라 다음과 같이 나누어진다.

① 차량광고

버스와 택시, 영상표출 차량을 이용한 광고물이다. 버스 차내에는 천장 곡면 광고, 좌석 시트 커버광고, 계몽표어 광고가 있으며 외부전시물로는 버스외부광고, 버스 승차대 광고, 버스정류장 표지판광고, 버스노선 자동안내기광고가 있다. 또한 택시표시등 광고와 영상표출차량인 점보트론 및 레이저빔을 통해 광고를 표출하는 RCV(Running Communication Vision) 차량 등이 있다.

② 지하철광고

지하철 차내에는 천장 걸이형(S형), 액자형(A형), 천장 곡면 모서리(B형), 출입문 상단광고(C형), 노선도광고, 출입문 스티커광고 등이 있고 역구내에는 와이드컬러(W/C), 실내LED, 노반 와이드컬러, 전시대광고(S-C), 신문판매대광고, 도서판매대광고, 출구안내표시판광고, 승차권 자동발매기광고, 정액권 케이스광고, 화폐교환기광고, 포스터광고, 노반포스터광고, 버스연계 노선도광고, 방향표지판W/C, 범죄 신고대 광고, 시민게시판광고, 역명광고, 내부 시계광고, 폴 사인, 행선 안내 게시기(2기 지하철 5, 8호선), 출입구W/C(부산 지하철), 중앙분리대 상단W/C(부산), 지하철 플랫폼 천장광고(부산) 등이 있다.

1기 지하철(1, 2, 3, 4호선)은 지하철공사, 2기 지하철(5, 6, 7, 8호선)은 도시철도공사에서 광고의 허가권을 갖고 있으며, 2기 지하철의 단계적 개통으로 지하철 광고의 종류 및 수량이 앞으로 더욱 증가하리라 예상된다.

③ 철도광고

차내에는 천장 걸이형, 액자형(출입문 상·하단), 월력 액자형, 출입문 스티커광고 등이 있고 역사 내 외부에는 승강장 역명 표지판광고, 승강장 입간판 광고, 간이의자광고, 역사 내 W/C, 역사 내 LED, TV BOX 등이 있다. 허가권은 철도청이 갖고 있다.

④ 공항광고 및 터미널광고

공항내외부에는 푸시 카트(Push Cart)광고 LED, 와이드컬러, 천장 시계광고, 한경 ECONET 광고, 쇼 케이스광고, 모드비젼 광고, 커리비젼 광고, 캐노피 광고, 월드 타임광고, 텔레가이드(Teleguide, LEDDHK W/C의 복합형)광고, 플렉스컬러광고, 우표 자판기광고, 공항입구 정보판 광고, 관광 안내도 광고 등이 있고 터미널 내 외부에는 터미널 행선지광고, LED, W/C, 아치 광고 등이 있다. 공항광고의 허가권으로 공항관리공단이 갖고 있다.

⑤ 고속도로 광고

휴게소광고와 톨게이트광고 기타광고에 나눌 수 있다. 휴게소광고로는 휴게소표시 안내탑 광고, 휴게소 조명탑 광고, 하이네트(H-NET, 고속도로 종합정보시스템)광고 등이 있고 톨게이트광고로는 정보판 광고, 요금표지판광고 등이 있다. 또한 기타광고로 고속도로 육교현판광고, 고속도로 정보판 광고, 고속도로 긴급 전화대 광고 등이 있다. 이 모든 광고는 도로공사가 허가권을 갖고 있다.

4) 교통광고의 사례

(1) 버스·지하철 광고

① 버스 광고

버스광고는 교통광고의 하나로서 단순화된 이미지를 전달함으로써 강한 임팩트를 보이며 기업 및 상표 지명도 제고, 유지, 차별화를 만드는 이동형 타깃 매체이다. 버스가 운행되는 통상 시간인 18시간 동안은 지속적으로 광고가 노출되어진다는 점과 목표로 하는 대상 지역을 선택하여 집중적으로 공략할 수 있는 특성을 가지고 있다.

또한 최적의 가시거리로 인한 시선집중 효과가 뛰어나고 이동 광고물로서의 일정한 장소에 고정화된 옥외광고에서 발견할 수 없는 매체 효과를 갖고 있다. 이러한 장점 때문에 특히 버스 외부광고는 지상파 TV 다음으로 높은 매체 노출율을 보이고 있다.

서울시를 기준으로 「버스 외부광고」는 부착되는 면의 위치나 광고물의 크기에 따라 광고비용은 다르게 나타난다. 먼저 광고규격에 있어서는 타고내리는 출입문에 위치한 인도면은 가로 300cm×세로 50cm이며, 운전석이 위치한 차도 면은 가로 370cm×세로 100cm이다. 이 밖의 서울사랑 면은 가로 93cm×세로 98cm이다. 또 대당 월 광고료는 70~75만 원으로 운행노선의 등급에 따라 소폭의 광고료 차이를 보인다. 참고로 서울 시내버스는 SA~D급까지 총 5가지 등급으로 광고비가 구분되고 있다.

서울 이외 지역들에 있어서는 부산은 대당 52만 원, 광주와 대구가 48만 원, 대전 46만 원, 인천 36만 원 등으로 광역시에 따라서도 지역별로 월 광고료에 차이가 있다. 광역시 이하의 군소 도시지역 광고비는 월 35~38만 원 수준이다. 더불어 버스 외부에 부착되는 광고물의 제작비는 대당 6만 원이다.

한편 「버스 내부광고」는 버스내부 중앙 문 광고와, 버스 내부 좌석 시트커버 광고, 버스 내부 천정 광고 등으로 구분된다. 버스 내부 중앙 문 광고(가로 63cm×세로 52cm, 가로 72cm×세로 43cm)는 내리는 문 좌측에 위치하며 차량 1대당 한 개가 부착된다. 이것은 문 주위에 위치하는 사람에게 장기간 노출되며 특히 버스승객의 하차 시, 집중적으로 광고에 접촉되는 장점이 있다. 대당 광고물 제작비는 6천 원으로 월 광고료는 서울 시내버스의 경우 32,000원~40,000원이며 경기지역 버스는 28,000원~40,000원이다.

버스 내부 좌석 시트커버 광고(가로 26cm×세로 12cm)는 중형·대형버스의 좌석 수에 따라

 그림 3-7_
KS 병원 -
버스광고

게재되는 광고수가 달라지며 좌/우측 열을 분리해서 집행이 가능하다. 좌석 시트커버 광고는 고객이 승차하는 동안 좌석에 앉은 채로 앞 자석 시트에 게재되어 있는 광고의 내용을 오랜 시간에 걸쳐 정독을 유도할 수 있는 장점이 있다. 월 광고료는 서울 시내버스의 경우 전체 좌석의 절반에만 게재되는 형태로 1대당 18,000원~22,000원이며 서울 마을버스는 1대 기준으로 32,000원~38,000원이다. 경기도 버스의 경우에는 18,000원~35,000원에 광고가 집행되고 있다.

버스 내부천장 광고(가로 50cm×세로 25cm)는 버스 내부천장의 여러 곳에 부착이 가능하다. 광고의 게재위치상 선체로 이동하는 탑승고객의 눈높이에 맞춰 시선을 끌기 쉽고 시야가 넓기 때문에 많은 사람에게 노출될 수 있는 장점이 있다.

마지막으로 버스 광고에 대한 계획을 수립할 때는 해당 병원의 주변 지역을 지나는 버스의 운행 노선 및 경유 여부를 상세히 검토해야하며 또 지선 버스와 간선 버스, 광역 버스 등에 따라 광고의 설득 방법을 차별화하여 접근할 필요가 있다.

② 버스 쉘터(Shelter; 정류장) 광고

버스 쉘터(정류장)는 버스 이용객들이 안전하게 버스를 기다리고 탈 수 있는 공간으로 버스를 기다리는 동안 벤치에 앉아 쉴 수 있으며 비와 바람, 햇빛을 피할 수 있다. 더불어 이용객들이 부착되어 있는 버스 노선도나 광고를 볼 수 있으며 광고패널 내부에 야간 조명이 설치되어 있는 경우에는 밤에도 광고의 주목률을 기대할 수 있다.

버스 정류장의 위치에 따라 중앙차로와 인도차로 쉘터로 구분된다. 이처럼 버스 쉘터 광고는 중앙차로 및 가변차로 등 주요 도로에 위치하여 버스를 이용하는 사람이 기다리는 동안 빈번히 접촉하게 되며 높은 가시성을 가지고 있다. 더불어 직접 버스를 탑승하는 사람들뿐 만아니라 주변을 통행하는 사람들에게도 메시지가 노출될 수 있는 장점이 있다. 보통은 우수한 디자인 성 때문에 기업의 이미지광고로 많이 이용된다.

서울시 지역의 경우 인도차로 버스 쉘터의 경우 광고규격은 가로 1,336mm×세로 1,872mm이며 1기당 제작비는 16만원이다. 월 광고료는 광고물 내부에 조명이 설치된 경우에는 160만원이며 조명이 설치되어 있지 않는 쉘터는 80만원이다. 중앙차로 버스 쉘터는 도로 중앙에 위치하여 시야가 넓으며 장시간 동안 승객들에 노출된다. 1기당 광고물 제작비는 16만원이며 광고규격은 가로 1,160mm×세로 1,710mm와 가로 1,250×세로 1,972mm 두 종류이다. 월 광고료는 서울역 환승센터의 경우 2백만 원이며 기타 지역은 160만원이다. 서울 이외 지역의 버스 쉘터 광고는 지역별로 광고요금의 차이를 보인다.

그림 3-8_
소리청 한의원 –
버스 쉘터 광고

　버스 쉘터 광고가 효과를 나타내기 위해서는 경유하는 버스 노선 및 주변 상권과 유동인구의 특성 등을 잘 고려하여 집행하는 것이 필요하다. 해당 병원과의 거리, 통행인구, 통행차량 등을 종합적으로 파악하여 계획을 수립하며 인구통행학적인 특성도 함께 참고하여 타깃 층의 특성에 맞는 메시지가 전달될 수 있도록 광고가 집행되어야 한다.

③ 지하철 광고

　지하철 광고는 차내 광고와 역사 내 광고, 스크린도어 광고, 스크린도어 PDP 광고, SUB-TV 등으로 구분할 수 있다. 서울 지하철의 경우 탑승객이 지하철 차내에 고정적으로 머무는 시간은 평균 35분으로 해당 시간 동안은 승객 개개인별 노출이 가능하다. 또한 출퇴근 혼잡시에도 장시간 지속적인 노출이 가능하며 해당 노선 이용객의 인구통계적 특성을 파악하여 이에 알맞은 전략을 세울 수 있기 때문에 구매영향력과 신뢰도가 높은 매체로서 지하철 차내광고는 꾸준히 이용되는 매체중 하나이다.

　지하철 차내광고 종류에 따른 규격과 월 광고료를 서울지역을 운행하는 지하철을 중심으로 살펴보면, 조명 모서리 광고(가로 100cm×세로 27.4cm)는 지하철 차량 내 출입문상단에 위치하여 승객들의 가시 장애가 없으며 출퇴근 시간대 등 혼잡여부와 관계없이 광고노출이 가능하다. 또한 지하철 내부 광고 중 조명을 이용하는 만큼 주목도가 가장 높은 광고 중 하나이다. 1매 기준 월 광고료는 1호선과 분당선이 4만 원대이며 3~4호선은 5만원이다.

　조명 액자 광고(가로 39.5cm×세로 23.5cm)는 차량 내 출입문 상단 지하철 노선도 양옆에 위치하여 주목도가 높으며, 출퇴근 시간대 등 차내 혼잡과 관계없이 광고노출이 가능하다. 1매당 월 광고료는 2호선이 4만 원이며, 4호선 32,000원, 1호선 3만 원이다.

　모서리형 B형 광고(가로 100cm×세로 26cm)는 지하철 내부에서 서있거나 앉아있는 승객 모두에게 있어 자주 시선이 머무는 곳에 위치하고 있으며 출퇴근 시간대 등 차내 혼잡과 관계

없이 상시 광고노출이 가능하다. 더불어 광고면적 대비 광고료가 저렴한 장점이 있다. 1개 당 월 광고료는 2호선이 33,000원이며 그 밖의 노선은 1만 원대로 집행되고 있다.

액자형 A형 광고(가로 52cm×세로 37cm)는 지하철 차량 내부 출입문 양 측면에 위치하여 광 고주들이 가장 선호한다. 더불어 승객들의 눈높이에 위치하여 광고에 대한 승객들의 가독 율이 우수하다. 1개당 월광고료는 2호선이 6만원이며 3~5호선과 7호선이 3만 원대이다. 이 외 노선은 16,000~22,000선이다.

천정걸이 S형 광고(가로 103cm×세로 30cm)는 지하철 통로 중앙 천정에 위치하여 어느 위치 에서나 노출이 가능하며 지하철 내부 광고 중 가장 큰 규격으로 노출이 가능하다. 1개 기 준 월광고료는 내부조명이 설치된 경우 3호선과 4호선이 55,000원이며 이외 노선은 4만 원 이다. 내부조명이 설치되어 있지 않은 광고의 경우 3~4만 원대에서 광고 집행이 가능하다.

역사 내 와이드 컬러(Wide Color) 광고는 지하철 역사의 위치와 등급 및 광고물 규격에 따 라 SSA급에서부터 C급까지 다양한 광고료로 운영되고 있다. 서울 지하철 2호선을 기준으 로 와이드 컬러 광고를 예를 들어 설명하면, 역사 등급의 경우 SA급은 강남역과 삼성역이 며 S급은 신촌역과 홍대역, 을지로입구역이다. 신도림역 등 6개역이 A급이며 시청역 등 10개 역이 B급이다. 이외에도 을지로3가역 등 17개역은 C급이다.

와이드 컬러 광고의 규격과 광고물 제작비는 A형(가로 400cm×세로 225cm) 36만원, B형(가로 300cm×세로 200cm) 24만 원, C형(가로 200cm×세로 150cm) 12만 원, D형(가로 250cm×세로 120cm) 12 만 원이다. 더불어 광고물 게재 위치에 따라 SA와 A등급으로 구분하고 비용을 책정하고 있다.

월 광고료는 SA급 역을 기준으로 SA급 위치의 A형 광고비는 401만 원이며 B형 광고비는 286만 원, C형 광고비는 242만 원, D형 광고비는 242만 원이다. S급 역의 경우 SA급 위치의 A형 광고비는 341만 원이며 B형 광고비는 203만 원, C~D형은 187만 원이다. A급 역의 SA급 위치의 A형 광고비는 313만 원이며 B형광고비는 203만 원, C~D형 광고비는 187만 원이다. 끝으 로 B급 역의 SA급 위치 A형 광고료는 215만 원 이며, B형 광고료는 203만 원, C~D형 광고료는 162만 원이다.

서울지하철 3호선의 경우 SA급 역은 고속터 미널역 등 3개역이며, A급 역은 충무로역 등 4

개역이다. B급 역은 경복궁역 등 6개역이다. 와이드 컬러 광고 규격은 A형(가로 400cm×세로 225cm)만 운영되고 있으며, 역사 등급별 광고물 위치에 따른 월 광고료는 A급 역의 SA급 위치 광고료는 270만 원이며, A급 위치는 230만 원, B급 위치는 180만 원, C급 위치는 120만 원이다. B급 역의 SA급 위치 광고료는 230만 원이며, A급 위치는 180만 원, B급 위치는 120만 원이다. 또 광고물 제작비는 36만 원이다.

서울도시철도공사가 운영하고 있는 5~8호선의 경우 와이드 컬러 역사 광고의 경우 역사 등급을 SSA급에서부터 SA급, A급 등으로 구분하고 있다.

광고물 규격 및 역사 등급별 월 광고료를 살펴보면, 가로 400cm×세로 255cm 광고의 경우 SSA급 역의 경우 180만 원이며 SA급 역은 160만 원, A급 역은 130만원, B급 역은 100만 원이다. 더불어 광고물 제작비는 36만 원이다. 가로 300cm×세로 170cm 광고의 경우에는 SSA급 역이 120만 원, SA급 역은 100만 원, A급 역이 85만 원, B급 역은 70만 원이며 광고물 제작비는 24만 원이다.

스크린도어 광고는 지하철 탑승 대기 승객들의 안전을 위해 설치되어 있는 스크린도어의 상단이나 도어와 도어 사이의 공간에 광고물을 설치함으로서 탑승 대기 고객들에게 광고물의 의도적이며 강제적 노출이 가능하다. 또한 서있는 동안 매체와의 접촉시간이 길며 이미지 향상에 도움을 주는 매체로 주목받고 있다.

광고물은 크게 A Type과 B Type, E Type으로 나뉘며, A Type은 내부조명이 부착되어 있는 벽면광고(가로 2.1m×세로 1.7m)와 상단광고(가로 1.9m×세로 0.9m), 내부조명이 설치되어있지 않은 스티커광고(가로 1.0m×세로 0.3m)로 구성되며 월 광고료는 6백20만 원이다. B Type은 내부조명이 부착되어 있는 벽면광고(가로 2.6m×세로 1.7m)와 내부조명이 설치되어있지 않은 스티커광고(가로 1.0m×세로 0.3m)로 구성되며 월 광고료는 3백40만 원이다. E Type은 내부조명이 부착되어 있는 벽면광고(가로 2.6m×세로 1.7m)와 상단광고(가로 3.8m×세로 0.9m)로 구성되며 월 광고료는 4백70만 원이다.

스크린도어 PDP 광고는 스크린도어와 스크린도어 사이 면에 60인치 대형 PDP화면을 설치하여 탑승대기 지하철 고객들에게 강제로 반복해서 노출하는 매체이다. 승차대기 과정에서 별다른 할 일이 없는 고객들에게 음향과 영상을 통해 메시지를 전달함으로써 높은 시청률과 함께 강력한 메시지 전달효과를 기대할 수 있다. 당일 오전 6시부터 익일 새벽 0시 30분까지 20초 광고 기준으로 일일 총 180회 방영되며 월 광고료는 1백20만 원이다.

SUB-TV 광고는 지하철 역사 내 승강장이나 대합실의 열차 운행정보 안내시스템에 병행 설치되어 있는 LCD 모니터에 삽입되어 방영되는 광고를 말한다. 공익적이거나 생활, 문화 전반의 다양한 정보와 뉴스 및 광고물 등을 광고 메시지와 함께 혼합 편성하여 지하철 이용고객들에게 접촉되는 매체이다.

서울지하철 1,3,4호선의 SUB-TV 승강장 광고는 열차 운행정보 안내기(가로 2m×세로 80cm)에서 절반을 차지하는 42인치 LCD 모니터를 통해 광고물이 방영된다. 매체의 위치는 해당 지하철 역사 승강장 내 광고스크린이며 방송시간은 당일 오전 5시30분부터 익일 0시30분까지 총 19시간 동안 20초 광고 기준 100회가 노출된다.

월 광고료는 스크린 수에 따라 다르게 집행된다. 1,3,4호선 내 69개 역사 총 834기(1개 역사 12기) 스크린에 광고를 진행할 경우 월 4천5백만 원이며, 49개 역사 총 196기(1개 역사 4기) 스크린에 광고를 진행하면 월 1천만 원이 소요된다. 또한 22개 역사 총 88기(1개 역사 4기)의 경우에는 월 5백만 원의 광고료로 집행된다.

또한 SUB-TV 대합실 광고의 경우에는 가로 162cm×세로 62cm 기기에 부착되어 있는 32인치 LCD 화면을 통해 서울지하철 1,3,4호선 내 70개 역사 총 453개 스크린에 당일 오전 5시30분부터 익일 0시30분까지 총 19시간 동안 20초 광고 기준으로 총 100회가 노출된다. 월 광고료는 1천만 원이다.

서울메트로가 운행하는 2호선의 경우에는 'Metro-TV'로 명명되어 운영되고 있다. 역사 내 승강장은 594개로 42인치 LCD 스크린이 설치되어 있으며, 출입구와 대합실 및 환승구는 856개로 32인치 LCD 스크린이 설치되어 있다. 월 광고료는 20초 광고로 50개 역사, 42인치 1,450개 스크린 기준으로 일일 72회 노출은 3,150만 원이며, 일일 36회 노출은 1,575만 원이다. 일일 24회 노출의 경우에는 1,050만 원이다.

2호선 전동차 내에 설치된 Metro-TV의 경우 다음 하차 역 및 출입구 방향 안내와 각종 정보가 비교적 큰 사이즈라 할 수 있는 22인치 LCD 스크린을 통해 동시에 제공됨에 따라 전동차 내 승객들의 주목률을 극대화 할 수 있다. 월 광고료는 20초 광고로 스크린 수 6,672개를 통해 일일 72회 노출될 경우 1,500만 원이다.

한편, 부산광역시 지하철 광고료의 경우 서울과 상당한 차이를 보인다. 부산지하철 1~2호선 차내 광고의 종류에 따른 월 광고료는 출입문과 좌우측 벽면에 액자형으로 설치되어 있는 차내 A형(가로 53cm×세로 38cm)은 1~2호선 공히 개당 35,000원이며, 전동차 내 출입문 옆에 위치한 차내 특A형(가로 27cm×세로 37cm)은 1호선 기준으로 개당 17,000원이다.

전동차 내부 복도 중앙천정에 부착되는 S형(가로 100cm×세로 26cm)은 1~2호선 공히 개당 월 광고료는 5만원이며, 차량내부 천정측면에 부착되는 B대형(가로 100cm×세로 26cm)은 1~2호선 모두 개당 월 광고료는 17,000원이다.

전동차 출입문 상단에 설치되는 출입문상단(스티커)광고(가로 42cm×세로 13cm)는 1~2호선 공히 개당 월 광고료는 15,000원이며, 출입문 유리면에 부착되는 출입문 사각스티커 광고(가로 42cm×세로 15cm)는 1~2호선의 경우 개당 월광고료 15,000원이다. 이외에도 실사로 제작되어 출입문 상단의 지하철 노선도 옆에 위치하는 노선도형(가로 31cm×세로 30cm)은 개당 월 광고료는 15,000원이다.

3호선의 경우 차내 A형(가로 41cm×세로 31cm)의 월 광고료는 개당 3만원이며, 모서리형인 B형(가로 42cm×세로 26cm)은 개당 월 광고료가 1만원이다. 출입문 스티커형인 H형(가로 41cm×세로 13cm)의 월 광고료는 개당 15,000원이며, 객차와 객차사이 출입문 측면에 액자 형으로 설치되는 C형 광고(가로 31cm×세로 41cm)의 개당 월 광고료는 15,000원이다.

부산지하철 1호선 전동차 내 LCD 모니터 동영상 광고의 경우 당일 오전 5시30분부터 익일 0시30분까지 20초 광고를 기준으로 하여 총 19시간 동안 80회가 노출된다. 월 광고료는 편성차량에 따라 다르게 나타나지만 10편성의 경우 월 4백만 원이며, 20편성은 8백만 원, 29편성 전량은 1천만 원이다.

부산지하철 3호선 스크린도어 광고는 중앙문 주변 A형의 경우 내부조명이 설치된 벽면과 상단광고, 비조명 광고인 스티커 광고가 월 광고료 1백50만 원이며, 열차 도입부에 위치한 B형의 경우에는 내부조명이 설치된 벽면과 상단광고, 비 조명 광고인 스티커 광고가 월 광고료 1백20만 원에 집행되고 있다. 이 밖의 중앙문 주변의 C형과 열차 도입부 D형 광고는 내부조명이 설치된 상단 광고와 비조명 광고인 스티커 광고는 월 광고료 50만 원이며, 지상역 구간인 구포~대저역의 E형 광고는 비조명 스티커 광고로 월 광고료 20만 원이다.

역사 내 와이드 컬러 광고는 주로 역사 내 대합실에 설치되는 B형(가로 191cm×세로 141cm)의 경우 개당 광고물 제작비는 10만 원이며, 월 광고료는 70만 원이다. 역사 내 가장 넓은 공간을 독점할 수 있어 주목률이 뛰어난 C형(가로 304cm×세로 184cm)의 경우 개당 광고물 제작비는 30만 원이며, 월 광고료는 150만 원이다. 또한 출구안내 하단 광고(가로 201cm×세로 151cm)는 개당 광고물 제작비 15만 원에 월 광고료 70만 원이며, 1호선 승강장 정면에 양면으로 설치된 노반상단 광고(가로 355cm×세로 105cm)의 경우에는 2개 1SET 기준으로 광고물 제작비 30만 원에 월 광고료 150만 원이다.

✚ 그림 3-10_
심미안 성형외과 -
지하철광고

2호선 서면역 기둥 와이드 컬러 광고의 경우는 3면 1SET로 1면당 광고규격은 가로 150cm×세로 230cm이며 월 광고료는 250만 원이다. 서면역 특정 와이드 컬러 광고의 경우에는 광고규격 가로 251cm×세로 141cm로 월 광고료는 150만 원이다.

3호선 기본 와이드 컬러 광고는 소형(가로 155cm×세로 124cm)의 경우 월광고료 50만 원이며, 중형(가로 195cm×세로 124cm)은 월 광고료 70만 원, 대형(가로 395cm×세로 220cm)은 월 광고료 150만 원이다. 또한 역사 출입구 주변에 설치되어 출구와 관련해 다양한 정보와 함께 광고물이 게재되는 출구 와이드 컬러 광고(가로 215cm×세로 104cm)는 개당 월 광고료 70만 원이며, 승강장 통로 중앙에 양면 형태로 설치되는 입식양면형(가로 183cm×세로 103cm)은 개당 월 광고료 100만 원이다. 이 밖의 승차권 자동발매기상단에 위치하여 승차권 구매 승객 및 노선확인 승객들에게 자연스럽게 노출되는 자동발매기상단형(가로 100cm×세로 60cm)의 개당 월 광고료는 5만 원이다.

④ 택시 광고

✚ 그림 3-11_
21세기 병원 -
택시광고

택시 광고는 다른 옥외광고나 교통광고 대비 저렴한 단가를 장점으로 들 수 있다. 버스 외부 광고 대비 약 10배 정도 저렴하며, 지하철 외부 광고 대비로는 약 5배 정도 가격이 싸다.

지정노선을 운행하는 버스나 땅 밑의 지정노선을 운행하는 지하철의 경우 운행시간이 18시간 정도임을 고려할 때 택시 광고는 일정 지역을 운행하는 동안에 상시 노출이 가능하기 때문에 최대 24시간 지역구분 없이 전천후 광고노출 효과를 기대할 수 있다.

광고 규격은 대당 양면을 기준으로 가로 220cm×세로 50cm이며 광고제작비용은 대당 30,000원이다. 월 광고료는 대당 60,000원이며 지역별로 소폭의 광고료 차이를 보인다.

⑤ 고속버스터미널 광고

예로부터 버스터미널은 다른 지역으로 나가거나 들어오는 사람들이 빈번하며 주변의 상업지역이 잘 발달되어 통행인이 많고 상시적으로 유동인구의 비율이 높은 곳이다. 따라서 오늘에 이르기까지 다양한 형태의 옥외광고가 집중되며 광고·홍보의 주요한 수단으로서 높은 관심을 모으고 있다.

최근의 고속버스터미널 광고는 과거의 기업이나 상품광고 위주에서 벗어나 학생모집의 어려움을 겪고 있는 대학 광고와 함께 날로 경쟁이 치열해지고 있는 가운데 지역거점 병원들의 광고가 크게 늘어나고 있다.

광역시 이상 전국의 고속버스터미널 중 터미널의 규모면에서나 유동인구, 버스노선 등을 고려하였을 때, 기존 터미널의 개념을 뛰어넘어 교통의 허브 기능을 수행하고 지역의 문화와 쇼핑의 중심으로서 그 역할을 다하고 있는 유스퀘어(U Square ; 광주 종합버스터미널)의 사례는 크게 주목받고 있다.

유스퀘어는 연간 터미널 이용객 수만 3,300만 명(평일 3만5천명, 주말 7만명)에 이르고 있다. 교통시설의 핵심인 고속버스와 시외버스 터미널을 중심으로 유통시설인 신세계백화점, 이마트와 함께 문화시설인 CGV 영화관, 갤러리, 아트홀, 대형서점(영풍문고)이 연결되어 있고 다양한 식문화를 유도하는 레스토랑가가 위치하여 고객에게 다양한 가치와 편의성을 제공하고 있다. 현재 1일 유동인구는 약 15만 명으로 광주광역시에서 최고로 통행인구가 많은 지역이다.

유스퀘어의 대표적인 광고시설물로는 고속버스터미널 탑승 게이트(Gate) 좌우 상단에 부착되어 있는 와이드컬러광고와 터미널과 백화점을 잇는 식당가 통로 벽면에 부착되어 있는 와이드컬러광고, 건축물 사각기둥을 둘러싸고 있는 사각기둥 광고로 구분할 수 있다. 탑승게이트 와이드컬러 광고나 식당가 통로 벽면 와이드컬러 광고의 월 광고료는 150만원이며, 사각기둥 광고의 경우 개당 광고물 제작비는 50만 원이며, 월 광고료 3백만 원에 집행되고 있다.

14. POP 광고

☞ POP광고는 세일즈 프로모션 믹스의 한 요소로서, SP와 광고전략의 하부구조로서 기능을 수행하고 있다. 시시각각 변하는 경제 환경은 소비자의 구매행동에 민감한 영향을 미치고 있으며, 광고 캠페인 및 SP활동은 그것에 연동하여 변화하고 있는 것이 사실이다.
오늘날 전개되고 있는 대부분의 광고캠페인은 매장에서 마지막으로 소비자가 상품을 구매하는 과정에서 많은 영향을 줄 수 있는 유통기관의 점두 활성화 프로모션과 상호 연동하여 진행되고 있다. 따라서 4대 매체 광고도 프로모션 계획과 함께 풀 전략(pull strategy)의 일환으로 소비자를 매장으로 유도하는 중요한 역할을 담당하여야 한다.

1) POP광고의 기능

POP(Point Of Purchase)광고의 기능을 한마디로 말하면 상품과 소비자를 구매시점(= 매장)에서 기업이 의도한 대로 연결시켜주는 것이라고 할 수 있다. 즉 상품의 주위에서 구매를 자극, 촉진하여 의사 결정을 용이하도록 도와주고 상품구입을 둘러싸고 기업과 소비자 양자 간의 만족을 충족시켜주는 역할을 하는 것이 POP광고이다.

IMC 개념의 적극적인 도입으로 오늘날 매체 단독으로 광고 효과를 얻는 것은 거의 불가능하기 때문에 POP광고 역시 다른 매체와의 연동 속에서 POP광고가 갖는 특성을 살리는 것이 중요하다.

광고는 1차 효과와 2차 효과가 함께 존재한다. 전자는 순수하게 광고 메시지만 접촉하여 제품을 구매한 경우의 효과를 가리키고, 후자는 매장에서의 충족적인 분위기와 프로모션에 의한 영향에 의해 비계획적으로 제품을 구매하게 되는 효과를 지칭한다. 흔히 매장에 와서 POP광고나 이벤트, 기타 프로모션의 수단에 의해 발생하는 2차 효과는 1차 효과보다도 많은 비중을 차지하고 있다.

따라서 광고활동은 단순한 광고메시지 접촉에 의해 효과를 발휘한다기보다는 매장에서의 다양한 연출, 그리고 구매를 촉진하기 위한 인 스토어 프로모션(Instore Promotion) 등 구매현장에서 고객에게 직접적인 영향을 줄 수 있는 SP수단이 중요시되기 때문에, 이에 대한 집중적인 연구가 필요하다.

최근 들어 광고주는 효과적인 커뮤니케이션 전략의 하나로 각 매체가 가지고 있는 특성을 최대한 발휘할 수 있도록 하는 '미디어 세분화(media segmentation)'를 전개하고 있다. 신문광고는 나름대로의 고유한 목표가 있고, TV광고에도 역시 다른 목표가 있다. 당연히 POP광고 또한 타 매체와 다른 고유의 특성과 매체기능을 갖고 있어서 그 기능이 충분히 발휘되지 못하면 소비자에게 가장 영향을 줄 수 있는 장소인 최종구매 장소에서 최종적으로 상품과 소비자를 연결하는 루트가 끊어지고 만다.

POP광고는 구매 현장에서 소비자에게 영향을 주는 모든 종류의 광고물을 지칭한다. 다른 매체보다는 시각적으로 현장에서 전달하는 메시지의 영향력이 상대적으로 강하고 소비자의 구매 행동에 직접적으로 관여하게 된다. 그럼에도 불구하고 병원마케팅에서 POP광고가 효율적으로 활용되지 못하고 있다.

이는 병원의 마케팅 담당자에게 아직 POP광고가 생소한 탓이라고 할 수 있는데 의료서비스를 제공하는 현장에서 환자나 병원 방문자에게 건강에 관한 중요한 정보를 제공할 수 있고 치료 선택에 많은 영향을 미칠 수 있으므로 향후 적극적으로 POP광고를 마케팅활동에 활용하는 자세가 필요하다.

병원에서 POP광고의 역할을 수행하는 것으로는 병원의 소식과 의료 정보, 행정 소식을 알리는 TV 모니터와 LED 문자 게시판, 현수막과 포스터, 광고 인쇄물 등이 있으며, 넓은 의미로는 병원 내부의 유도 사인이나 간판도 포함된다.

이것들은 HI의 관점에서 통일된 디자인을 적용해야만 효과가 극대화되며, 시각적으로 자극을 줘서 눈에 잘 띨 수 있도록 한다. 또한 환자나 병원 방문자에게 의료정보로서 활용 가치가 큰 내용을 잘 소구하여 소비행동에 직접적인 영향을 줄 수 있도록 고려한다.

그러면 소비자, 소매점, 기업의 입장에서 볼 때 POP광고는 각각 어떠한 역할을 하고 있는가, 그리고 3자는 POP광고를 통하여 무엇을 추구하고 있는가를 살펴보기로 한다.

(1) 소비자에 대한 기능

① 새로운 상품이 시장에 출하되었다는 것을 알리고, 상품의 기능과 특징을 전달한다.
② 매장에서 소비자에게 브랜드와 상품의 차별화 된 이점을 주지시킨다.
③ 상품의 특성이나 사용 방법을 데몬스트레이션 기법을 통하여 이해시킨다.
④ 4대 매체 광고에 의해 형성된 소비자의 잠재의식을 구매시점의 POP를 이용하여 자극함으로써 상품 이미지의 확립과 구매동기를 불러일으킨다.

⑤ 소비자의 구매시간을 단축시켜 의사 결정을 쉽게 한다.

⑥ 소비자에게 (신)상품을 구입함으로써 자신의 생활에 얼마나 이익이 되는가를 직접적으로 소구한다.

⑦ 판매원의 도움 없이 자유로운 상품선택을 돕는다.

⑧ 충동적, 즉시적 효과를 통하여 상품을 구매하도록 유도한다.

⑨ 시각적 효과와 함께 쇼핑의 즐거움을 연출한다.

⑩ 상품의 비교와 분석을 쉽게 한다.

(2) 유통기관(소매점)에 대한 기능

① POP광고는 소비자의 충동구매를 촉진시켜 소매점 매출을 증대시키는 데 도움이 된다.

② 자유롭게 상품을 선택할 수 있는 분위기를 조성한다.

③ 판매원을 대신하여 상품의 특징, 사용방법 등을 설명한다.

④ 판매원을 줄일 수 있어 인건비 절약이 가능하다.

⑤ 점두에서 소비자의 시선을 자극하여 매장 내부로 유도하는 것이 가능하다.

⑥ POP광고를 효과적으로 활용하여 신제품이나 세일 등의 캠페인을 알린다.

⑦ 매장에서 소비자에게 직접적인 소구가 가능하다.

⑧ 소매점의 차별적, 고급적 이미지를 소구할 수 있다.

⑨ 계절이나 목적에 맞는 분위기를 연출할 수 있다.

⑩ 소비자와 소매점 관계를 우호적으로 연결하는 커뮤니케이션 매체가 된다.

⑪ 매스 미디어에서는 표현이 불가능한 다양한 정보를 전달할 수 있다.

(3) 기업에 대한 기능

① 신제품 발매의 고지와 상품의 기능, 가격 등을 소구한다.

② 데몬스트레이션(Demonstration)을 실시하여 상품 사용방법 및 사용상의 이점 등에 관한 상세한 설명이 가능하다.

③ 소비자의 잠재 욕구를 자극시켜 현장에서 직접 구매하도록 만든다.

④ 소비자의 시선을 끌기 위한 다양한 표현방법이나 계획 등을 세워 공감대를 형성하게 한다.

⑤ 매장 외부와 내부에서 진열하게 될 자사브랜드의 유리한 공간을 획득한다.

⑥ 기업명이나 상품 브랜드를 기존의 4대 매체와 일관성 있게 사용함으로써 CI 전략을 효과적으로 수행한다.

⑦ 자사 상품을 집중 전시하여 특정 매장이 자사의 미니 숍 전개가 가능하게 할 수 있다.

⑧ 대중매체와의 미디어 믹스가 효율적으로 진행된다.

⑨ 매장, 유통업계의 담당자에게 관심을 유발시켜 판매와 관련된 긴밀한 협력을 기대할 수 있다.

⑩ 상품의 장점을 강조할 수 있다. 특히 프로모션 활동을 전개할 경우, POP 광고의 매체 특성을 최대한 활용할 수 있다.

이상과 같이 소비자, 소매점, 기업의 입장에서 바라 본 POP광고의 기능에 대해서 알아보았다. 다음은 구매 시점에 있어서 소비자, 소매점, 기업의 입장을 각각 살펴 보기로 한다.

· '소비자'는 자신의 라이프스타일에 맞는 상품을 자유롭게 선택하기 위해 그 목적에 맞는 소매점을 찾는다.
· 구매시점인 '유통기관'은 소비자와 상품을 연결시켜주는 장소이다. 소비자에게 될 수 있는 한 자유로운 입장에서 상품을 선택할 수 있는 장소를 제공해야 한다.
· '기업'은 유통기관과 협력하여 소비자에게 보다 많은 정보를 제공하여 공감을 얻을 수 있도록 한다.

제각기 다른 입장 속에서 소매점과 기업은 소비자를 대상으로 공통적 입장을 갖는다. 결국 POP광고는 기업이 의도하고 있는 마케팅 활동을 완결하는 중요한 매체의 하나이고, 구매시점에서 소비자의 구매의사 결정에 직접적인 영향을 줄 수 있는 최종적 단계의 마케팅 커뮤니케이션 수단이다.

2) POP광고의 분류

이 분류방법은 실행하기 쉬운 장점이 많아 기획단계에서 손쉽게 이용되고 있다. 이는 POP를 설치하거나 부착 이용하는 장소를 기준으로 분류되고 있다.

(1) 설치장소별 분류

① 점두(매장 입구) POP

소매점의 현관이나 입구에 위치하는 POP로 스탠드 간판, 여러 가지 형태의 깃발 POP, 받침대 깃발형 POP(Pole POP), 등신대(브로마이드) POP, 스토어 사인(store sign) 등이 있다.

② 천장(ceiling) POP

천장에서부터 아래로 내려뜨려서 설치한 POP로 멀리서도 눈에 잘 띄거나 매장의 위치를 쉽게 구별할 수 있도록 한다. 매장 공간이 협소하여 POP 설치가 용이하지 않을 때 자주 이용된다. 배너광고(banner)나 행거(hanger), 모빌(mobile), 깃발(flag) 등이 여기에 해당된다.

③ 윈도우 POP

점두의 쇼 윈도우에 설치하는 POP로서 통행인의 주목도를 높이기 위한 방법이다. 그러나 설치하는데 있어서 공간적 제약이 있기 때문에 공간을 효율적으로 활용할 수 있게 제작하여야 한다.

④ 플로어(floor) POP

점포 내부의 바닥에 설치하여 사용하는 것으로, 주로 상품의 전시판매 기능을 보완, 강화하는 역할을 하게 된다. 제작비가 비싸며 대형 POP가 주로 많다. 여기에는 진열대 POP와 머천다이저(merchandiser) 등이 있다.

⑤ 카운터 POP

매장에서 구입한 상품을 계산하기 위한 카운터에 설치하는 POP로서 다목적으로 사용되며 종류도 다양하다. 구입물품을 정산하는 동안 고객의 시선이 머물기 쉬우며 소매점에 관한 정보 및 이벤트 행사 등을 고지, 안내하는 데 이용된다. 판매대, 테스터(tester), 견본대, 스팟 디스플레이(spot display)[1], 패널(panel) 등이 여기에 속한다.

⑥ 벽면 POP

매장 벽면에 붙여서 사용하는 POP이다. 깃발류, 포스터보드, 알림 보드, 기타 장식 등이 있다.

---

1) 스팟 디스플레이(spot display): 상품을 두드러지게 보이려는 전시방법으로 특히 주목을 끌 수 있도록 한 것을 말한다.

⑦ 선반(Shelf) POP

진열된 상품 주위에 붙어 있는 소형 POP물, 아이 캐처(Eye Catcher)[2], 가격 카드(price card), 트레이(tray) 등이 있다. 가격 표시 및 상품을 탐색하는 데 편리 하도록 제작된다.

(2) 목적·기능별 분류

목적·기능별 분류는 본래 세일즈 프로모션 믹스 수단의 일환으로 POP광고가 가지고 있는 기능이나 역할을 중심으로 하는 분류방법이기 때문에 '프로모션별 분류'로도 표현 한다.

① 신제품 발매 프로모션 POP

신제품 발매와 동시에 전개되는 POP이다. 신제품 출하 시 광고캠페인과 더불어 활용되는 POP광고는 대중 매체광고와 함께 통합적으로 운영하는 것이 중요하기 때문에 다양한 POP종류를 캠페인 기간 동안 주로 2~3개월에 걸쳐서 소비자에게 단기간에 집중적으로 소구해야 한다. 매체 시너지효과를 극대화시켜 소비자의 관심이 캠페인에 집중될 수 있도록 기획력을 집중시켜야 한다.

② 계절 프로모션 POP

계절별 특성을 살려 전개되는 POP이다. POP광고에 의해 각 계절에 맞는 독특한 분위기를 연출하는 것으로 매장의 시각적 연출과 구매의욕을 자극하는데 매우 효과적이다.

③ 프리미엄 프로모션 POP

SP 수단인 프리미엄을 전시하여 사용하는 POP이다. 이 POP 광고는 프리미엄 의 대상이 되는 기프트, 경품 등을 상품과 함께 전시하는 방법이 많이 사용되고 있는데, 프리미엄의 매력을 최대한 연출하여 상품구매로 연결될 수 있도록 한다.

프리미엄 자체가 전시 불가능할 경우는 POP를 시각적으로 입체화시키거나 움직임을 활용한 동적인 수단을 통해 프리미엄의 내용을 매장의 고객에게 적극적으로 인지시킬 수 있는 방법을 동원한다.

---

2) 아이 캐처(Eye Catcher): 광고를 볼 때 우선 그 눈을 붙잡는다는 뜻에서 아이 캐처라고 부른다. 미국에서는 아이 스토퍼(Eye Stopper)라고도 한다.

④ 데몬스트레이션용 POP

대형 소매점을 중심으로 실증, 실연에 의한 판매에 자주 이용되는 POP방법이다. 시음회나 시식회 등의 이벤트 행사장이나 백화점, 슈퍼마켓의 식품매장에서 주로 사용된다.

⑤ 대량 진열용 POP

상품을 대량으로 진열한 다음, 소비자의 구매의욕을 자극시키기 위해 사용되는 POP를 가리킨다. 주로 플로어(floor) POP의 하나인 머천다이저가 사용된다. 매장의 POP광고 효과를 높이기 위하여 눈에 잘 띄는 자극적인 색채를 많이 활용하거나 인지도가 높은 캐릭터 등을 주로 사용한다(예 : CD판매대나 도서판매대).

⑥ 전시 즉매용 POP

새로운 지역으로 판매를 확대하기 위해서 자사의 점포 이외의 장소에 임시로 매장을 개설할 때 이용되는 POP이다. 매장이나 행사장 전체를 이벤트 분위기로 연출하는 데 효과적이다. 일반적으로 상품을 전시하고 현장(주로 거리나 야외에서 실시)에서 즉시 판매가 이루어지도록 다양한 고려가 필요하다.

⑦ 점두 활성화 POP

자사제품을 점두에서 집중적으로 홍보, 판매하기 위해 사용하는 POP가 여기에 포함된다. 통행인의 시선을 끌 수 있어야 하며 매장 안으로 유도할 수 있으면 더욱 바람직하다. 장기적으로 사용하기 때문에 상품관리 및 운반의 편리성 등이 요구된다.

⑧ 컨설팅 POP

상품에 관한 필요한 정보나 샘플을 전시함으로서 POP 자체가 상품의 해설자 역할을 하게 된다. 종류 및 색채가 다양한 상품을 전시하여 소비자에게 직접 소구할 때 주로 사용된다. 컨설팅 POP는 다양한 샘플 전시, 해설이 첨가된 디스플레이 방법에 의해 전개된다.

＋ 그림 3-12_
POP광고 사례 -
밝은 안과21

3) POP광고 기획의 핵심 사항

POP 광고 기획에 있어서 필요한 포인트를 살펴보기로 하자.

① POP 광고에 흥미를 가져야 한다.

② POP 광고는 소비자와 커뮤니케이션의 접속이다.

③ POP 광고의 디자이너는 전반적인 지식을 갖추고 있어야 한다.

④ 넓은 시야를 가져야 한다.

⑤ 수집 자료를 유용하게 사용해야 한다.

⑥ 많은 아이디어 요소는 POP 기획의 기본이 된다.

⑦ 매장의 상황을 한 번 더 체크한다.

⑧ 디자인보다 판매 시스템을 생각하라.

⑨ 현장 세일즈맨의 의견은 중요하다.

⑩ 설치후의 관리는 POP가 효과를 발휘하기 위해 꼭 필요한 부분이다.

⑪ 상품을 항상 앞에 놓는다.

⑫ 타 매체와의 연동을 고려해야 한다.

15. 다이렉트 마케팅과 DM 광고

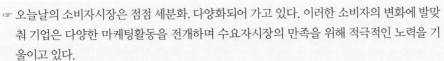

☞ 오늘날의 소비자시장은 점점 세분화, 다양화되어 가고 있다. 이러한 소비자의 변화에 발맞춰 기업은 다양한 마케팅활동을 전개하며 수요자시장의 만족을 위해 적극적인 노력을 기울이고 있다.

다이렉트 마케팅(DM)은 기업이 발신하는 정보와 메시지에 대해 흥미를 갖고 있는 고객을 확보하는데 가장 적합한 SP로써 오늘날 여러 분야에서 채택되고 있다.

기업은 상품 또는 서비스를 통하여 "어떻게 하면 조금이라도 더 많이 매출을 올릴 수 있을까"하는 것뿐만 아니라 "목표소비자 가운데 누가 기업이 보내는 메시지에 반응을 보여 상품을 구입하는가(또는 구입할 의사가 있는가)"하는 사항을 정확히 파악하여 고객을 확보하는 일은 매우 중요하다. 이를 위하여 일단 고객 리스트에 올라간 소비자에 대해서는 적절한 가치를 제공하여 "기업의 평생고객"이 되도록 하는 방법이 다양하게 연구되고 있다.

여기서 다이렉트 마케팅(DM, Direct Marketing)은 기업이 발신하는 정보와 메시지에 대해 흥미를 갖고 있는 고객을 확보하는데 가장 적합한 SP로써 오늘날 여러 분야에서 채택되고 있다.

다이렉트 마케팅의 주요한 수단으로 DM(Direct Mail)과 이를 디지털로 변화시킨 EM(Electronic Mail), 그리고 TM(Tele Marketing)과의 통합적인 활용 방법을 함께 고려하는 것이 중요하다.

DM은 카탈로그나 팸플릿, 브로슈어 등의 인쇄물을 이용하여 주로 자세한 정보를 활자를 이용하여 소구하게 됨으로 고급스런 디자인을 채택하여 목표소비자에게 주목율을 높일 수 있다. DM은 주로 디지털 문화나 온라인 매체를 사용하지 않는 50대 이후의 중·장년에게는 아직도 유용한 매체로 이용된다.

EM은 PC나 모바일 매체에 문자 메시지 형태로 전송되며 주로 20~30대의 젊은 층에게 적은 비용으로 간단한 내용의 정보를 신속하게 전달할 때 병원의 소구 수단으로 자주 이용된다.

TM은 전화를 활용하여 저렴한 비용으로 간단한 내용의 메시지를 전송할 때 사용되는데, 다른 다이렉트 마케팅 수단에 비해 직접 음성으로 전달되기 때문에 설득력과 소구력이 매우 강한 장점이 있다.

결국 다이렉트 마케팅의 3가지 수단은 소구 대상의 특성에 따라 선별하여 사용될 때 효과가 극대화될 수 있지만, 이들 모두 수신자의 주소나 번호와 관련된 데이터의 정확성이 바탕으로 작용되어야만 의도된 커뮤니케이션 목표가 제대로 달성될 수 있다. 기본적으로는 건강이나 의료 정보, 병원 소식을 제공하기 위해 활용되지만, 특히 퇴원 후의 환자와의 관계마케팅을 수행하기 위해 이용되는 경우도 많다.

1) DM 광고(Direct Mail Advertising)의 개요 및 특성

(1) DM의 개요

DM 광고란 불특정다수를 대상으로 광범위하게 커뮤니케이션을 행하는 광고이며 대중광고와는 달리 타깃에게 우편으로 직접 소구하는 소비자 판매촉진수단이다.

미국의 경우 DM 광고는 신문광고 다음으로 이용도가 높은 매체이다. 신문이나 잡지와 같은 대량 인쇄매체와 비교할 때 DM은 고객계층이나 특성 등 세분화된 데이터를 이용하고 소구내용을 상품에 적합한 특정인에게 직접적으로 광고물을 우송하는 퍼스널(Personal)적 매체의 특징을 가지고 있다. 이러한 특징 때문에 DM은 다양한 분야에서 폭넓게 활용되고 있다.

(2) DM의 특성

① 소구대상의 자유로운 선택

상품특성이나 점포의 입지조건에 따라 소구대상을 일정한 기준에 의해 선택할 수 있다.

② 강력한 설득력

DM은 특정인에 대해 개별적, 직접적으로 소구하는 매체이므로 고객의 환경 및 니즈(Needs)에 적합한 마케팅 커뮤니케이션이 가능하며 표적고객(Target Customer)의 주목을 독점할만한 강한 설득력을 발휘한다.

③ 자유로운 내용 및 형식

대중매체에는 일정한 형식이나 제한이 있지만 DM의 경우 크기, 형식, 색채 등을 자유롭게 표현할 수 있다.

④ 예산의 탄력성

DM 내용과 수량 등의 자유로운 조절이 가능하므로 예산을 탄력적으로 운영할 수 있다.

⑤ 정보 관리기능

DM은 경쟁기업에 대해 자사의 특수한 기획의도 및 판매시기 등에 관한 정보의 누출 없이 비밀리에 실시할 수 있다는 이점이 있다.

⑥ 효과측정의 용이성

우송된 DM에 대해 고객반응을 측정할 수 있으므로 대중매체보다 효과측정이 용이하다.

2) DM의 활용방안

DM의 제작과 우송에 있어서 대규모 소매점이 독자적으로 실시하는 경우에는 기업이 판매점을 지원하는 형식으로 DM을 제작하여 소매점을 간접적으로 지원하는 사례가 많다.

DM의 실시목적인 기업과 고객과의 원활한 커뮤니케이션을 가능하게 하기 위해서는 소매점의 적극적인 참여가 요구되며, 기업이 제작한 DM을 사용할 때에는 DM광고물의 절반 가량을 소매점 측이 자체적으로 사용하도록 할애하는 것이 바람직하다.[3]

DM은 소매점의 소비자에 대한 판매촉진수단으로 활용되며 고정고객의 방문빈도(Store Loyalty)를 향상시키고 신규고객을 새로이 확대해 나가는 데 효과적이다. 또한 고객을 위한 각종 이벤트나 전시회, 서비스의 안내 등을 효과적으로 고지(告知)할 수 있는 수단으로써 각광을 받고 있다.

소매점을 위한 고객유치의 목적 이외에 DM은 세일즈맨에 대한 판매지원 수단으로도 활용된다. 잠재고객에게 상품에 대한 사전 정보를 전달함으로써 세일즈맨의 호별 방문 시 보다 원활한 판매활동을 촉진시켜주는 역할을 한다.

또한 우송 DM에 동봉된 상품 주문서를 이용하여 직접주문을 받을 수 있는 'Mail Order'라는 DM의 다양한 활용 방법이 있다. 이 방법은 주문과정에서 기업과 고객이 직접 연결되기 때문에 상품의 중간유통 과정을 생략할 수 있으므로 비용을 절감할 수 있다는 이점을 갖고 있다.

3) DM의 종류와 분류

일반적으로 DM에 자주 이용되는 제작형태로는 소구대상, 목적, 상품의 종류, 실시시기 등에 따라 여러 종류가 있으며 보통엽서, 투서, 전단, 소책자, 트릭 피이스(Trick Piece)방식 등이 대표적이다.

DM 종류별로 나타나는 내용과 특징은 표 3-2와 같다.

---

3) 安藤貞之, ≪ダイレクト・メール≫, ダウイット社, pp. 277~279.

✚ 표 3-2_ DM의 종류 및 특징

형식	내용 및 특징
엽서	일본의 경우 DM의 26%가 엽서형식을 취하고 있으며 그 이용도는 대단히 높다고 할 수가 있다. 엽서 DM은 고객유지 및 각종행사고지 등에 손쉽게 이용할 수 있을 뿐만 아니라 메이커가 잠재고객을 선별하여 직접적인 커뮤니케이션을 실시할 때 무료반송엽서형식으로 간단히 이용할 수 있다는 이점이 있다.
투서	정중한 안내 및 편지를 동봉하여 발송하는 DM이다. 일반적으로 팜플렛, 카탈로그, 사내보(House Organ) 등을 첨부하는 경우도 있다. 특히 고객을 위한 전시회나 전람회 또는 각종 행사안내 등에 쓰인다.
전단	한 장의 소형인쇄물을 반으로 접어 발송하는 DM이다. 이러한 형식은 복잡한 설명이 필요 없는 경우에 쓰인다.
소책자	팜플렛이나 카탈로그, 사내보만을 동봉하여 발송하는 DM이다. 그러나 비교적 제작 코스트가 높다는 단점이 있다. 보편적으로 고가품 직매 단체나 점두연합회안내 또는 백화점의 정기 세일 때에 이용되기도 한다.
트릭 피이스 (Trick Piece)	동봉된 카드 팜플렛을 열면 입체적인 그림이나 사진이 펼쳐지는 DM을 말한다. 다채로운 아이디어 연출에 의한 고객관심도 및 주목도가 높다는 장점을 지니고 있는 반면, 제작 코스트가 가장 높다는 단점이 있다.

4) DM의 기능 및 방법

DM의 기능을 크게 세 가지로 나누어 정리하면 다음과 같다.

✚ 표 3-3_ DM의 기능

기능	방법
수요 유도	상품의 기능과 특징에 대한 상세한 설명에 의한 주목과 관심을 집중시킨다.
내점 촉구	특별전시회, 전람회 등 초대장을 발송하여 내점을 촉진시킨다.
구매 의욕 증진	정기간행물로써 기업과 상품에 대한 흥미를 유발시킨다.
이미지 향상	생일카드 입학축하카드 등 상품과 직접적인 관계가 없는 DM을 발송하여 기업 및 소매점에 대한 좋은 이미지를 향상시킨다.
소비자 반응 측정	앙케이트에 의한 소비자반응조사 및 새로운 고객개척을 위한 고객 리스트 작성이 가능하다.
보조 세일즈 활동	인적 판매에 의한 커버가 어려운 경우 DM을 우송하여 전개하기도 한다.

(1) 최종소비자에 대한 DM

이 종류의 DM은 직접적인 판매 전략과 관련된 상품광고나 특정 소비자층에 초점을 맞춰 정보 제공적인 측면을 강조하는 특성을 나타내고 있다.

(2) 유통경로에 대한 DM

일반적인 유통경로는 '생산자 → 1차 도매점 → 2차 도매점 → 소매점' 또는 '생산자 → 특약대리점 → 소매점'으로 되어 있으며 각 단계에서 활발한 세일즈 활동이 전개되고 있다. 유통업계가 여러 회사 상품을 취급하고 있는 경우는 물론 자사 상품만을 취급하고 있는 경우라도 기업은 철저한 마케팅 계획과 시장 확대를 도모하기 위한 SP 활동을 전개해야 한다. 그 중에서도 DM이 자주 활용되는 것은 다음과 같은 기능상의 이점이 예상되기 때문이다.

① 세일즈맨에게 판매전략, 상품지식, 소비동향 등에 관한 마케팅 정보를 제공하거나 대중매체에 의해 광고캠페인 상황을 알림으로써 세일즈 활동을 지원한다.
② 소매점에 대한 가격정보의 전달, 시장정보의 제공, 소매점의 종업원 교육, 경영지도, 매장 레이아웃과 진열 지원, 매장 고객유도 상품의 제공 등의 지원활동을 DM 또는 정기 간행물을 통해서 전개한다.
③ 새로운 소매점을 개척하거나 매출이 부진한 소매점을 타깃으로 판매활동을 강화한다.
④ 특수 판매 경로(route)를 개발한다.

생산재 메이커가 그것을 가공하여 다시 판매하는 회사에 대해 실시하는 DM도 여기에 포함된다. 대중매체에 의한 상품광고를 거의 이용하지 않는 생산재 메이커에 있어서 DM은 상품을 광고하기 위한 최적의 매체라 할 수 있다.

(3) 관계 기관 및 회사 관계자에 대한 DM

법적 관할 관청 내지는 지도 기관, 연구 기관 등에 대한 관련 자료의 제공 또는 종업원, 가족, 주주 등과 같은 회사 관계자, 매체 관계자에 대한 DM 활동을 가리킨다.

주요 뉴스나 정보를 제공하고 회사동향을 알림으로써 상품과 회사에 대한 깊은 이해를 유도할 수 있다.

5) DM의 성공조건

DM이 활성화되고 있는 미국, 일본에서는 매년 DM에 관한 전문적 통계 수치와 논문이 다수 발표되고 있다. 그 중에서도 DM의 효과적인 운영방법에 관한 통계나 논문은 매우 주목받고 있으며 특히 DM의 성공조건을 주제로 한 논문 중에서 E.N 메이어(Mayer)가 발표한 'DM의 7가지 성공조건'의 구체적인 요소는 현재에도 널리 활용되고 있다.

다음은 E.N 메이어의 DM을 효과적으로 활용하기 위한 7가지 성공조건이다.

① 목적을 명확히 설정할 것

② 목표소비자에게 적시에 DM을 도달시킬 것

③ 타깃에게 확실한 "이익"을 제공할 것

④ DM 광고의 디자인이나 카피는 고객층의 특성에 맞게 전개시킬 것

⑤ 고객이 DM을 접촉하고 나서 즉시적으로 주문할 수 있도록 할 것(때로는 무료 반송 엽서를 활용하는 것도 효과적이다.)

⑥ 고객에게 계속해서 DM을 발송하여 반복하여 소구할 것

⑦ 고객반응을 피드백(feedback)하여 문제점을 꾸준히 개선할 것

이와 같이 메이어는 동일고객에게 반복적으로 DM을 송부하는 것이 효과적이라는 것을 강조하고 있다. 반복적인 DM을 송부함으로써 기업이 소비자에게 전달하고자 하는 메시지가 확실히 소구될 수 있으며, 상품에 대한 고객의 호기심을 자극하여 결과적으로 상품구매와 연결될 수 있다.

또한 DM은 목표소비자에게 얼마나 정확히 전달될 수 있는 가가 생명이다. 먼저 인구통계학적 특성을 잘 이해하고 시장세분화에 의한 고객 리스트를 잘 선별한 후 대중매체와 병행하여 DM을 실시하였을 때 더욱 커다란 효과를 발휘할 수 있다.

현대의 기업은 DM의 매체적 특성을 잘 살려 고객의 개별적인 욕구를 충족시키기고 고객세분화 및 차별화전략을 계획적으로 전개하는 마케팅 활동이 중시되고 있다.

16. 텔레마케팅

☞ 텔레마케팅은 고객과의 신뢰관계를 높이고 이를 지속적으로 유지, 관리하기 위해 고객 서비스나 구매후의 만족도를 향상시켜 나가며 효율적인 고객개발과 판매지역의 확장과정을 통하여 마케팅활동을 활성화함으로써 판매 증가와 함께 기업 이미지를 개선할 수 있다.
텔레마케팅과 불가분의 관계를 맺고 있는 통신판매는 무점포 판매 방식으로 일반 소매점과 달리 전국을 대상으로 판매가 가능하다는 커다란 장점이 있다.

1) 텔레마케팅의 개념 및 특성

(1) 텔레마케팅의 정의

텔레마케팅이란 용어는 1970년대 미국에서 처음으로 등장하였다. 텔레마케팅(Tele Marketing)은 텔레커뮤니케이션(Tele Communication)과 마케팅(Marketing)의 합성어이다. 이 말이 의미하는 것은 단지 텔레커뮤니케이션 측면에서의 어프로치를 강조하는 것이 아니라, 앞으로 마케팅전략을 전개해 나감에 있어서 다른 회사와의 경쟁에서 차별화 및 우위성을 유지하기 위해 텔레커뮤니케이션 개념을 받아들여 급격히 변화하는 비즈니스 환경이나 사회구조에 적절히 대응할 수 있는 전략적 마케팅개념을 뜻하는 것이다.

경쟁이 심화되는 시장 환경 속에서 기업은 소비자를 의도한대로 설득할 수 있는 커뮤니케이션 수단을 창출해 내는 것이 매우 중요하다. 이것이 바로 텔레마케팅이 등장하게 된 기본 동기이다.

텔레마케팅은 상품 판매를 위한 홍보와 구매의 접수, 고객의 의견을 수집하는 수단으로 주로 활용되고 있다. 텔레마케팅은 고객의 특성과 욕구, 행동 등을 체계적으로 분석한 고객정보를 바탕으로 전화와 컴퓨터, 인터넷 등의 정보통신 장치와 매체를 이용하여 판매촉진활동이나 고객상담, 주문 및 예약접수 등을 수행하는 마케팅 활동을 의미한다. 그러나 일반 기업들의 텔레마케팅 활용에 비하면 의료서비스 분야에서의 텔레마케팅 활용은 아직 초보단계라고 할 수 있다.

또한, TM은 전화를 활용하여 비교적 저렴한 비용으로 소구할 수 있다는 특성 때문에 마케팅 수단으로 자주 이용되고 있다. 일반적으로 간단한 내용의 메시지를 소구할 때 사용되는데, 직접 음성으로 전달되기 때문에 다른 다이렉트 마케팅 수단이 갖지 못한 장점이 많다. 전화상으로 통화하며 상대방의

✚ 그림 3-13_
텔레마케팅 –
콜센터

요구에 즉시 응할 수 있고, 상황에 따라 유연하고 융통성 있게 대처할 수 있다는 특성이 있다. 또한 음성을 통하여 메시지가 소구될 수 있으므로 설득력과 친화력이 매우 강하다.

TM은 고객에 대한 데이터베이스가 충실해야 효과를 발휘할 수 있지만, 무엇보다 텔레마케팅의 특성과 활용방법을 잘 인지하여 적시에 사용하는 것도 중요하다. 수신(Inbound) 텔레마케팅과 같이 고객이 먼저 전화를 걸어 예약, 진료 문의나 비용 상담을 요청한 경우에 정보를 제공하는 방법과 발신(Outbound) 텔레마케팅와 같이 병원이 직접 고객에게 건강이나 의료 정보, 병원 소식을 제공하기 위해 전화를 거는 방법을 구분하여 운영하고 있다.

인 바운드에 의해 장기간 노하우와 경험이 축적되어야 이를 바탕으로 아웃 바운드가 실시될 수 있다. 양자 모두 매뉴얼에 의해 관리되어야 하며 텔레마케터 간에 고객 정보가 공유되어 동질의 서비스가 신속히 제공될 수 있도록 해야 한다. 텔레마케팅 또한 기본적으로는 각종 서비스 문의와 상담, 그리고 건강이나 의료 정보, 병원 소식을 제공하기 위해 활용된다. 특히 텔레마케팅이 갖고 있는 감성적인 소구력을 잘 활용하여 퇴원 후의 환자와의 관계를 개선, 유지하기 위해 수행할 경우, 다른 매체에 비해 뛰어난 미디어 효과를 기대할 수 있다.

(2) 텔레마케팅의 기대 효과

① 판매 증가

상권의 확대가 추가로 가능해지고 적시에 적절한 판매 강화가 이루어짐으로써 매상고가 증가한다.

② 비용절감 효과

저렴한 비용으로 넓은 지역을 관리할 수 있기 때문에 방문판매에 비해 시간과 경비가 절약된다.

③ 고객 데이터베이스의 충실

고객 데이터베이스의 구축이 비교적 용이하고 반복구매 고객에 대한 효율적인 관리가 가능하다.

④ 고객 서비스의 개선

전화를 통한 세심한 고객 서비스가 가능함과 동시에 고객정보를 잘 활용하여 상품, 서비스에 대한 개선을 기대할 수 있다. 텔레마케팅은 기업의 이미지를 향상시키고 고객을 위한 상시적인 커뮤니케이션 창구로서의 역할이 가능하기 때문에 고객의 신뢰감이 높아진다.

2) 텔레마케팅의 종류

텔레마케팅은 기준에 따라 여러 가지로 분류할 수 있다. 텔레마케팅의 실시에 앞서 텔레마케팅을 어떻게 구분하는가 하는 것은 효과적인 운영과 관리를 위하여 매우 의미가 크다. 세 가지 기준에 의해 텔레마케팅의 형태를 살펴보기는 것이 일반적이다.

먼저 전화를 거는 주체가 누구냐에 따라 수신(Inbound) 텔레마케팅과 발신(Outbound) 텔레마케팅으로 나누어진다. 인 바운드 텔레마케팅이란 고객이 먼저 전화를 걸어오는 관리방식을 가리키고, 아웃 바운드 텔레마케팅이란 기업이 고객에게 전화를 거는 경우의 운영체계를 말한다.

다음으로 텔레마케팅을 어디서 전개하느냐에 따라 사내(In-house) 텔레마케팅과 외부 위탁(service Agency) 텔레마케팅으로 구분된다. 인 하우스 텔레마케팅이 기업에서 자체적으로 텔레마케팅 센터를 설치하여 텔레마케팅 활동을 실시하는 것이라면, 서비스 에이전시 텔레마케팅은 텔레마케팅 전문대행회사에 자사의 텔레마케팅 활동을 위탁하여 실시하는 것이다.

일반적으로 텔레마케팅의 발전단계를 살펴보면 인 바운드 텔레마케팅이 정착되고 나서 공격적이며 적극적인 고객관리 및 운영을 위하여 아웃 바운드 텔레마케팅이 구축된다. 또한 초기에는 서비스 에이전시에 의해 텔레마케팅을 위탁하여 실

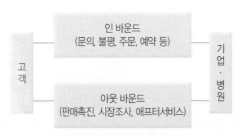

+ 그림 3-14_
인바운드 텔레마케팅,
아웃바운드 텔레마케팅

시한 후 이에 대한 노하우와 지식이 축적되면 회사내부에 자체적으로 텔레마케팅 센터를 설치하여 다른 마케팅 수단과 통합적인 운영이 가능하게 된다.

최근 우리나라에서는 단기적인 판매수단을 강화할 목적으로 인 바운드에 의한 경험과 데이터베이스의 구축 없이 아웃 바운드 방식이 사회적으로 만연되어 텔레마케팅에 대한 질적 저하와 신뢰감을 상실하고 있다.

끝으로 텔레마케팅의 소구대상이 누구냐에 따라 B to B(Business to Business) 텔레마케팅과 B to C(Business to Consumer) 텔레마케팅으로 분류된다. B to B 텔레마케팅은 기업을 소구 대상으로 하고, B to C 텔레마케팅은 일반 소비자를 대상으로 한다. 과거에는 최종소비자를 대상으로 한 B to C 방식이 주류를 이루었으나 텔레마케팅에 대한 관심이 증가하여 그 실시 영역이 확대되면서 기업을 대상으로 하는 B to B 텔레마케팅에 대한 의존도가 빠른 속도로 증가하고 있는 추세이다.

3) 텔레마케팅의 다양한 활용 방안

일본에서는 텔레마케팅이라고 하면 곧 통신판매를 연상할 정도로 양자의 관계는 매우 밀접하다. 텔레마케팅은 곧바로 카탈로그 쇼핑이나 TV쇼핑에 관한 관련 서비스를 연상시킨다.

그러나 미국의 텔레마케팅은 다양한 영역의 서비스 분야를 의미하며 예를 들어 텔레마케팅의 가장 기본적인 수단인 수주대행 업무, 즉 오더 토킹(Order talking)은 텔레마케팅의 어플리케이션(application) 수단 중 하나에 불과하다.

참고로 미국 기업의 텔레마케팅에 대한 중요한 활용방안을 정리해 보면 다음과 같다.

Order Talking	전화에 의한 수주 업무
Collection	수금, 독촉, 앙케트 수집
Sales Support	세일즈맨을 위한 방문 예약 장치
Lead Generation	상품, 서비스 등의 구매 의욕 환기
Customer Service	소비자 창구, 불평 접수, 애프터서비스
Sub-Screening	잡지, 신문 등의 정기 구독자 획득
Health Care Service	회원에 대한 건강관리 정보의 제공
Dealer Service	유통, 소매에 대한 정보 제공

앞에 열거된 텔레마케팅의 관련 업무는 다양한 활용방안 중 대표적인 것만을 예로 든 것이다. 실제의 어플리케이션은 기업 환경과 업무 내용에 따라 파생되어 있다.

현재 텔레마케팅을 마케팅전략에 적극 활용하고 있는 기업의 수는 매년 증가하고 있다.

기업, 유통업계는 물론 병원이나 신문사 등의 비영리기관을 비롯해 종교단체인 교회에서도 신자들을 대상으로 텔레마케팅을 실시하고 있다. 또 세무서 등의 관공서에서는 컬렉션(Collection)업무를 텔레마케팅을 통해 활발하게 전개하고 있고, 대학에서도 마케팅에 응용하고 있다.

일본의 텔레마케팅은 주로 기업이 소비자를 대상으로 실시하는 전화 마케팅(Bell Marketing)을 연상할 정도로 전화를 이용한 마케팅활동이 많이 성행하고 있지만, 미국에서는 텔레마케팅 방법이 매우 발전하여 기업 간의 비즈니스에 활용되는 텔레마케팅(B to B)도 이에 못지않게 성행하고 있다. 예를 들면 컴퓨터 관련(supply)용품이나 자동차부품 거래의 대부분은 이러한 기업 간 텔레마케팅에 의해 판매되고 있다.

4) 병원의 텔레마케팅

텔레마케팅이란 용어는 1970년대 미국에서 처음으로 등장하였다. 활용되어지는 측면에 따라 텔레마케팅 또는 텔레커뮤니케이션으로 불리기도 한다. 텔레마케팅은 상품 판매를 위한 홍보와 구매의 접수, 고객의 의견을 수집하는 수단으로 주로 활용되어오고 있다. 텔레마케팅은 고객의 특성과 욕구, 행동 등을 체계적으로 분석한 고객정보를 바탕으로 전화와 컴퓨터, 인터넷 등의 정보통신 장치와 매체를 이용하여 판매촉진활동이나 고객상담, 주문 및 예약접수 등을 수행하는 마케팅 활동을 의미한다.

그러나 일반 기업들의 텔레마케팅 활용에 비하면 의료서비스 분야에서의 텔레마케팅 활용은 아직 초보단계라고 할 수 있다.

의료서비스 분야에도 과연 텔레마케팅이 가능한지 의문이 생길 수 있는데 여기서는 과거 붐을 이뤘던 음성전화 서비스인 700 서비스를 떠올릴 수 있다. 이것은 이동전화를 통해 700의 특정서비스 이용번호로 전화를 걸어 유료로 음성정보 서비스를 이용할 수 있도록 하는 전화 서비스이며, 주로 벨소리를 다운 받거나 성인대화, 미팅, 사주 등의 서비스를 제공하고 있다.

하지만 700 서비스를 진행했던 대부분의 의료기관들이 병원 홍보는커녕 1~2천만 원씩 들어간 투자비도 건지지 못했을 정도로 성공한 병원은 극소수였다. 실패 원인은 소비자들에게 병원의 전화번호를 꾸준히 알려야 한다는 문제점 외에도 이를 운용하는 회사들이 난립하고 전화 개설에만 급급하여 사후관리에 소홀했기 때문이다.

텔레마케팅의 광범위한 기법 중 700 서비스는 단편적이었으며 극히 초보적인 과거의 기법이었다. 예컨대 병원에서 이용하고 있는 전화예약이나 전화자동응답 시스템도 일종의 텔레마케팅 기법이다. 그렇다고 의료기관이 일반 기업의 상품처럼 텔레마케팅을 적극적으로 활용하기란 쉽지 않다. 텔레마케팅은 광고보다 좀 더 적극적인 판매촉진 활동이기 때문이다.

그렇다면 의료기관에서 현실적으로 실현가능한 방법은 무엇일까? 우선 지속적인 환자관리라는 서비스 강화 차원에서 시작할 수도 있다. 병원에 대한 이미지나 친절도 조사, 주기적으로 환자나 보호자와의 전화 통화로 환자의 건강상태를 물어보면 그것만으로도 기대효과는 충족시킬 수가 있다. 이는 곧바로 병원의 신뢰감을 심어주고 환자에게 병원을 다시 찾도록 하는 동기가 되는 것이다.

특히 고혈압이나 당뇨, 신장 및 심장병, 갑상선질환 등 만성질환자를 전문으로 하는 병원이나 정기적으로 종합적인 건강을 체크 하는 건강검진 전문병원, 고액진료를 하는 병원들의 경우 한번쯤 시도해볼 만한 마케팅기법임에는 틀림없다.

의료서비스 산업에서의 텔레마케팅 활용사례로, 서울 OO한방병원에서는 '콜 마케팅'이라는 팀을 통해 텔레마케팅을 수행하고 있다. 이 병원에서는 일반 환자들에게 병원을 홍보하거나 아프지도 않은 고객들에게 병원을 방문하게 하는 등의 홍보업무 차원에서 단순히 텔레마케팅을 진행하고 있지는 않다. 이 병원에서는 전략적인 측면에서 콜 마케팅팀을 통해 고객 상담센터의 역할을 충실히 수행하고 있다. 더불어 전체 직원의 10%에 해당하는 직원들이 환자 또는 고객들과 전화 상담을 통해 환자들의 다양한 고민을 듣고 해결해 주고 있다.

일반적으로 텔레마케팅을 담당하는 텔레마케터들은 고객과의 1대1 커뮤니케이션을 통해서 고객유지, 고객만족 향상, 신규고객 확보를 수행하고 있다. 국내 의료서비스 산업 및 의료 시장의 특성상 병원의 텔레마케팅의 성격과 목적은 고객유지와 고객만족의 향상, 신속한 상담 등의 문제를 해결하는 효과적인 수단이 될 수 있다.

이러한 병원에서의 텔레마케팅은 꼭 전문적인 교육을 받은 텔레마케터를 채용하지 않더라도 환자와 접촉한 모든 의료인, 병원관계자가 활용함으로서 환자나 보호자들로부터 병원에 대한 신뢰와 고객만족도 향상을 이끌어 낼 수 있는 효과적인 방법이 된다. 즉, 병원에서 환자의 수술이나 퇴원, 추가 내원이 필요한 경우 등에 있어 병원 관계자들의 환자나 보호자에 대한 텔레마케팅 활동은 매우 긍정적인 마케팅 활동인 것이다.

광주광역시에 위치한 예일치과 의원은 사랑니를 발치한 환자들이나 임플란트 수술을 한 환자들에게 당일 저녁에 전화를 하여 통증의 유무와 시술부위에 대한 적절한 가정 내 조치요령 및 다음 내원시기 등을 재차 알려주고 있다.

또한 내원한 환자들의 고객관리를 통해 생일을 맞이한 고객들에게 전화나 문자메시지를 활용해 축하메시지를 전하고 있으며, 충치치료 등을 받은 어린환자들의 경우 보호자에게 주기적으로 텔레마케팅을 전개해 아이들의 구강보건과 관련한 관리기법과 궁금한 점 등을 상담해 주고 있다. 더불어 신흥택지개발 지구에 위치해 있는 병원특성상 아파트 단지 내 구전홍보와 가족단위 내원환자들에 대한 집중관리에 보다 적극적으로 임하고 있다.

텔레마케팅이라 하면 판매나 판매촉진만을 목적으로 하는 텔레 세일즈와 동일시 생각하여 거부감을 갖는 병원관계자들이 대부분이다. 그러나 텔레마케팅은 병원과 고객과의 보다 원활한 관계형성을 목표로 이를 위한 마케팅 도구로서 활용되어지고 있다.

소비자들에게 작은 편의를 제공하는 측면에서 소비자들이 관련 질환의 문의나 병원이용을 위해 부담 없고 편하게 사용할 수 있도록 수신자가 통화요금을 부담하는 전화인 080 클로버 서비스를 제공하는 것도 고려해 볼 문제이다. 또한 병원간의 경쟁이 치열해지면서 전국적인 네트워크를 형성한 병원들 간에는 전국 단일번호 기능으로 전화를 거는 이의 위치에서 가장 가까운 병원을 자동으로 연결시켜주는 1588국번과 같은 전국 단일번호를 활용함으로서 환자들이 보다 쉽게 자신의 위치와 가장 가까운 병원에 연결될 수 있도록 할 필요가 있다.

✛ 그림 3-15_
광주 예일치과
의원 병원 내부

일부 네트워크 병원의 경우 고객들의 전화를 통한 질환별 상담 등이 많아지면 대표병원에서 콜센터를 구성하여 관련 업무만을 전담토록 하는 경우도 있다. 이를 통해 중앙의 콜센터에서는 상담을 중심으로 업무를 처리하고 병원 내원을 원하는 환자들에게는 가장 가까운 지역별 병원에 연결시켜줌으로서 지역 네트워크 병원측면에서는 전화상담보다는 환자와의 1대 1 상담과 진료에 집중할 수 있도록 하는 역할을 하고 있다.

자생한방 병원은 추나를 이용한 척추치료를 전문화한 의료기관이다. 양·한방을 통틀어 드물게 텔레마케팅을 시도하고 있는 병원이기도 하다. 이곳 고객지원팀(PM)으로 불리는 텔레마케터는 모두 6명으로 3개월간의 집중교육을 받은 전문요원들이다. 전화 응대법은 물론 약재나 추나치료와 관련된 교육을 약사·의사와 같은 전문인들에게 받은 뒤 현장에 투입된다.

아웃바운드 전화 대상은 이곳에서 치료를 받은 모든 환자들로서 치료 후 증상의 변화와 현재 건강상태 및 병원 내원 시 불편사항 등을 질문한다. 보통 치료가 시작된 지 3~4일 후부터 치료가 끝날 때이며 3개월에서 6개월 단위로 아웃바운드 텔레마케팅을 전개하고 있다.

본래는 환자관리를 위한 서비스 차원에서 시작되었지만 시간이 경과함에 따라 환자 유인 효과도 기대되고 있다. 이것은 환자 자신에 대해 지속적인 관심을 가져주는 병원의 배려와 노력이 그대로 신뢰로 연결될 수 있음을 알게 하는 결과이다. 또 다른 기대효과로는 환자의 불만을 직접 수렴할 수 있다는 점을 들 수 있다. PM팀의 정기보고서가 바로 그것이다. 환자가 지적한 부분을 분석해서 해당과에 개선을 지시하는 등 고객만족도를 최대한 높이고 있다. 환자가 치료비의 부담을 호소했다면 이 내용을 환자 진료기록지에 첨부해 의사가 참고하도록 하고 있다. 특히 치료효과에 대한 평가도 할 수 있어 연구기능을 지원하는 효과도 거두고 있다.

이밖에도 이 병원은 현재 3명의 예약팀을 가동하고 있는데 진료 예약 뿐 아니라 예약 확인도 진행하고 있어 해약률을 종래 50%대에서 20~30%대로 크게 감소시키고 있다.

인천광역시의 석남동 주택가에 자리 잡고 있는 성민병원은 지역밀착 홍보로 자리 잡은 중소병원이다. 과거 전화를 이용한 텔레마케팅은 ARS(전화자동응답 시스템)가 대표적이었다. 대부분 병원소개에만 그치는 ARS 기능을 성민병원에서는 환자 만족도 조사와 병원장의 새해 인사, 소아의 예방접종 시기 안내 등에 이용하고 있다.

처음에는 병원 위치가 주택가인 관계로 환자들의 접근성이 떨어진다는 단점을 극복하는 차원에서 병원위치 등의 안내를 위해 도입하였다. 그러다가 이를 좀 더 적극적으로 활용하기 위해 음성 연하장을 개발하게 되었다. 병원장의 목소리로 50초의 새해 인사를 담아 병원을 내원하여 치료받은 경험이 있는 가정들에 전해주는 방식이었다. 통화료가 50원 밖에 들지 않기 때문에 연하장의 10분의 1 가격에 감동을 전할 수 있었다. 3년 동안 1만여 명에게 전화 연하장을 돌렸다.

또 환자 만족도 조사는 전화로 녹음된 내용을 들려주며 설문에 대한 답을 번호를 눌러 기록하도록 하는 방법으로 진행하였다. 설문 결과를 분석하여 지적을 받은 직원에게는 1일 병원 안내라는 봉사 명령이 떨어진다. 이밖에도 간호 책임자가 퇴원한 환자에게 전화를 걸어 사후 관리를 해주고 있다. 전화 조사내용은 대부분 재발여부 및 병원이용에 대한 환자만족도와 불편사항 등이다.

17. 기능형 SP

☞ 기능형 SP는 먼저 제품을 접촉, 설명, 사용하도록 함으로써 기업 및 제품에 대한 관심과 이해를 도모하려는 샘플링 SP(Sampling Sales Promotion)와 할인 쿠폰이나 가격 할인, 환불로 소비자에게 이익을 주는 프라이스 SP(Price Sales Promotion), 응모, 추첨이나 콘테스트의 방법으로 경품, 사은품(gift), 각종 프리미엄을 제공하는 프리미엄 SP, 회원 제도와 스탬프, 서비스 제도에 의한 장기적·고정적 고객 유지를 목적으로 하는 CRM SP, 마지막으로 유통 업자에게 특전을 제시함으로써 자사 상품의 취급을 유도하기 위하여 기능형 SP 수단을 유통 기관을 대상으로 실시하는 유통형 SP가 포함되고 있다.

영리를 목적으로 하는 기업이나 조직체의 전형적인 프로모션 수단이었던 기능형 SP에 대한 비영리기관의 대표라 할 수 있는 병원에서의 관심이 증가하고 있다. 프라이스 SP의 하나인 가격할인을 비롯하여 쿠폰, 콘테스트, 기프트나 경품 제공은 물론, 장기적인 고객관리를 위한 CRM SP 등 과거에는 생각조차 할 수 없었던 사례가 자주 등장하고 있다.

이러한 기능형 SP는 크게 프라이스 SP, 샘플링 SP, 프리미엄 SP, CRM SP 등 네 가지로 나눌 수 있으며, SP 실시 대상은 크게 소비자 SP와 유통 SP로 나눌 수 있다.

기능형 SP의 다섯 가지 형태를 구체적으로 설명하면 다음과 같다.

1) 프라이스 SP

(1) 쿠폰(Coupon)

쿠폰은 여러 가지 방법으로 특별한 가격 할인권을 목표 소비자에게 도달시켜 판매 촉진 효과를 활성화시키는 수법을 말한다. 이는 곧 브랜드에 대한 구매 촉진의 중요한 수단으로 연결된다. 쿠폰은 상품의 하향 추세

✚ 그림 3-16_
건양대 병원
검진우대권

를 역전시키고, 감소 추세에 있는 시장 점유율을 증가시키며, 정체 브랜드의 구매 유발을 촉진시킬 때 사용된다.

쿠폰의 종류에는 인쇄 매체 쿠폰과 DM 및 머천다이징 쿠폰이 있으며 언·인 팩을 이용한 패키지 쿠폰이 있다.

(2) 보너스 팩(Bonus Pack)

같은 가격에 내용물만 증가시켜 고객으로 하여금 특매품의 기분을 느끼게 하는 수법이다. 보너스 팩은 한번 구입하였으나 특별한 이유 없이 그 상품에 정착하지 않았던 고객에 대한 재구매의 유도 및 그 상품에 매력을 느끼고 있는 고객에게 만족감을 주는 SP이다. 만약 그 상품이 고객에게 지지를 얻고 있다면 고객별로 기호에 맞는 프리미엄을 배포하는 수법보다도 그 상품 자체를 충실히 하는 것이 고객에게 더 매력을 줄 수 있고 적중률 또한 높다.

(3) 시용형 팩(Trial Pack)

시용 구매의 형성을 위한 것으로 통상적인 패키지와 다르게 소량의 특별 패키지를 제작하여 할인된 가격으로 판매함으로써 상품을 처음 구매하는 고객에게 리스크(상품을 처음 구입하는 고객이 경험할 실패에 대한 위험 부담)를 줄여줄 수 있다.

시용형 팩은 경비의 일부를 소비자가 부담하는 유료 샘플링으로써 새로운 고객층의 획

득을 목적으로 실시하며, 재구입의 가능성도 높다. 신고객 획득을 위해서는 매장에서의 강한 인상이 필요하며 특별 진열이나 그 외의 SP 수단을 잘 조합하여 대처해 나가야 한다.

(4) 환불 제도(Refund 또는 Rebate)

상품 구입에 대한 증거물을 송부하면 상품 구입 금액의 일부가 반환되는 제도이다.

환불 제도의 전개 방법을 살펴보면 다음과 같다.

리펀드는 인센티브의 한 형태로서 상품을 구매한다든지 서비스를 이용할 경우 일정액을 반환해 주거나 또는 할인 쿠폰을 발행해 주는 것을 말한다. 리펀드는 리베이트(rebate)와 비슷한 의미로 사용되며 단순하게 할인 쿠폰을 발행하는 것과는 차이가 있다. 그 차이란 다음과 같은 세 가지 요소에 의해 설명될 수 있다. 첫째, 구매를 하거나 서비스를 이용할 경우는 구매 증명이 필요하다. 둘째, 그 증명이 제공자(기업)에게 보내져야 한다. 셋째, 이에 대해 환불이나 보상 등 여러 프리미엄 방법이 제공된다.

(5) 가격 할인(Off Label 또는 Price Off)

한정된 수량의 상품에만 기업 측에서 특별한 할인 처리를 하는 것으로써 가격 할인을 강조하여 고객에게 인식시킨 후에 상품의 구입과 연결시키는 방법이다. 성형외과나 치과, 안과를 중심으로 경쟁이 심화되면서 가격을 할인해 주는 사례가 자주 등장하고 있다. 본래 병원은 비영리를 목적으로 의사의 전문성을 기반으로 하여 의료서비스를 제공하기 때문에 전통적으로 가격 경쟁을 실시하지 않았다. 최근 과다한 임플란트의 치료비용에 대한 일부 치과의 반발로 가격 경쟁이 시작되면서 사회적인 관심을 증가시킨 사례도 있었다.

모 피부과의 반값 할인 이벤트와 같이, 지나친 가격 할인은 고객으로 하여금 '기업이나 조직체에 대한 이미지나 신뢰도'를 떨어뜨릴 우려도 있으므로 유의해야 하며 대량 구입에 따른 가정 내의 상품 축적 유발은 과다한 금액을 투하하여 오히려 '자사 상품 수요의 방해' 요소로 작용할 우려가 있으므로 기업 측의 면밀한 조사와 정책이 요구된다.

2) 샘플링 SP

(1) 상품 샘플링(Products Sampling)

잠재 고객층에 상품 샘플을 배포하고 실제로 그 상품을 사용하게 하여 구매 의욕을 자극하는 수법이다. 판매 대상 상품과 동일하거나 작은 크기의 상품을 고객에게 직접 소비하게 하여 실제로 상품의 특징이나 이점을 이해시키는 수법이다. 이 방법은 상품의 존재나 사용상의 필요성을 인지 못하는 도입기에 있어서 새로운 고객을 획득하는 데 가장 효과적인 수단 중의 하나이다. 그러나 많은 비용이 소요되므로 표적 시장의 고객에게 정확히 도달되어야만 비용 대 효과 면에서 성공을 거둘 수 있다.

샘플링 방법은 주로 음료, 식품, 화장품 등의 편의품과 같은 비교적 저렴한 제품에 많이 이용되고 있다. 제약회사에서 병원이나 약국을 대상으로 새로운 약품에 대해 홍보하고 샘플을 제공하는 것도 이 범주에 해당된다.

(2) 모니터링(Monitoring)

상품 단가가 높은 전문품이나 내구 소비재, 고가 제품 등은 고객이 직접 소비하게 하여 제품에 대한 장점 등을 충분히 납득시키는 것이 바람직하다. 그러나 상품 특성상 샘플링 기법을 쓸 수도 없으며, 가격 할인 등으로 첫 회 소비를 유발시켰다 하더라도 단기간에 재구입으로 연결시키기란 매우 어렵다. 이러한 문제점을 해결하기 위한 방법으로 모니터링이 자주 활용되며 이것은 단순한 상품의 사용이 아닌 정기적으로 감상문을 제출하며 앙케이트 조사에 응답하는 조건으로 상품을 사용하게 하는 방법이다.

모니터링은 소비자에게 자사의 상품을 장기간의 사용, 소비하게 함으로써 경쟁 상품과 비교하여 우수성을 자세히 인지할 수 있는 기회를 제공할 수 있는 것과 기업의 입장에서도 현장에서 실소비자의 살아 있는 정보를 효과적으로 조사, 분석할 수 있다는 특징을 갖고 있다.

(3) 데몬스트레이션(Demonstration)

상품을 실제로 고객에게 전시하거나 설명, 안내 등의 프레젠테이션 기법을 잘 이용하여 실증이나 실연을 통한 상품의 우위성을 이해시키는 방법이다. 생활 용품의 경우에는 단순한 상품 전시뿐만 아니라 사용도 중요하지만 이와 함께 충분한 이해를 돕기 위하여 다양한 연출 효과가 필요하다. 데먼스트레이션은 전문적인 지식과 교육 과정을 수료한 사람을 통하여 지루하지 않도록 자세하고 즐겁게 상품을 소개하는 '이벤트형 전개'가 필요하다.

3) 프리미엄 SP

프리미엄(premium)과 비슷한 개념으로 인센티브(incentive)가 있다. 프리미엄이나 인센티브는 가시적인 보상이나 매력을 제시하여 소비자나 유통기관이 구매나 어떤 행위를 일으키도록 하는 세일즈 프로모션 수단이다.

프리미엄 SP는 보상심리를 이용하여 태도변화에 영향을 줌으로써 구매행동에 직접 자극하는 힘은 매우 크지만 프리미엄을 4대 매체 광고에서 주요 콘셉트로 이용하는 것은 그다지 좋은 방법이라 할 수 없다. 이미 상품에 대해 부정적인 소비자 태도가 있는 경우에 이러한 태도를 바꿀 목적으로 프리미엄을 활용하는 경우도 좋지 않다. 일반적으로 고객이 특정 상품에 대하여 강한 브랜드 충성도나 신념, 동기, 태도를 가지고 있는 경우는 프리미엄의 효과를 제대로 발휘할 수 없다.

프리미엄이나 경품을 제공하는 방법으로 추첨 방식이 있는데 영어로 'sweep-stakes'나 'Lottery'로 표현되고 있다. 보통은 개방적 프리미엄에 의한 무작위의 추첨을 통하여 당첨자를 선정하여 해당하는 경품을 제공하게 된다. 콘테스트(contest)는 프리미엄이나 경품과 비슷한 면도 있지만 개인적인 재주나 능력을 테스트하여 그 순위에 따라 응모자를 시상한다는 점이 다르다.

(1) 온·인·니어 팩(On·In·Near-Pack Premium)

① 온 팩 프리미엄(On-Pack Premium)

상품 패키지에 프리미엄을 직접 부착시키는 형태이며 고객의 눈으로 직접 확인할 수 있도록 하여 잘못된 구매 결과에 대한 불안감을 해소하는 데 큰 이점이 있다.

② 인 팩 프리미엄(In-Pack Premium)

상품 패키지 안에 프리미엄 상품을 넣어 고객으로 하여금 기대감과 호기심을 자극하는 방법이다. 프리미엄의 내용이 무엇인지 직접 확인할 수 없다는 단점이 있지만 온(On) 방식보다는 제조 과정이 간편한 이유로 유통 기관에서 취급이 편리하며 프리미엄 내용물을 제품 안에 삽입시켜도 기존 상품과 크기가 동일하므로 매장 내부의 기존 선반에 진열하여 판매하는 것이 가능하다.

③ 니어 팩 프리미엄(Near-Pack Premium)

프리미엄을 상품 패키지와 일체화시키지 않고 상품의 가까운 장소에 배치하여 구매 시에 소비자가 직접 매장에서 받아가게 하는 방법이다. 그러나 구입하지도 않고 프리미엄 상품만을 필요로 하는 고객이나 구입 시 당연하게 제공된다는 인식을 가진 고객이 많으므로 프리미엄에 대한 세부적 전략이 필요하다. 프리미엄의 내용을 알 수 있도록 눈에 잘 띄는 곳에 배치하는 세심한 방법이 요구된다.

(2) 용기 프리미엄(Re-Usable Package Premiums 또는 Special Container)

패키지를 재이용할 수 있게끔 제작하여 상품 사용 후에 일상생활에서 다시 활용하게 하는 프리미엄이다. 예를 들면, 사탕을 담은 용기를 저금통 형태로 제작하여 상품 사용 후에 저금통으로 재사용할 수 있도록 하는 것을 들 수 있다.

이 방법은 제품을 담은 용기가 예쁘거나 디자인이 매력적이어서 소비자의 시선을 끄는 효과가 매우 크지만 종전과 마찬가지로 정상 가격을 유지하는 예가 많아서 용기의 제조 가격을 잘 관리하여 수익률을 떨어뜨리지 않는 것이 중요하다.

그러나 용기가 매력적이지 못한 경우는 매출이 늘어나지 않음은 물론 제조비용이 상승됨으로써 비용부담이 커질 수 있고, 또한 비슷한 일반 용기와는 규격이 다르거나 깨지기 쉽기 때문에 물류비용이 추가로 발생하기 쉬운 단점이 있다.

(3) 자기 정산 프리미엄(Self Liquidators Premiums)

기업에서 제시한 일정 금액 이상을 구매했다는 증명을 첨부하거나 구매 증명과 함께 프리미엄의 일부 금액을 송부하면 프리미엄을 받을 수 있는 수법으로써 비교적 고가의 프리미엄을 필요로 한다. 소비자 측에서 보면 프리미엄의 일부 금액을 부담하기만 하면 반드시 고가의 프리미엄을 받을 수 있다는 장점이 있으며 기업 측도 고객이 가급적 구매 조건을 채워서 적극적인 구매 활동으로 연결되게 하는 이점이 있다.

백화점에서 실시하는 프리미엄 사례에서 발견할 수 있듯이 일정한 구매 한도마다 경품을 제공하는 방법이 여기에 속한다.

(4) 응모 추첨 프리미엄(Mail-in Lottery Premiums)

구입 증명을 송부하면 응모자 가운데 일부를 추첨하여 프리미엄을 받을 수 있게 하는 방법이다. 응모할 때 다소 귀찮고 당첨에 대한 불확실성 등이 있지만 아직도 이 방법이 널리 사용된다. 이것이 선호되는 이유로는 구매에 대한 직접적인 효과보다 특정 제품과 서비스에 대한 화제성을 유도하는 데 유효하기 때문이다.

(5) 즉석 당첨 프리미엄(Instant Winner Premium)

상품 구입과 동시에 즉석에서 추첨을 통해 프리미엄을 제공하는 수법이다. 매우 신속한 운영으로 인해 그 장소에서 당첨 결과를 알 수 있으므로 사행심이 조성되어 매장에서 충동 구매를 자극하는 데 유효하며 연속적인 구매에도 촉진적인 기능을 한다. 주로 백화점 및 대형 소매점에서 이용하며 통행인의 시선을 집중시키고 구전 효과에 의한 고객의 관심을 유발하는 데 커다란 역할을 기대할 수 있다.

(6) 콘테스트(Contest)

상품 구입에 대한 조건 없이 퀴즈 등으로 현상·응모하게 하는 방법으로 고객의 적극적인 참여를 통하여 기업의 마케팅 커뮤니케이션 활동에 관심을 유도할 수 있도록 많은 아이디어를 창출한다. 퀴즈나 앙케이트 등을 통해 고가의 상품이 제공되므로 상품의 매력에 이끌려 소비자들은 응모하게 된다. 콘테스트가 프리미엄 SP로 분류되는 이유는 프로모션 캠페인을 통하여 결국 고객에게 차등적으로 프리미엄을 제공하기 때문이다.

자사 브랜드나 상품 특성 등을 퀴즈나 콘테스트를 이용하여 반복, 인지시킴으로써 설득적 커뮤니케이션이나 브랜드를 강력히 인지시키는 데 효과를 나타내고 있다. 종종 콘테스트에서는 제품의 구매를 증명하는 증거를 요구하는 경우가 있으며, 이 증거가 그 콘테스트에 참가할 자격을 부여하는 것이다. 이 때문에 콘테스트가 이루어지려면 대체로, 상품, 문제해결지식, 제품구매증거라는 세 가지 요소가 필요하다. 즉, 콘테스트에서 상을 받는 것은 운이 아닌 문제의 해결 능력에 기초를 두고 있다.

추첨(sweepstakes)이 콘테스트와 다른 점은 문제해결능력이 필요 없다는 것이다. 추첨에서 상이 주어지는 경우는 모두 운(chance)에 의한 것이며, 수상자는 모든 참가자 중에서 선택된다. 가끔 기업들이 제품의 구매증거를 원하는 경우도 있는데, 필수사항은 아니다. 만약 제품의 구매 증거를 요구한다면 그것은 일종의 복권(lottery)이 된다.

병원에서 실시한 콘테스트의 사례로는 광주 보라 안과 병원(구, 이연안과 병원)을 들 수 있다. 2013년 '보라 안과 병원'으로 병원 명칭을 바꾸면서 새로운 이미지에 알 맞는 병원 명칭을 찾기 위해 2012년 네이밍 공모전(naming contest)을 실시하였다. 지역성을 떠나 21세기 글로벌 안과전문병원으로의 도약을 위해 새로운 병원명을 2012년 4월 20일까지 공모하여 1등에서 3등까지 상금을 지급하였다.

4) CRM SP

(1) 스탬프(Stamps) 제도

일정 구입 금액에 상당하는 스탬프를 모아서 규정된 종이에 부착하여 제시하거나 송부하면 준비된 경품을 받을 수 있는 제도이다. 스탬프는 전통적 SP 수단의 하나로서 현재의 고객에게 특전을 부여하여 계속적으로 유지, 정착시키는 역할을 수행하고 있다. 쿠폰은 보통 단발적인 진행 과정을 거치지만 스탬프는 몇 회에 걸쳐 수집, 보관하여 제시해야만 프리미엄을 제공하므로 제도 시행에 있어서 차이가 있다.

그러나 스탬프 보관 및 송부에 따른 번거로움을 극복할 수 있는 탄력적인 방법을 검토하여 수행하는 것이 필요하다.

함소아 한의원에서 실시한 함소아 겨울 뜸 출석부는 스탬프의 대표적인 사례이다. 이 행사는 먼저 퀴즈를 통한 콘테스트 방식으로 실시하였는데, 어린이의 비염과 감기에 좋은 뜸 치료 방법을 개발하여 퀴즈에 참여한 사람(48명)에게 경품을 제공하였다. 또한 10번 이상 참가한 사람에게는 스탬프를 통해 함소아 한의원에서 개발한 천연 해열제를 제공하였다.

＋ 그림 3-17_
함소아 겨울 뜸
출석부

(2) 회원제도

상품 구입자를 대상으로 여러 가지 특전을 얻을 수 있는 회원 조직 및 제도에 가입시킴으로써 고객의 고정화를 촉진하는 제도이다. 주로 화장품 회사, 백화점, 정유 회사, 이동 통신 회사 등에서 회원 카드를 발행하여 우량 고객을 고정화시킬 목적으로 전개하고 있다.

오늘날과 같은 치열한 시장 세분화 시대에서는 신속히 매출 실적이 좋은 우수 고객을 확보하여 자사의 고객으로 유지, 관리할 수 있는 전략적 발상은 매우 중요한 요소로 작용한다. 또 브랜드 로열티를 향상시킬 뿐만 아니라 고객 1인당 구입 금액을 높이기 위해서 회원 제도를 통하여 수집한 데이터를 기반으로 다이렉트 마케팅 기법 등을 도입하여 구매가 예상되는 잠재 고객을 확보하는 전략의 일환으로도 활용된다.

(3) 서비스 제도

여러 가지 서비스에 의한 특전을 제공하여 구매 활동을 유도하는 방법이다. 구매에 동반한 특전이 유형뿐만이 아닌 무형의 점검이나 무료 배달이라는 서비스의 형식을 취하기도 한다. 제공된 서비스는 단순히 '덤'이라는 의미보다는 상품의 일부분으로 취급돼야 하며 지속적이고 장기적인 전개가 필요하다.

시장이 성숙기에 접어들면 제품의 차별성은 사라지게 되어 서비스에 대한 다양한 특전을 제공한다는 것은 무엇보다 중요하게 된다. 공급 과잉에 있는 성숙 시장에서 제품 사이의 품질은 균등하기 때문에 서비스에 의한 차별화가 매우 중요한 의미를 내포하며, 특히 PC, 자동차와 같은 전문품, 내구 소비재에 있어서는 구매 후의 다양하고도 신뢰할 수 있는 서비스의 제공은 경쟁력의 핵심이 된다.

이상과 같이 기능형 SP 중에서 소비자 지향 SP에 해당되고 있는 샘플링 SP, 프라이스 SP, 프리미엄 SP, 제도형 SP의 자주 이용되는 것만을 골라 상품 인지, 태도 변화, 구매 행동에 어떠한 효과를 가지는지 정리해 보면 다음과 같다.

5) 유통형 SP

시장에 새로운 상품을 출하하고 상품 판매를 극대화하기 위하여 마케팅 활동을 전개하는 것 이상으로 최근 기업의 시장 경쟁에서 중요시되고 있는 분야가 유통업계이다.

오늘날과 같이 모든 산업의 전산화가 진전되는 가운데 유통업계는 POS(Point of Sales)와 EOS(Electronic Ordering System)[4]로 대표되고 있는 소매업 운영 시스템을 도입하여 경쟁력을 확대해 나가고 있다.

기업은 기존의 유통 형태에서 탈피하여 새로운 정보 시스템을 구축하고 여러 유통 관리 방법을 통하여 판매 영역의 전문성을 확보한 유통업체와 새로운 파트너십(Partner Ship)을 형성하고 있다.

이러한 상황 아래서 현대의 소비 시장은 점점 세분화되며 상품 또한 개발 단계에서부터 다양한 소비자의 욕구를 수용하여 고객 만족을 충족시키고 있다. 소비자의 자유로운 선택이 가능한 수요자 중심의 시장에서 기업이 보다 높은 이익을 확보하기 위해서는 소비자에 대한 마케팅 활동뿐만 아니라 유통업계에 대해서도 활발한 프로모션 전략이 필요시 되고 있다.

유통 SP란 '유통업계에 대해 특전을 제시함으로써 자사 상품을 취급하도록 유도하는 활동과 다양한 세일즈 프로모션 방법을 구사하여 판매 시에 소비자에게 자사 상품을 우선적으로 권유하도록 유도하는 일련의 활동'이다. 다시 말해서 유통 기관에게 자사 브랜드에 대한 마케팅 지원 활동을 전개하여 경쟁 제품보다 더욱 관심을 갖고 고객이 자사 제품을 구매하도록 동기를 부여하는 것이다.

유통 SP의 주요 목적은 다음과 같다.

① 자사의 제품을 취급하도록 유통기관에게 확신을 심어줄 수 있다.
② 기업의 재고는 줄이고 유통기관의 재고를 증가시킨다.
③ 광고 또는 소비자 대상의 SP를 지원한다.
④ 소매점이 자사제품을 진열하게 하거나 자사제품의 판매에 역점을 두도록 권장한다.
⑤ 과거 자사제품의 판매노력에 대한 보상(incentive)을 제공한다.

또한 많이 사용되는 유통 SP의 유형은 아래와 같이 정리할 수 있다.

· 특별 디스플레이 선반, 사인보드, 가격 POP, 아이 캣쳐(eye catcher) 등을 포함하는 POP 광고, 슈퍼마켓의 통로 사이의 양쪽 코너부분에 위치하는 음료수 등이 예가 된다.
· 개별 판매원의 판매노력에 대한 보상을 해주기 위한 각종 콘테스트

4) EOS(Electronic Ordering System) : 자동 발주 시스템, 발주 상황과 데이터를 상점에 입력시키고 통신 회선을 이용하여 본부와 배송 센터의 컴퓨터에 전송하는 시스템

· 기업의 제품을 진열하고 각종 정보를 제공해 주는 정기적인 제품 전시회
· 유통기관에게 정보 또는 지원 자료를 제시하는 판매원 회합(모임)
· 특별 판매목표를 달성한 유통기관에게 수여하는 장려금
· 기업의 제품을 전시해 주는 대가로 소매업자의 광고비용을 보상해 주는 광고공제

18. 이벤트 마케팅

☞ 이벤트는 마케팅믹스 수단의 하나인 프로모션과 프로모션믹스 요소의 중요한 수단인 세일즈 프로모션의 하부구조로 위치한다.
이벤트는 커뮤니케이션을 하기 위한 하나의 매체이며 그 중에서도 현장에서 직접 체험하고 공감하는 매체라는 점에서 다른 매체와 구별된다. 또한 매스 미디어와는 달리 접촉 방법이 극히 개별적, 개인적이며 현장에서의 참여가 가능하기 때문에 주최자와의 피드백(Feedback)이 이루어질 수 있고 참가자의 구전 효과까지 기대되어 쌍방향적 커뮤니케이션 특징을 나타내고 있다.

1) 이벤트의 개념

이벤트마케팅 영역의 이벤트는 마케팅믹스 수단의 하나인 프로모션과 프로모션믹스 요소의 중요한 수단인 세일즈 프로모션의 하부구조로 위치한다. 전통적으로 이벤트와 병원과의 관계는 깊다. 병원은 비영리를 목적으로 하기 때문에 지역과의 관계 개선과 공익을 위한 사회 공헌이나 사회봉사와 관련된 활동을 자주 전개한다. 이를 전문 용어로 '메세나'로 표현하기도 하는데, 특히 소외계층과 불우한 이웃을 돕기 위한 의료봉사 활동과 지역 주민의 건강과 환경 개선에 앞장서는 활동 등, 공공이벤트를 자주 실시하고 있다.

또한 이미지 개선과 홍보 활동의 일환으로 매스 미디어를 활용한 기업이벤트를 전개하고, 지역발전과 지역사회의 오피니언 리더로서의 역할을 수행하면서 지역이벤트도 꾸준히 개최하고 있다. 예를 들면, 건강 정보나 의학 관련 소식을 전달하기 위해 개최되는 심포지엄이나 세미나, 건강 강좌 등이 여기에 속한다.

최근 들어 문화에 대한 사람들의 인식이 향상되면서 문화 행사나 이벤트에 대한 병원의 관심도 점차 높아지고 있는 추세이다. 문화제나 미술전시회, 음악 콘서트, 초청 음악회 등의 문화이벤트를 후원함으로써 병원 이미지를 향상시키고 고객들에게 호감도와 친근감을 줄 수 있도록 하는 병원들이 지속적으로 증가하고 있다.

일반적으로 이벤트라는 용어는 나라, 학자에 따라 매우 다양하고 포괄적인 의미로 사용되고 있다. 뿐만 아니라 이벤트를 주최하고 있는 주체에 따라 형식에 따라, 참가자에 따라서 그 의미를 달리하기도 한다.

이벤트의 어원적 의미로는 라틴어의 'evenire(밖으로 나오다)'에서 유래되었으며, 사전적 의미로는 "사건, 소동, 행사, 중요 사건, 시합, 사람을 모으는 행사, 우발적인 행사, 경기 종목과 같은 것"을 뜻한다. 이벤트는 사회를 반영하는 것이므로 동양적인 의미와 서양적인 의미로 구분해서 생각해야 한다.

한편, 우리가 지금 사용하고 있는 이벤트의 용어는 일본에서 시작된 것으로, 서양적 의미보다는 더 포괄적이고 통합적인 의미를 가지고 있다. 동양적 의미에서 이벤트는 '사람을 동원하여 현장에서 실시하는 모든 활동 형태'로 규정하고 있기 때문에 투자된 비용에 대한 이익을 산출하려는 마케팅적 사고에서 벗어나서 막연한 의미로 사용되고 있다.

우리나라의 경우는 1988년 서울올림픽을 계기로 '이벤트(event)'라는 용어가 친숙하게 사용되고 있다. 이를 계기로 이벤트는 국가나 지역 발전에 무엇보다도 중요한 관광 산업, 문화 산업으로 인식되었고, 여러 마케팅 활동, 문화 행사, 공공 행사, 기업 행사 등을 통틀어 이벤트란 이름으로 연구, 발전되기 시작하여 구미에서 좁은 의미의 개념으로 사용되던 용어를 점차 광의적 의미로 접근하여 사용하게 되었다. 이는 일반적으로 이벤트가 갖고 있던 경제적 목적에만 국한하지 않고 국가나 지역의 전반적인 이미지 제고와 교류를 위한 범위까지 확대 해석되어 발전하게 되었다.

일본의 'JEPC(일본이벤트프로듀스협회)'가 정의한 바에 따르면 "이벤트란 목적을 가지고 특정한 기간에 특정한 장소에서 대상으로 하는 모든 사람에게 개별적이고 직접적으로 자극을 체험시키는 매체"라고 말하고 있다. 일본의 '인터크로스(Inter Cross)연구소'는 "이벤트란 광의로는 기간, 장소, 대상을 제한하고 공통의 목적으로 이끄는 의도를 가진 일체의 행사를 지칭한다. 단, 선거, 데모 등의 정치 관련 행사 종교 의식 등은 제외 된다."라고 정의하고 있다.

이벤트에 대한 이상의 정의를 요약해 보면 "이벤트란 특정의 목적, 기간, 장소, 대상을 전제로 하여 실시되는 개별적이고 직접적이며 쌍방향적인 커뮤니케이션 매체라고 할 수 있다. 단, 정치적, 종교적, 부정적, 그리고 사적(私的) 목적의 이벤트는 이 범주에서 제외 된다."고 할 수 있다.

다시 말해서 이벤트는 특정한 목적으로 해서 일정한 기간, 장소, 대상을 전제로 하여 실행되는 행사는 넓은 의미에서 이벤트라 할 수 있지만 이 중에서 부정적인 목적, 의미의 모임이나 정치적 캠페인, 종교적 행사와 개인적인 친선이나 사교를 목적으로 하는 행사 또는 모임(등산회, 낚시회, 기타 친목회)은 이벤트의 영역에서 제외된다고 할 수 있다.

최근에 주변에서 이벤트가 부정적인 목적의 모임, 행사에서 사용되거나 또한 극히 사적인 곳에서도 자주 등장하고 있는 것을 발견할 수 있다. 이벤트는 기원에서도 알 수 있듯이 축제적, 긍정적인 의미로 출발했으며, 특히 마케팅 측면에서 너무 벗어난 개인적인 범주까지도 포함하는 것은 잘못된 일이라 할 수 있을 것이다.

이렇게 정의 및 개념이 다양하게 나타난 원인은 각 나라에 따라서 이벤트의 기원과 경향이 다르기 때문이다. 일반적으로 서양적 의미에서의 이벤트는 주로 프로모션이 가깝고, 일본은 공공 이벤트의 성향이 강하며, 한국은 PR적 성향이 두드러지게 나타나고 있다.

이벤트는 목적, 시간, 대상, 내용을 모두 갖춤으로써 하나의 완전한 형태를 이루게 되는데 이벤트의 특성을 파악할 수 있는 가장 기본적인 전제는 그 매체적 특성으로 직접적(Direct)·쌍방향적(Two-Way)·개인적(Personal) 커뮤니케이션 수단이라는 점이다.

이벤트는 커뮤니케이션을 하기 위한 하나의 매체이며 그 중에서도 현장에서 직접 체험하고 공감하는 매체라는 점에서 다른 매체와 구별된다. 또한 간과해서는 안 될 특성 중의 하나는 매스 미디어와는 달리 접촉 방법이 극히 개별적, 개인적이며 현장에서의 참여가 가능하기 때문에 주최자와의 피드백(Feed-back)이 이루어질 수 있고 참가자의 구전 효과까지 기대되어 쌍방향적 커뮤니케이션 특징을 나타내고 있다는 점이다.

2) 이벤트의 특성

일반적으로 제3의 매체라고 불리는 이벤트는 제1매체인 인쇄 매체와 제2매체인 전파 매체와는 달리 사람들 간의 직접적 접촉에 의해 이루어지며 축제성을 함축하고 있다. 그 외에도 송수신자의 일체감, 쌍방향 커뮤니케이션, 공감 공유, 현장감 등의 특성을 지니고 있다.

오늘날은 이벤트를 산업론과 문화론적인 측면보다는 미디어론적 입장에서 접근하는 것이 일반적인 방법으로, 특히 기업의 마케팅 활동과 연관 지어 보면 더욱 타당하다고 할 수 있다. 따라서 미디어 측면에서 이벤트의 현대적 의의 및 특성에 관해 좀더 세분화시켜 분류하면 다음과 같이 구분될 수 있다.

먼저 제1미디어는 신문, 잡지로 대표되는 가장 전통적, 고전적 매체라 할 수 있는 인쇄 매체이다. 제2미디어는 라디오와 같은 음성 미디어, 제3미디어로는 TV로 대표되는 영상 미디어, 그리고 제4미디어는 디지털 매체, CATV, 위성방송 매체 등의 뉴미디어, 마지막으로 제5미디어는 사람과 사람(전달자와 수신자 또는 기업과 관객)이 직접 만나 동일한 장소에서 개인적, 쌍방향적인 커뮤니케이션이 이루어지는 이벤트로서 퍼스널 커뮤니케이션이다.

다섯 가지로 분류된 미디어 외에도 옥외 광고, 교통 광고, 그리고 POP 광고, DM 광고, SP 광고 등 다양한 분류의 매체가 존재하고 있다.

한편, 여기에 각 매체들은 독립적 또는 복합적으로 기능하면서 매체 특성을 나타내고 있는데 제1미디어에서 제3미디어, 즉 신문, 잡지, 라디오, TV와 같은 매스 미디어는 4대 매체로 표현되며 불특정 다수에게 일방적으로 많은 메시지를 전달할 수 있는 매체 특성을 가진다. 지난날 대량 생산, 대량 판매, 대량 소비의 구조를 지탱해 왔던 매스 미디어는 사람들의 라이프스타일이 개성화, 다양화되고 또한 정보화가 사회 곳곳에서 실현되어 감에 따라 충분한 기능을 발휘할 수 없게 되었다.

제4, 제5의 미디어는 쌍방향 커뮤니케이션이 가능하며 개인적 소구가 가능한 매체특성을 가지고 있다. 이 가운데 특히 이벤트는 개별적인 접근에 의해 현장에서의 감동, 메시지가 전달되는 대면 커뮤니케이션(face to face communication)이 가능하다는 점에서 다른 쌍방향 매체들과 차별된다. 또한 이벤트의 매체적 특성은 시각에 따라 다음과 같은 설명도 가능하다.

인간은 커뮤니케이션을 위해 고전적인 매체의 형태로부터 신문, 잡지 등의 인쇄 매체와 라디오, TV 등의 전파 매체 등을 활용하고 있다.

제1매체인 인쇄 매체는 오랜 역사를 지니고 있으며 커뮤니케이션 활동을 위해 활용되는 기본 매체로서 보존성, 기록성, 설득성 등의 특성을 지니고 있다. 그리고 제2매체인 전파 매체는 시각과 청각에 의한 소구력을 갖고 있으며 즉효성(卽效性)과 적시성(適時性)의 특성을 지니고 있다.

이러한 제1, 2매체의 공통점은 커뮤니케이션의 흐름이 일방적이며 일반 대중은 항상 수신자의 입장이 된다는 점이다. 그러면 제3매체라 불리는 이벤트가 어떠한 매체적 특성을 갖고 있는지 살펴보기로 한다.

먼저 이벤트는 기존의 제1, 2매체와는 달리 쌍방향적 커뮤니케이션이 가능하다는 특성을 갖고 있으며 일정 장소에서 사람과 사람의 직접적인 만남을 통해 커뮤니케이션을 행한다는 원시적, 축제적 성격을 갖고 있다. 또한 현장 참가라는 특성상 기존 매체에서 일방적 수신자 위치를 갖고 있던 대중이 적극적으로 송신자의 역할을 수행할 수 있다는 특성도 갖고 있다. 이와 같은 매체적 특성이 현대 사회의 대중 욕구와 연결됨으로써 이벤트는 새로운 매체로서 자리잡아가고 있다.

3) 이벤트의 종류와 분류

이벤트의 종류는 분류 방법에 의해 다양하게 나누어질 수 있다. 예를 들면 올림픽이나 월드컵 행사, 박람회 등과 같은 대규모 이벤트로부터 회사 창립 기념 체육대회와 점포 오픈 이벤트 등에 이르기까지 그 내용이나 목적, 규모 등에 따라 다양하게 분류된다. 그러나 이벤트 실시 후 사후 평가 시, 효과 측정 기준 설정의 어려움으로 인하여 정확한 측정과 평가, 그리고 이에 따른 분류 기준이 용이하지 않은 실정이다.

한편, 이벤트 실무자 및 이벤트 다양한 활용 방법에 대하여 좀 더 구체적으로 알기를 원하는 사람들의 이해를 돕기 위하여 이벤트의 분류 방법과 분류에 따른 전략적 전개 방향에 대하여 심도 있는 논의는 필요할 것이다. 그럼에도 불구하고 모든 이벤트는 그 다양성 때문에 이 책에서 제시된 특정 분류 방법에 의해 완전하게 구분될 수는 없다.

예를 들어 견본시는 형태별 분류로는 전시형 이벤트의 하나로 분류되며, 목적별 분류로는 판매 촉진 이벤트로 분류되기도 한다. 더 구체적인 예로, 광주시가 개최하는 김치 축제는 주최측에 따른 분류로는 공적 이벤트로 구분되며, 형태별 분류로는 지역 축제를 대변하고 있기 때문에 지역 이벤트가 됨과 동시에, 맛의 고장으로서 광주의 식문화를 주제로 하기 때문에 문화 이벤트에 포함되기도 한다. 따라서 위에서 제시된 분류 방법은 각기 다른 이벤트를 이해 또는 평가하기 위한 하나의 접근 방법으로 생각하면 좋을 것이다.

이벤트 분류 방법은 보는 시각에 따라 다양한 분류방법이 있겠지만 여기서는 가장 일반적인 분류방법에 의해 설명하기로 한다. 이벤트의 종류는 크게 주최 측의 성격 및 목적에 따른 분류, 실시 형태에 의한 분류, 이벤트 참가자의 입장에 따른 분류 등이 있다. 여기서는 다음의 두 가지 분류 방법에 대하여 알아보자.

(1) 주최측에 따른 분류

먼저 이벤트 주최측에 따른 분류를 살펴보면 크게 세 가지로 나누어지는데, 첫째는 정부 및 지역의 공공 기관과 같은 비영리 조직이 실시하는 공적(공공) 이벤트(Public Event), 둘째는 영리 기업이 주최하는 기업 이벤트(Corporate Event), 셋째는 개인이나 소규모 단체가 주관하는 사적 이벤트(Private Event)이다(표 3-4 참조).

정부 및 공공 기관, 병원이 중심이 되어 개최하는 공공 이벤트는 공공의 목적을 수행 또는 지원하기 위해 계획된다. 즉, 지역 발전과 활성화, 지역의 이미지 향상, 지역 홍보, 지역 주민의 공동체 의식 조성, 산업 기술의 진흥과 교육, 문화, 국제 교류의 조성 등을 주요 목적으로 하고 있다.

또한 이벤트를 누가 주최하는가라는 '주최측에 따른 분류'로 기업 이벤트에 대한 개념을 설명하려는 시각도 존재한다. 먼저 정부와 지역의 공공기관과 같은 비영리 조직이 시행하는 이벤트를 공공 이벤트(Public Event)로 지칭하고, 기업이 주최하는 이벤트를 기업 이벤트(Corporate Event)로 구분한다. 전자와 같이 정부 기관, 지자체와 같은 공적 기관이 주최하는 이벤트에는 비영리성이나 공공성이 강하게 나타나며, 후자의 기업이 주최하는 이벤트는 영리성과 이윤 추구를 위한 행사가 주류를 이루고 있다.

공공 이벤트는 공공의 목적을 수행, 지원하기 위해 계획된다. 즉 지역 발전과 활성화, 지역의 홍보와 이미지 향상, 지역 주민의 공동체 의식 조성, 산업 기술의 진흥과 교육, 문화, 국제 교류의 활성화 등을 주요 목적으로 하고 있다.

✚ 표 3-4_ 주최 측에 따른 이벤트 분류

구분	주최	종류	비고
공공 이벤트 (Public Event)	정부 공공 기관	무료 행정형 유료 행정형	국가 이벤트 지역 이벤트
기업 이벤트 (Corporate Event)	기업	PR형 SP형	문화 공공형 판매 촉진형
사적 이벤트 (Private Event)	개인, 단체	친목, 컨벤션 스포츠, 문화	개인 이벤트

※ 정부 공공기관에는 비영리조직이나 단체가 포함됨.

또한 공공 이벤트는 정부나 공공 단체가 주관해 예산을 편성하고 세금 및 각종 후원, 기부금으로 시행하는 무료 행정형 이벤트와, 공공 단체의 부담을 준비금으로 한정시키고 이벤트 개최 후에 발생하는 각종 수입과 이익금으로 운영하는 유료 경영형 이벤트로 분류된다. 종래는 무료 행정형이 많았으나 최근 들어 정부의 지원금과 후원금이 줄어들고 지방 재정은 지방자치단체에서 조달하는 추세로 전환되자 시티 마케팅에 대한 관심이 고조되는 동시에 유료 경영형이 점점 증가되고 있다.

한편, 기업이 주최하는 기업 이벤트는 기업에 의해 계획, 실시되며 커뮤니케이션 전략이나 판매 촉진 전략 또는 통합 마케팅 전략의 일환으로 전개되는 이벤트로서 실시 목적은 다음과 같이 정리할 수 있다.

· 기업의 이미지 향상 및 퍼블리시티
· 기업 이념(정책)의 소구와 고정 고객화
· 상품 및 서비스의 보급과 이익을 위한 판매 촉진 강화
· 기업 조직의 활성화와 구성원의 인센티브 부여
· 사회, 문화사업의 지원 및 사회봉사

이 밖에도 개인이나 소규모의 비영리 단체가 개인이나 친목, 사교적인 목적으로 주최하는 사적 이벤트가 있다.

병원이 개최하는 공공 이벤트의 사례는 다른 기관에 비해 매우 다양하게 나타나고 있다. 먼저 힘찬 병원은 「발 마사지 행사」를 매달 병원 간호사들이 개최하여 환자의 통증을 완화시키고 교류를 증대시키고 있다. 또 한화의 후원을 받아 무료로 관절 수술을 받은 저소득층 환자와 가족을 초청하여 「무료수술 환자 효도 여행」 행사를 개최하였다. 함소아 한의원은 저소득층 가정의 아토피 아이들이 한방치료를 받을 수 있도록 무료 진료를 진행하고 있다.

삼성그룹의 공익사업의 하나로 설립된 삼성의료원은 공익사업과 메세나를 위해 설립된 병원답게 사회에 공헌하는 다양한 공공이벤트와 행사가 꾸준히 개최되고 있다.

사회의 불우한 이웃을 돕기 위해 창업자의 뜻에 따라 설립된 아산복지재단의 서울 아산 병원은 개원 이후, 사회 공헌활동과 메세나 활동을 꾸준히 전개하고 있다. 서울 아산 병원은 총 110억 원을 들여 15만 명에 달하는 환자를 무상으로 치료해 오고 있는데 이러한 실천

의지는 '이웃과 함께 하는 병원', '나눔과 배려', '최고 의료 수준 유지' 등의 경영 이념에 잘 나타나 있다.

특히 의료 봉사활동이나 낙후 지역에 의료팀을 파견하는 등의 메세나 활동은 언론기관에 보도되기 쉬운 좋은 소재가 될 수 있으므로 홍보활동을 위해 항상 관심을 갖고 준비하는 자세가 필요하다.

2) 형태에 따른 분류

이벤트에 대한 정의와 특성을 명확히 함으로써 중복되는 부분을 가능한 배제하기 위한 분류 방법으로 형태별 분류 방법이 주로 이용되고 있다. 형태에 따른 분류는 가장 보편적인 이벤트 분류 방법으로 이용되고 있는데 여기서는 이 분류 방법에 의해 각각의 이벤트의 특징과 전략적 활용 방법을 알아보기로 한다(표 3-5 참조).

+ 표 3-5_ 형태별 이벤트 분류

전시형 이벤트(박람회, 견본시, 전시회)	국제박람회, 국제 견본시, 업계 전시회, 신제품 발표회 등
컨벤션	국제, 국내회의, 행정, 기업, 사적회의
문화 이벤트	음악, 예술, 영화제, 과학, 기술제
판촉 이벤트	기업 판촉 활동, 상품 설명회
스포츠 이벤트	올림픽, 선수권대회, 프로리그
지역 이벤트(페스티발형)	전통 축제, 창작 축제, 거리 축제

전시·박람회 이벤트와 컨벤션

최근 들어 전시 이벤트나 전시 산업의 중요성이 인식되기 시작하면서 '마이스(MICE)'라는 용어가 자주 사용되고 있다. 특히 MICE 산업과 관련성이 많은 전시·박람회 이벤트는 사람마다 그 개념을 이해하는 방식과 사용 방법에서 다양성을 보이고 있다. 특히 박람회, 견본시나 교역전, 전시회, 컨벤션 등은 각자 독립된 의미와 특징이 있는 용어로 이에 대한 명확한 구분이 필요하다.

또한 공공기관이나 기업은 고객과의 새로운 커뮤니케이션 채널로서 전시관이나 홍보관 등을 설립해 다양한 전시 마케팅과 홍보 활동을 전개하고 있다.

병원은 전시회나 전시이벤트를 통하여 적극적으로 홍보활동을 전개하고 있다. 특히 의료관광 사업을 위해 해외에서 개최하는 의료 박람회나 전시회에 참가하여 해당 병원을 홍보하고 특화된 의료서비스 분야를 소개하고 있다.

국내에서는 한방이나 대체 의학을 중심으로 박람회나 전시회를 활발히 개최하고 있으며, 의료계는 세미나, 국제회의, 의학 학술대회와 심포지엄 등과 같은 컨벤션을 통하여 정보의 부가가치를 창출하고 있다.

1) 전시 이벤트 개념의 혼돈과 오용

전시 이벤트는 이벤트의 형태적 분류에 의해 세분화된 양식의 하나로, 기존 이벤트와는 다른 특징을 나타내며 다양하고 차별화된 현장 매체의 전시 기법이나 연출 효과를 이용해 의도된 목적을 창출한다.

일반적으로 전시 이벤트는 일정한 공간을 효율적으로 활용해 제품이나 서비스를 전시하거나 연출하는 과정에서 영상이나 음향효과를 비롯한 다양한 프레젠테이션 방법을 동원해 방문객이나 관람객에게 만족을 제공하는 이벤트를 가리킨다. 현장 매체의 장점을 바탕으로 조직체가 의도하는 것을 직접적이고 쌍방향으로 제시해 매체의 효율성을 극대화한다. 특히 시각적으로 공간의 가치를 창출해 소구할 수 있기 때문에 이를 잘 활용하면 다른 유형의 이벤트 형식보다 차별화된 효과를 기대할 수 있다.

전시 이벤트는 최근 정착된 개념이기 때문에 사람마다 그 개념을 이해하는 방식과 사용 방법이 다양하다. 전시 현장이나 학계에서 전시 이벤트와 관련된 용어가 정확한 개념 없이 사용되거나 각자 소속된 입장에 따라 편의적으로 이해되고 혼돈되어 구사되고 있기 때문이다.

한 예로 가끔 눈에 띄는 전시 박람회, 전시 컨벤션이라는 용어는 정확한 개념 구분에 의한 명칭 사용이 아니다. 아마도 이러한 현상은 개별 용어에 대한 정확한 이해가 부족하거나 아직 전시회와 관련된 개념이 사회적으로 정착되지 않아 용어에 대한 이해를 돕기 위해 융합된 표현이나 어휘를 사용하고 있는 것으로 생각된다.

2) 박람회, 전시회, 견본시, 컨벤션의 개념과 특성

박람회(Exposition), 견본시나 교역전(Show/Fair), 전시회(Exhibition) 등은 각자 독립된 의미와 특징이 있는 용어로서 이에 대한 명확한 구분이 필요하다. 이것이 전시 이벤트를 이해하는 첫 걸음이다.

이벤트 마케팅 관점에서 보면 전시회와 박람회, 교역전·견본시 등은 '전시(형) 이벤트'로 구분해 비교적 비슷한 속성을 가진 이벤트로 간주한다. 그러나 컨벤션은 전시 이벤트 방식에 국제회의나 세미나, 각종 강연회가 함께 개최된다. 전시 요소와 공간 연출에 의한 기대 효과 외에도 쌍방향적인 회의 방식이 가미됨으로써 '부가가치가 높은 정보형 전시 이벤트'로 규정해 기존의 전시(형)이벤트와는 별도로 구분하고 있다.

이에 대해 관광학적 시각에서는 전시회와 박람회, 교역전·견본시 등은 산업전시회로, 또한 컨벤션은 '회의 이벤트'로 명명해 구분하고 있다.

먼저 박람회는 전시 이벤트와 관련된 용어 가운데 잘못 사용되고 있는 대표적인 용어다. 창업 박람회나 웨딩 박람회, 꽃 박람회 등과 같이 엄밀히 구분하면 박람회의 범주에 속하지 않는 경우에도 박람회라는 용어가 혼용되거나 습관적으로 남용되는 사례를 주변에서 흔히 발견할 수 있다.

박람회는 교역전·견본시와는 차별되는 개념이다. 견본시가 관련 업계나 산업 분야의 극히 제한된 타깃을 대상으로 해 경제적인 이익을 얻으려고 실시되는 데 반해, 박람회는 일반적으로 참가하는 대상이 매우 폭넓게 설정되며 문화나 전통, 역사 등과 같이 광범위한 주제를 가지고 열리기 때문에 비상업적인 성격을 띤다. 또한 견본시는 3일 이내에 매년 정기적으로 개최되지만 박람회는 대규모로 많은 자본과 인력이 투입되며 수개월 동안 비정기적으로 열린다. 여기서 주목할 것은 교역전과 견본시는 같은 의미로 사용될 수 있지만 견본

시는 일본식 표기라는 점이다. 이 때문에 교역전을 선호하는 경향도 있다.

전시회는 명확한 구분이 어렵지만 박람회와 견본시의 중간 형태라고 볼 수 있다. 견본시보다는 행사 기간이 길고 일반인도 참가해 참여 대상도 관련 업계에 한정되지 않으며, 상업적인 요소나 비상업적인 요소가 섞여 개최되는 것이 보통이다.

또한 컨벤션은 단순히 국제회의만을 의미하는 것이 아니라 넓은 의미의 정보력과 부가가치의 활용도가 높은 회의 이벤트의 총칭이다. 전시회와 회의형 이벤트가 함께 구성되어 전시 활동에 대한 정보의 부가가치를 창출하며, 이를 위해 정보나 통신, 영상, 음향 등의 프레젠테이션 기법뿐만 아니라 방문객의 흥미를 유도하기 위한 엔터테인먼트 요소가 동원되기도 한다.

3) 전시 이벤트와 전시관

전시 이벤트 중, 또 다른 차별화된 특징을 보이는 영역은 전시관이다. 전시관에는 기업홍보관, 테마관, 쇼룸과 매장, 이벤트홍보관, 팝업 스토어 등이 있다.

기업은 자사의 제품과 서비스를 홍보하고 판매하기 위한 수단으로서 전시회나 견본시에 참가한다. 크게는 박람회장의 기업관에 출품하는 방법도 있고, 경우에 따라서는 회의 이벤트 형태로 세미나나 국제회의 등 컨벤션에 참여하기도 한다. 그런데 최근 들어 소비자를 설득할 수 있는 매체로의 접근 방법이 다양해지면서 매스미디어뿐만 아니라 쌍방향적이고 직접적인 현장 매체의 장점을 이용해 제품과 서비스 외에도 기업의 문화와 이념, 활동 등을 보다 설득력 있고 자연스럽게 전달할 수 있는 기업의 전시 홍보관이 새로운 주목을 받고 있다.

기업홍보관은 현장에서의 다양한 볼거리와 체험 프로그램, 엔터테인먼트적인 요소로 재미와 감동을 전달할 수 있다는 장점이 있다. 무엇보다 전시회, 견본시, 박람회, 컨벤션 등의 전시 이벤트는 특정한 기간만 한정해 참가할 수 있다는 제약이 있는 반면, 기업홍보관 등의 전시관을 이용하는 것은 연중 개관해 상시적으로 기업이 소구하고자하는 내용을 방문하는 고객에게 자유롭게 전달할 수 있다는 점이 중요하다.

기업홍보관은 이미 현장 매체의 다양한 특성에서 오는 장점 외에도 기업의 사회적 책임을 다하는 메세나 활동에 대한 참여의 수단으로도 많은 주목을 받고 있다. 또한 마케팅 활동에서도 기존의 광고 중심에서 벗어나 소비자의 개성과 다양성, 매체의 선호성 등을 고려해 보다 폭넓은 매체 활동을 중시하는 코퍼레이트 커뮤니케이션(corporate communication)이 강화되면서 선진국에서는 기업의 참여가 이미 보편화되고 있고, 우리나라에서도 삼성, LG,

SK, 금호 등 대기업을 중심으로 본격적인 궤도에 들어서고 있다.

드문 경우이지만, 병원에서도 전시관을 운영하여 환자나 고객과의 정보 교류에 노력하는 사례가 등장하고 있다. 먼저 우리나라 서양의학의 발상지로서의 위상을 갖고 있는 연세의료원은 '세브란스 역사관'을 개관하여 근세의학의 발전과정을 소개하고 있다. '동은 의학박물관(2000년)'은 50여 평의 전시실과 수장고, 유물정리실을 비롯한 제반시설을 갖추고 있는데, 고대부터 발전되어 온 우리나라 의학의 역사를 보여주는 각종 유물 300여 점이 전시되어 있으며 서양의학 전시실에는 서양의학의 수용과 발전 과정을 보여주는 유물들도 전시되어 있다. 또 '치의학박물관'에서는 연세대학교 치과대학으로 발전해 온 지난 90여 년의 발자취를 소개하고 있다.

또한 광주 기독병원은 설립 100주년을 기념하기 위한 행사의 하나로 병원 내부에 '의학역사박물관'을 개관하였다. 이 박물관은 해당 병원의 설립 이념과 사내 문화, 메세나 활동 등에 대해 설득력 있고 자연스럽게 전달할 수 있는 기회가 됨으로써 새로운 홍보 수단의 하나로 주목을 받고 있다.

다음으로 일본의 도쿄대학 병원이 운영하는 '건강과 의학 박물관'은 병원 창립 150주년을 기념하기 위해 2011년에 개관하였다. 박물관은 크게 상설전시 부문과 기획전시 부문으로 구성되고 있다. 상설전시 부문은 "도쿄대학 병원의 150년, 과거에서 현대로의 발자취"라는 슬로건을 표방하며 도쿄대학 병원의 발전과정과 업적, 사회공헌과 관련된 내용을 짧은 시간 내에 알 수 있도록 구성하여 연출, 전시하고 있다. 또 기획전시 부문은 현재의 의료, 의학에 관한 것 중에서 일반 사람들이 가장 관심이 많은 부분을 테마로 설정하여 알기 쉽게 연출, 구성하고 있으며 연간 2~3회 전시 내용물을 교체하여 공개한다.

이처럼 병원이 전시이벤트의 하나로 의학박물관을 설치하여 운영하는 이유는 거점지역에서의 오랜 전통과 근대의학을 이끌어왔던 자부심을 홍보의 소재로 활용하여 이미지의 차별화를 시도하기 위함이다. 최근 의료업계가 급성장하면서 신규병원이 개원하고 있는 가운데, 주로 설립된 지 오래된 병원이 채택할 수 있는 방법이다.

✚ 그림 3-18_
광주기독병원
의학 역사박물관

문화 이벤트

이벤트와 문화의 관련성은 매우 밀접하다. 이벤트에서 문화와 관련되는 아이템은 이벤트 기획, 연출을 위한 각종 아이디어나 프로그램 소재의 중심이 되고 있다. 먼저 지역 축제에서 문화적인 소재는 주최자나 관객에게 친근감과 폭넓은 지지를 받게 되면서 전통 문화 축제나 관광 문화 축제 등과 같이 다양한 장르의 문화 이벤트가 등장하고 있다.

또한 문화의 영역을 좁게 이해하는 공연 행사나 예술 행사에서도 장르마다 특색 있고 다양화된 관객의 문화적인 욕구와 수요를 충족시키기 위한 문화 예술 이벤트는 증가 추세를 보이고 있다.

병원의 문화 이벤트에 대한 비중은 매우 크다. 최근 들어 문화에 대한 사람들의 관심과 인식이 높아지면서 문화 이벤트에 대한 병원의 관심은 점차 높아지고 있다. 문화제나 그림 대회, 미술 전시회, 음악 콘서트, 초청 음악회 등 문화를 후원하는 병원의 이미지를 고객에게 나타냄으로써 이미지를 향상시키고 호감도와 친근감을 높이고 있다.

병원에 있어서 문화와 예술성의 중요성을 강조한 사례가 있다. 스페인 바르셀로나에 위치하는 '상빠울 병원'은 "예술로 사람을 치료한다"는 슬로건이 돋보인다. 주변 경관의 아름다움은 물론이고 병원 내부의 수려한 분위기가 적절한 조화를 이루고 있으며, 상시적으로 문화이벤트의 개최를 통해 치유 효과를 향상시켜 많은 이용객을 유치하고 있다.

1) 문화 이벤트의 분류와 특성

우리는 문화의 시대에 살고 있다. 문화는 생활을 윤택하게 해주고 삶의 여유를 준다. 사람의 삶과 생활에 관련된 것 중에서 문화가 아닌 것이 없을 정도로 문화의 영역은 매우 다양하다. 이러한 문화를 소재로 시행하는 이벤트를 문화 이벤트로 분류하라고 한다. 문화 이벤트에는 기업이 시행하는 이벤트와 지역 자치단체나 공공 단체가 주체가 되는 이벤트가 있다.

문화 이벤트와 문화 축제 또는 지역 문화 축제, 문화 관광 축제, 문화 예술 축제 등과 같이 문화는 이벤트를 지칭하는 용어에 다양하게 존재하지만 이에 대한 정확한 구분을 찾아보기는 쉽지 않다. 문화라는 용어가 이렇게 많은 이유는 개념 그 자체가 모호하고 영역이 매우 넓어 분류가 어렵기 때문이며 문화에 대한 수용자, 관객층은 물론 행사 주최자의 호감도와 선호성이 높기 때문이다.

일반적으로 문화 이벤트는 음악, 연극, 미술 등과 같은 예술이나 문예 활동을 비롯해 세미나와 심포지엄, 콘테스트, 문화전시회, 문화 교실, 영화제 등 폭넓은 영역을 대상으로 한다. 문화 이벤트를 실시함으로써 문화에 관한 기업의 관심과 열정을 지원 활동을 통해 고객에게 기업 활동의 내용을 더 잘 이해시키거나 기업에 대한 호감도를 형성할 수 있도록 한다.

그 뿐만 아니라 문화라는 소재가 이벤트에 의해 새로운 커뮤니케이션 수단으로 탄생해 기업과 소비자의 관계를 원활히 하는 데 도움을 주고 또 현장 매체로서의 이벤트를 통해 문화적 접근이 극대화될 수 있다.

문화 이벤트가 이처럼 다양한 분야에서 주목받고 있는 것은 문화라는 소재가 이벤트에 의해 새로운 커뮤니케이션 수단으로 탄생하여 기업과 소비자의 관계를 원활히 하는데 도움을 주고 또한 현장 매체로서 이벤트를 통하여 문화적 접근이 극대화될 수 있기 때문이다.

현대 사회가 점점 성숙 사회로 이행되면서 소비자는 고도성장 시대 향유해 왔던 물질적인 충족보다는 삶의 질과 자신의 개성, 타인과의 차별성을 중시하는 정신적, 문화적인 충족에 대한 욕구를 추구하게 된다. 현대인의 생활은 그 자체가 하나의 문화로서 인식된다.

문화적 가치가 있는 상품은 고객의 관심을 받게 되고 문화를 소재로 하는 이벤트에의 참가는 기업의 이미지 향상에도 많은 기여를 하게 된다. 다시 말해서 자연 친화적이고 환경 보호에 관심을 나타내는 '그린마케팅 전략'이 소비자의 많은 호감을 유발하듯이 문화에 대한 지원과 관심을 표명하는 기업은 더 말할 나위 없이 신뢰감이 높은 기업이라는 등식이 통용되기 때문이다.

기업 간의 경쟁이 격화되고 있는 가운데 기업은 생활자 의식으로의 접근을 모색하게 되고 상품 및 서비스에 문화적 부가가치를 부여하는 것이 요구되고 있다. 또한 기업은 경쟁 회사와 비교하여 차별성과 우위성을 확보하기 위하여 제품 생산과 판매 주체로서의 본래의 존재 의미보다 문화성을 새롭게 부여함으로써 기업 문화를 다양하게 독창적으로 표출시키는 커뮤니케이션을 중요시하게 되었다. 즉, 문화 이벤트는 '기업의 문화성'을 표현하는 하나의 수단, 그리고 새로운 창구로서 인식되고 있다.

최근에는 기업뿐만 아니라 지방자치 단체 및 병원을 비롯한 여러 공공 기관에서도 문화

이벤트에 대한 높은 관심을 보이고 있는데, 이것은 누구나 접근하기 쉽고 공감하기 쉬운 문화를 이용하여 지역을 특성화하고 지역 주민의 적극적인 참여와 좀 더 나은 커뮤니케이션을 구축하려는 의도에서 출발한다.

문화 이벤트를 통하여 기업, 지방자치 단체, 공공 기관은 생활자와의 만남 속에서 쌍방향 커뮤니케이션이 가능하게 되며 각각의 조직과 지역 내의 문화 육성, 발전에 커다란 기회가 되기도 한다. 오늘날 영리 추구를 목적으로 하는 기업은 물론 공공 기관을 비롯한 비영리 조직 또한 문화를 벗어난 마케팅 노력은 거의 불가능한 시대가 되었다.

결론적으로 문화 이벤트는 '각 조직의 목적을 달성하기 위해 음악, 연주, 미술전, 세미나, 심포지엄, 문화경연회, 문화박람회 등을 통해 주최자와 참가자인 생활자 간의 공감대를 형성시키고 상품 및 기업에 문화성을 갖게 하여 타사와의 차별화를 도모하기 위한 이벤트'라 할 수 있으며 21세기의 문화 마케팅 시대에 더 폭넓은 활용이 요구 될 것으로 예측된다.

문화 이벤트는 그 형태가 다양한 만큼이나 개최 목적에 있어서도 기업 이미지를 향상시키려는 것에서부터 장기적·간접적인 판매 촉진, 사회 지원 활동 등 여러 가지 형태가 존재한다.

문화 이벤트를 효율적으로 실시하기 위해서는 먼저 개최 목적을 명확히 함과 동시에 독자적인 기업의 차별된 문화성이 잘 표현되어야 한다. 또한 문화 활동을 통해 주체측이 누구에게 무엇을 전달해야 할 것인가를 정확히 명시하고 기업 이념과 정책 방향에도 일치하는가를 선별, 실시해야 한다.

기업은 문화 이벤트라는 수단을 통하여 소비자와 커뮤니케이션을 추구하며 기업의 이념과 메시지를 전달하여 기업과 상품에 대한 호감과 평가를 얻게 된다. 문화 이벤트에서 기업이 의도하는 것은 고객에게 정신적 만족을 제공하여 기업에 대한 이해를 극대화시키는 일이다. 그러나 문화 이벤트가 다른 이벤트와 다른 점은 고객이 공감할 수 있는 주제와 내용을 포함하지 않고 너무 추상적이거나 막연한 내용을 담고 있으면 오히려 역효과를 초래할 수 있다는 것이다.

문화 이벤트를 통하여 기업이 얻을 수 있는 이점을 요약하면 다음과 같다.

첫째, 문화 이벤트라는 매개체를 이용하여 소비자에게 기업의 이념을 이해시키고 기업에 대한 호감도와 인지율을 향상시킬 수 있다.

둘째, 문화라는 요소 및 테마는 소비자가 저항감 없이 쉽게 받아들이는 것은 물론 대중매체를 통하여 퍼블리시티하기에 적합하기 때문에 기업 PR에도 매우 효과적이다.

셋째, 문화 이벤트의 적극적인 활동에 의해 다른 기업과의 차별화를 꾀할 수 있기 때문에 장기적으로 안정적인 이미지를 구축하는 데 유용한 수단이 될 수 있다.

2) 병원 문화 이벤트의 사례

먼저, 서울의 명지 병원은 병원 이미지의 향상과 호감도를 높이기 위해 '이루마 초청 명지 병원 신년 음악회'를 초청 음악회 형식으로 개최하였다. 또 해당 병원에서 관절수술을 받은 환자와 가족 8,000여명을 초청하여 2008년 '환자사랑 음악회'를 개최 한바 있다. 어린이를 전문으로 하는 함소아 한의원은 직원과 가족을 대상으로 '함소아 온가족 그림 그리기 대회'를 열었다.

그 밖의 많은 병원에서는 큰 규모는 아니지만, 병원 내부에서 환자나 의료 관계자가 중심이 되는 문화 행사를 열고 있다. 소아과에서는 입원한 어린이 환자의 미술대회를 개최하는 사례가 많고, 병원의 아마추어 수준의 의료 관계자가 중심이 되어 원내 콘서트나 음악회를 열고 있다. 또한 환자 가족이나 보호자를 위해 영화 상영회를 수시로 하고 있는 병원들이 많은데 환자의 병간호 때문에 고생하는 이들을 대상으로 최근에 인기를 모았던 영화 작품을 상영하고 있다.

문화에 대한 사람들의 호감도와 문화 이벤트에 대한 개최 효과를 생각할 때, 향후 병원이 주체하는 문화 이벤트는 더욱 다양한 형태로 자리 잡게 될 것이다. 앞으로도 보다 다양하고 개성화된 형태의 문화나 예술과 관련된 이벤트는 행사의 주최 측에게는 새로운 도전과 경쟁을 불러일으키고, 문화와 예술을 사랑하고 관심이 많은 고객에게는 또 다른 즐거움을 주게 될 것이다.

✚ 그림 3-19_
병원의 문화이벤트 사례
(세계로365병원-미술전)

기업·판촉 이벤트

기업·판촉 이벤트는 영리를 목적으로 기업이 주관하는 이벤트의 총칭이다. 기업이 실시하는 이벤트는 크게 세일즈 프로모션 믹스 요소의 하나로, 이벤트의 효과적인 측면을 강조하는 판매 촉진형 이벤트와 장기적인 기업 이미지 향상을 지원하기 위한 퍼블리시티형 이벤트로 나눌 수 있다.

물론 퍼블리시티형 이벤트도 기업의 궁극 목적인 이윤 추구를 완전히 무시한 이벤트의 개념으로 시행되기보다는 간접적으로 기업의 이미지를 향상시킴으로써 신뢰감을 높이고 상품 판매를 강화하기 위해 실시되는 것이 보통이다. 기업·판촉 이벤트는 장기적인 계획 없이 막연한 기대를 실현하기 위해 시행되기보다는 투자된 비용에 대한 확실한 효과를 기대할 수 있는 마케팅 수단의 하나로 정착되고 있다.

1) 기업·판촉 이벤트의 개념과 특성

일반적으로는 기업 이벤트나 판촉 이벤트를 따로 구분하지 않거나 판촉 이벤트를 기업 이벤트의 종속적인 개념으로 이해하고 있다. 기업이 마케팅 활동의 일환으로 시행하는 모든 이벤트를 기업 이벤트로 명명하는데, 특히 영리성을 강화할 목적으로 실시되는 경우에는 따로 구분해 판촉 이벤트라는 용어를 사용한다.

그러나 두 개념의 차이를 두는 경우는 마케팅과 연관 지어 이익을 추구하는 방법에 따라 구분하기도 한다. 제품 광고와 기업 광고에서 알 수 있듯이, 보다 직접적이고 단기적으로 이익을 도모하려는 방식이 판촉 이벤트이고, 직접 이익을 추구하기보다는 이미지를 개선해 호감도를 향상시키고 장기적으로 이익을 얻어내려는 것이 기업 이벤트다.

한편, 기업 이벤트는 호감도 형성과 이미지 향상을 위한 커뮤니케이션 전략으로 전개되는 이벤트와 판매 촉진 전략 또는 통합 마케팅 전략의 하나로 전개되는 이벤트로 구분할 수 있다. 전자는 특정 대상이나 고객과의 관계 개선을 꾀하거나 문화적 또는 사회적 공헌·참여 활동과 같이 메세나활동과 관계가 깊으며 보통 PR, 퍼블리시티(publicity) 이벤트로 명명된다. 후자는 제품이나 서비스를 직접 판매할 목적이거나 강력한 영향을 주기 위해 진행된다. SP(Sales Promotion), 또는 프로모션(Promotion), 세일즈(Sales), 판매 촉진 이벤트라 불리며,'판매 촉진'을 줄여서 판촉 이벤트로 표현한다.

2) 병원 기업·판촉 이벤트의 사례

한편 기업·판촉 이벤트는 비영리 기관인 병원의 입장에서는 매우 생소한 분야이다. 상업성을 내세우는 것을 부담스러워 하는 병원에서 이 분야의 이벤트에 관심을 갖기는 어려웠던 것이 사실이다. 그러나 병원의 이미지를 향상시켜 차별화를 시도하려는 노력은 차츰 기업·판촉 이벤트에 관심을 갖는 계기가 되었다.

먼저 인지도가 높고 인기가 많은 연예인을 해당 병원의 모델로 내세워 홍보활동에 활동하는 것은 물론이고, 친근감을 줄 수 있는 다양한 형태의 기업 이벤트를 개최하였다. 또 지금까지 도외시 해왔던 판촉 이벤트를 개최하기 시작하여 가격할인을 비롯해 네이밍, 캐릭터의 공모 콘테스트, 스탬프, 쿠폰, 경품 제공 등과 같이 영리를 목적으로 하는 기업의 판촉 이벤트를 경쟁적 우위를 차지하기 위한 마케팅의 수단으로서 적극적으로 활용하게 되었다.

힘찬 병원은 판촉 이벤트의 하나로 창립10주년을 기념하여 온라인 경품 이벤트를 실시하였다. 해당 병원에 대한 평판이나 입소문을 좋게 하여 호감도를 높이려는 의도로 계획되어 자신의 블로그나 페이스 북에 댓글이나 의견을 제시하면 추첨을 통해 경품을 제공하는 방식으로 실행되었다.

또한 다양한 아이디어를 가미하여 차별화된 새로운 형태의 기업 이벤트도 등장하고 있다. 한 예로 척추와 관절을 전문 분야로 하는 제일 정형외과 병원은 차별화된 문화 이벤트의 하나로 「부모님께 안부편지 쓰기」 행사를 개최하였다. 이 행사에서는 "효도는 편지를 타고, 편지는 사랑을 싣고"라는 헤드라인을 내걸고 바쁜 일상에서 시간이 없어 부모님께 편지를 쓰지 못하는 사람을 대신하여 안부편지를 보내도록 장려하였다. 목표소비자와 연계가 잘 된 차별화된 이벤트의 하나로 많은 주목을 받았다.

오늘날 이벤트는 고객과 소통할 수 있는 새로운 '매체'로 정착하고 있다. 기업이 기업·판촉 이벤트를 중시하는 이유는 일방적인 대중매체의 한계를 벗어나 현장에서 직접 체험하고 경험할 수 있는 쌍방향성의 특성을 적극적으로 활용할 수 있기 때문이다.

최근 소비자의 라이프스타일이 다양화되고 세분화되면서 이를 적극적으로 충족시키기 위해 기업은 자사 상품에 대한 차별화와 브랜드 이미지를 강력하게 포지셔닝하려는 노력을 시도하고 있다. 기업·판촉 이벤트는 신속하게 시장 동향이나 환경 변화에 대응하기 위

한 강력한 마케팅 도구의 하나로 시행되고 있으며 각종 문화 지원 행사나 추첨, 경품, 콘테스트와 같은 다양한 이벤트 방법으로 소비자의 욕구에 적절히 대응하고 있다.

기업은 기업·판촉 이벤트로 장기적으로는 이미지의 차별화를 꾀하며, 단기적으로는 소비자에게 자극적이면서도 충동적인 구매를 유도하고 있다. 기업이 의도한 마케팅 목표를 달성하려면 광고, 인적 판매 홍보 등의 프로모션 믹스와 SP 믹스와의 효율적인 통합 과정이 필요하다. 특히 기업·판촉 이벤트의 특성 중 하나인 세일즈 커뮤니케이션(SC: Sales Communication)의 장점을 잘 활용해 기획 단계에서부터 매장 연출, 고객 관리, 경품 행사에 이르기까지 판매를 촉진할 수 있는 다양한 방안을 모색한다.

최근 음료를 중심으로 화장품, 주류, 식품, 전자·통신, 자동차 업계에서는 치열한 경쟁 환경 속에서 살아남기 위해 기존의 4대 매체를 중심으로 하는 미디어 믹스 전략을 수정하고 있다. 기존 매체와 새로운 매체와의 통합적인 활용 방식을 모색하고 있는데, 세일즈 프로모션과 더불어 부각되고 있는 것이 기업·판촉 이벤트다.

한편 기업·판촉 이벤트가 효율적으로 시행되기 위해서는 다음과 같은 전략적인 방안이 필요하다. 먼저 특정 지역의 시장 상황을 비롯한 고객의 수요 동향, 판매 상품에 대한 정확한 시장 조사가 선행되어야 한다. 모든 마케팅 활동과 마찬가지로 시장 조사로 이벤트의 성과는 예측된다. 시장 조사와 분석이 제대로 진행되면 이벤트 실시 목적이 명확해지고 목표 소비자와 이벤트 콘셉트, 비용 대 효과에 대한 평가가 빛을 발할 수 있다.

또한 상품에는 각기 다른 제품수명주기(Product Life Cycle)가 존재한다. 기업·판촉 이벤트는 특정 상품의 제품수명주기에 따라 소구 방법을 달리해야 한다. 예를 들어 도입기에는 소비자의 관심과 흥미를 끌기 위한 데먼스트레이션이나 콘테스트, 또는 샘플링 방식을 적절히 활용하며, 성장·성숙기에는 쿠폰이나 가격할인, 프리미엄을 제공하고, 쇠퇴기에는 재고 처분 세일이나 창고 대방출 등 제품수명주기의 단계별 특성에 맞는 이벤트 기획을 수립한다.

기업·판촉 이벤트 성공의 관건은 행사 내용을 널리 알리기 위한 홍보 전략에 있다. 홍보 계획이 시너지 효과를 얻기 위해서는 통합적 마케팅 커뮤니케이션(IMC)이 수립되어 하나의 목표와 콘셉트로 일관성 있게 유지, 관리되는 것이 필요하다. 또한 매체별 특성을 잘 이해해 매체의 장점을 충분히 살린 미디어 믹스 전략이 함께 실시되어야 한다.

내실 있는 이벤트는 홍보를 잘 해서 많은 사람을 불러 모을 수 있도록 해 지역의 한계를 벗어날 수 있는 역량을 강화해 준다. 홍보 활동은 집객력의 확보에 많은 영향을 주지만 여기에는 개최 시기가 중요한 변수로 작용한다. 목표로 한 예상 고객의 최적 시기를 선정하는 것은 매우 중요하다. 광고 전략의 매체 계획에도 적시성이 중요하듯이 이벤트의 시의성, 즉 적당한 타이밍이야말로 이벤트를 성공시키는 중요한 열쇠다.

마지막으로 이벤트 프로그램에는 기업의 의도에 공감할 수 있는 엔터테인먼트 요소가 적절히 가미되어야 한다. 흥미 없는 이벤트는 방문 동기를 유발하거나 구전 효과를 기대할 수 없기 때문에 성과를 얻기가 어렵다. 성공적인 이벤트가 되기 위한 조건으로 의외성과 비일상성을 들 수 있지만, 재미있고 화제를 유도할 수 있는 콘텐츠가 중요하다. 기업·판촉 이벤트는 본래의 판매 촉진 목적과 함께 엔터테인먼트 요소가 잘 조화되어야만 결실을 맺을 수 있다.

그림 3-20_
병원의 판촉이벤트
사례(아이 안과)

스포츠 이벤트

최근 스포츠 이벤트는 불황 속에도 꾸준한 성장을 지속하고 있다. 특히 스포츠 이벤트 시장은 스포츠가 가지고 있는 다양한 특성을 바탕으로 한 스포츠 마케팅과 이벤트의 기획 및 연출, 프로모션 능력의 향상에 힘입어 짧은 기간에 급속한 성장을 달성했다. 또한 건강에 대한 관심이 사회 전반적으로 확산, 증가되고 레저 붐과 함께 전반적인 스포츠 인구의 꾸준한 증가로 인해 향후 발전 가능성이 높게 전망된다.

건강을 추구, 지향하는 병원의 입장에서 보면, 스포츠가 갖고 있는 건강미를 소재로 연출·기획되는 스포츠 이벤트는 유사성과 관련성이 깊다. 또 스포츠는 모든 사람이 접근하기 쉬운 주제이며, 지역을 초월하여 누구나 쉽게 공감하기가 용이하기 때문에 이를 활용한 스포츠 이벤트는 의료 기관의 홍보 활동과 마케팅을 위한 수단으로서 오랜 기간에 걸쳐 관심의 대상이 되고 있다.

병원은 사회공헌 활동의 일환으로 낙후된 지역과 소외된 계층에 대한 의료 지원이나 봉사 활동을 자주 실시하고 있지만, 이와 관련하여 스포츠 이벤트도 활발히 진행하고 있다.

주로 연고 지역을 중심으로 걷기 대회나 지역 마라톤 대회를 개최하거나 지역과의 교류를 위한 스포츠 대회 등도 자주 열고 있다.

또한 직장인 야구·축구 대회나 설립을 축하, 기념하는 원내 체육대회와 같이 병원 내부 직원의 친선과 소속감을 고취시키기 위해 스포츠 이벤트가 활용되는 경우도 많다.

1) 스포츠 이벤트의 개념과 특성

올림픽, 월드컵, 세계 육상선수권, 포뮬러원(F1) 대회 등은 세계적으로 관심을 모으고 있는 대표적인 스포츠 이벤트다. 이들은 행사의 규모나 영향성에서 파급적인 효과가 매우 큰 메가 이벤트의 특징을 갖고 있다. 스포츠 이벤트는 국제적 차원에서 미디어와 경제에 막대한 영향력을 끼치는 초대형 행사에서 소규모 단체가 주관하는 체육대회도 포함하고 있지만 다른 이벤트와는 차별되는 특성을 나타낸다.

스포츠 이벤트는 기업, 조직, 단체 등이 특정 목적 아래 스포츠가 갖고 있는 건강미, 오락성, 다이내믹(dynamic)성, 스타성 등의 특성을 이용해 주최 혹은 협찬 형태로 이루어지는 스포츠 행사나 제전 등을 총칭한다.

최근 스포츠 이벤트는 지속적인 성장과 사회적인 관심을 유도하고 있다. 이와 같은 배경에는 다음과 같은 요인이 저변에 깔려 있다.

첫째로 현대인의 건강에 대한 높은 관심도를 지적할 수 있다. 매일같이 정신적 스트레스 속에서 생활하고 있는 사람에게는 스포츠는 똑같은 일이 반복되는 일상에서 벗어나 스트레스를 해결할 수 있는 청량제 같은 역할을 한다. 특히, 고령화 사회로 전환하고 있는 현대 사회에서는 과거 스포츠에 관심도가 희박했던 노인층을 비롯해 스포츠 인구의 고른 연령별 분포가 확산되고 있다.

둘째로 여성의 활발한 스포츠 참가를 들 수 있다. '제3의 성'으로 불릴 만큼 사회, 경제적 변혁의 주체가 되고 있는 취업 여성의 증가 현상은 안정된 경제력을 바탕으로 여성의 여가 선용의 하나로 스포츠를 선호하게 되었다. 또한 건강 유지와 몸매 관리, 사교 등의 분명한 참가 동기와 목적의식을 나타내며 적극적인 참여 형태를 보인다. 따라서 남성 전유물 또는 제한된 특정층만 관여하던 스포츠에 대한 본래 이미지와 역할은 차츰 변화하고 있다.

한편 스포츠 이벤트는 관전형과 참가형으로 구분해 특성과 효과를 설명할 수 있다.

첫째 관전형 스포츠 이벤트는 기업이나 특정 단체가 소비자, 관객에게 화제나 볼거리를 제공하기 위해 스포츠와 관련된 프로나 유명 선수들을 초청해 주최하는 여러 형태의 행사나 대회를 말한다. 이것은 간접적인 관전방식이 우선되며, 이미지 향상과 수익 증대 등을 목적으로 매스미디어를 이용해 불특정 다수의 많은 사람에게 관전의 즐거움을 제공하는 이벤트다.

관전형 스포츠 이벤트는 실제 경기장을 방문해 관람하는 '직접 관전'과 TV 중계로 시청하는 '간접 관전'방식으로 구분된다. 경기장과 같은 제한된 장소에서 관람하는 직접 관전보다는 TV 중계를 통한 간접 관전 방식의 경우가 메시지 수용자의 규모나 스폰서십(sponsorship)에 의한 상업적인 활용과 효과 면에서 기대 효과가 매우 크다.

1984년에 개최되었던 LA올림픽은 올림픽을 상업적으로 이용해 성공시킨 최초의 사례로 유명하다. 이전까지 적자로 운영되었던 올림픽대회를 TV 중계권을 통한 스폰서십과 다양한 스포츠 마케팅을 활용해 올림픽을 개최해 국가의 위상을 높이고 경제적 파급 효과와 대회의 흑자 운영에도 성공해 이후 올림픽 마케팅의 좋은 선례를 남겼다.

올림픽 등의 메가 이벤트는 대회 기간 중 세계 각국의 많은 사람들에게 동시간대에 TV 중계가 가능하다는 사실만으로도 상업 가치가 충분해 급속히 인류 최대의 스포츠 이벤트로 성장했다. 한국은 스포츠 마케팅에 관심이 많은 대기업을 중심으로 한일 월드컵대회를 비롯해 대구 세계 육상선수권대회, 영암 세계F1대회를 유치해 적극적인 홍보나 프로모션 활동에 나서고 있다. 그 이유는 대회를 개최해 얻게 되는 파급 효과와 기타 부수적인 수익 창출에 많은 기대를 걸고 있기 때문이다.

둘째, 참가형 스포츠 이벤트는 지방자치단체나 기업, 학교 등의 조직체가 참가자의 건강 증진과 공동체 의식의 강화를 목적으로 자발적인 참가를 유도해 개최하는 스포츠 행사다. 공익성이 크고 교류나 친선 목적의 성격이 강하며, 일반인이 직접 참가해 체험하는 이벤트 형태다.

기업이 주관하는 관전형 스포츠 이벤트는 기업의 수익성과 이미지 향상을 목적으로 시행되는 데 반해, 지자체는 지역 주민들의 자발적인 참가를 유도해 참가자와의 원활한 커뮤니케이션과 건강 증진 등의 비영리 목적으로 시행된다. 이러한 참가형 이벤트에는 전국 규모의 소년체전, 전국체육대회, 그리고 주민 참가를 위해 각 시도별 자치단체가 주최하는 각종 스포츠 행사, 또는 기업이 주관하는 사내 체육대회, 학교 운동회 등이 포함된다.

그러나 참가형 이벤트는 공공성이나 사회성에 너무 치우치지 않고 스포츠에 관한 사회적 관심도나 유행 패턴, 시대적 상황 등을 잘 파악해 시행하는 것이 중요하다. 사회적, 문화적 환경이나 시대적 트렌드를 기획력에 제대로 반영시키고 활발한 프로모션을 전개하며, 스포츠에 대한 흥미를 유발시키고 대중적인 보급과 확산에 많은 역량을 기울여야 한다.

2) 스포츠 이벤트의 기대 효과와 활용법

스포츠 이벤트가 가져올 기대 효과와 활용 가치를 새롭게 인식해야 하는 이유는 다음과 같은 몇 가지를 들 수 있다.

첫째, 스포츠는 모든 사람이 접근하기 쉬운 주제이며, 국경과 문화를 초월해 누구나 쉽게 공감대를 형성할 수 있기 때문에 대중매체에 의한 퍼블리시티 효과가 기대된다. 또한 다양한 파트너십과 스폰서십을 통해 마케팅 커뮤니케이션 전략의 중요한 수단으로 활용할 수 있다.

둘째, 올림픽이나 월드컵 등 대형 스포츠 행사의 개최로 스포츠는 국제관계나 정치적인 주요변수로 작용하며 국제교류와 친선의 원동력이 되고 있다.

셋째, 스포츠 이벤트 진행 중에 기업명과 상품명이 유명 선수의 유니폼이나 펜스 광고 등을 통해 직접 노출되어 브랜드 고지와 이미지 향상에 도움이 된다.

넷째, 대중매체에 의한 사전 홍보 활동으로 퍼블리시티 효과를 기대할 수 있으며, 경기 중에도 TV 중계 등 매스미디어와의 효과적인 믹스 전략으로 폭넓은 파급 효과를 기대할 수 있다.

다섯째, 스포츠 이벤트에 대한 협력과 후원은 스포츠의 건강한 이미지가 기업의 이미지와 잘 연계되어 호감도가 조성되기 쉽고, 거래 회사와의 인센티브 효과를 높이고 신뢰감 조성에도 도움이 된다.

여섯째, 유명 선수의 인기도, 지명도를 이용해 강한 화제성을 유발하기 쉬우며, 기업과 상품의 캐릭터 전략이나 광고 캠페인, 스타 마케팅 등에 활용할 수 있다.

일곱째, 대형 스포츠 이벤트는 개최 지역의 도로정비와 설비 투자, 그리고 지역 산업 개발을 통해 지역 활성화에 기여할 수 있다.

지역(관광·축제) 이벤트

이벤트의 가장 고전적이며 보편적인 형태가 지역(관광·축제) 이벤트이다. 이것은 지역 이벤트의 하나로 관광 이벤트 또는 지역 문화 축제, 문화 관광 축제, 문화 예술 축제 등과 같이 여러 형태로 존재하지만 이에 대한 정확한 구분을 찾아보기는 쉽지 않다.

오늘날 지역 이벤트는 점점 다양화되고 복합화, 대형화하는 경향을 보이고 있다. 전통적 소재를 중심으로 축제 형식에서 지역 활성화, 이미지 향상, 주민 참여와 자긍심 함양, 문화 교류에 이르기까지 목적과 개최 주체에 따라 광범위하게 구분된다.

병원은 지역과의 지속적인 관계 속에서 함께 성장과 발전을 추구해야 하는 속성을 갖고 있다. 때때로 지역사회의 오피니언 리더의 역할을 수행하며 지역의 활성화와 지역민의 건강 증진을 위해 일정한 활동도 전개하고 있다. 대개 지역 주민과의 교류와 친선을 위해 지역 이벤트를 개최하여 해당 병원의 이미지를 향상시키고 친근감을 형성하도록 하는데 이러한 노력은 지금까지 일상적인 활동으로 자리 잡고 있다.

병원이 자주 실시하는 지역 이벤트는 지역 사회의 건강을 지원하려는 건강 강좌나 간담회, 좌담회, 각종 질병과 전염병 예방 활동, 건강이나 의료 정보 제공 등과 같이 건강과 관련된 것에서부터 자연·환경 보호 캠페인이나 지역 봉사 활동 등과 같은 지역 행사에 이르기까지 다양한 형태가 있다.

1) 지역 이벤트의 개념과 특성

지역(관광·축제) 이벤트는 일반적으로'지역 이벤트'라는 용어로 자주 사용된다. 지역 이벤트는 '지방자치단체가 주도하는 이벤트로서 일정 지역의 주민을 대상으로 지역 활성화와 지역 산업의 진흥, 지역 문화의 육성 등의 목적을 실현하기 위해 개최되는 이벤트'로 정의할 수 있다.

지역 이벤트는 지역 활성화를 위해 출발했기 때문에 역사적인 맥락에서 보면 축제와 전통 의식 행사, 서양의 페스티벌이나 카니발과 비슷한 점이 있고, 관광자원의 개발·활성화를 목적으로 하는 관광 이벤트 그리고 지역 전통의 공연, 예술제 등과도 유사한 개념으로 사용되고 있다.

지역 이벤트의 의미와 개념을 정확히 이해하려면 이벤트의 기원인 축제와 여기서 파생된 지역 축제, 지역 이벤트, 관광 이벤트, 축제 이벤트, 문화 축제, 향토 문화 축제, 공연 예술 축제, 문화 이벤트 등과의 관련성을 파악해야 함은 물론, 어원의 고찰을 통해 차별적 특성을 파악해야 한다.

여러 견해가 있겠지만, 이벤트는 전신인 축제가 오랜 발전 과정을 거치면서 다양한 속성을 띠게 되자 이를 모두 아우르기 위해 사용되기 시작한 현대적인 표현이다. 산업화에 따라 무대연출이나 공연 기획력이 강화되고 상업화, 대중화가 진행되는 과정에서 축제를 대신하는 표현으로 이벤트라는 용어가 정착된 것이다.

이벤트는 각 분야의 필요에 따라 다양한 형태로 등장했다. 먼저 지역 활성화와 지역에 산재된 관광자원 개발 등을 이유로 지역 이벤트, 관광 이벤트, 축제 이벤트로 발전했는가 하면, 지방자치제의 도입에 따른 지역 주민의 참여와 지역 개발, 지역 이미지 향상을 목적으로 하는 지역 이벤트와 박람회, 견본시 등 상품이나 문화, 자연, 산업적 소재를 흥미롭게 전시하고 정보를 전달할 수 있는 부가가치가 높은 이벤트 형태도 최근 들어 많은 관심을 끌고 있다.

2) 지역 이벤트의 사회적 배경과 발전 과정

최근 지역 이벤트가 급성장하게 된 배경으로는 다음과 같은 요인을 들 수 있다.

첫째, 인적·문화적 교류와 정보의 교환이 증가하면서 도시와 지방간의 물리적 거리가 단축되어 세계화의 움직임이 가속화되고 새로운 비즈니스의 거점이자 문화, 예술의 발신지로서 지역사회의 위치가 급부상했다. 둘째, 산업, 사회 구조의 변화를 들 수 있다. 현대사회는 경제·사회의 소프트화, 성숙화, 다양화, 정보화, 세계화, 지방 분산화 등으로 특징지을 수 있는데 이러한 변화에 따라 과거의 중앙 집중형 사회는 지역 분권화 사회로 변모했다. 셋째, 사회적 구조의 변화와 함께 나타나는 인간의 정신적 변화를 들 수 있다. 다시 말해, 포스트모더니즘으로 대변되는 탈근대주의(脫近代主義) 정신은 물질 중시 사회에서 정신, 문화적 산물을 중시하는 사회로의 회귀를 주장하고 있다.

각 지역의 전통문화에서는 현대 물질문명과 다른 과거의 향수를 찾아 볼 수 있기 때문에 포스트 모더니즘적 관심이 고조되고 있다. 전원주택, 황토방, 무공해식품 등 환경을 중시하고 전통적인 것을 동경하는 풍조, 또 일본의 온천 붐, 지방 물산전, 지방 공예전 등은 이런 조류와 관련이 있다. 전통적인 지역 문화에 대한 관심은 지역 이벤트에 대한 붐으로 연결되고 있다. 사회가 발전하면 할수록 전통성과 지역 정서의 가치는 커지게 마련이다.

현재 한국에서는 지방자치제의 본격적인 시행과 더불어 관광·축제 이벤트에 대한 관심도가 과거 어느 때보다 높다. 다른 나라와 차이점은 지방자치단체가 주최하는 공적 이벤트의 성격이 강하고 관광 개발이나 지역 전통 행사 같은 단편적인 주제에서 벗어나지 못하고 있는 것이다. 관 주도의 차별성이 없는 전시 행정적인 행사에서 하루 빨리 벗어나 많은 사람이 관심을 갖고 참여하며, 특히 시티 마케팅의 하나로 수익성을 가미한 특색 있는 이벤트로 재출발해야 할 것이다.

우리나라의 지역 이벤트는 1990년대 후반부터 급속히 성장해, 2000년에는 뉴 밀레니엄을 축하하기 위한 공공기관의 관련 이벤트에만 3000억 원 이상의 예산이 집행되어 사회적으로 지역 이벤트가 이목을 끄는 계기가 되었다.

일본은 전통적인 민속축제인 '마츠리(祭)'에서 관광·축제 이벤트가 시작되었다. 일본은 경제발전과 함께 지역별로 시민회관과 같은 문화 시설이 정비되고 역을 중심으로 상권을 발전시키기 위한 지역 단체가 존재해, 지역 이벤트가 본격화되는 원동력이 되고 있다. 거품경제가 정점에 달한 1989년에 일본 정부의 지방자치 100주년 기념사업으로 대규모 지역 활성화 지원 정책이 시행되면서 전국적으로 수많은 지역 이벤트가 개최되었다. 1990년대에 이르러 거품경제가 붕괴되고 전체 이벤트의 개최빈도가 감소하는 추세 속에서도 관광·축제 이벤트는 지역의 상가 활성화와 지역의 전통 축제를 토대로 이벤트 산업의 중요한 비중을 차지하게 되었다.

각주 정리

≪국어대사전≫, 삼성문화사. 1991.

Jupiter Communications(1997), Banner & Beyond, 인터넷 광고-이론과 전략, 정보통.

김희진(2001), 『IMC시대의 이벤트기획론』, 커뮤니케이션북스, pp.177~183.

김희진(2004), 『세일즈프로모션』, 커뮤니케이션북스, pp.341~347.

김희진(2011), 『MICE, 고부가 전시 이벤트』, 커뮤니케이션북스, pp.19~25.

김희진·안태기(2010), 『문화예술축제론』, 한울아카데미, pp.62~74, pp.91~92.

머니투데이, 2012년 6월 1일

문원호, 국제문화예술제와 도시발전, ≪도시문제≫, 1996. 8, p.46

박기철 외, ≪광고보다 빠른 세일즈 프로모션≫, 커뮤니케이션북스, 2001, pp. 225~226.

서범석, ≪옥외광고론≫, 나남, 2001, pp.46~49.

宣傳會議編(1989), 『新時代のイベント戰略』, 宣傳會議, pp.104~108, pp.114~118.

이두희, 한영주(1997), ≪인터넷광고 이론과 전략≫, 정보통.

이차옥 외, ≪프로모션 에센스≫, 무역경영사, 2000, pp.244~245.

㈜ http://blog.naver.com/go_hanshin/90154534420

㈜ http://blog.naver.com/love4youkr/70156551408

㈜ http://cafe.daum.net/mcodi/

㈜ http://www.ortho21.com/

㈜ 김창수(2002. 10), 전시박람회 이벤트관광자의 특성 분석, ≪관광경영학연구≫(관광경영학회), 6권 3호(통권 제16호), p.91.

㈜ 김희진(2001), 『IMC시대의 이벤트기획론』, 커뮤니케이션북스, pp.169~176.

㈜ 김희진(2003), 『신이벤트마케팅전략』, 커뮤니케이션북스, pp.74~79.

㈜ 김희진, 『세일즈 프로모션』, 커뮤니케이션북스, 2004, pp.532~536.

㈜ 데일리메디 2012년 10월 15일

㈜ 양윤직, 『디지털시대의 광고미디어 전략』, 커뮤니케이션북스, 2010, pp.203~205, pp.212~216, pp.216~220.

㈜ 이경모(2005), 『이벤트학원론』, 백산출판사. pp.348~353.

㈜ 이명천 외, 『광고학개론』, 커뮤니케이션북스, 2005, pp.187~195

㈜ 이투데이 2013년 4월 19일

㈜ 정혜연, 『다시 알아야 할 병원마케팅』, 21세기북스, 2011, pp.212~215, pp.238~239.

㈜ 주간동아 2012년 4월 16일

Theory & Practice of Hospital Marketing

CHAPTER 04_

병원홍보의 핵심 이론의
응용과 심화

+ 마케팅 전략 계획
+ 프로모션과 세일즈 프로모션
+ 헤드라인의 표현 방식과 기법
+ 크리에이티브 전략
+ 스토리텔링과 의료 마케팅
+ 메세나(사회공헌) 활동

+ 시장세분화
+ 기획서 작성에 필요한 마케팅 핵심 용어
+ 포지셔닝 전략과 브랜드 아이덴티티
+ 매체 계획과 전략
+ 캐릭터 마케팅
+ 한국 병원의 홍보와 마케팅 전략 사례 분석(부록)

CHAPTER

04_

병원홍보의 핵심 이론의 응용과 심화

마케팅 전략 계획

☞ 기획에 있어서는 먼저 목적과 목표를 설정한 후 전략과 전술을 세워야 한다. 전략은 장기적인 문제에 초점을 두고 계획한 것을, 전술은 단기적인 당면의 문제를 처리하기 위한 업무계획을 말한다.

기획 내용에 관한 전체적인 개념과 방향으로 사용하기 위해 콘셉트를 사용하는데 콘셉트를 보다 구체적인 개념으로 표현한 것이 테마와 슬로건이다.

또한 고객의 관심을 끌 수 있도록 네이밍을 정하거나 주최자의 의도를 키워드로 함축시켜 대외적으로 알리기 위해 슬로건, 헤드라인을 사용하는 것도 중요하다고 할 수 있다.

1. 경영전략과 마케팅전략 계획

1) 경영전략(전사적 전략, 기업전략) 계획

홍보나 광고, 마케팅을 제대로 이해하기 위해서는 우선 이들의 상위개념인 경영전략과 마케팅전략을 분명히 알아야 한다. 또 홍보나 광고는 마케팅전략 계획의 전체적인 틀 속에서 통합적으로 실행되어야 하지만, 이를 위해서 상호연관이 되어있는 경영전략을 먼저 파악할 필요가 있다.

시장의 변화에 효율적으로 대처하고 기업의 수익을 향상시키거나 또는 의료기관이 목표를 실현하기 위해서는 무엇보다 마케팅 관리가 체계적으로 수행되어야 한다. 성공한 대부분의 기업은 경영전략과 같이 전체적인 계획을 세우고 이를 뒷받침할 세부 계획을 수립하여 단계적으로 마케팅전략을 진행하고 있다.

마케팅 관리과정은 크게 5단계로 구분된다. 먼저 마케팅 계획을 체계화하고, 시장기회를 분석하여, 이에 적합한 표적시장을 선정하고, 목표로 하고 있는 시장에 적합한 마케팅믹스 프로그램을 개발하며, 최종적으로는 수립한 마케팅계획이 잘 수행되도록 통제·관리한다.

그러나 마케팅 계획은 독자적이고 개별적으로 진행되지 않는 것이 일반적이다. 모든 개념에는 상위개념과 하위개념이 존재하고 있듯이 마케팅 계획 또한 상위개념이라 할 수 있는 경영전략, 전사적 전략 계획이 수립되고 난 후, 이와 연동하여 체계적으로 진행하게 된다.

예를 들어 마케팅전략은 마케팅목표가 먼저 수립되어야 수행될 수 있지만, 이보다 상위개념인 기업목표가 설정되고 난 후, 이를 기준으로 하여 순차적으로 진행될 수 있다. 마찬가지로 마케팅의 하위개념이라 할 수 있는 광고전략 또한 이미 수립된 마케팅전략을 참고로 하여 진행된다.

한편 경영전략 계획은 전사적 전략 계획, 기업전략 계획 그리고 전략적 계획으로도 표현되고 있는데, 이는 크게 4단계로 실시된다.

첫째로 「기업 사명문(mission statement)의 결정」이다. 기업사명(文)은 경영전략의 출발점으로, 기업의 이념과 같이 창업자나 최고경영자의 의지나 신념 등의 기업이 추구하는 목표, 방향을 문장으로 표현한 것이다.

이것은 기업이 수행하고자 하는 모든 목표나 계획의 근간이 되며 경쟁기업과 차별화되고, 과장되지 않고 구체적이며, 대다수의 직장 구성원이 동기를 적극적으로 유발할 수 있도록 작성되어야 한다. 예를 들어 '세계를 선도하는 기업', '여성을 아름답게, 사회를 아름답게', '인류의 건강을 책임지는 기업' 등과 같이 사업영역이나 기술, 서비스 등이 기업사명문에 반영되는 것이 일반적이다.

또한 기업사명문은 병원의 홍보방향을 설정하는데 중요한 기준을 제공한다. 가장 일반적인 방식으로는 기업의 이념과 목표를 슬로건이나 광고 메시지에 담아 고객에게 병원이

지향하는 것을 제대로 이해시키고, 각종 매체를 통해 전달함으로써 궁극적으로는 병원에 대해 호의나 호감을 갖게 할 수 있다.

둘째로 「기업목표의 설정」이다. 기업의 사명은 중·장기적인 목표로 전환되어야 한다. 목표는 실현가능하고 측정가능하며 구체적인 양적 목표로 설정되는 것이 중요하며, 나중에 하위개념인 마케팅목표 수립을 미리 상정하여 기준점이 될 수 있도록 설정한다. 매출증가, 비용의 감소 등을 통한 수익 개선이나 해외시장의 진출, 생산성 향상 등과 같이 마케팅 목표보다 장기적이며 포괄적인 내용을 수립하게 된다.

셋째로 「기업전략의 수립」이다. 기업의 목표는 기업전략을 통해 달성될 수 있다. 기업은 다른 기업과의 경쟁상의 우위를 차지하기 위해 새로운 시장을 개척하거나 차별화된 상품을 개발하는 등의 주요한 사업의 방향을 결정하게 된다.

기업전략을 수립하기 위해서는 현재의 제품과 시장의 주어진 상황 속에서 충분한 기회를 선택하거나 활용하게 된다. 이를 위해 가장 일반적으로 이용되는 이론은 '이고르 앤소프(Igor Ansoff)' 교수가 제시한 「제품·시장의 확장 전략(Product-Growth Matrix)」이다.

기업이 생존과 성장을 위해 현재의 경쟁 환경에서 선택할 수 있는 중요한 항목은 '제품'과 '시장'이다. 제품, 시장을 가로와 세로축으로 구분하여 각각 선택할 수 있는 매트릭스를 설정하면, 4가지 형태의 성장 전략이 존재한다.

첫째 시장침투(market penetration) 전략이다. 이것은 가장 리스크가 작은 성장전략으로, 기존에 출하된 제품을 가지고 현재의 고객을 대상으로 하여 성장 전략을 추구하는 방법이다. 여기에는 기존제품과 고객을 대상으로 가격할인 등의 프로모션전략을 시도하거나 수정된 광고활동을 통하여 현재의 고객에게 판매를 확대하고, 경쟁제품의 고객을 적극적으로 유인하는 방법 등이 있다.

시장침투 전략은 의료기관에서도 쉽게 쓸 수 있는 방법이다. 별 다른 위험 없이 현재의 상황에서 마케팅이나 프로모션 활동을 개선하고 변화를 시도하여 새로운 시장 기회를 만들 수 있다.

둘째 시장개발(market development) 전략이다. 현존 제품을 가지고 새로운 시장, 고객을 대상으로 성장을 추구하려는 전략이다. 여기에는 인구통계학적 세분화 시장 확대방법과 지리학적 세분화 시장 확대방법이 있는데, 전자는 지금까지 판매대상으로 하지 않았던 연령대, 직업군, 소득, 학력 그룹을 새로운 목표소비자로 설정하여 판매를 확대하려는 전략이고, 후자는 새로운 국내시장이나 해외시장의 고객을 새로운 판매시장으로 확대하려는 전략이다.

의료기관은 기존의 의료서비스에 대한 변화 없이, 새로운 의료시장의 고객을 새롭게 개척하여 확대시키는 방법을 취할 수 있다. 이에는 새로운 연령대나 소득을 가진 계층을 대상으로 의료서비스를 확대하거나, 새로운 중국, 일본과 같이 해외 의료시장을 개척하여 판매를 강화하는 전략을 취할 수 있다.

셋째 제품개발(product development) 전략이다. 기존 고객들을 대상으로 하지만 제품을 새롭게 개발, 수정하여 성장을 모색하는 전략이다. 이것은 새로운 시장을 개발하기보다는 경쟁력과 차별성이 있는 제품을 개발하여 성장을 추구하려는 전략으로, 앞의 시장개발 전략과는 상반된 전략이기도 하다.

여기에는 기존의 음료시장에서 새롭게 이온음료나 건강음료를 개발하거나 카메라 시장에서 디지털 카메라를 새롭게 개발하여 시장을 확대하려는 방법 등이 있으며, 때로는 완전한 신제품을 시장에 출하하기 보다는 현재의 제품에 새로운 기능을 추가하거나 제품계열을 확대하는 등의 부분적인 개발 방식이 보편적으로 활용된다.

의료기관에서는 의료서비스를 제공받았던 기존 고객들을 대상으로 새로운 시술방법이나 치료법을 개발하여 고객의 잠재 욕구를 충족시킬 수 있다. 예를 들어 신종 의료서비스를 추가하거나 건강진단 사업부문을 확대시키는 방법 등을 들 수 있다.

마지막으로 다각화(diversification) 전략이다. 이 방식은 앞에서 제시된 세 가지 유형의 성장전략과 특징상 차이가 있다. 기존의 시장침투, 시장개발, 제품개발 전략은 기존의 비즈니스 영역을 크게 벗어나지 않은 범위 내에서 성장을 추구하는 전략이지만, 다각화 전략은 현재의 제품과 기존 시장에서 벗어나서 신제품과 새로운 시장을 대상으로 사업을 확대하는 성장 전략이기 때문에 신규 사업의 진출에 따르는 위험부담이 매우 크다.

이 방법은 크게 2가지 유형이 존재한다. 먼저 기존의 제품이나 사업영역과 어느 정도 연관이 있는 비즈니스 영역에 참여하는 집중적 다각화와 기존의 제품과 사업 영역과 전혀 무관한 신생산업에 진출하는 복합적 다각화가 있다.

의료기관에서 경영 다각화를 시도할 경우는 다른 전략에 비해 시장잠입에 따른 위험성이 가장 크므로 신중히 선택할 필요가 있다. 또 자신의 의료서비스 분야와 전혀 무관한 사업에 진출하는 복합적 다각화보다는 가능한 한 기존의 사업영역과 관련이 있는 집중적 다각화를 선택하는 것이 바람직하다. 예를 들어 의료기관에서 접근하기 쉬운 건강식품이나 웰빙 사업에 진출하거나 출장 의료업과 의료인력 파견업 등에 참여할 수 있다.

넷째로 경영전략 계획의 최종단계인 「사업부(포트폴리오) 전략의 수립」이다. 이것은 경영

전략이나 전사적 전략 계획의 마지막 단계로, 현재 회사에 진행하고 있는 사업을 평가하여 자원과 자본에 대한 투입을 판단하는 중요한 단계이다.

기업이나 조직체는 시장을 올바르게 평가하여 수익서이나 비전이 있는 사업을 발견하여 지속적인 자원을 투입하고, 때로는 성장 잠재력이나 수익성이 약한 사업 부문에 대한 철수를 결정하게 되는데 이것을 사업 포트폴리오 분석(business portfolio analysis)이라 한다.

가장 대표적인 포트폴리오 분석 방법으로는 BCG(Boston Consulting Group) 모델과 GE(General Electric) 모델이 있다. 이 가운데 BCG 모델은 미국의 경영 자문회사인 BCG 사는 성장률과 점유율을 바탕으로 개발한 것으로, 해당 공간에 위치한 각각의 SBU(전략적 사업단위 = Strategic Business Unit)가 가지고 있는 매력도와 경쟁력을 평가하고 있다.

또한 BCG 모델은 세로축에 시장성장률을 두고 가로축에 상대적 시장점유율을 구성하여 각 사업단위의 경쟁능력을 파악하고, 기업의 자본 흐름을 균등화시키는데 탁월한 판단기준으로서 역할을 수행하고 있다. 세로와 가로축의 구성에 의해 4개의 매트릭스가 존재하며, 여기에는 물음표(problem child; 선택, 투자)를 비롯하여 별(star; 투자, 성장), 자금 젖소(cash cow; 수익), 개(dog; 수확, 철수) 등의 SBU가 존재한다.

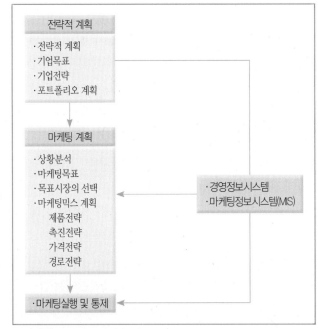

+ 그림 4-1_
마케팅 계획의 수립과정

(주) 박명호 외, 『마케팅(제3판)』, 경문사, 2008, p.16

2. 마케팅전략 계획

기업은 상위개념인 경영계획이 수립됨에 따라 구체적인 마케팅전략 계획을 각 단계별로 입안하여야 한다. 전략적인 마케팅 계획은 일반적인 마케팅 계획과는 달리 각 사업부별로 우선순위를 정하고 기업이 가지고 있는 자원을 효율적으로 배분하여 실행하여야 한다. 또한 시장상황이나 환경을 정확히 분석하고 목표를 명확히 설정하며, 최적의 목표소비자의 욕구를 충족시킬 수 있는 마케팅믹스를 제대로 개발할 필요가 있다.

마케팅전략 계획은 크게 4단계로 설정하여 진행하는 것이 일반적이다.

첫째, 「상황 분석(마케팅환경 분석)」이다. 상황 분석은 기업을 둘러싸고 있는 여러 시장 환경의 변화를 잘 분석하여 기회를 확대하고 위기를 감소시키려는 제반 활동을 의미한다. 따라서 마케팅활동에 직, 간접적으로 영향을 미칠만한 여러 시장 환경의 요인을 분석하게 되는데, 여기에는 거시, 미시 마케팅환경이 포함될 수 있다.

상황 분석을 효과적으로 실행하기 위한 이론으로는 일반적으로 SWOT 분석이 잘 활용되고 있다. SWOT 분석은 시장에서의 경쟁력과 기회의 요인을 쉽게 파악할 수 있는 장점 때문에 마케팅활동뿐만 아니라 광고, 프로모션활동의 계획을 수립할 때 자주 사용되는 유용한 이론이다. 또한 내부적으로 자사의 마케팅자원의 강점과 약점이 되는 요인을 분석하고, 외부적으로 시장 환경 요인이 자사에 위기, 또는 기회가 되는가를 판단하여 경쟁사와의 차별성을 찾아내고 경쟁력을 향상시키는데 자주 활용된다.

둘째, 「마케팅목표의 설정」이다. 마케팅환경이나 상황 분석을 통해 확인된 자사의 시장에서의 경쟁력을 바탕으로 달성해야할 마케팅목표를 설정한다. 마케팅목표는 앞의 경영목표와의 일관성을 유지해야하며 하위개념인 광고, 프로모션 계획과의 유기적인 체계를 상정하여 수립하도록 한다.

여기서 유의해야할 점은 경영목표와 마케팅활동의 중요한 수단인 광고목표와의 차별성이다. 마케팅목표는 경영목표를 구체적으로 마케팅활동의 영역과 특성에 입각하여 책정해야 하기 때문에 4P믹스 즉 제품, 유통, 촉진, 가격과 관련된 항목이 목표로 설정되는 사례가 많다. 예를 들어 신제품을 출하하거나 판매 유통망을 확대하고 프로모션 비용을 확대하는 등의 목표를 수립하는 경우와 그 밖의 판매액이나 시장점유율을 상향 조정하는 사례가 여기에 해당된다.

또한 광고목표는 측정 가능한 커뮤니케이션 효과를 기준으로 설정하는 것이 보통이다.

일반적으로 마케팅목표와 광고목표를 구별하지 못하는 사람이 많다. 마케팅은 기업의 이윤을 극대화하기 위하여 고객만족을 통한 통합적인 판매활동을 실행하는 것이므로 판매액의 증가나 주어진 시장점유율을 달성하는 것과 같은 목표는 타당하다. 그러나 마케팅활동은 광고만이 독자적으로 그 역할을 수행하고 있는 것이 아니라 마케팅믹스, 프로모션믹스 등의 다양한 요소가 조화를 이루며 적절히 통합이 되어 목표를 수행하게 된다. 이들 구성요소의 총합이 곧 마케팅활동으로 결집되며 그 결과는 판매액의 증감 형태로 나타나고 있다.

광고는 마케팅의 하부구조로서 광고가 판매에 끼치는 영향을 정확하게 판단하기는 매우 어려운 일이다. 그러므로 일반적으로 광고목표를 설정한다는 것은 광고의 커뮤니케이션 목표를 설정하는 것을 의미하는 것이 통례이다. 커뮤니케이션 목표에서 중심이 되는 것은 제품의 인지도 및 핵심메시지의 소비자 침투율이다. 이와 같은 생각의 이론적 근거로는 DAGMA 이론이 기여하였다.

셋째, 「목표시장의 선택」이다. 시장 환경이 분석되고 목표가 설정되고 나면 자사의 제품과 서비스에 적극적인 반응을 할 것으로 예상되는 표적시장이나 목표소비자를 선택하는 일이 중요시된다. 또한 자사의 가장 효율적인 목표시장을 선택하여 그들의 욕구를 제대로 분석하고, 이를 충족시키기 위해 요구되는 과업을 파악하여야 한다.

목표시장을 선택하기 위해서는 STP의 단계에 의해 진행하는 것이 효율적이다. 먼저 소비자의 특성별로 몇 개의 세분화된 시장으로 구분하고(segmentation), 여러 세분시장 가운데 자사에 가장 적합한 목표시장을 선정하여(targeting), 목표시장의 고객의 욕구를 충족시키고 만족을 극대화시킬 수 있는 장기적이고 차별화된 마케팅 프로그램이나 커뮤니케이션, 메시지를 고정적으로 반복, 소구하는 것(positioning)이 필요하다.

넷째, 「마케팅믹스의 개발」이다. 세분화된 목표시장의 핵심적인 소비자를 대상으로 그들의 욕구를 충족시키기 위해서는 기업이 가지고 있는 자원을 효율적으로 배분하고 통제 가능한 마케팅 자원 및 수단을 체계적으로 개발해야만 한다. 따라서 마케팅수단의 효율적인 믹스가 필요한데, 마케팅믹스의 핵심적인 요소로는 잘 알려진 4Ps(4PMIX)가 있다.

마케팅믹스(전략)의 요소로는 Product(제품), Price(가격), Place(유통), Promotion(촉진) 등이 있고, 이와 같은 요소들이 통합적으로 조화를 이루어야 성공적인 마케팅활동이 가능하다.

마케팅 믹스 중 제품(Product)은 제품 디자인이나 상표명, 제품기능 및 특성, 로고, 포장, 스타일 그리고 예견되는 시장에서의 상품 수명에 대한 결정 역시 제품계획의 일종이다. 제품은 물질적인 재화, 서비스 및 소비자의 1차적 욕구와 2차적 욕구가 충족될 수 있도록 개발되어야 한다.

가격(Price)은 마케팅 믹스의 중요한 부분으로 제품을 판매하여 이익을 낼 수 있는 적절한 선에서 결정되어야 한다. 그 가격은 소비자에게 납득 될 수 있는 것이어야 하고, 시장에 비슷한 제품의 가격과 경쟁적인 것이어야 한다. 또한 정가할인, 공제, 할부조건, 신용조건이 변수로 작용한다. 또한 가격믹스는 기업의 수입과 직접적으로 관련되며 다른 마케팅 믹스 요소인 제품, 유통, 촉진과는 달리 마케팅비용이 매우 적게 드는 정책적 수단이라는 점에서 차별화되고 있다.

유통(Place)은 유통경로에서 발생하는 보관, 재고, 수송 등의 활동으로 유통경로(Channel) 또는 분배(distribution)라고도 한다. 제품이 생산자로부터 최종소비자에게로 전달, 연결되는 통로 및 제반 활동을 말한다. 이런 유통은 제품, 가격과 함께 적절한 관리가 필요하다. 유통은 특히 소비자의 구매시점에서 많은 영향을 줄 수 있기 때문에 파급효과가 매우 크다.

촉진(Promotion)은 다른 마케팅믹스 수단 중, 가장 독특한 요소로서 설득적인 수단과 메시지를 통하여 구매동기와 흥미를 유발하는 커뮤니케이션 활동이 포함된다. 판매를 촉진하기 위한 모든 활동으로 인적판매, 광고, 판매촉진 그리고 간접적인 판매(홍보 또는 PR)가 프로모션 활동에 해당되며, 최근 기업경쟁을 위해서 경영자들이 가장 관심을 갖고 있다. 제품력으로 승부하는 것일수록 프로모션 활동에 더 많은 투자를 필요로 하게 된다.

시장세분화(Market Segmentation)

☞ 시장세분화 연구는 인구, 구매력, 라이프스타일의 합산으로 볼 수 있다. 현재 소비자를 둘러싼 환경변화에 대한 연구는 수많은 마케팅 학자들에 의해 전개되고 있지만 보다 원론적인 입장으로 돌아가서 이 3가지 구성요소를 통합적으로 활용하는 방법을 모색해야 한다. 또한 시장세분화를 제대로 마케팅활동에 반영시키기 위해서는 소비욕구의 단계를 제대로 판단하여 이를 적절히 충족시키는 것이 중요하다.

1. 시장세분화

몇 년 전부터 시장세분화는 의료분야의 커다란 이슈가 되고 있다. 의료시장의 경쟁이 심

화되고 공급 과잉과 함께 고객욕구가 변화됨에 따라 경쟁력을 강화하기 위한 방법의 하나로 주목받기 시작하였다. 병원은 과거와는 달리 보유 자본력의 한계나 자원에 제약이 발생하였기 때문에 마케팅의 효율성을 높이기 위해서 가장 경쟁력이 있는 특정 시장을 발굴하여 자원을 집중해야 할 필요성이 대두되었다.

지금까지는 보다 넓은 계층을 상대로 다양한 진료과목을 가지고 의료서비스를 제공하였지만, 경쟁 환경이 심화됨에 따라 의료분야를 전문화, 세분화하여 보유 자원을 집중시키거나, 혹은 경쟁력이 있는 새로운 의료시장을 개발하여 다른 곳과의 차별화를 시도하여야 성과를 거둘 수 있게 되었다.

시장세분화는 기본적으로 경쟁대상과의 차별적 가치를 제공하여 경쟁력을 확보하는 것으로 무엇보다 고객에게 제공하는 가치로 인해 공감을 얻고 설득할 수 있는 가하는 것이 중요하다. 또 무조건 차별화 자체가 목적이기보다는 가능한 한 다른 경쟁자와의 비교 가치에서 우월성을 확보하여 고객의 만족을 이끌어내는 것이 중요하다. 즉 시장세분화를 실행하기에 앞서 무엇을 위한 세분화인지를 먼저 생각할 필요가 있다.

한편, 시장세분화(market segmentation)를 이해하기 위해서는 시장과 소비자에 대한 개념 파악이 선행되어야 한다. 먼저 시장은 생산자와 소비자가 제품 및 서비스를 서로 교환하는 장소를 나타내며, 마케팅에서의 소비자는 제품을 구매하여 사용하는 사람을 총칭하고 있다. 또한 마케팅에서는 효율성을 극대화하기 위하여 목표소비자의 설정이 필요한데 광고에서의 목표소비자는 광고 메시지에 적극적인 반응을 나타내는 사람과 집단을 의미하며, 마케팅에서는 특정 브랜드에 대해 강한 구매행동을 보이는 집단이나 사람을 가리킨다.

시장세분화는 어느 특정된 시장을 비교적 유사하고 동질적인 반응과 특성을 나타내는 동질적인 집단으로 구분하는 과정을 의미한다. 시장을 균등화, 동일화된 소비 욕구의 대중시장으로 생각하지 않고 서로 다른 소비욕구의 집합으로 생각하는 것 이 시장세분화의 기본적인 발상인데, 그 이유는 소비자의 욕구는 각기 다르므로 동일한 제품만으로는 모든 소비자의 욕구를 만족시킬 수 없다는 점에서 기인한다.

이와 같이 시장경쟁이 격화되고 성숙되어 가는 대중시장(mass market)으로의 전환과정에서 시장세분화가 일반화되기 시작하여, 마케팅계획을 수립할 때는 무엇보다 먼저 시장을 욕구가 유사하거나 동일한 반응을 보이는 소비자 집단별로 구분하여 자사의 가장 적합한 목표시장을 대상으로 한 마케팅활동을 집중적으로 수행하는 것이 효과적이다.

기본적으로 시장세분화는 고객지향적인 생각에서 출발하였다. 목표소비자의 다양화되고 개성화된 욕구를 충족시키기 위해서는 과거의 비차별적인 대중마케팅(mass marketing) 방식에서 벗어나, 시장세분화를 통하여 기업의 경쟁적 우위가 확보될 수 있는 차별화된 제품과 서비스를 제공함으로서 고객의 만족을 유도하고 있다. 이를 위해 시장세분화에는 여러 차별화 마케팅(differentiated marketing)이 도입된다.

시장세분화를 효율적으로 수행하려면 STP(Segmentation, Targeting, Positioning) 전략 단계에 의해 진행하는 것이 일반적이다. 먼저 소비자의 욕구를 바탕으로 하여 특성별로 여러 세분화된 시장이나 소비자 집단으로 구분하고(segmentation), 특정 세분시장 가운데 자사에 가장 적합한 표적시장을 선정하여(targeting), 선택된 목표시장의 고객의 욕구를 충족시키고 만족을 극대화시킬 수 있는 장기적이고 차별화된 마케팅 프로그램이나 커뮤니케이션, 메시지를 고정적으로 반복, 소구하는 것(positioning)이 필요하다.

2. 시장세분화 방법

목표소비자를 중심으로 하는 기업의 마케팅전략 환경을 알아보면, 외부에서 영향을 미치는 환경적인 측면에서는 인구통계학적·경제학적 환경, 사회·문화적 환경, 정치적·법률적 환경, 기술적·자연적 환경 등이 있다. 그리고 그 안에 경쟁업자, 공급업자, 공중 등의 이해관계자가 존재한다. 다시 그 속에는 마케팅 정보시스템을 비롯한 마케팅 통제시스템, 마케팅 계획시스템, 마케팅 조직시스템 등이 포함되고 있으며, 목표소비자는 바로 이러한 모든 마케팅의 중심에 자리 잡고 있다.

최근 의료분야에서도 적극적인 시장세분화의 움직임을 쉽게 발견할 수 있다. 이러한 현상은 경쟁이 치열한 진료과목이나 경쟁력을 개선하고 확보하기 위한 병원을 중심으로 활발히 전개되고 있다. 예를 들면 성형외과와 피부과, 안과, 치과 등 비급여 항목이 많은 병과나 수익성이 높은 의료분야를 비롯해 노년층의 증가에 따라 수요가 급증하는 정형외과, 그리고 침체기를 맞아 경쟁력을 개선하려는 한의원과 한방병원을 중심으로 빈번하게 나타나고 있다.

먼저 성형외과는 눈, 코, 가슴, 양악을 전문으로 하는 의료시장으로 세분되고 있으며, 안과는 크게 백내장, 라식, 라섹, 그리고 치과는 임플란트, 치아 교정, 미백 등으로 세분화, 전문화가 이루어지고 있다. 정형외과는 허리 디스크나 어깨, 무릎 등을 중심으로 구분되고, 한방병원은 크게 아토피, 성장, 발모, 다이어트, 이명·난청 등으로 전문분야가 세분화 추세에 있다. 특히 한의원과 한방병원은 시장세분화를 주도하고 있는데, 어린이를 전문으로 하는 곳을 비롯해 여성 전문 한의원도 등장하는 등 경쟁에서 살아남기 위해 꾸준한 노력을 기울이고 있다.

한편, 목표소비자를 구분, 설정하기 위한 세분화 방법으로는 지리학적 세분화(geographic segmentation), 인구통계학적 세분화(demographics segmentation), 심리학적 세분화(psychographics segmentation), 행동적 세분화(behavior segmentation) 등의 분류방법이 일반적이다.

이것은 다시 소비자의 외적요인과 내적요인으로 구분할 수 있다. 전자에는 인구통계학적 세분화와 지리학적 세분화, 행동적 세분화가 포함되고, 후자는 심리학적 세분화가 포함되고 있다.

첫째, 지리학적 세분화는 크게 도시 및 농촌 지역, 도·시·군, 인구밀도, 기후 등에 의해 시장을 세분화하는 방법이다. 병원의 지리학적 세분화는 입지조건과 밀접한 관계가 있다. 크게 도시지역과 지방의 중소도시, 농어촌 지역으로 구분할 수 있지만, 같은 도시지역이라도 도시 중심, 번화가, 역 주변, 주택지역, 도시외곽 등으로 세분화를 시도할 수 있다.

둘째, 인구통계학적 세분화는 성별을 중심으로 연령, 소득, 교육수준, 직업 등에 의해 세분화하는 것을 의미하며 때로는 복수 변수를 이용한 인구통계학적 세분화를 사용하기도 한다. 먼저 나이는 인구통계학적 세분화를 위한 중요한 지표다. 어린이를 위한 한의원(함소아)에서 노년층을 대상으로 하는 정형외과병원(제일정형외과병원)과 치과(롱플란트) 등과 같이 세분화되고 있다. 또한 성별에 의한 세분화는 여성전문 한의원(부산 여사랑)의 등장에서부터 남성 전문 피부과, 성형외과의 등장에 이르기까지 증가 추세에 있다. 소득 수준은 의료시장의 구매력을 결정하는 중요한 지표로서, 저가의 치료를 원하는 고객층에서 최상의 의료서비스를 희망하는 프리미엄 의료시장까지 존재한다.

셋째는 사회계층, 라이프스타일, 개성에 의한 심리학적 세분화를 들 수 있다. 경우에 따라서는 지리학적 세분화를 인구통계학적 세분화에 포함시켜 분류하는 방법도 있다.

한편, 심리학적 세분화에 대해 보다 상세하게 살펴보면 다음과 같다.

먼저 사회계층에 의한 세분화는 인간사회의 구성원들 중에 동일한 가치, 관심 그리고 행동을 공유하는 층으로 세분화하는 것을 의미한다. 이러한 방법은 다양하게 존재하지만 일반적으로 직업, 소득, 집의 형태, 거주지역과의 관계를 기준으로 한 워너스 인덱스(Warner's

Social-Class Categories)가 이용되는데, 이것은 사회계층을 6단계로 나누어 최상급, 상위, 중상위, 중하위, 하위, 최하위로 구분하여 사용하고 있다.

넷째, 행동세분화는 시장세분화의 출발점인 동시에 목표소비자를 좁혀 가는 가장 기초적인 작업이다. 행동세분화는 제품에 대한 만족, 반응을 바탕으로 세분화작업을 진행해 나가기 때문에 시장세분화 설정방법 가운데 독특하면서도 실용적인 성격이 강하다.

행동세분화는 구매자들이 제품에 가지고 있는 지식, 태도, 사용법 또는 반응 등에 기초하여 여러 집단으로 분류한다. 그 분류방법은 기회(occasions), 이점(benefits sought), 사용여부(user status), 사용물량(usage rate), 충성도 수준(loyalty status), 구매준비 상태(buyer-readiness status), 태도(attitude) 등으로 나눌 수 있다.

먼저 기회에 의한 세분화는 「중요한 사건에 의한 세분화」라고도 하는데 제품의 구매와 관련된 기회를 세분화하는 것을 의미한다. 이러한 세분화는 새로운 시장으로 확산할 수 있는 전략이다. 예를 들면, 결혼, 정년, 성인의 날 등 특수한 기회를 세분화하여 제품을 개발 판매하는 것을 의미한다. 기회에 의한 세분화방법은 제품에 대한 새로운 수요창출을 확대하기 위하여 시장기회를 의도적으로 만드는 것을 가리키는데 늘 이벤트적인 요소가 전략적으로 가미되기 마련이다. 특히 신규로 시장에 침투하는 제품일 경우 기존 시장보다는 차별화된 기회를 잡아 전략적으로 접근하는 것이 유리하다.

예를 들어 여성이 남성에게 사랑을 고백하는 밸런타인데이(Valentine's Day)가 실제로 어느 초콜릿 회사의 전략이었던 것을 보면 기회에 의한 세분화방법은 그 파급력이 대단하다. 밸런타인데이는 본래 초콜릿의 재고량을 줄이고 판매량을 확대시키기 위하여 새로운 시장기회를 이벤트전략을 통하여 창출한 것이다. 평범한 발상으로는 소비반응이 둔한 집단에 대해 사랑을 표현하는 의미 있는 날로 스토리텔링(story telling)과 새로운 의미를 부여하면 여기에 반응하는 수많은 소비자층이 존재하게 되는 것이다.

기회에 의한 세분화는 의료시장에서도 적극적으로 활용할 수 있다. 예를 들어 어린이날을 계기로 어린이를 대상으로 하는 의료상품을 개발하거나 성인의 날을 기념하여 성형외과에서 다양한 할인 이벤트를 전개할 수 있다. 또 어버이날을 맞이하여 자녀가 부모를 대상으로 효도 선물로 임플란트 시술을 이용하게 하거나 안과에서는 백내장을 다양한 특전과 함께 치료받도록 프로모션을 강화할 수 있다.

이점세분화는 사람들이 제품에서 추구하는 이점과 각 이점을 추구하는 사람들의 유형, 그리고 각 이점을 제공하는 주요 상표를 결정하는 것이다. 예를 들어 치약의 경우 경제성

추구집단, 충치예방 추구집단, 미용효과 추구집단, 맛 추구집단 등으로 구분하여 이 집단의 특이한 인구통계학적, 행동적, 심리적 특징을 분석하는 것이다. 또한 의료시장에서 치과의 경우는 고객이 바라는 편익에 초점을 두고 치아 미백과 치아 교정, 치아기능 향상 등으로 세분화시킬 수 있다.

사용여부는 제품에 대한 비사용자, 전사용자, 잠재적 사용자, 최초사용자, 규칙적 사용자로 세분될 수 있다. 시장점유율을 높이기 위해서는 잠재소비자를 실제소비자로 전환하는 데 중심을 두어야 한다. 성형외과나 피부과에서는 주름살을 제거하기 원하는 다수의 잠재소비층을 겨냥하여 보톡스(Botox)나 다양한 주름제거 시술법을 개발하여 고객만족을 향상시키고 있다.

사용물량에 의한 세분화는 소량, 보통, 다량사용자로 세분시킬 수 있다. 다량소비자는 시장의 작은 부분을 차지하지만 일반적으로 전체 소비량의 많은 부분을 차지한다. 특히 다량소비자에게 마케팅 역량을 집중시키는 방법은 매우 유용하다. 성형수술이나 피부과 치료를 받은 사람은 이에 대한 경험이 없는 고객층보다 매우 적극적으로 의료서비스를 받게 된다. 즉, 가능한 성형에 대한 의료경험이 많은 고객을 대상에게 관련 정보나 이벤트, 소식 등을 집중적으로 노출시켜 재구매(반복 의료 소비)를 유발시키는 것이 효과적이다.

충성도 수준은 소비자 충성도에 의해 시장을 세분화하는 방법으로 핵심충성도 고객, 유연한 충성도 고객, 이동적 충성도 고객, 전환적 고객으로 구분한다. 상표충성도를 분석함으로써 핵심 목표소비자의 특성을 연구할 수 있고, 유연한 충성도 고객을 분석함으로써 경쟁제품을 평가할 수 있으며, 이동적 충성도 고객을 분석함으로써 자사의 약점을 분석할 수 있다.

구매준비 상태에 의한 세분화는 소비자의 구매행동을 주의-흥미-욕구-기억-행동의 일반적인 과정에서 어느 상태인가를 분석하여 전략을 수립하는 것을 의미한다.

태도에 의한 세분화는 제품을 구매하는 소비자층을 구분하여 열광적 집단, 긍정적 집단, 무관심 집단, 적대적 집단으로 세분화하는 방법이다.

행동세분화의 다양한 항목 중에서 자주 이용되고 있는 것은 기회의 세분화, 이점세분화, 사용여부나 사용물량에 의한 세분화이다. 이 항목들은 이벤트기획 수립 시에 자주 등장하는 것으로 주의를 기울일 필요가 있다.

3. 일반 목표소비자 설정방법

한편, 목표소비자의 설정을 위해서는 일반적으로 다음과 같은 방법이 실제 계획상에 적용되고 있다. 첫째 소비자의 제품에 대한 반응, 사용, 태도, 지식을 기준으로 한 행동적 세분화에서 출발된다고 할 수 있다. 행동적 세분화는 사용기회, 사용상태, 사용비율, 충성도 수준, 소비자의 인지상태, 소비자의 태도 등 다양한 분석기준이 있는데, 일반적으로 가장 많이 이용하는 방법은 사용량에 의한 중사용자(heavy user)를 분석하는 것이다.

둘째는 외적 요소인 인구통계학적 자료 - 성별과 나이, 소득, 직업, 교육수준, 종교, 종족 등의 분석과 지리학적 세분화인 국가, 도시·농촌 지역 등에 대한 분석을 병행한다.

셋째는 내적 분석이며 심리학적 분석요인인 사회계층, 라이프스타일 분석, 개성, 가치관 등에 대해 분석한다. 마케팅에서의 목표소비자는 소비자의 외적인 요소인 인구통계학적 분석과 내적 요소인 심리학적 분석을 결합시킴으로써 전략 상, 가장 효율적인 핵심적인 소비자층을 발견할 수 있다.

✚ 표 4-1_ 일반적 목표소비자층의 설정방법

1. 행동적 세분화(사용기회, 사용방법, 사용량: 중사용자, 경사용자, 미사용자)
2. 외적 분석: 인구통계학적, 지리학적 세분화 　　　　(지역, 성별, 소득, 교육, 수입, 연령, 가족규모 등)
3. 내적 분석: 심리학적 분석(라이프스타일 분석, 가치관분석 등)

* 목표소비자층의 접근은 위의 순서(1 → 2 → 3)로 접근하는 것이 일반적이다.

4. 구매결정과정과 목표소비자

여섯 개의 구매결정과정 속에서 어떤 경우를 목표소비자로 상정해야 하는가는 매우 중요하다. 마케팅, 홍보활동의 목표소비자를 설정할 경우 실제 어떠한 역할을 하는 사람을 주대상층으로 삼아야 하는가를 고려해야 한다. 이러한 목표소비자의 역할과 관련하여 실제 제품구매 과정에서는 목표소비자의 역할이 단순하기보다는 복합적으로 일어나는 것이 일반적이다.

예를 들어 지하철이나 지하철역 주변에 게재된 룡플란트 치과의 교통광고는 통행인의 시선을 사로잡고 있다. 유머 소구를 사용하는 이 광고는 노년층 모델이 크게 클로즈 업 되면서 등장하여 기존의 보수적, 권위적 소구 패턴과는 상반된 병원광고의 새로운 변화를 시도하고 있다. 너무 무겁고 딱딱한 내용을 벗어나 광고를 보는 이에게 즐거움을 제공하여 주목율을 높이고 구전효과를 향상시키려는 의도가 내재되어 있음을 알 수 있다.

"아범아, 난 룡플란트 치과다"의 경우와 같이 주장·제안 형태의 헤드라인에 의해 구매제안자, 영향자, 구매자는 노년층의 아버지가 되며, 비용을 부담하는 사람은 아들인데 해당 병원을 특정하여 지정함으로서 강력한 구매 영향을 주고 있다.

이것은 성형외과 광고에 있어서 젊은 여성모델이 자주 등장하는 것과 맥락을 같이 한다. 성형 수술이나 치료는 주로 젊은 여성이 주요 고객이다. 가족단위로 볼 때 제안자, 영향자, 결정자, 사용자는 주로 딸이 되고, 구매자이면서 비용부담자는 어머니나 가장이 된다. 이 경우 실제 광고의 목표소비자는 브랜드의 구매에 가장 강력한 영향력을 미친 딸이 된다. 그러므로 성형외과의 모델은 젊은 여성이 등장하는 것이 일반화되고 있다.

일반적으로 구매가 제안되고 사용에 이르는 과정을 여섯 가지의 역할로 가정해 볼 수 있다. 첫째, 제품을 사고자 제시하는 제안자, 둘째, 제품구매에 관여하여 영향을 미치는 영향자, 셋째, 제품구매를 결정하는 구매결정자, 넷째, 제품구매자, 그리고 다섯째, 제품을 사용하는 사용자, 여섯째 제품구매비용을 부담하는 비용부담자로 나눌 수 있다.

먼저 제안자는 제품이나 서비스의 구매를 최초로 제안하는 사람(집단)이다. 제안자를 목표소비자로 한 광고나 프로모션 활동이 목표로 해야 할 것은 해당 제품의 구입이나 서비스 이용을 제안하는 것과 나아가서는 자사브랜드를 제안하도록 하는 것이다. 따라서 광고는 자사브랜드를 인지시킴으로써 구입할 품목들 중의 후보로 제안되도록 부추기는 역할을 한다.

영향자는 구매의사결정을 촉진시키거나 저해하는 정보를 제공하는 사람(집단)이다. 여기서는 추천여부가 중요하다. 특히 해당제품을 평가할 때 어느 정도의 전문적인 지식이나 사용경험이 필요하다고 여겨지는 제품의 경우에는 영향자의 역할이 매우 크다. 이러한 제품으로서는 오디오제품, 승용차, 어린이용품 등이 있다. 이 경우에는 자사브랜드를 추천하는 것이 왜 좋은가를 광고에서 제시하여야 한다. 또한 이벤트에서도 제품 도입기에 영향력이 높은 오피니온 리더(opinion leader)를 대상으로 체험이벤트를 실시하고 구전효과를 기대하는 방법은 영향자의 역할을 고려한 좋은 사례이다.

구매결정자는 구매여부를 결정하는 사람(집단)이다. 물론 여기에서 중요한 것은 자사브랜드가 선택될 것인가 하는 것이다. 자사브랜드를 선택하도록 설득하는 것이 광고의 역할이다.

구매자는 결정의 실행, 즉 이미 결정되어 있는 것을 실행하는 사람이다. 따라서 자사브랜드를 구매하도록 결정되어 있다면 이를 확실히 실행되도록 부추겨야 한다. 브랜드가 선정되어 있다 하더라도 실제로는 다른 브랜드를 구매할 가능성이 있다는 점을 잊어서는 안 된다. 예를 들어 자사브랜드의 품절이나 동일제품군의 타제품 주문이나 디스플레이 효과에 의한 타 브랜드의 구매가 일어날 수 있다. 때문에 구매브랜드에 대한 마음의 변화가 생기지 않도록 하는 것이 광고에서 할 일이다. 역설적으로 구매시점에서 타 브랜드에 대한 구매의사를 자사브랜드로 변화시킬 수도 있다.

사용자는 제품을 실제 사용하는 사람이다. 사용자에게는 실제 제품을 사용하도록 하는 것과 사용을 통한 만족감을 느끼도록 하게 하는 것이 목표가 된다. 제품에 만족할 경우, 반복구매나 구매빈도의 증가와 직결되기 때문이다.

비용부담자는 구매비용을 책임지는 사람으로서 비용부담자가 단독으로 구매결정을 하는 경우는 드물지만 복합적으로 영향력을 행사할 수는 있다. 제품의 비용부담자에 대한 광고는 설득력 있는 논리로 경제성을 강조하여야 한다.

✚ 표 4-2_ 구매결정과정과 목표소비자층에 대한 사례

사례 1: 제일제당 '비트'의 경우 가족단위의 집단에서 볼 때 소비자 조사결과 제안자, 영향자, 결정자, 구매자, 사용자가 가정주부가 되며, 비용부담자는 남편이 된다. 그러므로 실제 광고의 목표소비자는 가정주부이며, 광고모델도 가정주부가 등장하는 것이 일반적이다.

사례 2: P&G의 샴푸 '비달사순'의 경우, 가장을 중심으로 한 가족단위로 볼 때 제안자는 아들, 영향자는 딸, 그리고 결정자 및 구매자는 어머니, 더불어 사용자는 전가족이며 비용부담자는 가장이다. 이 경우 실제 광고의 목표소비자는 브랜드의 구매에 가장 강력한 영향력을 미친 딸이 된다. 그러므로 샴푸광고의 모델은 사용자가 전가족임에도 불구하고 젊은 여성이 등장하는 것이 일반적이다.

사례 3: 롱플란트 치과의 경우 제안자, 영향자, 결정자, 사용자는 노년층의 아버지가 되고, 구매자는 아들(자식)이 된다. 이 때 실제 광고의 목표소비자는 아버지이며, 광고모델도 구매의 영향력이 강한 노년의 아버지가 등장하는 것이 일반적이다.

일반적으로 구매결정과정에서 목표소비자의 역할은 어느 한 과정의 역할 만을 수행하기 보다는 복합적으로 나타난다.

마케팅의 목표소비자는 구매자에게 초점을 맞추지만 일반적으로 광고의 목표소비자는 제품구매의 영향자에게 초점을 맞추고 있다. 또한 판촉이벤트에 있어서는 소비자의 구매 행동에 중심을 두는 경우, 구매자에게 초점을 맞추는 것이 일반적이지만 신제품출하 시에 는 영향자에게 무게를 두고 구전효과를 중시한다.

 ## 프로모션과 세일즈 프로모션

☞ 새로운 매체의 등장과 소비자 라이프스타일의 다양화로 인하여 지금까지 각광받던 4대 매체 광고의 효과는 점점 둔화되고 있다. 이러한 결과로 비용 대 효과적인 측면에서 4대 매 체 광고를 재인식하고자 하는 움직임이 일어나고 있다. 종래 프로모션을 구성하는 요소는 광고와 인적 판매가 중심이었지만 현재는 프로모션 믹스 중에서도 세일즈프로모션(SP)이 각광을 받고 있다. 이러한 움직임은 예전과 같은 높은 경제성장을 기대할 수 없는 현재의 시장에서 광고나 인적판매보다 SP가 더욱 더 효과적이라는 것을 기업들이 인식하고 있다 는 것에서 기인한다.

1. 프로모션과 세일즈 프로모션

현대의 마케팅은 우수한 제품의 개발 및 적절한 가격의 책정, 그리고 표적 소비자가 그 제품을 손쉽게 구입할 수 있도록 하는 노력 외에도 브랜드 및 기업 이미지 전략도 중요시되고 있다. 따라서 현대 기업은 소비자에게 단지 상품에 대한 정보를 전달하는 것뿐만 아니라 기업 내·외부 조직과 소비자에 대한 효과적인 커뮤니케이션 활동의 중요성을 인식하게 되었다. 마케팅 커뮤니케이션은 결국 마케팅에 커뮤니케이션 요소를 도입하여 고객에 대한 정보 제공은 물론, 판매에 이르기까지 광범위한 기업 활동의 수단으로써 실시되는 통합적인 마케팅 커뮤니케이션을 나타내고 있다.

마케팅의 성공은 통제 불능 변수인 마케팅환경의 변화에 대응하기 위하여 통제가능 변수라 할 수 있는 마케팅 믹스를 적절히 조화 있게 통제하는데 달려 있다. 마케팅환경은 크게 미시환경과 거시환경으로 구분할 수 있는데 미시환경은 기업이 고객에게 아주 가까이에서 영향을 미칠 수 있는 여러 가지 요인들로서 기업, 마케팅 경로회사, 원료공급업자, 경쟁자 및 일반 공중과 같은 요인들로 구성되어 있다.

거시환경은 이보다 좀 더 광범위한 요인들로 기업의 미시환경 내의 모든 행위자에게 영향을 미치는 요인들인, 인구 통계적, 자연적, 기술적, 정치적, 문화적 영향요인으로 되어있다.

따라서 미시마케팅이라고 하면 우선 기업을 중심으로 기업의 활동을 주도하게 되는 생산, 재무, 인사, 판매(나중에 발전된 개념으로 마케팅 콘셉트로 전환됨)를 효율적으로 운영하는 방법을 찾게 되는 것이다. 이것을 경영믹스 전략으로 표현하고 이런 판매활동은 소비자의 1차적 욕구와 2차적 욕구를 만족시키면서 또한 이윤추구라는 기업의 궁극적인 목표를 조화시키려는 마케팅개념으로 발전되고 있으며, 고객만족을 위한 마케팅의 핵심적인 요소를 4P믹스 또는 마케팅 믹스(전략)라 한다.

마케팅 믹스(전략)의 요소로는 Product(제품), Price(가격), Place(유통), Promotion(촉진) 등이 있고 이와 같은 요소들이 통합적으로 조화를 이루어야 성공적인 마케팅활동이 가능하게 된다.

프로모션 믹스 중 첫 번째, 인적판매(Personal Selling)는 한 사람 또는 두 사람 이상의 잠재고객과 직접 대면하면서 대화를 통해 이루어지는 구두(口頭)에 의해 판매를 실현시키고 개인적 접촉에 의해 구매를 유도하기 때문에 가장 강한 판매방법이다. 판매원은 상대방의 욕구와 상황을 면밀히 직접 관찰할 수 있고, 또 즉각적으로 대응조치를 취할 수 있기 때문에 매출액을 증가시킬 수 있다.

또한 쌍방향 커뮤니케이션으로 고객과의 깊은 인간적 관계로서 소비자에 대한 소구효과를 높일 수 있는 장점이 있다. 인적판매는 대화과정에서 잠재적 구매자의 명확한 반응을 얻을 수 있으나 접촉할 수 있는 고객수의 제한과 많은 비용이 드는 것이 단점이다.

두 번째로 광고(Advertising)는 불특정 다수를 대상으로 해서 광범위하게 소구하는 방법이다. 특정 광고주가 자신의 아이디어나 제품 또는 서비스를 대가를 지불하면서 비 인적 매체를 통해 전달하고 촉진시키는 수단이다. 대다수 사람들에게는 매스미디어에 자체적인 신뢰도가 형성되어있기 때문에 제품이나 서비스에 대한 폭넓은 인지도를 얻을 수 있다는 것이 장점이다.

✚ 표 4-3_ 프로모션믹스 수단의 특성

촉진 수단	장점	단점
인적 판매	·깊은 인간관계를 통해 가장 설득력이 높은 촉진수단임 ·판매원은 직접적으로 구매행동에 영향을 미침 ·쌍방커뮤니케이션이 가능함으로 매체유연성 확보 ·신제품, 기술적으로 복잡한 제품에는 효과 발휘	·접촉할 수 있는 고객수가 제한 ·판매원에 대한 이미지 하락으로 인하여 효과가 반감됨 ·판매원의 자질부족은 판매량과 기업과 제품의 이미지에 손상을 입힘 ·판매원의 고정비용 상승으로 1인당 접촉비용이 비쌈
광고	·브랜드이미지 창출에 유리한 수단이 됨 ·매체 도달범위가 높음 ·1인당 노출비용이 비교적 저렴함 ·매체 선정이 유연하고 선택할 수 있는 매체가 다양함	·예상고객에게만 도달되지 않기 때문에 매체비용의 낭비됨 ·노출범위가 많게 되면 마케팅비판의 주요 표적이 됨 ·매체수명이 짧음 ·저효율 고비용 매체 ·일방적, 수동적인 메시지 수용자세
판매 촉진	·강력한 구매수요 자극 효과 ·선택할 수 있는 수단이 다양함 ·소비자의 다양한 구매행동을 변화시키는데 효과적임 ·단기속공적인 충동구매 효과 ·효과측정이 용이함	·가격관련 수단의 과다한 이용은 제품이미지에 손상을 입힐 수 있음 ·단기적인 영향력만 발휘함 ·단독으로 사용할 경우 비효과적임 ·경쟁기업의 모방이 비교적 용이함
홍보	·무료형태로써 비용이 들지 않음 ·소비자들의 신뢰도가 높음 ·메시지 호감도가 좋음	·매체 유연성 부족하고 통제하기 어려움 ·내용의 반복이 제한적이며 장기적인 활용이 거의 불가능함 ·단기적인 효과를 기대하기 어려움

광고에 사용되는 것으로는 '4대 매체'로 전파매체와 인쇄 매체가 있는데 전파매체에는 TV, RADIO가 있고 인쇄매체에는 신문, 잡지 등이 있다. 이런 4대 매체를 통해 광고는 유료로 진행되는데 광고주가 직접 소유하거나 마음대로 통제할 수 없는 매체와 시간을 돈을 주고 이용하게 되는 것이다. 고비용에 비해 효율은 적다는 것과 효과측정이 어렵다는 단점이 있어 'new media'발견이 요구되고 있다. 또한, 광고는 마케팅 커뮤니케이션의 한 수단으

로서 소비자를 제품 쪽으로 끌어당기는 구실(pull marketing)을 한다.

세 번째로 판매촉진(Sales Promotion)은 비교적 특정(세분화)한 소수를 대상으로 제품 또는 서비스의 구매나 판매를 촉진시키기 위해 단기적인 유인 내지 자극책으로써의 수단이며, 인적 판매, 광고, 퍼블리시티를 제외한 프로모션 활동을 가리킨다.

세일즈 프로모션은 4대 매체에 한정되지 않고 SP미디어를 활발하게 개발·이용하고 있으며 판매에 직결된 광고로서 DM이나 잡지광고 지역이 한정된 옥외광고, 교통광고, 영화광고와 소매점의 점포 내부에서 행하는 POP광고, 텔레마케팅, 쿠폰광고, 프리미엄, 할인가격, 견본제공, 이벤트, 전시회, 박람회 등이 이에 포함된다.

모든 영역의 SP활동이 최근 들어 각광받기 시작하고 있다. 비교적 소수의 매체인 미니미디어 즉, SP 매체에 의해서 판매촉진이 다양하게 이루어지는 한편, 세일즈 프로모션은 협의적 마케팅 커뮤니케이션[5]의 한 수단으로서 나름대로의 전략적 가치를 발휘하여 광고와는 달리 제품을 소비자 쪽으로 밀어주는 구실(push marketing)을 한다. SP활동에서 고려해야 할 점이 있다면 수요의 자극으로 충동구매를 유발시킨다는 것과 또 다른 SP 매체와의 조화나 매스미디어와의 통합이 요구된다는 것이다. 이것을 토털 마케팅(Total marketing) 또는 통합적 마케팅(Integrated marketing), 인터렉티브 마케팅(Interactive marketing)이라고 한다.

SP는 기존고객에 대한 데이터베이스(database) 관리기능으로 세분화된 고객을 대상으로 정확히 소구 할 수 있으며 광고와는 달리 비용이 저렴하다는 점과 효과 측정이 가능하다는 장점들이 있다. 성숙화된 소비시장에 신규고객을 확립한다는 것은 비용도 많이 들고 또한 매우 어렵다는 점으로 볼 때 SP는 1/5비용으로 많은 기대 효과를 얻을 수 있기 때문이다. 이것을 관계 마케팅(Relationship marketing) 또는 데이터베이스 마케팅(database marketing) 이라고 한다.

SP는 직접 마케팅(direct marketing)의 특성을 가지고 있으며 그런 SP특성을 종합하면 직접적(direct), 개인적(personal), 쌍방향적(two-way)으로 표현할 수 있다.

따라서 뉴미디어(new media)와 멀티미디어(multi media)사회의 다양화, 개성화된 소비자의 욕구에 부합될 수 있다는 것과 소비자의 다채로운 매체접촉에 대한 요구를 충족시켜 줄 수 있다는 점에서 SP가 각광받는 이유를 발견해 낼 수 있는 것이다.

마지막으로 홍보(Publicity)는 매체 비용을 지불하지 않고 시간과 지면을 이용하는 것으로

---

5) 일반적으로 마케팅 커뮤니케이션은 협의와 광의의 두 가지 측면으로 구분된다. 협의의 마케팅 커뮤니케이션은 프로모션 믹스, 다시 말해 인적 판매, 광고, 세일즈 프로모션, 퍼블리시티를 종합적으로 지칭하고, 광의의 마케팅 커뮤니케이션이란 기업의 내·외부에서 이윤 추구라는 기업 최대의 목표를 달성하는데 동원되는 모든 촉진활동을 가리킨다.

일반적으로는 광고활동이 시작되기 전에 실시하는 것이 바람직하다.

퍼블리시티는 비 인적 매체를 통하여 제품이나 서비스 또는 자기기업의 수요를 촉진시키는 한 방법으로써 상업적 의의가 높은 뉴스, 출판물 또는 라디오, TV 등의 매체에 게재하여 주는 비 인적 수요환기 활동이다. 예를 들면 협찬, 신차발표회, 사업설명회, 이벤트 형식 등이 여기에 속하며, 미디어의 이용료가 직접적으로 지불되지 않으면서 공식적인 스폰서가 없이 기사화된 광고를 말한다. 이는 편집자가 전달하는 방식으로써 객관성을 유지할 수는 있지만 메시지의 양 조절과 게재횟수의 제한, 표현 방법의 어려움 등이 있다.

즉, 뉴스 릴리스(News Release)를 통하여 매스미디어로 하여금 자기회사의 상품이나 서비스에 대한 뉴스와 해설을 기사화시키는 활동을 말한다.

프로모션 믹스 전략인 인적판매, 광고, 판매촉진, 퍼블리시티는 마케팅 커뮤니케이션의 한 형태로 광고와 퍼블리시티는 모두 다 매스미디어를 이용하는 비대인적인 매스 커뮤니케이션인데 반하여, 인적판매나 촉진활동은 대인 커뮤니케이션이라 할 수 있다.

2. 세일즈 프로모션(SP)의 분류

SP의 영역은 다른 커뮤니케이션 활동과는 달리 매우 광범위하여 이를 어떻게 분류하는가 하는 문제는 학자들 사이에서 수없이 논쟁되고 있는 부분 중의 하나이다. 또한 테크놀로지(Technology)의 발전과 정보산업의 등장과 더불어 뉴미디어, 멀티미디어 등을 활용한 새로운 SP 수단이 계속해서 증가하고 있으므로 더욱 더 구분하기 어려운 실정이다.

수많은 논란 속에서도 근래에 와서 SP 분류 방법이 차츰 정착되고 있는데 그것이 바로 생산자(기업)의 관점에 의한 분류방법의 하나라 할 수 있는 통상적 SP분류이다. 이밖에도 소비자 관점에서 접근하는 분류방법을 더 생각할 수 있고, 뉴미디어의 출현에 의한 신SP 수단의 발전과 더불어 매체·수단별로도 SP를 분류하는 방법이 논의되고 있다.

1) 매체·수단별 SP의 분류(소구매체·수단별 SP)

지금까지 SP를 통상적인 분류와 소비자 관점의 분류방법을 통하여 알아보았다. 그러나 최근 등장하기 시작한 뉴미디어, 이벤트, DM광고 등을 적절히 분류하기 위해서는 어떠한 구분방법을 이용하는 것이 올바른가 하는 문제가 새롭게 대두되고 있다. 이것을 해결하기 위해서는 매체·수단별로 SP를 분류하는 방식이 필요하다.

매체·수단별 SP의 분류방법은 위와 같이 8가지 형태로 분류할 수 있다. 이러한 분류방법은 SP의 영역을 SP활동과 SP광고로 구분하였을 때 가능한 분류이다.

한편 SP를 정확히 분류하기 위해서는 여러 가지 개념과 분류방법 가운데서도 '매체·수단별로 분류'를 이용하는 것이 가장 손쉬운 방법이 되고 있다.

매체·수단에 의한 분류 방법은 크게 여덟 가지로 나눌 수 있다.

첫째는 장소형 SP이다. 세일즈 프로모션 수단 가운데에서도 가장 고전적인 옥외 광고와 교통 광고 등은 일정한 장소나 공간을 점유하고 있으면서 상징성, 특히 지역적인 매체 특성을 가지게 된다.

둘째는 기능형 SP로서 이것은 다시 다섯 가지 형태로 구분된다. 먼저 제품을 접촉, 설명, 사용하도록 함으로써 기업 및 제품에 대한 관심과 이해를 도모하려는 샘플링 SP와 할인 쿠폰이나 가격 할인, 환불로 소비자에게 이익을 주는 프라이스 SP, 또는 응모, 추첨이나, 콘테스트의 방법으로 경품, 기프트, 각종 프리미엄을 제공하는 프리미엄 SP, 회원 제도와 스탬프, 서비스 제도에 의한 장기적·고정적 고객 유지를 목적으로 하는 제도형 SP, 마지막으로 유통 업자에게 특전을 제시함으로써 자사 상품의 취급을 유도하기 위하여 기능형 SP 수단을 유통기관을 대상으로 실시하는 유통형 SP가 포함되고 있다.

특히 쿠폰닝은 기능형 SP 가운데서도 특히 가격 할인 효과에 의한 구매의욕을 자극하여 판매촉진을 기대할 수 있는 관계로 정확히 구분하면 프라이스 SP의 범주에 속하고 있다.

셋째는 직접형 SP로 데이터베이스의 활용에 의해 비교적 세분화된 특정 소비자를 상대로 직접적인 소구가 가능한 매체적 특성을 가지고 있다. DM 광고와 이후에 정보·통신 기술의 개선에 의해 발전된 형태로서 텔레마케팅 기법이 등장하였다.

넷째로는 전시형 SP이다. POP 광고를 예로 들면 알 수 있듯이 구매 시점의 매장에서 고객의 시선을 집중시키고 흥미를 끌기 위해서 디스플레이(전시) 효과가 기대되는 세일즈 프로모션 수단이다.

다섯째는 뉴 미디어 SP를 들 수 있는데 불특정 다수에게 일방적인 광고 메시지를 전달하고 있는 매스 미디어에서 세분화된 대상에게 쌍방향 커뮤니케이션을 가능하도록 하기 위

해 새로운 방식의 미디어가 등장하게 되었다. 케이블 TV, 위성 방송 광고가 여기에 속한다.

여섯째로는 현장매체이며 체험 매체로써 독특한 특성을 나타내는 이벤트 SP이다. 이벤트형 SP에는 전시형, 컨벤션, 판촉, 스포츠, 문화, 지역 이벤트가 있다.

일곱 번째는 비즈니스형 SP이다. SP의 측면에서 캐릭터를 분류하는 작업은 그다지 쉽지 않다. 사실 캐릭터 산업 하면 애니메이션 사업이나 문구·팬시 사업을 떠올리기가 쉬운데 그만큼 SP의 분류에서 캐릭터가 다른 SP 수단과 구분되고 있는 것은 상징적, 기호적, 오락적, 문화적 특성에서 비롯된 사업 전개의 용이성과 다양성에 있다. 따라서 사업적 연계가 손쉬운 엔터테인먼트 사업을 포함하여 캐릭터 비즈니스는 여기에 속한다고 볼 수 있다.

마지막으로 기타 SP로는 고객이 회사로 방문했을 때 기념으로 증정하는 기프트 상품 형태인 노벨티(novelty), PPL(Product Placement) 등 다양한 형태가 존재한다. 특히 SP 수단에 대한 관심이 증대하여 기타 SP 매체는 다양한 형태로 등장하고 있으며 뉴미디어의 개발과 더불어 앞으로 많은 연구, 노력이 뒤따를 전망이다.

✚ 표 4-4_ 매체 수단별 SP분류

장소형 SP	옥외 광고(교통 광고 포함), 영화·슬라이드 광고(극장 광고)
기능형 SP	·샘플링 형 SP샘플링, 모니터링, 데몬스트레이션 ·프라이스 형 SP쿠폰, 보너스 팩, 시용 팩, 가격 할인, 환불제도 ·프리미엄 형 SP언·인·니어 팩 프리미어, 용기 프리미엄, 자기 정산 프리미엄, 응모 추첨 프리미엄, 즉석 당첨 프리미엄, 콘테스트 ·CRM SP스탬프, 회원제도, 서비스 제도 ·유통형 SP유통형 데몬스트레이션, 유통형 프리미엄, 유통형 콘테스트, 유통형 서비스 제도, 증량 기획, 보상금제도, 중점 판매 거점 기획
직접형 SP	DM(Direct Mail) 광고, 텔레마케팅(텔레 프로모션), 카탈로그 광고, 접지 광고
전시형 SP	POP 광고
뉴미디어형 SP	CATV, 비디오텍스, 문자 방송, 인터넷, 위성 방송
이벤트형 SP	전시형 이벤트, 컨벤션, 판촉 이벤트, 스포츠 이벤트, 문화 이벤트, 지역 이벤트
비즈니스형 SP	캐릭터 비즈니스
기타 SP	노벨티(novelty), PPL 등

기획서 작성에 필요한 마케팅 핵심 용어

1. 프로모션과 세일즈 프로모션

1) 목적(object)과 목표(goal)

기획을 세울 때는 먼저 목적과 목표가 수립되어야 전략과 전술을 세울 수 있다. 예를 들어 광고 전략과 전술을 수립할 때는 사전에 마케팅 목적을 파악해야 하고 그에 따른 마케팅 목표를 충분히 살펴 본 후, 광고 전략과 전술단계에 들어가게 된다.

마케팅 전략이 수립된 다음 광고활동의 차원에서 가장 먼저 설정되어야 항목은 광고목적이다. 기업의 마케팅 전략이 결정되면 그 다음에 논의될 수 있는 것은 광고활동을 통하여 무엇을 기대하는가라는 출발점이 정해져야 광고계획이 하나씩 순서에 의해 수립될 수 있다. 광고의 소구점은 결국 소비자에게 광고목적을 전달하기 위하여 강조되는 핵심사항이다. 광고목적은 제품과 소비자와의 관계, 제품의 수명주기에 의해 결정될 수 있다.

또한 광고목적은 광고를 실행함에 있어서 요구되는 포괄적인 목표를 가리키는데 예를 들면 기업광고를 통하여 소비자의 신뢰를 회복하거나 기업의 이윤추구를 극대화하기 위해 상품광고를 하는 것과 같은 목표설정 방법이 이에 해당한다. 광고목표는 측정 가능한 커뮤니케이션 목표 설정 방법과 같이 광고활동을 통하여 달성할 수 있는 구체적인 수치로 제시되는 것이 보통이다.

마케팅목표(marketing goal)는 마케팅활동의 방향을 결정하고 평가 기준이 되는 기본적인 방침을 나타낸다. 마케팅목표로는 마케팅 점유율의 상승이나 매출액 증가, 신제품 개발, 유통망 확대 등이 제시되며 차후 마케팅전략과 전술을 결정하기 위한 기준이 된다.

목적은 배가 항해를 할 때 키와 같은 역할을 하며 왜 항해를 해야 되는지를 설명하는 것이기 때문에 아무리 강조해도 지나침이 없다. 그렇다고 일을 오래하거나 경험이 많아진다고 해서 목적이나 목표를 제대로 설정할 수 있는 것이 아니기 때문에 이벤트가 어렵다고 느껴질 때가 한 두 번이 아니다. 이벤트에서 목적이 좋아야 결정권자가 관심을 갖는다. 이벤트 기획서를 접하다 보면 목적과 목표라는 항목을 발견하게 될 것이다. 목적과 목표는 비숫한 개념같이 보이지만 커다란 차이가 있다.

2. 전략과 전술

전략(strategy)과 전술(tactics)의 차이는 전자가 전사적, 장기적, 통합적 또는 불확실한 상황에서 기본 목표를 실행해 나가는 것에 대해서 후자는 부분적, 단기적, 개별적 또는 구체적인 목표를 비교적 확정된 상황에서 전개하는 것이 다르다.

광고전략(advertising strategy)은 장기적, 포괄적인 광고계획을 수행하기 위한 경영적 기술이고, 광고전술은 단기적, 부분적인 광고계획을 수행해가는 기술이다.

마케팅전략(marketing strategy)은 마케팅목표를 달성하기 위하여 전개되는 활동으로 구체적으로는 세분화된 명확한 세분시장을 대상으로 효과적인 마케팅믹스(4P전략) 활동을 전개하는 것을 말한다. 전략적 개념에는 통합적, 전사적, 장기적인 시점이 요구된다.

한편 마케팅 정책(marketing policy)이란 용어가 가끔 등장하는데 이것은 마케팅 목표를 달성하기 위한 방침으로 반복해서 제기되는 문제에 적절히 대응하기 위한 일종의 방향설정이나 행동기준을 나타낸다. 제품정책, 가격정책, 유통정책, 프로모션정책 등과 같이 제시될 수 있다.

기업 경영에서의 전략이란 용어는 경쟁회사와 비교하여 상대적으로 높은 경영성과를 달성하기 위해 기업의 현재 보유하고 있는 자원을 효과적으로 활용하는 방법을 고안해 내는 것을 뜻하고 있으므로 전략의 핵심 사고는 항상 경쟁개념을 도입하여 경쟁에서 반드시 이긴다는 데 있다. 한편 '전략적(strategic)'이란 용어는 대체로 장기적(long-term)이거나 전반적(global)인 관점에서 기업을 둘러싸고 있는 여러 가지 환경변화에 대해 사전적 또는 사후적으로 적절히 대응한다는 의미를 담고 있다. 그러므로 전략적 차원이란 전술적(tactical) 차원이나 운영적(operational) 차원보다 상위개념으로 쓰이고 있다.

따라서 기업경영에서의 전략적 사고는 시장경쟁에서 합법적이고도 윤리적인 규칙을 지키면서 경쟁적으로 유리한 위치를 확보하기 위해서 끊임없이 노력하는 사고인데, 다음과 같은 내용을 포함하게 된다. 첫째, 전략적 사고의 가장 중요한 내용은 장기적인 목표의 설정이다. 전략적 사고의 두 번째 요소는 환경변화에 능동적으로 대응한다는 점이다. 셋째, 조직의 보유자원을 효율적으로 배분하는 것이며, 넷째 경쟁회사가 모방하기 어려운 경쟁상의 무기, 즉 지속적인 경쟁우위(SCA : sustainable competitive advantage)를 확보한다는 내용을 담고 있다.

따라서 전략적 사고란 조직이 추구하는 장기적인 목표가 실현될 수 있도록 환경변화를 적극적이고도 능동적으로 파악하여 이에 적응해 나가는 동시에, 지속적인 경쟁적 우위를 달성하기 위해 조직의 여러 자원을 효율적으로 배분하는 사고로 여기에는 자원의 우선순위를 정하여 선택과 집중을 원활히 행하는 개념이 포함되고 있다.

이벤트 전략에 대해 말하기 전에 기본적인 사항이지만 전략이란 무엇인가에 대해 우선 생각해 보자. 전략이란 웹스터 사전에 의하면 다음과 같이 그 개념영역이 나타나고 있다.

· 상층부문의 책임자 혹은 상급 간부직 클래스의 중요한 임무에 해당한다.
· 라이벌과 효과적으로 경쟁하는 과학 기술이다.
· 목적 실현을 위한 신중한 계획 내지는 방법이다.

더 솔직하게 말하면 전략이란 전쟁에 이기는 기술, 계획, 방법이라고 말할 수 있다. 따라서 지휘관의 능력을 한마디로 알 수 있는 지표라고 할 수도 있다.

이 전략에 대해서 전술이라고 하는 말이 있다. 이것은 개별 경쟁 현장에서 유리하게 하기 위한 기술과 기능을 가리키고 있다. 따라서 전술은 더없이 현실성이 강한 현장에서 즉시 반응하는 경쟁 개념이다.

마케팅 전략, 전술이라고 말하는 경우 마케팅 전술은 마케팅 전략을 실행하기 위한 구체적인 수단이라고 하는 관계에 있다. 혹은 이렇게도 말할 수 있다.

전략은 장기적인 문제에 초점을 두고 계획한 것을, 전술은 단기적인 당면의 문제를 처리하기 위한 업무 계획을 가리키고 있다. 따라서 전략이 실행되기 위해서는 전술이 먼저 효과적으로 경쟁 상대와 대응하고 있는 것을 원칙으로 하고, 일반적으로 전략 전개라고 하면 그 중에는 당면 전술에 의한 실행이 포함되고 있다고 말해도 좋을 것이다. 이벤트 전략이라고 말한다면 이것도 예외는 아니다.

그러면 전략적 이벤트라고 할 경우의 전략적이란 어떤 의미를 가지는 것일까?

마케팅 전략이라고 말하면, 매카시의 정의에 의해서 먼저 세분화된 표적시장을 정하고 이 표적시장의 마음을 사로잡기 위해서 실시하는 가장 유효한 것일 뿐만 아니라 효과적인 마케팅믹스의 두 가지 요소를 중심으로 해서 실행해 나가는 것이라고 정의되어 왔다. 그러

나 70년대가 되면서 필립 코틀러는 「전략적 마케팅」이라고 하는 개념을 도입하기 시작하였다. 그에 따르면 「먼저 시장 기회를 철저히 분석하고 목적을 정확하게 하여 합리적인 전략을 개발하고 확립한다. 그리고 계획을 정식화하여 그것을 실행하고 컨트롤을 수행하는 프로세스를 중시」 하는 새로운 생각을 내놓았다.

다시 말해서 먼저 매력적인 시장 기회를 발견하고 그에 맞는 마케팅 전략을 개발합니다. 그 후에 원활하게 마케팅 전략을 실행함으로써 그 일련의 프로세스 통제 결과를 반영시킨다. 이와 같은 사고방식은 과거로부터 알고 있는 마케팅 전략이라고 파악하는 방법보다는 적극적이고 긍정적인 생각이 포함되고 있으며 그러한 의미에서부터 출발하여 이벤트 분야에 있어서도 이벤트 전략의 의미는 보다 적극적이고 능동적인 의미를 포함하고 있다.

3. 기업 이념 및 방침(policy)

이념 및 방침은 이벤트기획의 원점이며 출발이라 할 수 있다. 기업의 입장에서 보면 기업정신이나 이념에 해당되며 다른 용어로는 기업사명문(organizational mission statement)을 가리키고 있다. 이념이나 방침은 이벤트를 실시하는데 일종의 가이드라인(guide line)이나 전략적인 기본개념이 되며 마케팅, 광고, 이벤트계획에 있어서 참고해야 할 통합적인 기준을 제시한다. 마케팅이나 커뮤니케이션 수단을 이벤트와 연동하여 실시 할 때 방침을 명확히 설정해 두면 통일성을 유지하고 정체성을 확립하는데 편리하다.

기업사명이란 현재 기업이 진행하고 있는 사업내용이 무엇인지 미래에 사업이 어느 방향으로 나갈 것인지를 분명히 밝히는 것이다. 기업의 사명문에는 기업의 역사나 전통, 우월한 경쟁력 등을 고려하여 설정되며 동시에 다음과 같은 요소가 포함되어야 한다.

첫째 기업 이념이나 사명문은 먼저 실현가능성 여부를 확인해야 한다.

둘째 기업사명문은 현재 그 기업이 생산하고 있는 제품과 서비스보다 그 기업고객의 욕구나 만족도를 충실 하는데 초점이 맞춰져야 한다.

셋째 경쟁기업과 확실히 구분될 수 있는 차별성이 있어야 한다.

넷째 기업의 소속 구성원들이 모두 참여할 수 있을 정도로 구체적이며 동기유발적이어야 한다.

4. 콘셉트(concept)

콘셉트(concept)는 사전적 의미로 개념이란 의미로 잘 알려져 있지만 실제로는 이벤트 기획 담당자가 방문객에게 전달하고자 하는 내용의 핵심으로 특정 이벤트만이 가지고 있는 차별화된 방향설정 및 강조사항이다.

광고 용어로서의 콘셉트는 소비자에게 크게 강조되는 차별화된 핵심 내용을 의미하며 생산자적인 입장에서는 소비자에게 전달하고자 하는 광고 메시지나 이미지의 집약을 의미한다. 따라서 광고 콘셉트는 구체화된 메시지를 가리키기보다는 단지 기획 담당자의 광고에 대한 크리에이티브의 방향설정이란 의미가 강하다. 흔히 콘셉트를 메시지나 이미지에 대한 구체적인 표현으로 사용되고 있지만 이것은 잘못된 생각이다. 이러한 광고 콘셉트를 더욱 구체화하여 고객에게 살아 숨 쉬는 언어, 공감할 수 있는 사실과 구체적인 표현과 메시지로 전달하는 것은 바로 크리에이티브 콘셉트다.

일반적으로 이벤트 기획서에서 등장하는 콘셉트의 의미는 기획 내용에 관한 전체적인 개념과 방향으로 사용되고 있는데 때로는 테마나 주제 등으로 표현되기도 한다. 최근 이벤트 프로그램의 구체적인 표현으로 콘셉트의 의미를 구체화시켜 설명하는 경우도 있는데 이것 역시 잘못 이해하고 있는데서 나타나는 결과이다.

콘셉트를 보다 구체적인 개념으로 표현한 것이 테마와 주제, 슬로건이다.

5. 네이밍(naming)과 행사명

고객의 관심을 끌 수 있도록 차별화된 네이밍을 정하는 일은 대단히 중요하다. 이벤트라고 해서 홍보에 소극적인 자세를 보이는 것은 안 된다. 광고의 브랜드 전략과 같이 고객의 관심을 끄는데 가장 중요한 일은 좋은 행사명이나 브랜드 네이밍을 갖는 일이다. 오늘날과 같은 아이디어의 홍수 시대에 좋은 네이밍을 개발하는 일은 행사나 브랜드를 대내외적으로 홍보하기 위한 전략의 일환으로 필요하기 때문이며 더욱이 관객을 동원해야하는 이벤트의 속성상 이 일은 매우 중요하다. 어떻게 하면 좋은 네이밍을 지을 것인가? 하는 발상은 중요하며, 이것은 이벤트의 성패에도 커다란 영향을 미친다.

행사명은 광고활동의 네이밍(naming)과 같은 맥락에서 이해 할 수 있다.

오늘날의 광고나 마케팅 활동에서 네이밍의 지명도와 이미지는 예전에 볼 수 없을 만큼 중요성을 띠고 있다. 네이밍이란 이름을 붙이는 것, 이름의 형태를 가리킨다. 마케팅과 관련하여 ① 회사(병원)명, ② 상품명, ③ 캠페인 명칭 등과 같이, 각각 성격을 어느 정도 달리하는 네이밍의 종류가 있다. 이 중에서 회사(병원)명이나 상품명은 장기적인 사용을 전제로 하는데 반해, 캠페인 명칭 등은 비교적 단기간 사용의 케이스가 많다. 오늘날 기업이나 병원에서 네이밍의 역할은 차츰 더 중요해지고 있다. 한때는 회사명의 변경이 유행처럼 퍼져나간 적이 있었는데 지금도 가끔 일류기업 가운데 회사명을 변경하는 사례가 있다. 그 중에는 다음과 같은 경우를 생각할 수 있다.

- 기업의 다각화로 인해 회사명이 사업 내용과 달라졌든지, 또는 충분치 않게 된 경우: SSI(CTI반도체), Netian 등
- 회사명이 비근대적인 이미지를 주는 경우: TOTO, 산토리 등
- 개인적 또는 지역적인 색채가 강함으로 말미암아 기업의 성격이나 활동 규모와 맞지 않은 경우: 샤프, Hershey Foods(Hershey Chocolate) 등
- 복잡한 문자나 난해한 문자를 사용하고 있어 커뮤니케이션 효과가 나쁜 경우: 일본 군제 등
- 기업의 합병으로 인한 경우: 한국시티은행(한미은행과 시티은행), GM대우자동차기술(대우자동차 자동차사업부문 GM인수), KB(주택은행과 국민은행), 일본 다이이치칸교은행 등

또한 최근의 기업은 신제품의 이름을 지을 때 충분한 검토를 하여, 그 데뷔 시기나 프로덕트 라이프 사이클의 도입기나 성장기에 대대적인 「네이밍 캠페인」을 하는 경우가 많아졌다. 병원의 브랜드에 대한 마케팅 효과가 증가함에 따라 이에 대한 관심이 높아지고 있다. 특히 개원하거나 병원을 새롭게 증축할 경우 네이밍은 더욱 중요시된다. 병원은 네이밍을 통해 차별화된 이미지를 정립하고 호감을 유도해야 한다.

또한 네이밍이 갖는 어감과 느낌, 이미지를 종합적으로 검토하고, 신뢰감과 세련된 느낌을 연상할 수 있는 브랜드를 개발하는 것이 중요하다.

따라서 회사(병원)명이건 상품명이건 효과적인 네이밍을 위해서는 마케팅 활동에서부터 광고 활동에 이르기까지 그 모든 과정에 적합한 것이어야 한다는 점을 지적할 수 있다. 그러기 위해서는 다음 5가지 조건에 맞아야 한다.

· 읽기 쉬울 것

· 쓰기 쉬울 것

· 듣기 쉬울 것

· 말하기 쉬울 것

· 기억하기 쉬울 것

이 중 한 가지 조건이라도 빠지면, 특히 커뮤니케이션 활동에서 불충분한 네이밍이 되어 그 자체가 네이밍으로서의 기능을 다하지 못하게 된다.

제1조건인 '읽기 쉬울 것'을 더 구체적으로 살펴보면 거기에는 ① 보기 쉽다. ② 읽기 쉽다는 두 가지 요소가 포함된다. '보기 쉽다.'는 점에서 유의해야 할 것은 네이밍에 쓰이는 문자의 자수, 배역, 레터링 등이다.

다음으로 자수의 문제이다. 당연히 긴 네이밍은 읽는데 그 만큼 짧은 노력이 들어간다. 어떤 상태에서도 명료하게 읽을 수 있는 네이밍이 보다 효과적인 네이밍이다. 덧붙여 말하면 네이밍의 자수는 5자 이내가 적당하다.

그리고 레터링은 카피라이터보다도 오히려 디자이너의 문제인데 직접 시각에 호소하는 것이므로 충분히 유의하고 나서 결정해야 한다. 코카콜라의 로고에 사용되고 있는 레터링은 코카콜라의 콘셉트인 '리프레시(refresh : 상쾌함)'의 이미지와 일치하여 항상 우리에게 신선한 이미지를 주고 있다.

그 다음 '읽기 쉽다'는 요소인데, 특히 국어 발음은 물론 영문으로 읽었을 때 발음하기가 쉬워야 한다. 광주 김치산업의 대표적인 브랜드 '감칠 백이'는 외국 사람이 발음할 때를 고려하지 않은 결과의 산물이라 할 수 있다.

제2의 조건인 '쓰기 쉬울 것'은 '읽기 쉬울 것'과 마찬가지로 자수가 점검사항이다. '읽기 쉬울 것'은 '쓰기 쉬운'것이므로 여기서는 더 이상 설명하지 않겠지만 단 네이밍에 알파벳을 쓸 때는 되도록 잘 미끄러지는 문자를 쓰되, t나 i나 j처럼 몸체를 쓰고 나서 가로줄이나 점을 찍어야 하는 문자는 쓰지 않는 것이 현명하다.

제3의 조건인 '듣기 쉬울 것'에서는 음절이 명료해야 한다는 점이 중요하다. 소리의 느낌에서 네이밍은 부드럽고 아름답고 축축한 것이 좋다. 더구나 오늘날의 크리에이티브에서는 음율의 역할이 큰 비중을 차지하고 있다. 바람직한 음율을 위해서는 모음과 쓰기 쉬울 것, 말하기 쉬울 것, 기억하기 쉬울 것과 같은 유성음을 사용하는 것이 효과적이다.

제4의 '말하기 쉬울 것'이라는 조건은 광고의 경우 특히 라디오 CM이나 TV CF 등의 효과와 관계가 있음은 두말 할 필요도 없다. 여기서 주의할 것은 앞에서 서술한 긴 네이밍이나 빠른 말과 같이 발음하기 어려운 단어의 조합은 지양해야 한다는 것이다.

마지막 조건인 '기억하기 쉬울 것'은 설명할 필요도 없다. 금방 잊혀지는 네이밍은 지명구매 하나만을 보아도 매우 불리하다.

특히 말하기 쉬울 것, 기억하기 쉬울 것이라는 관점에서 보면 전라남도의 축제 사례가 좋은 참고가 될 것 같다. 전남 각 지자체에서는 2005년부터 말하기도 좋고, 한번 들어서 기억하기 좋은 지역축제 네이밍 작업에 적극적으로 뛰어들었다. 먼저 [담양 죽향제]는 [담양 대나무축제]로, [진도 영등제]는 [진도 신비의 바닷길 축제], [남도 음식문화 대축제]는 [남도 음식문화 큰잔치]로 이벤트 네이밍을 전환하여 주목을 끌고 있다. 간단한 것이지만 지역축제에서 자주 등장하는 행사명의 「대축제」를 「큰잔치」로 바꾸는 노력은 주변에서 긍정적인 시도로 평가 받고 있다.

기억하기 쉬운 네이밍을 만드는 경우에는 되도록 그 상품의 기능성이나 특징과 연관되는 단어를 사용하면 쉽게 기억에 남는다. 또한 기억에 남을 강렬한 인상을 주는 수단으로서, 하나의 정책 밑에 일관된 체계를 세우는 수단이 있다. 예컨대 어느 카페의 네이밍을 [마운틴]이라고 하자. 이곳의 웨이터, 웨이트리스는 모두 등산복장을 하게 한다. 점포 안은 산 오두막 식으로 거칠게 꾸미는 것이 좋다. 물론 전등 따위는 없고 석유램프가 있을 뿐 커피의 종류도 [블루 마운틴], [킬리만자로] 같은 것을 구비한다. 그렇게 하면 손님에게 강렬한 인상을 줄 수 있다. 이처럼 통합된 이미지의 조화가 클수록 네이밍은 강하게 기억되는 법이다.

현대와 같은 고도의 기술 사회에서는 각 기업마다 뛰어난 많은 기술진을 보유하고 있기 때문에 각 기업들의 상호간 품질이나 기술의 차별화가 사라지고 동질화의 경향이 생긴다. 그래서 구매동기에 영향을 주는 요인으로서 상품 그 자체의 이미지가 부각된다. 그러한 이미지를 만드는 데서 중요한 역할을 하는 것이 네이밍이다. 예를 들어 최근에 분양되는 아파트 광고에서는 [래미안], [낙천대], [쌍떼빌], [캐슬], [자이] 등의 브랜드가 등장하여 과거의 딱딱한 이미지에서 벗어나 현대적이고 신선한 이미지를 심어주고 있다. 이처럼 이미지는 다양한 것으로 이루어지는데 그것을 분류하면 크게 다음의 4가지가 된다.

① 네이밍이 갖는 의미성
② 네이밍의 활자 종류와 레터링

③ 네이밍에서 받는 소리느낌

④ 네이밍에서 떠오르는 연상

네이밍은 다른 상품과 차별화하는 수단이므로 모든 카피와 마찬가지로 두드러지는 독창성이 없으면 성공적인 네이밍이 될 수 없다. 그러나 여기에서 고려할 것은 네이밍이 무조건 기발하기만 하면 되는 것은 아니라는 점이다. 네이밍은 기발해야 함과 아울러 합리적이고 바람직한 이미지를 갖고 있어야 한다.

네이밍의 또 한 가지 어려움은 그것이 등록제인 까닭에 아무리 좋은 네이밍을 개발해도 이미 나와 있으면 그것을 사들이든가 아니면 포기해야 한다는 것이다. 두 글자나 세 글자의 경우에 현재 좋은 것은 거의 남아 있지 않다. 그 밖에 기업의 국세화로 인해 앞으로 네이밍은 국내 뿐 아니라 세계 각지에서도 통용될 수 있어야 하기 때문에 그 점에서 또 하나의 점검사항이 덧붙게 된다. 일본기업 ESSO의 브랜드 네임은 세계 어느 나라 사람이 읽어도 [에쏘]라고 발음된다. 세계적인 기업의 네이밍 전략에 대해서도 철저하게 조사할 필요가 있다.

과거 병원의 네이밍은 정형화된 것들이 많았다. 일반적으로는 다른 상호와 같이 해당 지역의 명칭이나 의사의 성과 이름을 사용하는 경우를 자주 볼 수 있다. 최근 들어 병원은 경쟁이 심화되면서 다른 곳과의 차별화를 위해 아래와 같이 네이밍의 다양한 시도가 진행되고 있다.

먼저 한글로 표기하는 경우이다. 힘찬 병원이나 (새)우리 병원, 하나로 병원, 보라 안과 병원, 갸름한 성형외과, 맑은 머리 맑은 몸 한의원, 맑은 숲 한의원, 바른 손 한의원, 해맑은 치과, 하얀 나라 피부과, 튼튼 마디 한의원, 참 좋은 한의원 등과 같이 한글의 독특한 어감을 살려서 친근감을 유도하는 사례가 여기에 속한다. 또한 푸른 솔 피부과, 무릎나무 한의원, 사과나무 치과 등과 같이 나무나 식물의 이름으로 네이밍한 사례도 있다.

이처럼 전통적인 느낌의 병원 명칭에서 탈피하여 시대의 변화에 맞추어 새롭게 변화된 병원의 이미지를 창출하는데 네이밍이 활용된다. 특히 한의원이나 한방병원을 중심으로 기존의 낡고 오래된 이미지를 탈피하기 위하여 한글로 네이밍을 하는 사례가 많다. 그러나 무리하게 한글로 표현하는 과정에서 세련되지 못한 느낌이나 어색한 느낌을 줄 수 있는 경우도 많아 네이밍 과정에 주의할 필요가 있다.

둘째, 한글과 한자의 복합 형태의 네이밍으로 코비 한의원, 함소아 한의원, 소리청 한의원, 여사랑 한의원, 고운 세상 피부과, 밝은 세상 안과, 생명마루 한의원 등이 여기에 해당된다. 이 경우는 한글과 한자가 갖고 있는 의미를 결합시켜 새로운 느낌을 전달하는 명칭으로 많은 아이디어가 돋보인다.

주목할 만한 것으로는 함소아 한의원의 네이밍 사례를 들 수 있다. 함(슴: 함박)과 소아(笑兒: 웃는 아이)는 웃음을 머금은 아이, 즉 함박 웃는 아이라는 의미이다. 사람에 따라서는 함씨 성을 가진 사람이 운영하는 한의원으로 오해하는 사람도 있지만, 내원을 통해 아이들이 함박 웃기를 희망하는 소아 전문 한의원을 표방하고 있다.

셋째, 완전한 한자로 구성된 명칭이다. 주로 한의원에서 자주 발견할 수 있다. 여기에는 편강(便康) 한의원, 일맥(一脈) 한의원, 명성 한의원, 자생 한방 병원, 혜민 한의원, 행복 가정의학과, 소망 병원 등이 있다.

넷째, 외국어를 네이밍으로 사용하는 경우이다. 이 사례로는 티엘·올리브·코리아·신데렐라 성형외과, 베스트 안과, 리더스 피부과, OK 정형외과, 프리허그(Free Hugs) 한의원 등이 있다. 명칭에 외국어를 사용하는 경우는 세련된 느낌을 전달하거나 유행을 적극적으로 받아들이고 선도하는 주체임을 나타내기 위해 자주 사용하는데 성형외과나 피부과에서 주로 발견된다.

이 가운데 프리허그(Free Hugs) 한의원의 명칭이 단연 돋보인다. 한의원에서 외국명칭을 사용하는 것이 드물기도 하지만, 전문 치료분야인 아토피 치료를 위해 환자를 포용하는 것이 도움이 된다는 사실을 광고 콘셉트로 활용하는 것을 연상시키기 위해 병원명칭도 과감히 외국어를 사용하였다.

다섯째, 한글·한자와 외국어의 복합 형태의 네이밍이다. 둔산 타임 치과, 롱 플란트 치과, 락 플란트 치과 등과 같이 다양한 언어를 혼합시켜 새롭고 차별화된 느낌을 전달하고 있다.

한편, 병원을 지칭하는 표현으로 해피닥터 클리닉, 고운몸 클리닉, 세연 통증클리닉 등과 같이 '클리닉'을 대신 사용하는 경우도 많으며, 이러한 사례는 가든 클리닉(Garden Clinic)처럼 일본에서도 찾을 수 있다. 또 상당히 파격적인 변신을 시도한 사례로는 포헤어 모발이식 센터, 천사를 부르는 집, FCST 네트워크, 강동우 성의학클리닉 연구소, 구로점 신통방통의원 블로그 등과, 일본의 요코하마 희망 구락부(俱樂部) 등이 있다.

향후 다른 병원과의 차별화를 위해 새로운 병원명칭을 사용하려는 다양한 시도가 있을 것으로 예측된다. 그러나 너무 차별화 자체에 비중을 두지 말고, 발음하고 기억하기 쉽고 호감을 줄 수 있는 네이밍에서 너무 벗어나지 않도록 주의할 필요가 있다.

6. 슬로건

슬로건은 헤드라인과 함께 행사 주최자의 의도를 키워드로 함축시켜 대외적으로 알리려고 할 때 자주 등장하는 용어이다. 슬로건은 이벤트나 광고에 함께 활용되지만 헤드라인은 주로 광고 메시지에서 발견할 수 있다. 또한 슬로건은 주로 몇 년간 같은 패턴으로 반복하여 사용되지만, 헤드라인은 몇 회에 걸쳐 단기간에 집중적으로 노출되는 것이 보통이다. 때문에 헤드라인은 소비자가 가장 보기 좋은 위치를 차지하지만, 슬로건은 수년간 지속적으로 노출될 수 있음으로 중앙이나 핵심적인 위치에서 벗어난 외곽이나 가장자리에 위치하고 있다. 더불어 슬로건이 독자적으로 역할을 수행하는 것에 비해, 헤드라인은 바디카피와 비주얼과 함께 상호관계에서 의도된 목적을 달성하게 된다.

슬로건의 어원은 갤릭어인 'Slaugh-gaimm'으로 '함성'이라는 의미를 갖고 있다. 본래 스코틀랜드 고원 민족이나 외방의 민족 등이 위급할 때 소리 지른 '함성'이 나중에 '슬로건'으로 정착되었다. 당시에는 전시 체제가 되면 사람들을 빠르게 결집시켜 그 힘을 최대한으로 발휘시키는 것이 통치자의 중요한 역할이었다. 따라서 오늘날 슬로건의 개념과도 어느 정도 공통점을 찾을 수 있다. 즉 슬로건은 어떤 대상을 향하여 의도하는 메시지를 반복 호소함으로써 친밀감과 호의를 얻고, 이로써 기업 활동을 원활하게 한다는 커다란 목적으로 활용되고 있다.

오늘날 슬로건은 여러 분야에서 사용되고 있는데, 특히 정치 캠페인이나 광고 커뮤니케이션 분야에서 가장 활용도가 높게 나타난다. 역사적으로 보아도, 레닌은 '농민에게 토지를'이라는 슬로건으로 혁명을 수행했고, 또한 케네디는 슬로건은 '뉴 프론 티어 정신'이었다.

오늘날에 정치단체나 기업을 막론하고 일반 대중과의 우호적인 관계나 원활한 소통을 간과하고는 존재할 수 없게 되었다. 따라서 정당이나 기업은 항상 어떠한 비전, 이념, 활동, 이미지 등을 일반 대중에게 호소하고 이해를 도모해야만 하며, 정보를 보내는 측과 대중과의 관계는 위에서 아래로의 일방통행이 아니라 오히려 그 입장이 역전되고 있다.

슬로건은 기업이나 조직체가 무엇을 기대할지 사업 방향을 결정하는 중요한 핵심 안건으로 활용되는 경우가 많다. 또 슬로건을 통해서 정보를 보내는 측이 호소하고자 하는 핵심 내용과 차별화된 방향을 제시하는 콘셉트의 연계가 메시지의 설득력을 좌우 할 수 있다.

현재 각 기업의 슬로건을 살펴보면 역사, 규모, 설비 등 기업과 직접적으로 관련된 내용보다도 기업의 향후 비전이나 사회적 존재가치, 소비자와의 관계 설정 등으로 소구점을 좁히고 있는 사례가 많다.

고도성장에서 안정 성장을 양의 시대에서 질의 시대로, 낭비의 생활에서 절약의 생활로 기업 위주의 광고에서 소비자 위주의 광고로 세상이 변해가는 것은 앞으로 기업이 일반대중과 더욱 원활한 관계를 수립하지 못하면 영속적인 활동이나 성장이 불가능해질 수 있기 때문일 것이다.

또한 오늘날의 슬로건은 기업의 다각화로 인해 기업 이미지의 통일이라는 문제로부터 그 중요성이 높아가고 있다. 폭넓은 사업영역을 대상으로 하는 기업의 광고는 좀처럼 통일된 이미지를 형성하기 어렵고 기업의 성격도 내세우기 어렵다. 그럴 때 하나의 슬로건 밑에 기업이념이나 기업 활동 등을 어필함으로써 이미지, 사상, 표현 등의 통일성을 내세울 수가 있다. 이처럼 다각화된 기업에서는 수 년 간격으로 슬로건 자체의 표현은 변할망정 기업 콘셉트를 변함없이 사용하여 전체를 하나의 이미지 밑에 통일시키고 있다.

슬로건에는 크게 다음의 세 가지 종류가 있다.

① 기업 슬로건
② 캠페인 슬로건
③ 상품 슬로건

기업 슬로건은 [기술의 현대, 세계의 현대], [고객이 만족할 때까지], [사랑해요 LG], [순간의 선택이 10년을 좌우합니다]와 같은 것이며, 캠페인 슬로건에는 [건강은 건강할 때 지키십시오], [금요일은 와인을 사는 날] 등이 그것에 속한다. 또 상품 슬로건에는 [발효과학 딤채]나 [노란색의 트러스트], [주머니 속의 하얀 위장약 겔포스], [12시에 만나요 브라보 콘], [재채기 세 번, 루루 세 알] 등이 포함된다.

아무튼 이러한 슬로건은 광고를 통해 전개되는 것이 조건이며 단지 몇 차례 사용되는 것만으로는 아무런 의미가 없다. 슬로건은 모든 매체에 장기적으로 사용되어야 기업의 이미지나 사상이 전달되는 법이다. 그러기 위해서는 우선 '대상들이 읽기 쉽고, 말하기 쉽고, 듣기 쉽고, 느끼기 쉬운' 슬로건이어야 한다.

기업의 슬로건은 이벤트의 경우 일반적으로 주제와 함께 등장하게 되는데 2005년 광주김치대축제는 [오천년 김치 맛, 광주에서 세계로!]라는 주제를 설정하여 슬로건은 [올 겨울 김장은 광주에서]로 올해의 행사 콘셉트를 잘 대변하였다. 또한 전통적인 문화축제로 잘 알려진 영암 왕인문화축제는 [미래를 여는 한국문화, 세계로 통하여 왕인바람]이라는 주제로써 [왕인의 영암으로, 벚꽃의 영암으로]라는 슬로건을 제정하였다. 마지막으로 올해 드라마 해신으로 유명한 완도는 수년간 정성을 쏟아온 완도 장보고축제의 슬로건으로 [천년의 꿈, 다시 바다로 돌아온 해신 장보고]를 제정한 바 있다.

병원에서도 경영 이념이나 비전, 핵심적인 의료서비스를 소구하기 위해 슬로건이 자주 활용되고 있다. 병원에 따라서는 슬로건과 헤드라인의 구분이 모호하고 슬로건 사용에 대한 정확한 이해가 안 된 사례가 많은 것도 사실이다. 슬로건 가운데 가장 많이 등장하는 패턴은 기업 슬로건이다.

병원의 슬로건으로 영문을 사용하는 사례가 많은 것도 이례적이다. 예 치과는 "Wherever, Ye"을 슬로건으로 하고 있으며, 여기서 '예(Ye)'는 'Your Expert'의 이니셜로 구성되며, 고객에게 최상의 의료서비스를 제공하는 전문가 그룹을 표방하고 있다.

부산 여(女)사랑 한의원은 "Woman Love.co.kr, 소중한 당신을 생각합니다"와 "여성만을 위한 전문 한의원, 소중한 당신을 생각합니다. 애(愛)"라는 독특한 슬로건을 표방하며 여성만을 위한, 여성을 잘 아는 한의사임을 강조하고 있다. 특히 검색어 광고가 인기를 끄는 사회적 현상을 반영시켜 병원 홈페이지(도메인)를 슬로건에 포함시킨 것이 특징이다.

고운 세상 피부과 의원은 고객만족과 관리에 최선의 노력을 다하는 것을 슬로건에 담아 "beauty forever"을 채택하고 있으며 홈페이지의 도메인과 통일시켜 인지율을 높이고 있다.

또한 국어를 사용하여 슬로건을 채택한 사례도 다양한 곳에서 찾을 수 있다. 먼저 관동의대 명지병원은 건강보험검진센터 '숲마루'를 오픈하면서 '병원이 숲을 품다'라는 슬로건을 표방하며 폭포와 시냇가, 숲 속에서 산림욕하며 건강검진을 받을 수 있는 의료서비스를 개발하였다. 이는 그린·에코 마케팅에 입각한 의료서비스의 대표적인 사례라 할 수 있다.

힘찬 병원의 슬로건은 "스마일 운동 실천, 힘찬 병원이 앞서 갑니다"이며, 환자의 고통을 경감시켜 행복과 웃음이 가득한 의료서비스 제공을 목표로 하고 있음을 강조하고 있다. 이미지 모델은 김병만으로 에너지가 넘치는 건강한 이미지를 내세우고 있다.

함소아 한의원은 "국내 최대 소아 한방 네트워크"를 내세우며, 어린이 아토피피부병과 성장클리닉을 전문으로 하는 전문 한방 병원임을 소구하고 있다. 또한 제일 정형외과 병원은 특히 조선일보를 중심으로 주요 일간지에 대형 사이즈로 자주 노출시키고 있는데, 주된 슬로건은 "어르신을 잘 아는(어르신 신체특성을 잘 아는), 제일 정형외과 병원"으로 하고 있다. 이를 통해 노년층의 척추와 어깨의 전문 치료 병원임을 강조하고 있다.

그룹의 사회공헌 활동을 지원하기 위해 설립한 삼성의료원은 "진정한 환자 중심 병원"이라는 슬로건으로 설립 이념을 함축하여 나타내고 있으며, 서울 아산 병원은 '이웃과 함께 하는 병원'이라는 슬로건을 채택하여 나눔과 배려'의 공익성을 표현하고 있다.

그러나 슬로건을 선택하는데 주의해야 할 점도 있다. "행복을 심는 ○○치과"와 같이 너무 추상적인 개념 슬로건으로 선정하는 경우는 이미지 포지셔닝에 다소 어려움을 느낄 수 있다.

고객만족을 위한 해당 병원의 서비스 자세를 강조하기 위한 표현의 하나로 행복, 만족이라는 언어를 과잉하여 사용하는 것은 자칫 소구점이 모호해지고 너무 추상적인 콘셉트로 인식될 우려가 있다. 예를 들어 '행복을 추구하는 병원', '고객의 행복과 만족을 위한 병원', '행복을 가장 소중하게 여깁니다'처럼 진정성이 부족하고 남들과의 차별성이 없는 표현은 무미건조하고 관심이나 흥미를 유발하기 어렵다.

또한 슬로건을 채택하고 있지 않거나, 개념을 정확하게 이해하지 못한 채 사용하는 경우도 많은데, 향후 슬로건으로 병원의 이념과 비전을 함축적으로 표현할 수 있는 노력이 뒤따라야 할 것 같다.

좋은 슬로건의 제작조건으로서 다음과 같은 것을 생각할 수 있다.

① 짧은 것
② 명확(문장의 의미가)한 것
③ 적절(말의 구성)한 것
④ 독창적인 것
⑤ 흥미 있는 것
⑥ 기억되기 쉬운 것

한편 슬로건은 자기도취적인 표현의 것이 아니라, 슬로건으로서 강렬한 인상을 대중의 마음속 깊이 심어주는 것이어야만 최대의 효과를 기대할 수 있다. 또한 슬로건 속에 기업명이나 상품명을 넣는 경우가 흔한데 '이름을 판다'는 점에서 효과적이긴 하다. 이러한 예는 "얼굴뼈 전문 티엘 성형외과에서, 안면 윤곽 고민 이제 끝낼 때", 또는 "어르신을 위한 임플란트, 롱 플란트 치과 그룹" 등에서 찾을 수 있다.

그러나 문제가 되는 것은 그렇게 함으로써 간결, 명확해야 할 슬로건이 장황해져 버린다는 점이다. 슬로건은 눈앞의 이익에 사로잡혀 욕심을 지나치게 표현하면 주의가 산만해지고 서로 상쇄되어 결국 인상이 희박해지고 만다.

7. 헤드라인

헤드라인과 슬로건은 흔히 혼동되기 쉽다. 먼저 헤드라인은 단어 하나로도 이루어질 수 있고, '눈이......'와 같이 불완전한 문장이어도 가능하다. 무엇보다 소비자의 시선을 끌 수 있도록 주목률을 높이고, 이것을 바디 카피로 연결시켜 흥미와 유인력을 갖게 하는 것이 헤드라인의 중요한 기능이다. 따라서 위치를 선정할 때 가장 눈에 잘 띄는 곳에 배치하며, 단기적으로 집중되는 광고 캠페인이나 경우에 따라서는 한 번 또는 수회밖에 사용되지 않는 사례가 많다.

이에 반해 슬로건은 그 자체로 완결적인 의미를 갖는 표현이 필요하며, 더욱이 장기간 동안 모든 미디어를 통해서 반복 사용되지 않으면 의미가 없다. 또한 슬로건은 그 자체가 독립된 존재로 될 수 있는 것임에 반해, 헤드라인은 사진이나 일러스트와 유기적으로 결합되어야 비로소 하나의 소구 체계를 만들어낼 수 있다. 따라서 슬로건은 그 자체만 사용되는 경우도 많으며 광고 안에서 그 위치가 별로 문제가 되지 않는다는 점도 특징이다.

광고 헤드라인의 기능은 다음과 같다.

첫째, 주의를 끌어야 한다. 둘째, 바디카피를 읽도록 유도해야 한다. 셋째, 목표소비자를 찾아내는 작업을 해야 한다. 넷째, 소비자를 움직여 행동하도록 하는 역할을 해야 한다.

그리고 존 케이플즈는 훌륭한 헤드라인의 요소로 다음을 지적하고 있다. 첫째, 이기심을 자극해야 한다. 둘째, 뉴스성을 자극해야 한다. 셋째, 호기심을 자극해야 한다. 넷째, 빠르고 쉬운 방법으로 행동을 이끌어 내야 한다. 다섯째, 신뢰성이 있어야 한다.

또한 헤드라인의 표현 형식으로는 뉴스·고지 형식, 효용·이익 형식, 주장·제안 형식이나 단정·지시 형식, 증언 형식, 경고 형식, 질문 형식, 정서 형식 등으로 구분될 수 있다.

병원도 홈페이지나 광고를 통하여 다양한 기능과 형태의 헤드라인을 채택하고 있다. "치과도 좋은 추억의 장소가 될 수 있다", "우리는 미의 재탄생을 추구합니다"라는 감성소구의 헤드라인에서부터 '인공관절 수술 반값으로 가능', "이가 없으면 임플란트로", "임플란트 더 이상 망설일 필요 없습니다", 무절개 최소 절개 임플란트"와 같이 이성소구와 서비스의 효용성을 강조한 사례도 많다.

"엘리베이터 버튼을 누른 순간 당신은 새롭게 다시 태어날 것입니다.", "Be Born Again(다시 태어나세요)"와 같이 주장·제안 형식이나 단정·지시 형식도 있으며, "왜 티엘 인가?"라는

질문 형식의 헤드라인으로 고객만족을 지향하는 강력한 소구를 선정한 사례도 있다.

또한 전문성과 안정성, 신뢰성을 강조하기 위해 국내 치과 병원으로는 처음으로 JCI 국제의료기관 평가위원회의 인증을 받았다든가 보건복지부에서 실시한 의료기관인증평가에서 의료서비스의 질과 환자안전 수준의 우수성을 인정받아 의료기관 인증을 획득하였다는 등의 사회적으로 인정된 인증 제도를 획득한 사실을 소구하는 사례도 등장하고 있다.

한편 병원광고에서 서브 헤드라인(카피)을 사용하는 경우를 자주 발견할 수 있다. 서브 헤드라인(sub headline)은 일반적으로 헤드라인이 너무 상징적, 함축적인 언어로 표현되어 부가적인 설명이 필요할 때나 헤드라인만으로 소구하기에 내용이 분산되어 있는 경우에 주로 사용되고 있다.

특히 병원은 치료의 전문성과 치료과목 별로 자세히 설명하기 위해 본질적으로 카피 중심의 글자의 양이 많은 광고 형태가 주류를 이루고 있다. 따라서 기업의 경우보다는 서브 헤드라인을 즐겨 활용하고 있는 경우가 많다.

예를 들어 네이밍이 독특한 튼튼 마디 한의원은 신문광고를 통하여 "관절염·척추관협착증·디스크 수술 없이 고통 해방!"으로 헤드라인을 선정하였다. 해당 병원이 전문으로 하는 척추질환을 한방에 의해 수술의 고통 없이 해결할 수 있다는 것을 소구하면서 보다 구체적인 설명을 하기 위해 "과학적 한방 치료의 새 지평을 연 튼튼 마디 한의원"이라는 서브 헤드라인을 추가하였다.

연세 한의원은 "지긋지긋한 비염, 코 점막 직접 치료로 날려버리세요!"라는 헤드라인과 "1주일에 1번 치료로 막힌 숨길을 열어주세요"라는 서브 헤드라인을 함께 연결시켜 알리고자 하는 메시지를 잘 전달하고 있다.

또한 서브 헤드라인을 활용하는 사례는 제약회사의 신문광고에서도 잘 나타나 있다. "전립선 건강! 보령 복합 쏘팔메토로 관리하십시오."의 헤드라인과 "소변을 시원하게! 남성을 더욱 남성답게!"라는 서브 헤드라인을 연결하여 전달하고자 하는 것을 잘 소구하고 있다.

8. 바디카피

바디카피는 헤드라인으로 끌어들인 소비자의 주의를 확실하게 설득할 수 있도록 완벽한 광고카피로 작성하여야 한다. 바디카피를 쓸 때 주의할 점은 헤드라인의 의도를 유지해야 하고 권위자를 인용하도록 한다. 또한 독자에게 도전하고 생산자에게 말하도록 한다. 무료정보를 제공하거나 증언으로 시작하는 것이 좋다. 제품의 상세내용을 설명하고 기사형식의 접근방법을 사용하며 2인칭을 사용하는 것이 좋고 스토리텔링 등이 일반적인 접근방법이다.

바디카피의 요소는 흥미성, 통일성, 단순성, 강조성, 설득성 등을 들 수 있다.

1) 광고 카피라이팅

광고카피를 전문적으로 쓰는 사람을 카피라이터라고 한다. 카피라이터는 광고회사의 크리에이티브팀에 속해 있으면서 광고기획 담당자와 함께 광고 전반에 깊숙하게 관여한다.

특히 광고 크리에이티브 작업에서는 인쇄매체 광고의 경우 광고기획 담당자와 디자이너가 한 팀이 되어 광고물을 제작하는데, 카피라이터는 광고기획에 대한 전반적인 이해와 더불어 디자이너의 일러스트레이션과 카피(그림+글)를 적절하게 처리할 수 있는 조화의 능력을 가지고 있어야 한다. 그러기위해서는 광고디자인에 대한 이해도 갖추어야 한다.

뿐만 아니라 전파광고의 경우 프로듀서, 광고기획 담당자, 제작처의 감독과 함께 작업하게 됨에 따라 영상과 음악에 대한 기초적인 지식을 습득하고 있어야만 된다. 종합적으로 볼 때 카피라이터는 광고기획에 대한 기본적인 이해를 기초로 하여 디자인적 감각과 영상, 음악 등 다양한 부분에 재능을 가지고 있어야만 자신의 광고카피의 효과를 극대화시킬 수 있다.

(1) 카피 폴리시 /카피 플랫폼/ 카피 포맷

카피 폴리시(copy policy)란 광고카피를 작성하기 위한 기본적인 정책으로서 광고카피의 기본방향을 설정하는 것이다. 이러한 카피 폴리시는 광고기획에 대한 기초적인 자료로서 여기에는 광고의 목표소비자층, 광고매체, 광고예산, 광고목적, 광고에서 강조할 점, 그리고 광고 후의 기대되는 소비자반응 등이 포함되며, 이를 통해 카피전략을 수립한다.

카피 플랫폼(copy platform)은 카피라이터가 조사한 자료를 광고 크리에이티브 작업에 편리하도록 분석하여 만들어 놓은 일종의 대차대조표이다. 자사와 경쟁사의 수년간에 걸친 카피나 제품의 특징 등을 하나의 표로 일목요연하게 정리하여 카피의 전체적인 방향과 흐름을 파악할 수 있다. 따라서 카피 플랫폼 이용하면 광고제품에 대한 마케팅상황을 경쟁회사와 비교분석함으로써 효과적인 카피를 쓰는 자료가 될 수 있다. 또 광고제작의 시기가 다르더라도 광고 플랫폼만 있으면 전체적으로 통일된 광고카피를 쓸 수 있으며, 관련 자료는 광고기획 담당자나 마케팅 전담팀으로부터 협조를 구해 입수할 수 있다.

카피 포맷(copy format)은 광고카피에서 일관성 있는 광고의 흐름을 주기 위해 헤드라인이나 바디카피 등에 통일성 있는 광고카피를 유도하여 광고캠페인이나 시리즈 광고 형식을 진행하는 것을 의미한다. 카피의 전체적인 구조나 유형을 일정하게 유지하여, 통일된 시각 효과를 거둘 수 있게 함으로써 메시지의 기억을 돕고 상기효과를 향상시킬 수 있다. 예를 들어 제일정형외과나 롱플란트, 락플란트 치과는 인쇄매체를 통해 일정한 카피 포맷을 이용하여 상기효과를 높이고 있다(그림 4-2 참고).

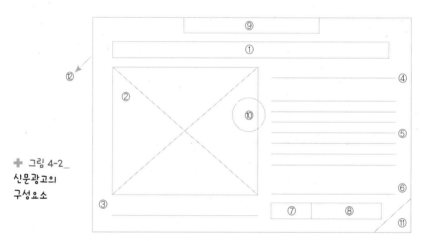

✚ 그림 4-2_
신문광고의
구성요소

5단*37cm기준(1단=1.4cm)
① 헤드라인(Headline), ② 일러스트레이션(Illustration),③ 캡션(Caption:사진을 설명하는 광고문안), ④ 서브 헤드라인(Sub Headline), ⑤ 바디카피(Body Copy), ⑥ 캐치프레이즈(Catchphrase), ⑦ 심벌 마크(Symbol Mark), ⑧ 로고타입(Logo Type), ⑨ 슬로건(Slogan), ⑩ 발룬(Balloon), ⑪ 태그(Tag), ⑫ 레이아웃(layout)

헤드라인의 표현 방식과 기법

크리에이티브 전략의 핵심인 헤드라인은 소비자의 시선을 사로잡고 구매의욕을 자극시키는 매우 중요한 요소이다. 헤드라인은 소비자를 설득하기 위한 의도와 시장상황에 따라 광고의 수만큼이나 많은 표현방식이 있을 수 있지만, 가장 일반적인 분류방법으로 크게 10가지 형태가 존재하고 있다. 물론 여기에 포함된 양식 외에도 다양한 형태가 있겠지만, 다음에 열거한 것이 헤드라인을 이해하는 데 도움이 될 수 있다고 생각되어 소개하기로 한다.

뉴스·고지 형식

뉴스의 형식으로 표현하거나 언론의 보도처럼 소구하는 헤드라인 방식을 취하며, 마치 아나운서나 공신력이 있는 사람이 브라운관 앞에서 해당제품을 설명하여 신뢰감을 증가시키는 표현형식이 많이 등장한다. 또 신제품이 출시되거나 새로운 서비스가 제공될 때, 그리고 기업이 새로운 비전을 제시할 경우에 자주 사용되며 새로운(新), 처음 등장, 탄생, 새로 알립니다 등의 표현이 주로 쓰인다. '광고는 최상의 뉴스'라는 말이 있듯이, 이 말을 헤드라인에 그대로 살린 것이 바로 뉴스·고지 형식이다.

- 고통을 줄이는 새로운 시술방법(성형외과)
- 새로운 안과질환 시술법 등장(안과)
- 과학적 한방치료에 새 지평을 열었습니다(튼튼마디 한의원)
- 새로운 얼굴, 렉스트 W 탄생(쌍용자동차)

단정·지시 형식

기업이 생각하는 독창적이고 주관적인 주장이나 의견을 소비자에게 제시하는 헤드라인 소구방식이다. 주로 명령체를 헤드라인에 제시하여 목표소비자의 행동에 영향을 미치도록 지시하는 표현방식으로 강력한 메시지 전달력이 있지만, 너무 강압적인 느낌이 들 때는 오히려 역효과를 가져올 수 있다.

이 형식의 헤드라인은 비교적 많은 편이며, 해당 제품을 사용함으로써 얻는 이익과 혜택을 자신 있게 표현하는 것이 좋다.

- 아범아, 나는 룡플란트 치과다(룡플란트 치과)
- 혼자서 고민은 이제 그만, 지금 바로 상담해 보세요(티엘 성형외과)
- 남자는 체력, 카고메 야채주스(카고메)
- 재산을 물려줄 것인가, 위대한 유산을 남겨줄 것인가, 지금 전화 주십시오(신영증권)

➕ 그림 4-3_
룡플란트 치과 –
지하철광고

증언 형식

연예인이나 전문가, 일반인 중 제품 사용 경험이 있는 사람이 제품을 권장, 권유하거나 추천, 설명하는 형식으로 소구한다. 증언식은 친근감 있고 신뢰감을 주는 모델을 통해 제품이 갖는 특징이나 장점을 소비자에게 소구하여 설득하는 헤드라인 형식이며 실증·입증 방식과는 차이가 있다.

광고는 최종적으로는 소비자의 신뢰를 얻어야만 의미가 있는데, 그런 점에서 추상적인 표현이 아니라 실증적으로 호소하는 것은 설득력이 있다.

- 잇몸 튼튼, 이가탄 입니다(이가탄)
- 뒤로 앉으면 피곤하지 않는다(日本 新藥)

· 이름값 합니다. 시린 이엔 시린메드 에프(부광약품)

입증·증명 형식

경쟁사의 제품과 비교하여 차이점을 명확히 제시함으로써 제품의 장점, 우수성을 증명하는 표현방식이다. 생활용품이나 세제, 주방용품 등의 저관여 상품에 많이 사용된다. 이러한 방법은 제품의 성능이나 편익을 입증하여 보여주는 효과적인 메시지 전달방법으로, 경쟁사보다 자사의 제품과 서비스의 수준이 우월할 때 차별성을 부각시키기 위해 자주 사용된다. 제품이 소비자에게 이익이 될 만한 차별성을 지니고 있다면 광고는 이를 시각적으로 설명하도록 노력해야 한다.

· 탁월한 만족감 비교의 대상이 아닙니다(성형외과)
· 타의 추종을 불허하는 만족감(성형외과)
· 가장 안전한 수술방법으로 입증되었습니다(정형외과)

주장 · 제안형식

새로운 라이프스타일을 제시하거나 기업의 의견을 표현하는 헤드라인 소구방식이다. 단정·지시 형식과 비슷하지만 부드럽고 심리적으로 거부감을 느끼지 않도록 신중히 접근하는 것이 효과적이다. 기업이 자사의 상품에 대한 확고한 주장, 의견 혹은 기업의 사고방식 등을 표현하는 사례가 많이 등장한다.

최근의 헤드라인에는 이 형식이 급증하고 있다. 그것은 기업이 적극적으로 일반대중에게 새로운 생활방식이나 행동을 호소하고 있기 때문일 것이다.

· 비수술 치료법 경막 외 내시경 레이저시술로 치료하세요(세바른 병원)
· 보청기는 제품이 아니라 치료입니다(김성근 이비인후과)
· 척추질환도 수술만이 해결방법이 아닙니다(제일 정형외과)

・암 아는 만큼 이길 수 있다(녹십초 한방병원)

암시·경고형식

소비자의 마음속에 암시를 주거나 경고함으로써 헤드라인을 강하게 인상지우는 표현기법으로, 주로 제약광고나 의료업계에서 사용하며 불이익을 암시, 경고할 때 사용한다. 효과적인 카피 작성을 위해 심리학적 접근이 이루어지고 있는데 이 형식은 인간심리의 약점을 공략하는 헤드라인 형식이라 할 수 있다.

그러나 사용상의 위험성이 많으며, 표현의 수준이 너무 지나치면 수용자의 입장에서 방어기제가 생겨 메시지를 거부하거나 반감을 가질 수 있다. 금연이나 암 예방 캠페인을 전개할 때 메시지의 위험의 수준을 조절하여 역효과를 방지할 수 있다.

・지나친 흡연은 폐암의 위험성이 있습니다(호흡기 내과)
・존재하지도 않은 암 공포를 조장하는 이유가 무엇입니까(유디 치과)
・가장 위험한 20세(도쿄 해상화재보험)

호기심 유발·티저 형식

주목과 흥미를 유도하기 위해 소비자가 가지고 있는 호기심을 자극하는 광고 형태이다. 기업 명칭이나 제품명을 의도적으로 숨기거나 노출시키지 않는 경우가 많다. 그러나 헤드라인에서의 호기심을 바디카피로 잘 연계시켜야만 의도된 성과를 달성할 수 있다. 기업이 새로 오픈하거나 새롭게 단장을 하는 경우, 또 획기적·혁신적인 제품이 출하될 때 소비자의 호기심을 자극하고 화제를 유발시키기 위한 방법으로 사용된다.

・새로운 모습으로 출발합니다(요양병원)
・새로운 쇼핑문화의 창조(현대백화점)
・진정한 콜라의 맛을 알아맞혀 보세요(펩시콜라)

질문형식

　　헤드라인에서 의문을 제기하여 소비자에게 해답을 요구하는 표현기법이다. 이 유형은 헤드라인에서 제기된 질문에 대해, 바디 카피에서 충분한 설명과 해답이 제시되는 형식을 갖춰야 효과를 발휘할 수 있다.

　　또한 질문형식의 헤드라인은 소비자가 갖는 의문과 공감할 수 있는 내용을 헤드라인에 나타냄으로써 강한 소구력과 호소력을 갖게 하고, 소비자의 동질감을 불러일으켜서 스스로 해결해 보도록 하는 심리상태로 도달하는 효과도 기대할 수 있다.

　　다른 업종에 비해 병원광고에서는 특히 이 형식의 헤드라인이 많이 등장하고 있다.

- V라인 작은 얼굴 부러워만 하나요?(원진 성형외과)
- 큰 병원은 강남에만 있다고요?(힘찬 병원)
- 탈모치료의 골든타임은 언제인가?(발머스 한의원)
- 왜 일맥 한의원인가?(일맥 한의원)
- 왜 배가 나오지?(日本 新藥)

✚ 그림 4-4_
원진 성형외과 –
배너광고

정서 형식

　　소비자의 정서를 자극하여 주목과 흥미를 이끌어내는 표현방식으로, 패션이나 화장품 광고에 주로 사용되며 무드와 분위기를 연출하여 감정에 호소하는 기법을 채택한다. 고관여 제품이나 감성제품 등에서 가격이나 품질에서 경쟁사와 차별화를 꾀하기 어려울 경우에 사용한다. 이 형식은 이성적인 소구보다도 인간의 감정에 호소하는 감성과 분위기 광고에 많으며, 이미지 창출을 위해 시각적인 요소가 중요하므로 메시지가 비주얼과의 조화를 이루어야 소구력이 강하다.

- 부모의 마음으로 진료하겠습니다(아이본 소아의원)
- 나눔, 곧 사랑입니다(연세우일 치과병원)

・시간의 흐름을 여자는 사랑이라 부른다.
・시간의 흐름을 남자는 인생이라 부른다. (시티즌 시계)

효용·이익, 편익 제시 형식

　구매자가 얻게 될 제품과 서비스에 대한 편익과 효용성을 알리는 표현기법으로, 경제적, 심리적인 측면에서 소비자가 자사 제품을 구입해서 얻을 수 있는 독특하고 차별적인 이익과 혜택을 제시한다.

　소비를 통해 얻게 되는 제품의 편익과 혜택은 소비자의 중요한 구매동기로서, 헤드라인의 기능 중 가장 크게 중시되는 항목이다. 광고는 본래 기업이나 상품의 구매함으로써 얻게 될 장점과 혜택을 소구하는 것이므로, 이 형식이 헤드라인에서 가장 많이 등장하는 것은 당연하다.

・남성 수술, 만족스러운 효과 및 안정성 지향(LJ 비뇨기과)
・라식, 라섹 당일 수술 가능, 라식, 라섹 60만원(강남아이원 안과)
・놀라운 혜택을 준비하였습니다(더페이스 성형외과)
・치아 나이를 28 청춘으로(락플란트 치과)
・수술 없는 동안 성형, 울트라포머 도입(쥬얼리 성형외과)

✚ 그림 4-5_
락플란트 치과 -
신문광고

　이상으로 카피 작성에 대한 이해를 넓히기 위해 가장 널리 사용되는 헤드라인의 10가지 형식을 구체적인 사례와 함께 소개하였다. 그런데 실제 헤드라인을 제작할 경우는 미리 어느 형식을 결정하고 나서 카피라이팅(copywriting)을 시작하는 것보다는 헤드라인의 작성을 완결한 후, 형식으로서의 의미와 존재가치를 판단하는 정도로 활용 방법을 적용해 보는 것이 좋다. 카피 담당자의 개성이나 기호에 따라 다양한 헤드라인의 존재가 필요하기 때문에, 처음부터 미리 결정된 형식에 맞춰 헤드라인을 결정하는 것은 메시지의 정형화와 획일화에 대한 위험을 수반하여 소구력이 강한 메시지를 전달하기 어렵다.

한편, 효과적으로 헤드라인을 쓰기 위해 다양한 방법이 존재하지만, 저명한 카피라이터 데이비드 오길비(David Ogilvy)와 존 케이플즈(John Caples)는 카피작성 가이드라인을 제시하고 있다. 성공한 헤드라인에서 공통적으로 나타나는 특성을 살펴보면 다음과 같이 정리할 수 있다.

- 소비자에게 이익과 혜택(이기심)을 약속하라.
- 새로운, 지금(이제), 드디어, 소개합니다, 알려드립니다.라는 표현처럼 뉴스성 헤드라인 은 성공할 확률이 높다.
- 헤드라인 속에 반드시 목표소비자를 지명하거나 브랜드를 넣어라.
- 구체적인 숫자나 수치를 제시하라.
- 헤드라인에 구체적인 성분과 기능을 밝혀라.
- 열 단어 이상의 헤드라인은 짧은 헤드라인보다 덜 읽힌다. 그러나 긴 헤드라인이 필요 할 경우에는 주저하지 말고 길게 써라.
- 헤드라인에서 호기심을 자극하라
- 헤드라인 속에 인용부호를 넣으면 기억률이 평균 28% 높아진다.
- 지방 매체일 경우에는 그 지역 명칭을 꼭 넣어라.
- 새로운 스타일로 써라.

그 밖의 헤드라인을 잘 쓰는 법칙으로 다음의 것을 참고할 수 있다.

첫째, 무엇보다 광고를 만드는 사람들이 관심을 가져야 할 것은 내 상표가 내세울 수 있는 차별적 이점, 소비자가 거부할 수 없는 약속이어야 한다.

둘째, 차별화를 강조하기 위해 경쟁사와 다른 것을 제시해야 하지만, 중요한 것은 다른 것이 아니라 좋게 달라야 한다. 다르게 하는 것 그 자체가 목표는 아니다. 더 좋게 하는 것이 목표다 그리고 모든 광고가 차별화된 메시지를 필요로 하는 것은 아니다.

즉 차별화는 'different'의 의미가 아닌 'better'의 의미로 이해해야 한다. 소비자 욕구에 부합하지 못하거나 소비자 편익이 아닌 차별화가 무슨 의미가 있는가? 경쟁제품과 다르다고 무조건 차별화 요소가 되는 것은 아니다.

그 차별적 요소가 소비자 니즈에 부합되는 것인가? 부합되지 못한다면 아무리 다르더라도 차별화 요소가 되지 못한다. 다르기 위해 다를 이유는 없는 것이다. 다르다는 사실이 중요한 것이 아니라 다른 것보다 더 낫게 다를 때만 그 다르다는 것은 의미가 있는 것이다.

둘째, 정말 차별화해야 할 것은 내 광고가 아니라 내 상표이다. 광고의 차별화가 전혀 무의미하다는 말은 아니다. 수많은 광고의 과잉 속에서 내 광고를 기억에 남게 하는 일도 중요한 일이다. 그러나 그것이 궁극의 목표가 아니다. 광고의 궁극적 목표는 내 제품의 차별적 이점이 소비자의 기억에 판각되어 내 제품을 사고 싶게 만드는 것이다.

셋째, 먼저 소비자의 주목을 끌고 다음에는 판매점을 강조하라. 가장 실패한 광고는 소비자의 머릿속에 기억되지 못한 채 잊힌 광고라고 말한다. 하버드 비즈니스 스쿨이 조사한 결과에 의하면 광고 중에 85%는 눈에 띄지 않고 그대로 넘겨진다고 한다. 따라서 무엇보다 중요한 것은 소비자의 시선을 끌기 위해 참신하고 독창적인 메시지 전달이 중요하다. 왜냐하면 번버트의 말처럼 광고에 모든 적절한 요소를 다 넣었다하더라도 누구도 멈춰 서서 귀 기울여 주지 않는다면 그것은 낭비일 따름이다.

넷째, 발음하기 어렵거나 외우기 어려운 회사 명칭이나 제품명은 연상기법을 이용하는 것이 효과적이다. "맞다! 게보린"이나 "무슨 잘?, 펜잘" 등과 같이 브랜드를 광고에서 명확히 고지시켜 기억하기 용이하게 하고 고객이 구매 장소에서 직접 상표를 지정하여 구매율을 높이고 있다.

다섯째, 광고 카피에는 다양한 표현기법이 등장한다. 동음이의어는 브랜드 고지나 강조하려고 하는 핵심적인 메시지를 인지시키기 위해 자주 등장한다. 동음이의어는 두개 이상의 의미를 가지지만 상호 연관성이 없는 표현법으로 중의법과는 다르다. 중의법은 하나의 단어가 두 가지 이상의 의미를 지니게 되는 경우를 가리킨다.

여섯째, 광고는 예술이 아니라 과학이다. 광고는 소비자의 마음을 설득하여 호감을 조성하고 결국 자사의 제품을 팔기위한 수단이다. 카피는 결코 시(詩)가 아니며, 판매를 증대시키기 위한 힘 있는 문구이다.

포지셔닝 전략과 브랜드 아이덴티티

> ☞ 앞으로 기업은 차별화, 개성화된 자기 이미지 구축에서 한걸음 더 나아가 소비자들이 계속
> 안심하고 그 제품을 선택할 수 있도록 소비자들이 기업, 상품, 브랜드에 대한 신용과 호감
> 을 느낄 수 있는 종합적인 마케팅 커뮤니케이션 전략개념이 요구되고 있다.

이미 잘 알려진 바와 같이 광고·마케팅 전략에서 중요한 위치를 차지하고 있는 포지셔닝 기법은 제품고유의 특성, 소구대상 소비자층의 성격과 경쟁 환경 등을 충분히 파악하여 독자적인 전략을 수립하는 것이다.

이러한 전략적 특징은 과거로부터 현재에 이르기까지 수많은 제품의 성공적인 판매를 통해 그 효과를 발휘해왔지만, 갈수록 각 기업들의 시장 환경은 경쟁이 더욱 격화되어 소비자에게 호감을 주는 친숙한 브랜드야말로 마케팅전략을 유리하게 전개할 수 있는 중요한 요인으로 주목받게 되었다. 따라서 새로운 시장 환경에 적절하게 대응할 수 있는 전략적인 개념을 개발, 발견하기 위해서 마케팅 종사자들은 여러 가지 구상들을 제안하기 시작하였다.

경쟁사가 동일한 포지셔닝을 취할 경우

독특한 제품개발과 이에 걸 맞는 전략수립에 성공하여 시장을 확보했다 하더라도 각 기업 간의 경쟁이 격화되어 시장의 확보가 치열하게 될 경우 계속적인 우위의 유지는 용이한 일이 아니다. 왜냐하면 그 전략이 효과를 발휘하게 될 경우 다른 경쟁기업도 동일한 전략으로 쉽게 전환하여 공세에 나서서 곧 성공을 거둘 수 있기 때문이다.

그러나 재미있는 사실은 동일한 전략을 구사하여 마케팅 경쟁에 나선 경우라 하더라도 시장점유에 성공한 기업이 있는가 하면 그다지 효과를 보지 못한 기업이 함께 존재하고 있다. 예를 들어 미국의 유명기업인 담배의 말보로와 윈스턴, 시계의 타이멕스(Timex)와 부로바(Bulova), 렌터카의 에이비스와 내셔널 등의 사례를 통해 이러한 사실을 쉽게 알 수 있다.

포지셔닝을 능가하는 전략기법

여러 우수 기업은 지금까지의 포지셔닝 기법으로는 마케팅활동에서 우위를 차지할 수 없다는 사실을 깨닫게 되자 새로운 전략개념의 도입을 서두르게 되었다. 극심한 경쟁 환경에서 다른 기업과의 차별성을 제시하고 시장에서의 우위를 차지하기 위한 전략 개념으로 개발된 것(경쟁기업에는 없는 전략기법의 특성= 브랜드 퍼스널리티)으로 플러스알파(+α)의 개념은 그림 4-6과 같이 설명할 수 있다.

즉, 포지셔닝 기법에 새롭게 추가되는 요소(Personality)에 의해 앞으로 각 기업의 시장우위 전략에 크게 공헌할 수 있는, 포지셔닝을 능가하는 새로운 전략개념인 「브랜드 아이덴티티」가 바로 그 것이다.

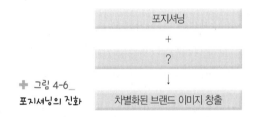

➕ 그림 4-6_
포지셔닝의 진화

브랜드 아이덴티티란 무엇인가

간단하게 설명하자면 브랜드 아이덴티티란 우리가 주위에서 흔히 볼 수 있는 광고와 구별되는 플러스알파(+α)의 요인으로 다른 기업과 그 기업의 상품 이미지에서 발견할 수 없는 나름대로의 명확한 차별점을 가지고 대상소비자들의 요구에 부합될 수 있는 개성적인 이미지를 확립할 수 있어야 한다. 다시 말해서 기업이나 상품이 소비자들에게 특징적으로 또는 널리 인식되어 포지셔닝 이상으로 소비자들이 기업, 상품, 브랜드에 대해 호감을 느끼고, 그것만으로도 그 상품의 품질을 신용할 수 있을 정도로 종합적인 이미지가 고정화, 특정화되는 상태로 발전하는 것을 말한다.

따라서 장기간에 걸쳐 구축된 브랜드 아이덴티티는 기업에 있어서는 다른 것과 바꿀 수 없는 재산이 되고, 경쟁기업이 단기간 내에 모방하고 뒤따라올 수 없는 새로운 가치를 창조하는 것이다. 결국 기업이 복잡화, 다양화되고 있는 경쟁 환경 속에서 자사상품의 판매를 성공적으로 이끌기 위한 전략개념의 하나로 브랜드 아이덴티티기법에 깊은 관심이 모아지고 있다.

21세기는 브랜드 아이덴티티가 성공의 열쇠

광고·마케팅 전략의 발전단계에 따른 시기의 문제는 각 나라마다 조금씩 차이를 발견할 수 있지만, 각 시대의 광고문화는 세태와 경제구조의 변화를 민감하게 반영해 왔다. 그림 4-9와 같이 1960년대는 새로운 아이디어와 더불어 신제품이 시장에 나오면 특별히 마케팅활동을 전개하지 않아도 어려움 없이 판매목표를 달성할 수 있었기 때문에 기업은 새로운 장치와 기능을 갖춘 상품의 개발에 전력을 기울이게 되었다. 이 시기의 광고는 구체적으로 제품의 특성을 강조하거나 다른 제품에서 볼 수 없는 장점을 소개하는 표현기법이 주종을 이루었다.

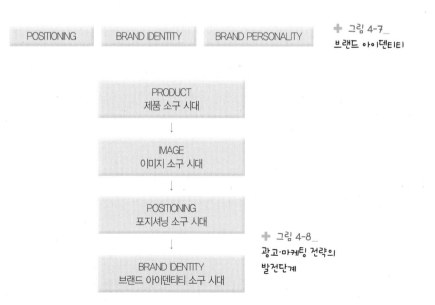

＋ 그림 4-7_
브랜드 아이덴티티

＋ 그림 4-8_
광고·마케팅 전략의
발전단계

1970년대에 이르러 업종간의 경쟁이 심화되기 시작하여 히트상품에 의해 기업이 갑자기 급성장하거나 때로는 시장독점에 성공할 수 있었던 기업환경은 후발기업의 지속적인 등장으로 인해 동일업종에 수많은 경쟁기업이 존재하게 되는 상황으로 바뀌기 시작했다. 이미 기업 사이에 제품의 질적인 차이는 거의 없어지게 되었고, 따라서 지금까지 상품개발에만 주력하던 안일한 생각에서 벗어나 후발업체, 경쟁회사와 차별화시킬 수 있는 판매 포인트의 발견이 필요하게 되었다. 또한 제품특성을 강조하던 소구패턴에서 자기 기업과 상품에만 존재하는 아이덴티티, 즉 개성적인 이미지의 확립이 요구되었다.

1980년대는 포지셔닝의 시대로 대변되는데 시장이 점차 성숙함에 따라 기업의 경쟁 환경은 더욱 심화되었고, 각 기업이 수행하고 있는 마케팅활동은 포화상태에 이르러 소비자의 입장에서 보면 수많은 기업과 브랜드 가운데에서 각각의 기업의 특징과 개성을 인식하기에는 어려운 상황에 이르렀다. 따라서 이에 대한 해결책으로 소비자의 머릿속에 강하게 인식될 수 있는 기업특유의 표현전략이 필요하게 되었다.

그리고 '80년대 후반부터는 브랜드 아이덴티티가 포지셔닝 기법의 새로운 해결책으로 등장하게 되었다. 이는 마케팅의 차별화이론을 근거로 한 포지셔닝 기법에 퍼스널리티를 강조하는 크리에이티브한 발상이 결합되어 만들어진 개념이다. 앞으로 기업은 차별화, 개성화된 자기 이미지 구축에서 한걸음 더 나아가 소비자들이 계속 안심하고 그 제품을 선택할 수 있도록 기업, 상품, 브랜드에 대한 신용과 호감을 느낄 수 있는 종합적인 마케팅 커뮤니케이션 전략개념이 요구된다.

더욱 다양화, 개성화, 고급화를 추구하는 소비자들의 욕구에 적합하게 대응할 수 있는 전략기법으로서 브랜드 캐릭터는 覺년대 이후부터 현재에 이르기까지 격렬한 경쟁이 예상되는 시장 환경에서 각 기업에게 성공을 약속하는 열쇠가 되고 있다.

 ## 크리에이티브 전략

광고 크리에이티브 전략은 광고기획의 핵심적인 부분으로 광고 표현전략, 광고 커뮤니케이션 전략으로도 지칭하는데, 실제 소비자가 접촉하는 단계이므로 강력한 설득을 위해 다양한 기술과 방법이 동원된다.

　시장 환경과 제품, 목표소비자에 대한 분석에 의해 목표를 설정하고 명확한 광고콘셉트를 통해 광고활동이 전개되어도 크리에이티브 전략이 제대로 수립되지 못한다면 광고 주체자의 의도가 달성될 수 없다. 광고기획은 마케팅과 커뮤니케이션의 조합으로 이루어진다. 시장분석과 광고 기본전략, 매체전략 등과 같이 마케팅 이론을 중심으로 진행되지만, 광고 크리에이티브 전략만은 커뮤니케이션 이론을 바탕으로 추진된다. 마케팅 이론에 의해 추진되는 계획은 성격상, 과학적이고 이성적인 판단이 기초가 되지만, 이에 반해 커뮤니케이션 이론을 바탕으로 진행되는 계획은 감성적, 감정적, 예술적인 요소가 주를 이룬다.

　다시 말해서 미디어를 통해 노출되는 광고 메시지는 목표소비자의 공감과 호감을 합리적으로 유도하기 위해 많은 부분의 과학적인 근거와 논리가 필요로 되지만, 결국 소비자가 설득될 수 있는 것은 광고 카피와 비주얼(시각적인 요소)과 같은 커뮤니케이션 요소가 바탕이 된다. 결국 소비자를 설득하기 위해서는 시장 환경이나 소비자 행동 분석 등의 마케팅 이론과 같이 보이지 않은 곳에서의 많은 노력이 요구되지만, 최종적으로 소비자가 접촉되고 설득되는 것은 눈에 보이는 메시지, 즉 커뮤니케이션을 통해서 이루어지므로 효율적인 크리에이티브 전략의 수립은 매우 중요한 단계이다.

　크리에이티브 전략의 핵심은 강력하게 소비자들의 태도에 변화를 줄 수 있는 아이디어를 창출하여 크리에이티브 콘셉트를 구축하는 과정이다. 즉 경쟁사와 차별화되는 제품상의 특성이나 이점을 찾아내어 이를 소비자의 마음속에 살아 숨 쉬는 언어와 메시지로 바꾸는 작업이 중심이 된다.

1. 광고 콘셉트

　측정 가능한 목표가 명확히 설정되면 광고의 대상이 되는 핵심적이고 세분화된 소비자 즉, 목표소비자가 누구인지를 파악한다. 그 다음은 목표소비자의 마음속에서 공감을 유도할 수 있도록 광고 콘셉트가 결정되어 경쟁사와 차별화 될 수 있는 소구점을 발견해내고 광고 방향을 정하는 과정이 필요하다.

　콘셉트(concept)는 사전적 의미로 개념이란 의미로 잘 알려져 있지만 실제로는 광고 기획 담당자(AE)가 고객에게 전달하고자 하는 내용의 핵심으로 특정 광고만이 가지고 있는 차별화된 방향 설정 및 강조 사항이다.

광고 용어로서의 콘셉트는 소비자에게 크게 강조되는 차별화된 핵심 내용을 의미하며 생산자적인 입장에서는 소비자에게 전달하고자 하는 광고 메시지나 이미지의 집약을 의미한다. 따라서 광고 콘셉트는 구체화된 메시지를 가리키기보다는 단지 기획 담당자의 광고에 대한 크리에이티브의 방향설정이란 의미가 강하다. 흔히 콘셉트를 메시지나 이미지에 대한 구체적인 표현으로 사용되고 있지만, 이것은 잘못된 생각이다. 이러한 광고 콘셉트를 더욱 구체화하여 고객에게 살아 숨 쉬는 언어, 공감할 수 있는 사실, 그리고 구체적인 표현과 메시지로 전달하는 것은 바로 크리에이티브 콘셉트다.

일반적으로 광고 기획서에서 등장하는 콘셉트의 의미는 기획 내용에 관한 전체적인 개념과 방향으로 사용되고 있는데 때로는 테마나 주제 등으로 표현되기도 한다. 최근 광고 메시지의 구체적인 표현으로 콘셉트의 의미를 구체화시켜 설명하는 경우도 있는데 이것 역시 잘못 이해하고 있는데서 나타나는 결과이다. 콘셉트를 보다 구체적인 개념으로 표현한 것이 테마와 슬로건이다.

테마(theme)는 이벤트의 주제를 나타내며 콘셉트와 혼용하여 사용되고 있다. 그러나 경쟁 상황에서 출발한 차별적, 경쟁적 개념이 포함되지 않는 데에서 콘셉트와는 차이가 있다. 콘셉트에 의해 광고의 방향이 결정되면 구체적인 테마를 통하여 이를 표출시킨다.

콘셉트가 경쟁 대상과 차별화될 수 있는 표현의 핵심적인 기본 방향이란 의미가 강한 것에 반하여 테마는 행사나 이벤트의 내용을 한마디로 표현할 수 있는 주제를 가리키고 있다.

한편 제품화를 위한 프로덕트 아이디어는 어떻게 크리에이티브 콘셉트로 창출되는 것인가 이 과정은 단순한 아이디어에 생명력을 불어넣는 작업이기에 기획담당자에게 참고가 될 수 있다.

프로모션 콘셉트는 생산자적인 입장에서 소비자에게 전달하고자 하는 내용의 집약이다. 이것은 '무엇을 만들까'하는 제품화 과정에서 테크놀로지스트의 프로덕트 아이디어에서 출발하지만 '어떻게 팔 것인가'하는 상품화 과정을 거치면서 마케터에 의해 만들어지는 프로덕트 콘셉트, 즉 사실의 발견과정을 거치게 된다. 이러한 프로덕트 콘셉트를 소비자에게 더욱 접근하여 소비자가 쉽게 이해할 수 있도록 하기 위해서 기획자는 충분한 사전조사를 통해 프로모션 콘셉트를 만들어낸다.

✚ 표 4-5_ 광고 콘셉트의 전개과정

기업목표	주역	사고과정	작업과정
무엇을 만들까 (제품화 과정)	테크놀로지스트	프로덕트 아이디어	소재, 성능, 품질, 스타일, 컬러의 결정
무엇을 팔까 (상품화 과정)	마케터	프로덕트 콘셉트	마케팅, STP 전략
어떤 방향으로 알릴까 (방향 설정화)	광고 플래너	광고 콘셉트	광고 기획
무엇을 알릴까 (메시지화)	크리에이터	크리에이티브 콘셉트	이벤트 크리에이티브 전략·전술

출처: 송용섭·리대용, 『현대광고론』, 무역경영사, 1989, p.342 수정

　이러한 프로모션 콘셉트를 더욱 구체화하여 소비자에게 살아 숨 쉬는 사실, 즉 공감하는 사실로 전달하는 것은 아이디어의 발상단계를 거쳐 나타나는 크리에이티브 콘셉트다. 프로모션 콘셉트를 설정한 후에는 미리 기업의 마케팅부서와 합의함으로서 시간과 비용을 줄일 수 있으며 명확한 프로모션 크리에이티브 전략을 수립할 수 있다.

　광고기획서 작성에 필요한 중요한 항목으로 목적과 목표, 전략과 전술이 자주 등장하는데 먼저 이들의 종속적 관계에 대한 상호 이해가 요구된다. 물론 목적과 목표에는 기업이나 공공기관이 추구하고자 하는 기본적인 이념이나 방침이 반영되어야 하며 주최자의 의도는 콘셉트를 통하여 핵심적인 방향 설정에 의해 방문객과 소비자에게 전달하고자 하는 개념이 자리를 잡는다. 이러한 콘셉트는 구체적인 테마(주제)나 필요에 따라 부제에 의해 외부로 표현되며, 또한 행사명, 슬로건을 통하여 함축성 있게 나타난다. 때로는 일부 광고 메시지의 형태로 헤드라인으로 표현되기도 한다.

　기획을 세울 때는 먼저 목적과 목표가 수립되어야 전략과 전술을 세울 수 있다. 예를 들어 광고 전략과 전술을 수립할 때는 사전에 마케팅 목적을 파악해야 하고 그에 따른 마케팅 목표를 충분히 살펴 본 후, 광고 전략과 전술단계에 들어가게 된다.

　기업의 마케팅 전략이 결정되면 그 다음에 논의될 수 있는 것은 광고활동을 통하여 무엇을 기대하는가라는 출발점이 정해져야 광고계획이 하나씩 순서에 의해 수립될 수 있다. 광고의 소구점은 결국 소비자에게 광고목적을 전달하기 위하여 강조되는 핵심사항이다. 또한 광고목적은 제품과 소비자와의 관계, 제품의 수명주기에 의해 결정될 수 있다.

2. 크리에이티브 전략의 유형

광고 표현전략, 즉 크리에이티브 전략은 시대적인 변화와 함께 3가지 형태의 접근 방법이 완성되었다. 가장 먼저 정립된 것은 이성적 소구를 중시하는 USP 전략으로 제품 중심의 접근 방법이며, 다음은 감성적인 소구 방법에 의해 소비자의 개성을 중시하는 브랜드 이미지 전략이다. 마지막은 경쟁관계에서 성공할 수 있는 틈새를 찾아내어 명확한 소구점을 강조하는 포지셔닝 전략이 있다.

1) USP 전략

USP(Unique Selling Proposition) 전략은 1950년대 생산자 중심의 마케팅 시대에 나타난 광고 전략으로, 미국의 광고 대행사 테드 베이츠(Ted Bates)사의 로저 리브스(Rosser Reeves)에 의해 개발되었다. 기업이 광고를 통해 제품에 약간의 차별적 특징만 만들어내면 소비자가 그것을 인지하여 구매행동을 일으킨다고 가정하는 것이 이 전략의 핵심이 된다. 즉 USP 전략은 경쟁적 위치에 있는 타제품과는 다른 독특한 편익을 소비자에게 전달함으로써 의도된 내용을 설득하고자 한다. 이러한 USP 광고의 전략적 특징은 크게 3가지로 요약할 수 있다.

첫째 우리의 제품에 있는 것에서 USP를 찾아내야 한다. 즉 제품을 상세히 분석해보면 그 안에 우리가 찾지 못했고 알지 못했던 새로운 특성을 발견할 수 있다.

둘째 경쟁제품에서는 찾아볼 수 없는 독특한(Unique) 것이어야 한다.

셋째, 광고 속에서 제안하는 제품의 USP는 구매의사를 느끼게 할 정도로 강력하고 소비자의 공감을 불러일으켜야 한다. 이렇게 해서도 USP를 찾지 못한다면 소비자가 만족할 수 있도록 제품을 개선하거나, 만약 그것도 불가능하면 경쟁력을 회복하기가 어렵다.

> ※ USP 전략의 사례
> 《자일리톨 껌》
> 기존 제품과는 달리 충치예방이 되는 껌을 제품콘셉트로 하여 차별화에 성공하였다. 핀란드산 자작나무성분이 함유되어 충치를 예방하는 효과가 크며, 자기 전에 씹는 껌을 부각시켜 설득력을 크게 향상시켰다. 광고 카피의 대부분은 이성적인 소구가 중심이 되며, "세계가 인정하는 핀란드산 자작나무 자일리톨, 대한치과협회가 인증한 롯데 자일리톨 껌"이라는 표현이 소구력을 높이고 있다.

그러나 유행과 라이프 사이클의 변화가 심하고 기술 발전의 속도가 빠른 시대에 있어서는 USP 전략에 문제점이 발견된다. 부치는 신경통약을 표방하며, 위장장애 때문에 신경통약을 장기 복용할 수 없는 사람을 위해 태평양제약의 케토톱이 출시되었지만, 곧바로 이를 모방한 후발업체들의 제품이 속속 시장에 선을 보이면서 경쟁이 매우 치열한 시장을 형성하고 있다.

특히 오늘날과 같이 기술의 발달과 파급속도가 빠른 시대에는 제품사이의 균등화 현상이 발생하여 독특하고 차별적인 요소를 발견하기가 어려운 실정이다. 이와 같이 경쟁 제품 간의 기능적인 차별성이 뚜렷하지 않은 경우에는 USP 전략은 본래의 의도대로 효과를 발휘하기 어렵다.

그러나 이때 중요한 것은 USP를 소비자의 마음속에서 찾아내야 한다는 점이다. 즉 객관적으로나 현실적으로 찾기 힘든 USP를 더 이상 제품 속에서 발견하려 하지 말고 소비자의 주관적인 마음에서 찾을 수 있다면 성공의 기회는 남아 있다.

한편, 병원광고의 특징은 다른 분야와 비교하여 이성소구가 많다는 점이다. 증언소구나 실연소구, 비교소구 등 병과 질환에 대한 진료내용과 치료방법을 합리적으로 소구하려는 경우가 많기 때문이다.

병원광고의 크리에이티브 전략은 진료내용과 진료과목, 그리고 차별화된 시술·치료 내용 등을 소개하는 방식이 대부분으로, 단연코 USP 전략을 채택하는 사례가 많다.

예를 들어 담도췌장은 담도내시경으로(KS 병원), 척추 신경성형술 수술 없이 디스크를 치료(신세계 통증의학과), 퇴행성 척추, 관절 질환 치료(제일 정형외과), 경막외 내시경 레이저 시술(세바른 병원)등이 있고, 그 밖의 고주파 수핵 감압술, 허리통증, 척추관 협착증 치료 등과 같이 의료서비스의 특징과 내용을 소구하고 있다.

2) 브랜드 이미지 전략

브랜드 이미지(brand image) 전략의 기본적 접근은 인간의 개성과 감성적인 측면에 중점을 두고 광고 크리에이티브 전략을 수립해야 한다는 것이다. 이러한 전략은 1960년대 오길비 앤 매더(Ogilvy & Mather)사의 데이비드 오길비(David Ogilvy)에 의해 주장되었다.

이 전략은 기술 발전 등으로 인해 제품 간 특성이나 성능 상 차이를 나타내기 어렵게 되면서 광고에 의해 차별화된 이미지를 창출하려고 노력하는 것이다. 특히 제품 속성상 물리적인 특성의 차별화를 기하기 어려운 기호품이나 패션 제품 같은 경우에는 이 전략이 매우 유용하다.

브랜드 이미지란 개성(personality)을 의미하며, 브랜드도 사람처럼 개성을 가지고 있다는 점을 착안하고 있다. 이러한 개성은 브랜드의 등록상표, 포장, 가격, 광고 그리고 브랜드 자체의 특성, 배합요소 등에 의해 복합적으로 형성된다. 따라서 광고도 소비자에게 좋은 브랜드 이미지를 형성하는 방향으로 접근되어야 한다는 것이 이 전략의 핵심이다.

브랜드 이미지는 언어적 영역과는 다른 소비자의 잠재의식과의 교신으로 그 목적은 이미지와 무드의 창조인데 시각적인 것과 심벌을 중요시한다. 또한 브랜드 이미지는 수많은 브랜드 연상들이 모여서 만들어지는데, '브랜드 연상(brand association)'이란 브랜드와 관련하여 떠오르는 모든 기억을 가리킨다.

가령 사람들은 말보로(Marlboro)를 생각할 때, 카우보이, 남성다움, 자유, 그리고 빨간색 담배 갑과 높은 니코틴 함유량 등을 연상해서 떠올릴 수 있다. 이러한 다양한 브랜드 연상들 중, 긍정적인 것들을 선정하여 지속적인 광고 캠페인을 펼친다면 소비자에게 긍정적인 브랜드 이미지를 심어줄 수 있다. 또 소비자에게 긍정적으로 형성된 브랜드 이미지는 '브랜드 자산(brand equity)'을 높이는데 큰 기여를 하게 되며 기업의 입장에서는 가장 큰 자산이 될 수 있다.

브랜드 이미지 전략이 성공하기 위해서는 다음의 제시되는 조건이 달성되어야 한다. 첫째 제품의 개성을 창조하여 좋은 이미지를 가지게 해야 한다. 다음으로 둘째는 동일한 이미지를 지속적으로 유지해야 하고, 셋째는 가능한 고급 이미지를 유지해야 한다는 것이다.

무엇보다 좋은 이미지를 찾아내어 그것을 우리 브랜드에 접목시키는 것도 어려운 일이다. 그러나 더 중요한 것은 구축된 동일한 브랜드 이미지를 일관성 있게 호소하여 표적소비자로 하여금 특정 브랜드하면 바로 떠오르는 긍정적인 이미지를 형성해야 한다는 점이다. 즉 일관성은 브랜드 관리의 가장 핵심이 되는 요소이다.

결국 브랜드 이미지는 언어적 영역과는 다른, 소비자와의 잠재의식을 중시하는 소통 방법으로서 이미지 형성에 적합한 시각적인 요소와 상징성을 중요시한다. 한마디로 앞의 USP 전략을 이성적 접근에 의해 자기주장이 일방적으로 강조되는 '클레임(claim)'이라면, 브랜드 이미지 전략은 감성적 접근에 의한 '느낌(feeling)과 감성(sensibility)'을 소구하는 방식으로 이해할 수 있다.

오늘날과 같은 의료기관간 치열한 경쟁상황은 각각의 의료기관들로 하여금 차별화를 통한 환자유치와 생존을 요구하고 있다. 때문에 병원들이 진행하고 있는 광고에 있어서도 USP 전략이 적용된 광고들을 자주 접하게 된다.

하지만 병원광고에서 이성소구가 중심이 되는 USP 전략 사례가 너무 많다는 사실은 몇 가지 문제점을 내포하고 있다.

의료업계는 서비스업의 특성상, 사람과 사람의 소통과 교류에서 얻는 공감과 감성적인 따뜻함도 중요한데, 환자의 아픔을 진심으로 공감하며 친절하고 따뜻한 이미지를 감성적인 방법으로 소구하여 설득하는 것도 때로는 의미 있는 크리에이티브 전략이 될 수 있다.

또한 USP 전략이 일색인 현재의 소구방법에서 경쟁자보다 좀 더 빨리 온정과 유머 소구 등의 감성적인 방법을 적절히 이용한다면, 흥미와 주의를 유도하는 차별화 전략의 방법이 될 수도 있다.

3) 포지셔닝 전략

포지셔닝은 특정 제품이나 브랜드 이미지가 다른 경쟁 제품과 비교하여 차별적인 특성으로 표적시장내의 소비자들 머릿속에 인지되고 기억되는 정도나 상태를 의미한다. 즉 포지셔닝은 과잉 커뮤니케이션 사회에서 어떻게 하면 소비자들로 하여금 자사의 메시지를 기억할 수 있느냐 하는 생각들을 구체화하는 작업이다.

마케팅 담당자들은 그들의 제품(브랜드)이 포지셔닝되는 방식에 대한 일정한 기대치를 갖고 있으며, 포지셔닝 전략의 유형이나 방식은 기업이나 제품 등이 차지하는 시장에서의 위치, 그 밖의 제품의 특성이나 경쟁 제품과의 관계, 기업 이미지 등 각종 요소를 평가·분석하여 따라 결정된다.

오늘날 제품과 각종 매체, 정보의 홍수로 자사 제품의 차별적 이미지를 소비자 인식 속에 뚜렷하게 위치시키는 일은 갈수록 어려워지고 있다. 따라서 경쟁 제품의 위치를 먼저 정확히 파악하고, 전달하는 메시지를 항상 일관성 있게 반복 고지하여 효과를 향상시킬 수 있다.

포지셔닝 기법에 대한 이론적인 기초는 하버드 대학의 심리학자인 '밀러(Miller)의 매직세븐(magic seven)'으로, 인간의 두뇌는 한번에 7개 이상의 단위를 기억할 수 없으므로 극히 제한된 메시지만을 기억할 수 있다는 것에 착안하여 특정 개념으로 발전되었다. 포지셔닝이 광고 전략에 널리 활용된 것은 1970년대부터이다.

1972년 광고 전문지 '애드버타이징 에이지(Advertising Age)'를 통해 알 라이스와 잭 트라우트(Al Ries & Jack Trout)가 '포지셔닝 시대'라는 논문을 발표하면서 포지셔닝은 주목을 끌게 되었다. 이것은 '광고의 홍수 시대'에 살아가는 소비자에게는 많은 양의 메시지보다는 가능한 간단하고 단순한 메시지를 일관성 있게 전달하는 것이 효과적일 수 있다는 가설이다.

오늘날과 같이 기업 간의 경쟁이 가속화되어 광고 등의 정보가 과잉상태에 이르게 되면 특정 제품이나 기업이 제공하는 메시지를 기억하기가 힘들게 된다. 따라서 효과적인 포지셔닝 방법을 통하여 잠재소비자 머릿속에 차별화된 이미지나 특별한 인지 상태로 인식시키는 것은 마케팅·홍보 활동에 필수 불가결한 조건으로 제기되고 있다.

포지셔닝 전략의 성공 여부는 소비자의 잠재의식 속에 특정 브랜드에 대한 인지 상태가 강하게 기억, 인식될 수 있는가에 달려 있다. 때문에 포지셔닝 전략은 경쟁적인 측면에서 접근이 이루어지고 있다. 기업이 자사 제품을 포지셔닝하는 대표적인 방법으로는 선두주자를 위한 포지셔닝 전략과 추격자의 포지셔닝 전략, 경쟁자의 포지셔닝 전략 등이 있다.

기업은 시장상황에 따라 다양한 형태의 경쟁 상태에 직면한다. 시장에서의 제품 간의 경쟁적 위치는 목표소비자에게 무엇을 어떻게 포지셔닝 할 것인가를 선택할 수 있는 중요한 요인이 될 수 있다.

선발기업을 주축으로 하는 시장선도자는 주로 현재의 위치를 고수, 유지하려는 방어 전략을 구사하게 되며, 후발기업인 시장도전자나 추종자 등은 공격적인 전략을 채택하기 쉽다. 각 기업이나 조직체는 우선 자신이 처해 있는 정확한 경쟁상황과 위치를 파악함과 동시에 적절한 포지셔닝을 선택하여 차별화 전략을 실행해 나가야 한다.

시장에서의 위치에 따라 포지셔닝을 선택하는 방법은 '포터(Michael Porter)'가 주창한 경쟁 우위 전략(competitive strategy)과도 관련이 깊다. 기업이 성공하기 위해서는 소비자를 만족시키는데 있어 경쟁자보다 우월해야 하며, 이를 위해서는 시장에서의 명확한 위치를 판단하여 경쟁력을 확보해야만 한다. 시장은 크게 시장선도자(Leader), 시장도전자(Challenger), 시장추종자(Follower), 시장적소자(Nicher) 등의 네 가지로 구분할 수 있다.

선두위치의 기업은 시장에서의 현재 위치나 시장점유율을 고수함과 동시에, 소비자에게 안정되고 우월한 혜택과 가치를 전달하여 고객만족을 강화함으로서 시장에서의 이탈을 방지하여야 한다. 이에 반해 도전자의 위치에 있는 후발기업은 도전적인 자세를 견지하며, 선두기업에게 없는 제품과 서비스 영역을 파악하여 차별화된 포지셔닝 전략을 구사하고 경쟁자보다 탁월한 가치를 제공해야만 경쟁적 위치를 확보할 수 있다. 또한 틈새 위치에 있는 기업은 선발기업이 놓치거나 관심이 없는 특정한 시장을 발견하여 혁신적인 포지셔닝 전략을 구사해야 한다.

(1) 선두주자의 포지셔닝

마케팅전략을 성공적으로 수행하기 위해서는 소비자의 욕구뿐만 아니라 경쟁자의 전략에 따라 적절한 선택이 이루어져야 한다. 시장선도 기업은 가장 큰 시장점유율을 갖게 되며 신제품 도입 능력과 가격협상력에서도 다른 기업에 우위를 점하고 있다. 그러나 다른 도전자나 경쟁자에 대한 경계를 늦추지 말고 적절한 공격과 방어 전략을 구사하여 현재의 지위와 경쟁력을 고수하도록 노력해야한다.

20 : 80 법칙에서도 알 수 있듯이, 선도 기업은 다른 경쟁 업체에 비해 막강한 시장점유율을 갖고 있다. 일반적으로 시장 점유율에서 선도 기업은 2위 브랜드의 두 배 정도가 되며, 2위 브랜드는 3위 브랜드의 두 배 정도가 된다.

선두주자의 포지셔닝을 위한 전략은 크게 세 가지로 설명할 수 있다.

• 약점을 노출시켜서는 안 된다.

선도 기업은 경쟁자에게 기회로 작용할 수 있는 자사의 약점을 막거나 제거해야 하며, 그들이 침투하거나 빈틈을 주어서는 안 된다.

선두주자로서 해서는 안 되는 일은 현재 1위, 최강자로서의 자만에 빠져 경쟁자의 도전에 경계심을 늦추는 일이다. 삼양라면, 오비맥주의 사례처럼 과거 시장에서 커다란 시장 우위를 점하던 기업이 방심한 탓에 경쟁력을 상실한 예와 같이, 그것은 소비자에게 왜 이런 메시지를 전달할 만큼 불안해할까라는 심리적인 의아심을 갖게 하여 지금까지 기업이 쌓아왔던 신뢰를 손상시킬 수 있다. 때문에 호감도와 이미지를 향상시킬 수 있는 기업광고나 개별적인 제품광고보다는 제품군 전체에 대한 마케팅활동을 전개하는 것이 효과적이다.

• 성공한 전략은 반복해서 실행한다.

선두주자로서의 위치를 확보하는 핵심적 요소는 소비자의 마음속에 가장 먼저 침투에 성공한 최초의 콘셉트를 계속해서 강화시키는 것이다. 코카콜라가 제품을 개선시켜 다이어트 콜라를 출시하였지만 시장에서의 반응은 의외로 냉담하여 기존의 맛을 느낄 수 있는 클래식 콜라로 시장의 혼동을 막을 수 있었다. 또 폭스바겐이나 샤넬과 같이 시장에서 꾸준한 인기를 유지하는 브랜드는 오랜 세월에 걸쳐 기존의 로열티 있는 콘셉트를 지속적으로 사용함으로써 시장점유율을 방어할 수 있었다.

상품충성도가 강력한 제품의 콘셉트는 소비자가 시장에서의 우위를 인정한 것이므로 타사의 시장 진입과 접근을 막기 위해서 기존의 콘셉트를 지속적으로 반복하여 사용하는 것이 효과적이다.

· 현실에 안주하지 마라.

선도 기업은 경쟁 우위를 위해 시장 규모가 일정하더라도 시장점유율을 확대시키도록 노력해야 한다. 전체 시장이 확대될 때 선두주자는 다른 경쟁자보다 가장 많은 이익을 얻을 수 있다. 일반적으로 시장선도자는 시장 규모를 확대하기 위해 그 제품에 대한 새로운 시장을 발견하고 새로운 용도의 확산과 사용량 증대 등을 추구해야 한다.

(2) 추격자의 포지셔닝

추격자의 포지셔닝은 선도기업과 경쟁하려는 2~3위 기업군과 소규모의 후발기업이 채택하는 전략이다. 먼저 시장도전자는 선두주자에 대한 신뢰가 소비자의 마음속에 확고하게 선점하여 자리하고 있기 때문에 그들의 전략을 그대로 모방해서는 안 되며, 특히 제품의 우수성을 강조하는 광고 전략은 대부분 실패한다. 그러므로 선두주자가 취약한 부분을 빠르게 공격하고 강력한 광고, 마케팅활동을 전개해야 성공할 수 있다.

시장추종자는 선두주자를 자극하여 강한 견제를 받기 보다는 경쟁자에 대한 공존을 모색하고 그들의 마케팅, 광고 전략을 그대로 추종하여 안정적인 경쟁을 추구할 수 있다.

또한 시장적소자와 같이 회사 규모나 경쟁력이 약한 후발업체는 경쟁자가 간과하거나 무시하는 틈새시장을 찾아내어 포지셔닝에 이용하는 경우도 있다.

· 크기의 틈새

경쟁사가 생각하지 못한 제품 크기를 광고 전략의 핵심으로 채택하는 것이다. 예를 들어 폭스바겐의 "작은 것을 생각하라"는 제품의 크기를 광고 콘셉트로 활용하여 미국시장에서 성공한 사례이다.

• 가격의 틈새

가격을 광고 전략의 틈새 전략으로 사용할 수 있다. 가격의 탄력성이 큰 제품을 제외하면 저가보다는 고가의 틈새를 차별화된 포지셔닝으로 이용하는 경우가 일반적이다.

그러나 고가의 틈새 전략은 그 전제 조건으로 소비자가 높은 가격을 받아들일 수 있는 제품군이어야 성공가능성이 크다. 또 광고에서 선택한 메시지나 주장이 설득적이어야 하고, 경쟁자보다 먼저 포지셔닝에 이용해야만 효과를 거둘 수 있다. 고급 시계나, 향수, 화장품, 위스키, 패션제품 등과 같이 자아관여도가 높고 비싼 감성 제품 브랜드에서 고가의 포지셔닝 전략이 자주 채택되고 있다.

• 기타의 틈새 전략

기타의 효과적인 틈새 전략으로 성별, 나이, 시간, 유통경로 등을 내세워 차별화된 포지셔닝에 이용하는 경우가 많다. 이 밖에도 새로운 틈새를 발견하여 마케팅커뮤니케이션에 활용할 수도 있다. 예를 들어 성별의 틈새로는 "여자만을 위한 껌-아카시아", 나이의 틈새를 활용한 전략은 謂세 이하만 사용하세요.", "시간의 틈새로는 "12시에 만나요 – 브라보콘" 등 매우 다양하다. "여성을 위한 한의원 – 여사랑 한의원", "어르신의 신체특성을 잘 아는 병원 – 제일정형외과병원·롱플란트치과", "발모치료의 골든타임은 언제인가 – 발머스한의원?"등과 같이 병원에서도 다양한 틈새를 활용한 포지셔닝 사례가 많다.

(3) 경쟁사의 포지셔닝

오늘날과 같이 치열한 경쟁관계에서 실제로 새로운 틈새를 발견하여 포지셔닝에 활용하는 것은 생각보다 쉽지 않다. 이러한 상황에서의 기본적인 전략은 소비자의 마음속에 있는 경쟁사를 재포지션하는 것이 중요하다. 새로운 아이디어나 제품을 포지셔닝 전략에 이용하기 위해서는 기존의 소비자가 갖고 있던 관념이나 생각을 마음속에서 몰아내야 한다. 일단 예전의 생각들을 없애기만 하면 새로운 포지셔닝을 창조하는 것은 간단하다.

재포지션 전략의 핵심적 요소는 기존의 콘셉트, 제품, 인물 등을 지워버리는 것이다. 이때 가장 중요한 전략은 '대립과 투쟁'이다. 효과적인 재포지션 전략을 위해서는 소비자가 갖고 있는 경쟁자에 대한 생각을 바꾸도록 하는 것이 중요한데, 경쟁 제품에 대한 강력한 대립과 투쟁을 통하여 소비자의 기존사고를 흔동시켜 소비자 자신이 새로운 사고를 가지도록 유도하는 것이 필요하다.

　파스퇴르 유업이 과거에 전개했던 '참 우유논쟁'은 사회적인 파장을 불러 일으켰다. 기존의 우유에서는 유방염에 걸린 젖소에서 고름 섞인 우유가 나오는 것으로 주장하면서 많은 논쟁을 일으켰으며 "우리는 고름우유를 팔지 않습니다."라는 광고를 통해 대립과 투쟁의 포지셔닝을 도입하였다.

3. 제품인식도

　대부분의 제품과 서비스는 고객이 인지하는 속성의 집합이며 결정체라 할 수 있다. 예를 들어 어느 특정 병원에 대해 친절하면서도 전문성과 산뢰성이 높은 의료기관으로 인식하거나 혹은 의료서비스의 수준이 낮고 전문성이 부족하여 불안하게 느끼는 것처럼 모든 기관과 조직은 고유의 속성으로 고객의 머릿속에 인지되고 있다.

　따라서 조직체나 의료기관은 소비자를 제대로 만족시키고 올바로 다가가기 위해서 주요 속성과 관련하여 그들이 선호하는 것이 무엇인지 파악하여 이를 충족시키려는 노력을 해야 한다. 또 소비자가 원하는 제품과 서비스에 대한 이상적인 속성의 조합은'소비자 선호도'로 표시될 수 있다. 소비자 선호도는 특정 제품과 서비스의 속성에 관한 가상의 선호상태를 나타내고 있다.

　제품인식도(product perception map)와 비슷한 형태인 제품위치도(product positioning map)는 소비자의 마음속에 존재하는 자사제품과 경쟁제품들의 위치를 2차원 또는 3차원의 도면으로 작성한 것이다. 이처럼 제품위치도는 제품의 객관적이고 물리적인 특성을 나타내는 제품 위주의 포지셔닝 맵인 반면, 제품인식도는 본래의 제품속성과는 관계없이 소비자의 주관적인 지각을 도면으로 작성하는 방법이다.

　제품위치도는 소비자들이 제품을 평가, 선택 시의 기준을 물리적 속성으로 할 때는 매우 적절한 자료로 활용되나 소비자가 만약 다른 기준을 사용하는 경우에는 큰 의미를 가지지 못하기 때문에 단순히 생산자 관점에서의 제품에 대한 포지셔닝이라 할 수 있다.

　제품인식도는 서로 관련이 있는 상표들이 시장 내에서 차지하는 위치를 확인시켜 준다. 각 상표가 가지고 있는 유사점과 차이점에 대해 현재 소비자가 스스로 지각하는 위치를 나타내고 있기 때문에 자사제품이 경쟁사제품과 비교하여 어떻게 인지되고 있는가를 알 수 있다. 또한 제품인식도에서는 개개인의 지각 정도를 판단하여 완성됨으로 자사의 제품이 가지는 여러 가지 특성을 경쟁제품과 차별화하여 소비자에게 제시하는 방법을 결정하는데 도움을 준다.

실제로 대부분의 마케팅 관련 기획서를 작성 할 때 참고가 되는 것은 기업이 제시한 제품의 과학적, 객관적인 특성이 아니다. 오히려 과학적인 근거는 부족해도 소비자가 제품에 대해서 주관적으로 지각하고 있는 인지상태가 제품 평가에 도움을 주고 있다. 이러한 제품인식도는 자사 제품과 경쟁사 제품에 대한 제품의 특성, 특히 장점과 단점을 명확하고도 손쉽게 파악할 수 있기 때문에 차별화된 소구점을 발견하기가 용이함으로 많은 기획서에 자주 활용되고 있다.

제품인식도의 작성은 먼저 가장 중요하다고 생각되는 제품의 속성가운데 2개를 선택하여 가로축과 세로축에 배열시킨다. 예를 들어 병원에 있어서 고객이 가장 중요하게 인지하는 주요 속성은 제공되는 의료서비스의 서비스·친절성과 전문성·신뢰성과 같은 항목이 차지하게 된다. 이들은 대개 5점 척도로 평가되며, 객관적인 특성보다는 고객의 주관적인 지각을 통해 판단된다. 또 인식도 상에서 가까운 위치에 있을수록 직접적인 경쟁상대가 되며, 고객에게는 비슷한 속성을 가진 제품으로 인식될 가능성이 크다. 표 4-6의 B병원은 환자에게 의료서비스가 친절하고 상당히 전문성이 있는 병원으로 인지되고 있는데 직접적인 경쟁상대는 D병원으로, 경쟁상의 우위를 차지하고 잠재 고객을 유인하기 위해 마케팅활동을 적절히 수행해야 한다.

이를 통해 자사와 경쟁사 제품의 특성을 비교하여 차이점과 유사점을 손쉽게 발견할 수 있을 뿐만 아니라, 동일 제품 영역에 있는 모든 브랜드의 위치와 차이를 빠르게 인식할 수 있고, 소비자의 욕구가 아직 충족되지 않은 부분도 확인할 수 있다.

그림 4-8은 병원에 대한 제품인식도의 사례로 소비자들의 병원선택과정에서 가장 크게 작용을 하는 병원의 서비스·친절성과 전문성·신뢰성을 척도로 주요 경쟁병원들에 대한 소비자들의 제품인식도를 보여주고 있다.

한편 제품인식도를 분석한 결과, 다음과 같은 요건을 참고하여 경쟁우위를 확보할 수 있다.

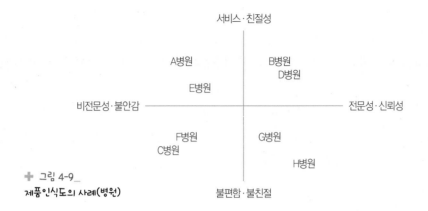

＋ 그림 4-9＿
제품인식도의 사례(병원)

1) 제품인식도의 성공요건

① 소비자가 원하는 제품과 서비스 속성을 충족시킨다.

② 시장에서 통용될 수 있는 가격전략을 실시한다.

③ 만약 이러한 조건이 충족될 수 없다면, 해당병원과 도표에서 가장 가까운데 위치하는 속성을 가진 특정병원이 직접적인 경쟁 상대이므로 그곳과 우위를 차지할 수 있는 전략을 수립한다.

④ 강력한 브랜드 로열티를 가진 경쟁상대는 피하는 것이 바람직하다.

4. 소비자 분석과 소비자 상표지표조사

마케팅의 본질은 고객의 욕구를 실현시켜 만족을 극대화하고 이윤을 창출하는 것에서 찾을 수 있다. 고객만족의 중요한 첫 단계는 먼저 고객을 제대로 알고 이들이 원하는 것이 무엇인지를 밝혀내는 것이 중요하다. 따라서 마케팅 커뮤니케이션에서 가장 핵심적인 것으로 떠오르고 있는 것이 바로 소비자분석이다.

이처럼 소비자분석은 마케팅활동의 중심이며 구매의 주체인 소비자의 욕구를 제대로 파악하고 그들이 어떤 과정을 통하여 구매의사 결정을 하는지를 파악함과 동시에, 구매에 영향을 미치는 요소를 발견하여 전략 수립의 기초로 한다는 것은 오늘날과 같은 경쟁 상황에서는 너무나 당연한 행위인 것이다.

또한 광고·홍보 전략을 효과적으로 수립하기 위해서는 그 사회의 구성원인 인간에 대한 이해와 분석, 즉 소비자에 관한 철저한 분석이 포괄적으로 이루어져야 한다. 그 이유는 모든 마케팅활동의 원점은 인간이며, 마케팅활동 역시 인간에게 보내는 설득 커뮤니케이션이기 때문이다.

마케팅 활동의 본질에는 적절한 품질, 서비스, 가격, 프로모션 등을 통하여 소비자의 욕구를 충족시키고 만족감을 느끼도록 하여 제품을 구매하도록 하는 의도가 내재되어 있다. 이러한 소비자 중심의 사고를 실천하기 위해서는 소비자의 욕구에 대한 기본적인 이해가 전제되어야 한다.

마케팅 커뮤니케이션 전략을 수립하기 위해서 조직체는 시장에서 소비자가 무엇을 원하며, 왜, 어디서, 언제, 어떻게 구매하기를 원하는가 등의 소비자 정보를 관심을 가지고 분석하여야 한다. 이러한 분석 결과는 목표소비자층을 명확하게 하고 구체적으로는 크리에이티브 전략과 매체 전략에 직접적으로 활용된다.

실질적인 마케팅활동에 있어서는 일반적인 소비자가 대상이 되기보다는 보다 세분화되고 자사제품과 마케팅 커뮤니케이션에 대해 적극적인 반응을 나타내는 층이 보다 효과적이라 할 수 있다. 비용이 적게 들고 적절한 마케팅활동만으로 고객만족과 긍정적, 적극적인 반응을 얻을 수 있는 목표소비자 개념은 그래서 중요하다.

목표소비자 설정의 이론적 근거는 마케팅계획의 시장세분화와 관련되며 광고·홍보 전략에서, 목표 대상층에 대한 분석은 광고·홍보 전략 목표의 설정과 프로그램의 구성과 콘셉트 등의 설정에 직접적인 연관을 나타낸다.

광고·홍보 목표 대상층은 기획 과정의 소비자분석을 통해 얻어진 소비자 구매 행동에 대한 자료를 기준으로 세분화한다. 이러한 세분화 과정은 마케팅의 시장세분화 작업과 동일하다고 할 수 있다.

이러한 소비자분석의 중심항목은 소비자 상표지표조사이다. 소비자분석은 광고·홍보의 목표소비자 분석항목에 대한 기초적인 자료를 제공한다.

소비자 상표지표조사는 제품이 현재 고객의 인식 속에 어떠한 형태로 자리 잡고 있는가에 대한 해답을 찾는 작업이다. 이러한 소비자 상표지표조사는 제품에 대한 상표지표를 정기적으로 조사하여 자사제품이 경쟁회사 제품과 비교하여 어떻게 인지되고 있는지 정확히 파악할 수 있다.

이러한 소비자 상표지표분석의 주요 항목은 다음과 같다.

① 최초상기도: 전체 응답자 중 해당제품의 상표를 가장 먼저 응답한 사람의 비율
② 비보조인지율: 해당상표를 아무런 힌트나 도움 없이 스스로 기억하여 응답한 사람의 비율
③ 보조인지율: 해당상표에 대한 힌트나 이름을 듣고서 비로소 그 상표명을 알고 있다고 응답한 사람의 비율
④ 구매빈도: 과거 구매자 중 해당제품에 대한 구매빈도
⑤ 광고 비보조인지율: 해당제품의 광고를 스스로 본적이 있다고 응답한 사람의 비율
⑥ 상표구매 경험률: 해당제품을 구매한 적이 있다고 응답한 사람의 비율
⑦ 상표구매 빈도: 상표구매 경험자 중에서 해당상표의 구매빈도 및 횟수
⑧ 가격만족도: 최근 구입한 사람의 가격에 대한 만족도
⑨ 향후 구매의도 상표: 향후 제품구입 시 구매할 의사가 있는 상표
⑩ 재구입 의도: 최근 구입한 사람 중 다음 구매 시 그 상품에 대한 선택자의 비율
⑪ 구매추천 의향: 다른 사람에게 자신이 사용한 경험이 있는 제품의 추천 의사
⑫ 제품구입 이유: 실제 해당제품을 구입한 사람의 구매이유
⑬ 제품구입 장소: 최근 해당제품을 구입한 장소

＋ 표 4-6_ A음료 목표소비자 분석

인구통계학적	10대 중 후반의 남녀 학생
지리학적	우리나라 전 지역
경제적	경제적으로 부모님께 의존
생활성격	시간에 쫓길 때가 많고 아침을 자주 거르며 활동량에 비해 영향을 골고루 섭취하기가 힘듬
상표충성도	다른 연령에 비해 자극에 대한 반응이 빠름, 상표충성도 높음
제품 사용률	갈증해소를 위한 이온음료를 주로 섭취, 급식을 통해 우유를 주로 섭취 곡물음료에 대한 인지도 낮음, 음료 선택시 맛이 높은 기준
전반적 성격	감각적이면서도 자유분방하고 빠른 시간에 모든 것을 해결하고자 하는 성격

자료: CMG KOREA 제공

* 소비자 상표지표분석의 일반 항목 중에서 보조인지율, 비보조인지율, 최초상기도에 있어서는 기업의 입장에서 볼 때 최초상기도, 비보조인지율, 보조인지율 순으로 분석 결과를 중요시 하고 있다. 먼저 경쟁사와의 비교에서 최초상기도가 높게 나타나야만 경쟁력이 충분한 것으로 인식되며 비보조인지율과 보조인지율에서도 해당상표에 대한 힌트나 설명 없이도 스스로 그 상표명을 알고 있는 비보조인지율에 무게를 두고 있다.

* 소비자 상표지표분석의 주요 항목은 결국 제품 구매 및 서비스 이용에 있어 만족수준을 평가하는데 중요한 기준으로 작용한다. 고객이 원하는 것을 충족시키거나 고객만족을 충실히 실현하는 것은 경쟁력을 강화하는 필수적인 요소이므로 진정한 고객만족을 실현하기 위해 고객의 이탈(brand switch)을 막고 고객충성도(brand royalty)를 확보하여 장기적인 관계를 맺을 수 있도록 노력하여야 한다.

그러나 고객만족의 정도를 제대로 파악, 분석하는 것은 생각보다 쉬운 일이 아니다. 때문에 고객이 얼마나 만족했는가를 판단하기 위한 기준을 설정할 의도로 소비자 상표지표분석이 실시되고 있다. 또 여러 항목 중에서도 특히 재구입 의도와 구매추천 의향은 고객만족을 올바로 판단하기 위해 매우 중요하다.

오늘날처럼 의료기관간 경쟁이 치열한 상황에서는 해당병원의 고객만족을 정확히 파악하기 위해 소비자 상표지표가 꼭 필요하다. 예를 들어 다음과 같은 물음에 대해 내원고객들로 하여금 긍정적인 대답을 확인할 수 있어야 한다.

첫째, 저희 병원을 다른 사람에게도 소개할 생각이십니까? 둘째, 저희 병원을 다시 내원할 생각이십니까? 셋째, 저희 병원의 치료와 의료서비스에 정말로 만족하십니까? 또는 지금까지 방문한 병원 중에 저희 병원이 최고라고 생각하십니까?

5. AIDA 법칙과 마케팅 커뮤니케이션

1) AIDA 법칙

최근 들어 마케팅이 적용되는 시장의 특징은 생산자와 공급자 시장에서 수요자와 소비자 중심의 시장으로 전환되고 있다는 사실이다. 과거에는 소비자의 기호나 요구를 거의 반

영시키지 않고 생산자 중심으로 진행되었지만, 어느 시점에서 공급이 수요보다 앞서기 시작하자, 수요자의 입장에서 모든 것을 생각하는 상황으로 변하게 되었다.

특히 시장경쟁이 심화되고 제품이나 기술적인 요인에 별다른 차이를 발견할 수 없게 되면서부터 이미지를 차별화하거나 때로는 강력한 프로모션 수단을 동원하게 되었고, 장기적인 고객만족을 위한 관계마케팅을 도입하게 되었다. 이러한 시장 상황은 스페이스 마케팅 또한 예외가 될 수 없다.

현대에서는 모든 시설물이나 건축에 있어서 소비자의 세분화된 특징을 반영하게 되고 브랜드 이미지, 통합적인 코퍼레이트 커뮤니케이션(corporate communication)에 의한 마케팅 전략 등의 차별화를 도입하고 있다. 이것은 소비자의 개성화와 다양화된 특성과 요구를 보다 적극적으로 기업의 마케팅 정책에 반영시키려고 하는 시대적인 변화와 요구에 따르려는 시장에서의 기업의 인식을 나타내는 것이다.

한편 마케팅을 실시함에 있어서 소비자가 공간에서 어떤 자극과 가치를 느끼고 기업의 의도대로 반응하는 과정에는 광고나 마케팅에서 가장 일반적인 소비행동의 심리적인 가설이론으로 활용되는 「AIDA 법칙」이 적용되어 마케팅 커뮤니케이션을 실행할 때는 이러한 이론에 대한 이해와 연구가 중요시 되고 있다.

최근 병원광고를 살펴보면 흥미를 유도하기 어렵게 너무 많은 양의 메시지를 제시하거나, 주목을 끌지 못하는 비주얼을 사용하는 경우를 자주 접할 수 있다. 간결하면서도 강력한 메시지로 고객의 시선을 사로잡고, 흥미를 유도하고, 태도 변화와 구매의욕을 자극하여 구매로 연결될 수 있도록 AIDA 법칙을 잘 활용할 필요가 있다.

사회학이나 광고심리학에서 자주 인용되는 AIDA 또는 AIDMA(또는 AIDCA) 이론은 병원홍보나 의료서비스 마케팅 분야에서도 동일한 설명이 가능하다(그림 4-9 참고).

AIDMA 법칙은 M을 생략하고 때때로 AIDA로 통용되기도 하지만 일반적으로 이것은 광고메시지에 접촉한 소비자의 반응 프로세스를 설명하는 모델로 잘 알려져 있다.

AIDMA 법칙은 E. S 루이스에 의해 주장되었는데 소비자가 구매에 이르는 과정을 설명한 가장 고전적인 이론으로 구매 결정까지는 먼저 광고 메시지나 이벤트와 접촉하면서 주목, 주의(Attention)를 하게 되고, 그 다음 메시지에 관심을 두게 되면서 흥미(Interest)를 갖게 되고 더 나아가서 제품과 서비스를 사고 싶다는 강한 충동을 느끼게 되면 욕구(Desire)로 연결되어 최종적으로 구매행동(Action)에 도달하게 된다.

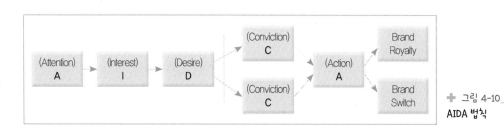

그림 4-10_

AIDA 법칙

AIDA법칙은 사회 환경이나 라이프스타일의 변화에 의해 나중에 AIDMA 또는 AIDCA법 칙으로 발전되었다. 중요한 것은 처음 AIDA 이론에서 출발하여 C(Conviction)와 M(Memory)이 나중에 추가 된 것으로 그 근거로는 주의, 흥미, 욕구의 단계는 관념적, 추상적인 개념으로 진행되어 가지만 구매행동(Action)에 이르게 되면 경제적 가치가 추구되므로 보다 자신의 구 매결정에 대한 확신과 자신이 있기 전까지는 신중한 자세를 취하게 된다.

소비행동 과정에서 구매의사에 단순한 영향을 주는 AIDMA법칙에 의한 설정보다는 경 쟁관계에 있는 다양한 마케팅 커뮤니케이션 속에서 가능한 태도변화에 직접적인 원인을 제공하여 자사제품에 확신과 호감을 갖도록 유도하는 것은 매우 중요하다. 이와 같이 M(memory)의 역할보다는 C(Confirmation, Conviction)의 중요성에 더 무게를 둔 것이 AIDCA법칙이 다. 물론 모든 제품에 이 가설이 들어맞는 것은 아니며, 반드시 이와 같은 단계를 거친다고 볼 수는 없다.

따라서 상대적으로 구매결과에 대한 확실성을 증가시키거나 경제적 이익에 대한 확신, 다시 말해서 '인지부조화(cognitive dissonance : 認知不調和)'가 감소되기까지는 이전 단계에 비 하여 많은 시간이 소요된다.

광고 전략에 의하면 인지부조화를 일으키기 쉬운 제품은 먼저 이성적 소구와 가능한 한 많은 정보량에 의한 메시지 전달이 요구된다. 인지부조화를 크게 느끼는 제품에 대해 감성 소구를 하거나 제공되는 메시지 정보량이 너무 적게 되면 고객은 구매결정을 망설이게 되 고 의도한 것과는 다른 방향으로 진행될 확률이 커진다.

따라서 구매결정을 보다 쉽게 그리고 기업이 의도한 대로 나가게 하기 위해서는 구매결 정에 대해 확신을 갖게 하는 노력이 필요하다. 즉 인지부조화를 해소하기 위한 방안으로 강한 구매의욕을 느낄 수 있는 세일즈 프로모션 활동을 중심으로 한 판촉이벤트를 연계시 키는 것도 하나의 좋은 방법이 될 수 있다.

구체적으로 설명하면 먼저 인터넷을 통해 관심이 많은 고객을 대상으로 구체적인 정보를 제공, 즉 특별세일이나 쿠폰, 경품을 내걸고 강한 구매의욕을 자극시킨 다음 매장에서의 판매를 촉진할 수 있는 이벤트 및 SP 전략을 구사할 수 있다.

구매결정 단계는 고객에게 최종적으로 수많은 경쟁업체와 비교하여 자사의 제품과 서비스에 대한 평가가 마무리되는 단계이므로 고가제품이나 내구소비재와 같은 인지부조화를 일으키기 쉬운 제품을 중심으로 이성소구, 정보량을 증가시켜 이를 해소하고 특히 최종단계에서 다른 회사의 브랜드로 구매의사가 전환되지 않도록 하기 위해 이벤트 및 SP에 의한 강력한 구매 자극 및 촉진책이 중요시된다.

한편 이러한 법칙은 마케팅에서도 적용이 가능하다. 마케팅 커뮤니케이션에 대한 효율성과 가치를 극대화시키는 과정을 자세히 살펴보면 심리학과의 연관성을 발견할 수 있으며, 소비자의 구매과정을 보다 쉽게 설명할 수 있다.

또 소비자의 구매행동에서 나타나는 심리구조를 제대로 분석하여 마케팅계획에 반영할 필요가 있고, 스페이스 마케팅의 기획단계에서 부터 제작과 설치, 관리에 이르기까지 AIDA 이론을 적용함으로써 효과적인 마케팅활동을 기대할 수 있다.

최근에는 정보 기술의 발달이나 쇼핑형태의 변화와 신용카드의 보급, 인터넷 매체와 시스템의 진보에 의한 소비형태가 다양화되어 과거에 비해 구매행동에 이르기까지 보다 복잡한 과정과 많은 구매의사 결정단계를 거치게 된다. 또한 정보의 범람으로 인한 합리적인 의사결정의 어려움과 수많은 메시지 속에서 구매태도에 강력한 영향을 줄 수 있는 요인을 찾아내기가 그리 쉽지 않다.

고객만족과 가치를 높이려는 마케팅의 기능과 역할은 구매를 위하여 매장을 방문한 고객에게 시각적 효과를 이용하여 시선을 주목시키고 구매시점에서 다양한 기능을 통하여 강력한 흥미를 느끼게 하는 것이다. 뿐만 아니라 차별화 된 혜택(benefit)과 가치를 제공함으로써 구매에 대한 욕구를 자극하고 확신을 갖게 하여 구매에 이르게 하는 것이 중요시 된다.

결국 광고는 AIDA법칙의 가장 기본적인 단계를 만족시켜서 인지와 흥미를 전달하는 등의 단순한 역할을 하게 되지만, 구매시점에서 세일즈 프로모션 수단으로 작용하는 마케팅은 구매와 이와 관련된 구매의사의 최종단계에서 고객에게 강한 구매욕구와 확신을 주어 구매행동에 이르게 하는 마케팅 기능을 완결하고 매스 미디어 광고와의 상호작용을 통한 시너지 역할을 수행한다.

또한 마케팅 계획단계에서 풀 전략과 푸시 전략을 적절히 통합한다면, 스페이스 마케팅의 역할이 더욱 명확하게 되어 보다 많은 효과를 기대할 수 있다. 이를 위해서는 4대 매체 광고와 잘 연동시켜 IMC 체계가 유기적으로 구축되어야 하며, 미디어 믹스 효과에 의해 마케팅활동의 목표가 원활히 수행될 수 있도록 고려한다.

2) AIDMA 법칙을 활용한 커뮤니케이션 전략

마케팅은 소비자의 최종적인 구매의사 현장에서 직접적인 자극을 주고 구매행동과 이미지 구축, 태도변화에 많은 영향을 미치므로 광고를 비롯한 비주얼 머천다이징(Visual Merchandising : VMD)이 특히 중요시 되고 있다.

VMD는 무엇보다 공급자나 기업 측의 의도보다는 고객만족을 실현하고 소비자의 요구를 제대로 이해하여 이를 현장에서 제대로 반영하고 실시할 때 비로소 효과가 크다. 고객이 상업시설을 방문하거나 매장에서 쇼핑을 할 때에는 AIDMA의 법칙에 의해 다음과 같은 과정이 이루어질 수 있다. VMD와 광고 메시지는 AIDMA의 각 단계와 여기에 맞는 대응이 올바로 이루어졌을 때, 최상의 효과를 얻을 수 있다.

✚ 표 4-7_ **AIDMA단계와 적용**

① '저게 뭐지'하고 주목(Attention)한다.
　→ 비주얼 프레젠테이션(Visual Presentation:VP)
② '저것 재미있겠다.', 또는 '이거 좋은데'하고 흥미(Interest)를 갖는다.
　→ PP(Point of Presentation)
③ '사고 싶다'(Desire)고 강력한 의지를 갖게 된다.
④ 다른 정보와의 비교과정을 통하여 '그래, 이것으로 결정하자'고 확신(Memory)한다.
⑤ '결정했어.', '사자'하고 최종적인 구매행동(Action)을 결정한다.
　→ IP(Item Presentation)

먼저 광고 메시지에서는 호기심과 이기심을 유발하는 강력한 표현에 의해 시선을 고정시키고 구매동기를 자극할 수 있다. 또 고객이 특정 상점이나 상품 앞에 멈춰서 주목(Attention)하도록 만들기 위해서는 멀리서도 잘 보이거나 시선을 집중할 수 있도록 비주얼 프레젠테이션(Visual Presentation : VP)이 돋보이도록 한다. 이때 중요한 것은 가장 강조하고자 하는 내용을 테마와 콘셉트가 잘 나타나도록 표현하는 일이다.

다음으로 주목된 고객의 시선이 흥미(Interest)로 연계되도록 만드는 과정이 중요한데, 이를 위해 앞의 제기된 호기심이 지속적인 관심과 흥미로 연결되도록 바디카피나 호감을 느낄 수 있는 매력적인 상품을 중심으로 그 가치가 잘 나타날 수 있도록 차별화된 진열과 연출(Point of Presentation : PP) 방법을 동원한다.

제기된 흥미가 보다 강력한 태도 변화를 이끌어낼 수 있도록 광고 메시지를 보완하고 매력적인 상품을 주변 환경과 함께 효과적으로 연출하여 주목된 고객의 시선을 흥미로 연결하는 행위는 사고 싶다고 강력하게 느낄 수 있는 욕구(Desire)의 단계로 유도한다. 또 궁극적인 목표라고 할 수 있는 구매행동의 단계로 이어질 수 있도록 사전에 충분히 계획되고 의도된 전략적인 접근이 요구된다.

잘 알려진 바와 같이, 최종적인 구매의사를 결정하는 단계는 바로 이루어지는 것이 아니라, 자신의 구매행위가 충분히 합리적이고 가치가 있는 것인지 신중하게 판단하는 과정을 거치게 된다. 다시 말해서 자신이 구매하려고 하는 제품과 다른 경쟁회사와의 구체적인 비교를 통하거나 본인의 의사결정이 합당한 것인지 여러 가지 정보 검색(Memory)을 통하여 인지부조화를 줄이려고 노력한다.

따라서 특정 제품을 손에 들고 다른 제품과 비교하여 '이것으로 하자'고 결정하도록 만들기 위해서는 확신을 줄 수 있는 메시지를 동원하고 또 구매현장에서는 조작하기 쉽고 선택하기 쉽게 진열함으로써 가능한 고객의 몸 가까이에 비교 품목을 배치하며, 때로는 다양한 POP 광고로 선택 기준을 알기 쉽게 하는 수단을(Item Presentation : IP) 강구하여 최종적인 구매결정을 이끌어낸다.

결국 마케팅이 효과적으로 진행되기 위해서는 AIDMA 각 단계별로 이에 적합한 광고메시지 전략과 비주얼 머천다이징(Visual Merchandising)이 제대로 적용되어야 한다. 고객의 시선을 집중시키고 구매의사를 가질 수 있도록 흥미와 매력을 제공하며 충분한 의욕과 가치를 느낄 수 있도록 각 과정이 유기적으로 연결되며 이에 맞는 광고 카피와 비주얼이 일사분란하게 이루어져야 마케팅활동이 효과를 발휘할 수 있는 것이다.

비주얼 머천다이징(VMD)이 효율적으로 실시되려면 고객의 심리에 맞추어 AIDMA의 각 단계에 IP와 PP, VP가 통합적이고 체계적으로 진행되는 것이 중요하다. 곧 VMD=IP+PP+VP로 정의할 수 있는데, 여기서 중요한 것은 시설과 분위기를 잘 조성하고 연출하는 것이 비주얼 머천다이징과 마케팅의 본질은 아니라는 것을 간과해서는 안 된다.

"가장 좋은 광고는 제품이고, 고객은 마케팅이나 광고보다는 제품, 그 자체를 구매하는 것"이라는 말과 같이, 설득적인 광고메시지와 함께 제품의 자체적인 경쟁력의 중요성은 물론이고, 소비자가 구매하는 주체인 제품을 충분히 돋보이게 하고 비교 검토할 수 있는 제반적인 환경 연출이 함께 고려되어야 비주얼 머천다이징이 그 진가를 발휘할 수 있다.

6. FCB 그리드 모델(FCB Grid Model)과 병원마케팅의 활용

소비자행동에 영향을 미치는 「관여도(Involvement)」는 제품가격과 밀접한 관계가 있다. 관여도는 소비자가 제품을 구매할 때에 어느 정도 관심을 갖고 있는 가를 측정하는 것으로, 한마디로 소비자가 인지하는 제품에 대한 지각의 중요성이나 관심도를 의미한다. 고관여 제품은 의사결정에 따른 리스크가 크며, 신제품이나 위험 부담률이 높은 제품, 고가 제품으로 제품구매 과정이 복잡하고 신중하며 정보탐색에 많은 시간이 요구된다. 반대로 저관여 제품은 저가 제품이 차지하며 의사결정의 프로세스가 단순하고, 제품구매에 따른 리스크가 비교적 적기 때문에 특별한 노력 없이 상품을 구매하고 있다. 따라서 고관여일 때는 제품 이점을 광고나 홍보의 목표로 삼고, 저관여일 경우에는 인지율 제고를 일차적 목표로 삼아야 한다.

한편 두뇌세분화 이론은 '로저 스페리(Roger Sperry)'에 의해 1960년 초부터 연구되었다. 소비자가 "광고메시지를 어떻게 인지하는가?" 하는 문제는 인간의 두뇌와 깊은 관계가 있다. 먼저 두뇌의 왼쪽 반구는 논리를 바탕으로 한 분석, 이성적 판단 등을 담당하며, 반면에 오른쪽 반구는 마음속에 자리 잡고 있는 감성이나 어떤 이미지를 통해 사물을 인지하여 서로 대조적인 방법으로 정보처리 과정을 밟고 있다.

따라서 왼쪽 두뇌에 영향을 받는 이성적인 소비자일 경우는 제품의 편익과 효용성을 강조하고 논리적인 근거를 명백하게 제시하는 '하드 셀(hard sell)형' 광고가 효과가 크며, 그 대표적인 광고 전략은 USP 전략이라 할 수 있다. 이에 대해 오른쪽 두뇌에 영향을 받는 감성적인 소비자일 경우에는 시각적이고 비언어적인 이미지를 통해 정서적, 감성적인 소구를 하는 '소프트 셀(soft sell)형' 광고가 적합하며, 브랜드이미지 전략이 보다 설득적으로 볼 수 있다.

일반적으로 저관여 제품이거나 이성소구 대상 제품, 그리고 인지부조화가 낮게 나타나는 제품은 가격의 탄력성이 민감하기 때문에 가격할인, 쿠폰, 프리미엄과 같은 기능형 SP 수단에 영향을 많이 받게 된다. 이에 반해 고관여 제품과 구매 리스크요인이 높은 제품은 상대적으로 판촉 수단에 의한 영향을 적게 받는다.

일반적인 SP 수단은 충동구매나 단기적인 구매자극에 의해 고객의 소비를 유도하는 기능을 수행하고 있지만, 회원제도나 스탬프, 서비스 제도와 같은 CRM SP는 장기적인 관점에서 고객만족과 충성도를 향상시키고 있다. 최근 들어 고관여 제품에 대한 SP 수단의 필요성이 인식되기 시작하여 고객만족 수준을 높이고 장기적인 관점에서 다양한 특전과 서비스를 제공함으로써 고객관계의 유지, 개선에 의한 프로모션 효과를 기대할 수 있는 「CRM SP」가 개발되고 있다.

한편, 소비자는 구매 의사결정에 이르기까지 다양한 형태의 메시지를 통하여 수많은 자극과 정보를 접하고 있다. 이 과정에서 영향을 주는 가장 핵심적인 요소는 관여도의 정도와 이성, 감성과 같은 인지적 요소의 구성요인이다.

소비자의 구매의사결정과 관련된 모델로는 기존의 가격 분석 외에도 인지구조 분석을 토대로 하는 고관여/저관여, 이성/감성의 종합적인 모형에 의한 해석은 매우 중요하다. 이와 관련된 대표적인 이론은 「FCB 그리드 모델(Foote, Cone & Belding Grid Model)」이다. 1980년 리처드 본(Richard Vaughn)이 만든 모델로서 종합적인 광고전략을 효과적으로 수행하기 위해 자주 사용되는 기법중 하나이다.

이것은 제품 유형과 소비자 구매의사 결정방식에 따라 전략을 채택하는 종합적인 이론이며, 관여의 정도와 이성과 감성 등의 요소로 구성된 네 가지 공간에 다양한 제품들의 위치를 설정하여 각 제품별 위치에 따라 종합적인 마케팅 커뮤니케이션 전략을 효과적으로 수행하는 데 도움을 주도록 하고 있다.

FCB 그리드 모델은 소비자에게 광고, 이벤트, 온라인 마케팅 등을 통하여 마케팅 커뮤니케이션을 전달할 때 네 가지 상한(고관여/저관여, 이성/감성)에 위치하는 제품의 특징별로 적합한 기획 수립을 할 수 있어서 마케팅과 광고, 홍보활동 등의 기획서에 자주 인용되는 이론이다.

이 모델의 이론적 배경은 최근의 소비자 행동모델인 소비자관여와 두뇌세분화에 기반을 두고 있다. 즉 소비자가 상품을 구매할 때 상품에 어느 정도 관심을 갖고 있는가를 효과적으로 알기 위해 고관여와 저관여의 개념을 적절히 활용하고 있으며, 소비자가 마케팅 커뮤니케이션 메시지를 어떻게 인지하는가를 파악하기 위해 이성과 감성의 개념을 도입하여 설명하고 있다.

1) FCB 그리드 모델

FCB 그리드 모델의 세로축은 관여도 이론을 기반으로 하고 가로축은 두뇌세분화 이론을 근거로 한다. 이러한 매트릭스를 기준으로 소비자 구매행동이론, 커뮤니케이션 모델, 광고이론 등을 복합적으로 적용시키고 있다.

FCB 그리드 모델은 소비자를 대상으로 설문조사한 결과를 매트릭스에 적용시켜 해석한다. FCB 그리드 모델의 조사방법은 리커트 척도(Likert scale)에 의한 7점 척도를 사용하고 있으며, 조사항목은 관여도 항목, 이성적 항목, 감성적 항목 등 8개의 문항으로 되어 있다. 조사를 통해 정리된 결과를 상한별로 설명하면 다음과 같다.

- 1상한은 이성/고관여 공간으로 소비자들은 정보를 추구하며, 소비자 구매행동은 경제학적 이론에 접근되어 있다. 커뮤니케이션 모델은 정보전달과정이 「인지-감성-행동」의 정상적인 접근이 이루어지는 공간이다. 광고전략적 접근으로 보면 제품 콘셉트가 중심이 되며, 광고표현전략은 USP 전략이, 그리고 전술적으로는 입증식 광고가 효과가 있다. 또한 프로모션의 시각에서는 고가 제품이나 첨단제품의 경우, 견본시 등의 전시이벤트를 통하여 제품의 장점과 차별점을 예시적으로 자세히 설명하는 데몬스트레이션이 유용하다. 여기에 속하는 제품으로는 고가상품이나 내구소비재와 같은 자동차, 주택, 가구, PC 등이 있다.

- 2상한은 감성/고관여 공간으로 소비자 구매행동모델은 심리학적 이론에 근거하여, 감성적인 소비자로 지칭된다. 커뮤니케이션 모델은 「감성-인지-행동」의 과정을 거치며, 광고에서는 크리에이티브 콘셉트가 중요하게 작용한다. 광고전략은 브랜드이미지 광고가 적용되며 전술적으로는 감성광고가 적합하다. 여기에 적용되는 이벤트 전략으로는 고객감동을 전달하는 VIP 이벤트 마케팅이나 기업이 협찬하는 문화이벤트, 그리고 메이크업 쇼나 헤어 쇼, 패션이벤트와 같은 감성 지향형의 판촉이벤트에서 그 예를 찾아 볼 수 있다. 제품군으로는 보석, 화장품, 패션제품 등이 2상한에 속한다.

- 3상한은 이성/저관여 공간으로 습관형 소비자로서 소비자 구매행동은 반응이론과 관

련되며, 커뮤니케이션 모델은「행동-인지-감성」의 과정을 거친다. 광고의 중심은 광고 콘셉트에 있으며, 광고전략은 단순노출을 통한 반복효과가 중요하게 작용된다. 이에 적합한 프로모션의 사례로는 매장에서 즉시적인 충동구매를 유도하려는 일상생활용품의 할인판매, 쿠폰, 경품, 프리미엄 등을 들 수 있다. 3상한에 속하는 제품은 식품이나 생활용품등과 같이 가격의 탄력성이 민감한 제품군이다.

· 4상한은 감성/저관여 공간으로 자아만족 소비자 유형이다. 구매행동모델은 유행에 민감하고 타인을 모방하는 성향의 사회학적 이론이 근거가 되며, 커뮤니케이션 모델은「행동-감성-인지」의 과정을 거친다. 광고에 있어서는 단순 아이디어가 중요하며, 전략적으로는 저관여 학습이론이 적용된다. 더불어 전술적으로는 흥미위주 광고가 적합하다. 4상한에 속하는 제품은 주로 음료, 주류 등이 있고 활용 가능한 프로모션 전략으로는 시음회나 시식회와 같은 체험이벤트(샘플링 SP)가 유용한 방법이 될 수 있다.

병원의 효과적인 마케팅, 홍보활동을 실행하기 위하여 FCB 그리드 모델에 대한 새로운 인식이 요구되고 있다. FCB 그리드 모델은 병원과 고객과의 커뮤니케이션에 있어서 고객의 관여 수준과 이성과 감성에 의해 메시지를 지각, 인지하려는 고객의 행동을 제대로 이해함으로서 병원이 의도한 방향으로 이끌어낼 수 있다.

그러나 병원의 마케팅활동은 상업적인 성향이 강한 다른 조직체와는 다르기 때문에 FCB 그리드 모델을 적용함에 있어 보다 주의가 필요하다. 먼저 병원은 자아관여도가 낮은 3상한(이성/저관여 공간), 4상한(감성/저관여 공간)에 대한 적용이 어려운 것으로 보인다. 이와 같은 상한에 속한 제품의 특성은 가격의 탄력성이 민감한 저가제품, 생활용품이나 주로 가벼운 심리상태에서 습관적으로 구매하는 제품이 대부분을 차지하고 있다. 이에 비해 병원에 있어 고객의 소비성향은 기본적으로 자신의 건강과 병·질환에 대한 치료를 목적으로 하고 있어서 메시지에 대한 자아관여도가 매우 높으며 의료서비스의 선택에 있어 매우 신중한 경향을 나타내고 있다. 때문에 3, 4상한에 속한 마케팅커뮤니케이션 사례를 발견하기가 쉽지 않다.

바람직한 형태는 아니지만 최근 안과, 치과, 성형외과 등과 같이 지나칠 정도로 과열된 마케팅활동이 실행되는 사례에서 찾아볼 수 있듯이, 고객 유치나 확보를 위해 할인쿠폰을 발행하거나 경품, 프리미엄 등의 판촉이벤트를 실시하는 경우는 3상한(이성/저관여 공간)의 이론이 적용되고 있음을 알 수 있다.

병원마케팅이 가장 많이 적용되는 것은 역시 1상한(이성/고관여 공간) 이다. 병원과 관련된 광고 커뮤니케이션에는 병이나 증상에 대한 설명이나 안내, 차별화된 시술 방법을 소개하고 비포어 앤 애프터(before & after)와 같이 병·질환에 대한 개선 효과를 치료 전과 후를 비교, 증명하여 고객에게 해당병원의 우월성을 소개하는 패턴이 많다. 그런 영향으로 대부분의 병원 광고나 마케팅활동에서는 이성적이고 고관여적인 1상한의 특성에 맞춰 고객을 설득하고 다양한 요구를 충족시키려는 광고 메시지를 자주 발견할 수 있다.

그러나 많은 병원에서는 거의 예외 없이 병원의 특성이나 장점을 콘셉트로 하는 메시지가 중심을 이루고 있으며, 표현전략에 있어서는 이성적 소구의 USP 전략을 채택하게 됨에 따라 입증식 광고가 주류가 되고 있다. 때문에 고객은 천편일률적인 메시지에 식상하게 되어 주목성이 떨어질 뿐만 아니라 설득력이 감소되는 경향을 보이고 있다.

또한 정형외과 등의 광고 메시지에 자주 등장하는 병원의 시설이나 장비 안내의 문구, 의료진의 사진과 함께 경력 등을 소개하는 권위적이며 진부한 내용 등은 병원 간의 차별성을 구분하기 어렵게 하고, 고객의 시선과 관심을 유도하기에도 많은 문제점을 노출시키고 있다. 따라서 경쟁대상과의 메시지의 차별화와 고객의 주목율을 향상시키기 위해서는 다양한 시각을 통한 새로운 시도가 요구되고 있다.

이에 대한 해법의 하나로 제시되고 있는 것은 2상한의 감성/고관여 공간에 대한 이해와 활용이다. 기존 1상한의 비차별적인 형태의 광고 메시지를 개선하기 위해 광고의 크리에이티브 콘셉트를 중시하며, 브랜드이미지 광고와 감성적인 표현의 광고 전략을 채택해 보는 것도 바람직하다. 병원을 찾는 고객은 건강과 병에 대한 치료를 위해 의료서비스를 소비하게 되지만, 이를 설득하기 위해 반드시 합리적이고 과학적인 근거에 바탕을 둔 이성적 소구가 통용되는 것은 아니다. 오히려 심리학적 이론에 근거하여 고객을 감성적인 소비자로 인식하고 특정 병원에 대한 신뢰, 그리고 병원관계자의 친절과 배려, 관심에서 비롯된 격이 없는 교류와 공감 등을 적절한 메시지 소구방법을 통해 전달한다면 기대한 것보다 더 큰 효과와 설득을 이끌어낼 수 있다.

예를 들어 최근 활발한 광고활동을 전개하고 있는 롱플란트, 락플란트 광고에서 나타나고 있듯이 다양한 형태의 온정소구를 이용한 감성광고의 경우나 병원의 권위적인 느낌을 벗어나 코믹하고 재미있는 유머소구를 활용한 이미지광고 등은 새로운 가능성을 보여주고 있다.

고관여

1상한(이성/고관여) 정보적(Tninker) 커뮤니케이션모델: L-F-D 소비자이론: 경제학적 모델 광고컨셉트: PC 광고전략: USP 광고전술: Demonstration SP: 견본시의 데몬스트레이션	2상한(감성/고관여) 감성적(Feeler) 커뮤니케이션모델: F-L-D 소비자이론: 심리학적 모델 광고컨셉트: CC 광고전략: Brand Image 광고전술: Image SP: 문화이벤트, VIP이벤트 마케팅. 패션 마케팅

이성   감성

3상한(이성/저관여) 습관형성(Doer) 커뮤니케이션모델: D-L-F 소비자이론: 반응이론 광고컨셉트: AC 광고전략: 단순노출(Mere Exposure) 광고전술: 반복광고 SP: 쿠폰, 경품, 프리미엄	4상한(감성/저관여) 자아만족(Imitator) 커뮤니케이션모델: D-F-L 소비자이론: 사회학적 이론 광고컨셉트: 단순 아이디어 광고전략: 저관여 학습이론 광고전술: 흥미, 주의집중 SP: 음료, 주류의 시음회

➕ 그림 4-11_
FCB 그리드모델과
마케팅 커뮤니케이션 전략

저관여

* PC : Product Concept, CC : Creative Concept, AC : Advertising Concept
  L: Learn, F: Feel, D: Do.
출처: Richard Vaughn, "How to Advertising Works : A Planning Model," Journal of Advertising,
    Vol. 20, NO. 20, Oct. 1980. pp.27~33 수정 작성.

7. 제품수명주기(PLC)와 광고 전략

1) PLC의 개념

제품수명주기(PLC: Product Life Cycle)는 모든 제품은 시장에 등장한 후 시장 환경의 변화에 따라 여러 형태의 수요패턴을 경험한다. 즉 제품이 도입기 - 성장기 - 성숙기 - 쇠퇴기 등과 같이, 시장에 출하되어 소비자 널리 확산되고 또 소비자의 관심을 잃으며, 새로운 제품에 의해 대체될 때까지의 총 4단계의 순환 과정을 가리킨다.

PLC가 많은 기업이나 조직체로부터 중요시 되는 이유는 각 단계에서 나타나는 매출상황과 이익 등의 시장의 변화는 효과적인 마케팅전략을 구축하기 위한 중요한 정보가 되기 때문이다. 따라서 PLC 전 과정의 올바른 이해는 브랜드, 마케팅 전략의 효율적인 관리와도 깊은 관련

이 있으며, 각 단계에 알맞은 전략을 적시에 수립함으로써 경쟁 우위를 확보할 수 있게 된다.

PLC 전략의 핵심은 자사의 제품이 PLC의 4단계 중에서 어느 단계에 있는지를 분석하고 예측하여 이에 맞는 적절한 전략들을 적용하는 것이다. 이 때문에 오늘날 많은 조직체에서는 PLC를 활용하여 다양한 마케팅활동에 활용하고 있다. 그러나 PLC는 주기나 형태가 너무 다양하고 각 단계의 기간을 예측하기 어려운 문제점도 있다. 그럼에도 불구하고 이 이론이 주목받고 있는 이유는 만약 자사의 특정 제품과 서비스가 현재 PLC 상의 어느 단계에 위치하는 가를 어느 정도 예측할 수만 있다면, 누구나 손쉽게 각 단계별로 시장 상황에 적합한 마케팅·홍보 전략을 수립할 수 있는 유용한 이론이기 때문이다.

현재 병원에서 실시되는 마케팅·홍보 활동을 PLC와 연관시켜 살펴보면, 대부분의 광고 메시지에서는 병원 명칭을 주로 알리거나 진료과목, 진료내용 등에 대한 정보를 제공하는 인지 광고와 정보 광고 등이 주류를 이룬다. 이는 병원의 마케팅활동이 도입기에 해당하는 것을 나타내며, 간혹 적극적인 마케팅활동을 전개하는 병원을 중심으로 다른 곳과의 차별화를 꾀하기 위해 특화된 세분시장을 대상으로 차별화된 메시지를 지속적으로 침투시키려는 성장기의 활동이 눈에 띤다.

또한 치과나 안과, 성형외과를 중심으로 포화 의료시장에서 경쟁력을 높이고 소비를 촉진, 강화하기 위한 세일, 가격할인이나 다양한 특전과 인센티브를 제공하는 이벤트를 실시하는 등의 성숙기 단계도 모습을 나타내고 있다.

어느 경우이든 간에 효율적인 병원의 마케팅·홍보 활동을 위해서는 병원 관계자의 PLC에 대한 이해가 필요하고, 이를 활용한 적극적인 전략 수립이 뒤따라야 한다.

한편, 전형적인 PLC는 제품판매 및 손익을 세로축으로 하고 시간의 경과를 가로축으로 하는 S자형 형태를 나타내지만, 제품이나 시장 상황에 따라 변형된 다양한 형태의 PLC 유형이 존재하고 있다. 또 PLC의 각 매출액과 이익곡선은 개별제품에 대한 판매량과 이익이 아니라 개별제품들의 판매량과 이익을 합산한 시장 전체의 매출액과 이익을 나타낸다.

이러한 PLC를 이용한 마케팅적 접근은 1962년 '로저스(Everett M. Rogers)'의 '개혁확산이론 (diffusion of innovations)'에 기초를 두고 있다.

최근 들어 전반적으로 PLC가 짧아지는 경향이 있는데, 이는 소비자선호의 계속적인 변화, 소비자 라이프스타일의 급속한 변화, 기술혁신에 의한 신제품의 범람, 개성제품, 감성제품, 유행제품 등의 제품수명주기가 짧은 제품 선호, 시장개방에 따른 고품질 저가제품의 등장 등에서 원인을 찾을 수 있다.

2) PLC의 단계별 특징과 광고 전략

일반적인 PLC의 형태는 도입기, 성장기, 성숙기, 쇠퇴기의 4단계의 과정을 거치며, 이에 적합한 목표대상층을 선정하고 그들을 설득하기 위한 광고 전략을 구사하게 된다.

PLC의 초기 단계인 도입기는 모험심, 호기심이 강하고 시장에서의 반응이 가장 빠른 혁신층을 대상으로 제품의 등장과 기능, 편리성을 알리려는 인지 광고가 주가 된다. 성장기에는 시장에서의 여론을 주도하는 조기수용층을 타깃으로 하여 자사의 핵심적인 메시지를 제시하고 다른 경쟁사와의 차별성을 부각시키기 위한 침투·차별 광고를 구사한다. 또 성숙기에는 시장에서의 반응이 늦고 소비 태도가 신중한 조기·후기다수층을 대상으로 다양한 특전과 서비스를 제공하는 세일광고와 지금까지 소비자에게 인지된 이미지를 바탕으로 포지션 광고를 실행한다.

마지막으로 쇠퇴기는 제품 구매에 대해 가장 보수적인 경향을 보이는 추종적 수용층에게 기존에 인지된 제품 정보와 이미지, 포지션을 바탕으로, 이를 환기시켜 지속적인 판매를 유도하려는 유지·상기 광고를 실행하게 된다. PLC의 각 단계별 특징과 광고 전략을 살펴보면 다음과 같다.

(1) 도입기(혁신층; 인지·정보 광고)

제품이 시장에 처음 도입된 시기로, 제품소개에 따른 비용이 많이 지출되고 이익이 거의 발생되지 않거나 손실이 발생하는 경우도 많다. 광고비, 마케팅비, 연구개발비등의 지출이 높기 때문에 기업의 위험이 매우 높은 시기이다. 아직 제품에 대한 인식이 부족할 뿐만 아니라 본원적인 수요도 잠재되어 있고 제품 그 자체도 이해하지 못하는 것이 일반적인 경향이다.

이 시기는 주로 혁신층이 제품을 구매하며 경쟁자는 거의 없거나 소수이다. 광고활동은 기업 브랜드나 제품명의 인지율을 높이는 인지 광고와, 제품이 갖고 있는 기본적인 기능과 편익을 알리는 데 중심을 두는 정보 광고를 실시한다.

어느 정도 제품의 브랜드나 존재가 인식되고 나면 가격에 구애받지 않고 구매를 시도할 수 있는 상류층을 공략표적으로 설정하여 고가격, 고판촉 전략을 전개함으로써 시장 침투율을 높인다. 또 도입기는 경쟁제품수가 적기 때문에 자사 브랜드의 충성도를 선점할 좋은 기회이므로 선발기업의 장점을 살릴 수 있는 다양한 전략을 구사한다.

아직 이 시기는 시장규모는 크지만 소비자가 제품의 존재를 잘 알지 못할 때이므로 실연

(demonstration), 샘플제공(sampling) 등의 효과적인 프로모션활동을 전개함으로써 구매동기를 자극하고 초반부터 경쟁우위의 시장 점유율을 차지하도록 노력한다.

한편 도입기는 소비자에게 제품출시를 고지하는 단계로서 마케팅커뮤니케이션 수단 중에서 홍보 활동이 중시된다. 언론사에 적극적인 기사제공을 하거나 기자회견, 신제품 발표회 등의 이벤트를 통해 소비자의 관심을 끌고 제품을 명확하게 고지하는 것이 중요하다. 이러한 홍보 활동은 본격적인 광고 활동이 실행되기 전에 실시하는 것이 보통이다.

(2) 성장기(조기수용층; 침투·차별 광고)

도입기를 거친 신제품이 소비자의 욕구를 충족시키면 제품에 대한 수요가 점점 증가. 확산하는 단계로 접어든다. 성장기는 수요가 증가함에 매출액은 급격히 신장되며, 조기수용자를 대상으로 지속적인 구매를 유도하고 타 제품 구매자의 대체구매 가능성을 높여야 한다. 이 시기는 새로운 경쟁제품이 시장에 등장하게 되고 판매경쟁이 격화되기 때문에 자사 제품만의 차별성, 우수성을 강조한 경쟁우위 전략이 필요하다.

이때의 광고활동은 제품명이나 제품의 장점을 소개하는 인지소구에서 다른 경쟁사가 가지고 있지 않은 자사만의 독특한 차별성을 소구하는 차별 광고와, 자사가 강조하고 싶은 핵심적인 내용의 메시지를 집중적으로 소구하는 침투 광고를 중점으로 전개한다. 또한 경쟁제품에도 해당될 수 있는 콘셉트나 막연한 광고는 오히려 경쟁브랜드의 성장을 돕는 결과가 될 수 있으므로, 다음과 같은 전략을 전개하여 시장에서의 차별화를 시도한다.

성장기에 모색되는 마케팅 전략에는 시장세분화가 기본이 된다. 첫째, 제품의 품질을 향상시키며 기존 제품에 새로운 특징과 기능을 추가한다. 둘째, 새로운 세분 시장을 모색하여 시장 지배력을 강화한다. 셋째, 기존의 제품 인지광고로부터 제품 확신 및 구매를 촉진하는 광고 패턴으로 변화를 유도한다.

(3) 성숙기(조기/후기다수층; 세일·포지션 광고)

매출성장을 지속하던 제품은 수많은 경쟁 제품의 등장으로 인하여 포화상태를 이루며, 판매성장이 둔화되는 성숙기로 이행하게 된다. 성숙기 단계는 매출이 가장 많이 이루어져 수익성이 높게 나타나는 시기이며, 수요가 포화상태로 접어들면서 가격인하로 인한 경쟁이 시작된다. 일반적으로 성숙기는 PLC의 다른 단계보다 가장 오래 동안 지속되며, 대다수의

제품들이 성숙기에 존재한다. 이 시기는 조기·후기다수층을 대상으로 침체되어 있는 소비를 충동, 자극하기 위해 세일이나 가격할인, 프리미엄(premium), 기프트(gift) 등의 강력한 프로모션 수단을 동원한다.

성숙기를 겨냥한 마케팅 전략으로는 시장수정전략, 제품수정전략, 마케팅믹스 수정전략 등이 있다.

첫째, 시장수정 전략을 실시한다. 이것은 침체되어 있는 시장을 확대시키기 위해 사용자의 사용량, 사용빈도, 사용법과 사용용도를 증가시키고 새로운 세분시장에 침투하거나 비사용자를 사용자로 유도하는 전략이다.

둘째, 새로운 소비자를 창출하고 기존 소비자의 사용량을 증대시키기 위한 제품품질 개선을 비롯하여, 제품 특성과 스타일을 개선하는 등의 제품수정 전략을 실행한다.

셋째, 통합적인 마케팅믹스 수정전략을 모색한다. 이것은 상품과 모델을 다양화시키고 경쟁대응 가격전략을 수립하며, 소비자의 브랜드 전환을 유도하기 위해 실시되는 종합적인 프로모션 전략이다.

(4) 쇠퇴기(추종적 수용층; 유지·상기 광고)

소비자 기호의 변화와 함께 지속적인 기술의 변화, 국내외 경쟁의 심화 등 여러 가지 요인에 의해 성숙기를 지난 제품은 판매량이 급격히 줄어들고 이윤이 하락하는 쇠퇴기를 맞는다. 이 시기는 과잉생산과 가격경쟁의 증가, 그리고 많은 관리비용을 초래하여 수익성은 악화되기 때문에 경쟁력 없는 제품을 시장에서 철수하고 축소하며, 시장에서 관리해야 할 타당한 이유가 있다면 신중히 생각하여 유지 전략을 선택하는 구조조정을 실시하게 된다.

쇠퇴기의 대응전략으로는 우선 수익성이 적은 제품은 시장에서 퇴출하거나 가격을 과감히 인하하는 방법을 채택할 수 있다. 프로모션 비용은 감소시키고 광고활동은 제품 충성도가 강한 고객이나 추종적 수용층을 대상으로 하여 소비를 유지에 필요한 수준으로 실행하게 된다.

또한 성숙기 단계의 시장, 제품, 마케팅믹스의 수정전략으로 인해 고객의 환기수요를 유도할 경우 제품의 변화, 사용기회 등을 알려서 소비를 유지하는 광고가 요구되며, 일정한 주기로 광고 메시지를 노출시켜 과거의 소비를 상기시키는 광고 전략이 필요하다.

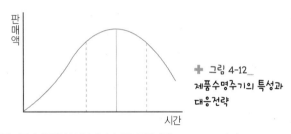

출처: 필립코틀러, 윤중현 역 『마케팅관리론』범한서적, 1988, p.469 수정

한편, 마케팅·홍보 담당자는 PLC가 이벤트전략의 개발에 있어 차지하는 전략적 의미와 중요성을 주목할 필요가 있다. 대부분의 이벤트 기획서를 살펴보면 PLC를 제대로 활용한 기획서를 작성하지 못하고 있다.

PLC를 이벤트기획에 적절히 활용한 예로는 판촉이벤트의 경우에서 많이 나타나고 있는데 제품의 도입기에 등장하는 것으로 시음회, 시식회, 브랜드나 기업 명을 널리 인지시키기위한 콘테스트, 경품 행사 등이 있다. 또한 성장기, 성숙기에도 각 단계의 특성을 이용한 이벤트전략이 요구되고 있는데 성숙기의 경우는 고정 고객 유지 및 강력한 수요 자극 및 수요 환기를 위하여 특별 세일행사나 사은판매, 프리미엄, 경품, 포인트 카드, 쿠폰 등을 이용하고 있다.

 ## 매체 계획과 전략

마케팅목표를 제대로 실행하기 위해서는 광고 시간과 지면, 그리고 공간과 장소를 효과적으로 활용할 수 있는 방법을 모색해야 한다. 먼저 표현 전략, 크리에이티브 전략과의 효율적인 연동을 바탕으로 하여 가장 경제적이고 강력하게 소비자를 설득할 수 있는 매체 계획이 수립될 수 있도록 목표를 설정하는 것이 중요하다.

효과적인 매체 목표가 수립되기 위해서는 몇 가지 사항이 고려되어야 한다.

첫째 크리에이티브 전략에서 제시된 광고 문안과의 통일성을 바탕으로 목표를 수립한다.

둘째 매체 목표는 크리에이티브 전략에서 제기된 메시지의 전달 대상과 일치하여야 하며, 이를 위해서는 목표소비자의 연령이나 소득, 교육 수준, 직업, 성별 등 인구통계학적 자료 및 라이프스타일 등의 심리학적 요인에 대한 올바른 분석이 필요하다.

셋째 각 지역별로 판매현황과 수입, 유동성 등에 대해 명확한 숙지가 필요하고, 해당 광고를 어느 지역에 집중할 것인가를 결정한다.

넷째 광고 제품의 계절성과 판매상황, 경쟁사 동향 등을 판단하여 명확한 매체 스케줄을 집행 한다.

1. 광고 매체전략 설정 방법

광고 매체전략에서 목표소비자에 대한 도달률과 노출빈도를 결정하는 것은 매우 중요하다. 명확한 도달률과 노출빈도를 바탕으로 광고예산과 목표가 확정되기 때문이다. 도달률(reach)은 메시지가 목표소비자에게 어느 정도 전달되었는가를 나타내는 메시지 확산에 대한 측정치이며, 전체 목표소비자 가운데 한번 이상 특정 광고메시지에 접촉한 세대나 개인의 비율을 나타낸다. 노출빈도(frequency)는 목표소비자층이 동일한 매체에 얼마나 자주 노출되었는가를 보여주는 노출 횟수와 반복에 대한 측정치를 가리킨다.

광고 매체목표는 광고예산의 영향을 받으며 매체 스케줄에 의해 최종적으로 결정되고, 일정기간이 경과한 후 광고 도달률과 노출빈도를 측정하여 효과를 분석할 수 있다. 이를 위해 광고 도달률과 노출빈도에 관한 효율적인 실행 방법이 고려되어야 한다.

첫째 도달률이 향상되려면 목표소비자층이 중복되지 않고 특정 광고에 접촉되는 것이 필요하며, 이를 위해 프로그램이 자주 바뀌는 시간대를 선택한다.

둘째 도달률을 극대화시키기 위한 방법으로 특정 시간대의 모든 방송에 광고를 동시에 접촉시키는 것을 이용할 수 있다. 이것을 '로드 블록 플랜(road block plan)'이라고 지칭한다.

셋째 노출빈도를 중시하는 것으로 목표소비자의 충성도가 높은 드라마, 연속극 등의 프로그램을 선택하는 방법이 있다. 평소에 인기 있고 관심이 높은 프로그램을 이용하여 단골 시청자나 청취자에게 광고를 반복하여 접촉시킴으로써 인지도를 높일 수 있기 때문이다.

넷째 비용에 대한 매체의 효율성을 판단하기 위해 CPM(Cost Per Mill(Thousand)에 대한 이해가 필요하다. CPM은 천 명당 지불되는 광고비용을 나타내는 용어로, 광고 단가를 매체 접축의 사람 수로 나누고 천을 곱하여 계산하게 된다. 같은 비용이면 CPM이 높은 매체가 보다 효율적이다.

예를 들어 전 5단 신문광고의 매체 단가가 1천만 원이고 발행부수는 100만 부일 경우, CPM은 10,000이며, 버스광고의 단가가 200만 원이고 매체 접촉자수는 10만 명일 때, CPM은 20,000이다. 이 경우 버스광고의 광고단가가 신문광고에 비해 저렴할 뿐만 아니라 오히려 매체의 효율성이 높게 나타난다.

$$CPM = \frac{광고단가}{발행부수(시청자수, 동행인)} \times 1,000$$

다섯째 '매체 이전 효과'를 높이는 것도 매체의 효율성을 향상시키는 좋은 방법이다. 매체 이전 효과는 보통 라디오 매체에서 나타나는데, 평소 TV 광고에서 노출된 광고 메시지를 상대적으로 광고단가가 저렴한 라디오를 통해 자주 노출시켜서 매체비용을 절약할 수 있다. 이는 목표소비자가 라디오 광고를 접촉하게 되면, 기존의 TV 광고에서 인지된 광고 표현과 콘셉트가 머릿속에 연상될 수 있으므로 라디오 광고의 비용으로 TV 광고의 효과를 얻을 수 있게 된다.

여섯째 인쇄매체는 회독률(passalong readership)에 대한 효과를 기대할 수 있다. 회독율은 신문이나 잡지 등의 인쇄매체를 여러 사람이 돌아가면서 읽는 비율을 가리키며 회독률이 높을수록 광고효과는 높게 나타난다. 특히 관공서나 병원, 은행, 미용실 등의 대기실에 비치되어 있는 잡지는 회독율이 높기 때문에 실제로 발행부수에 비해 광고메시지를 접촉한 사람의 수는 많게 나타난다.

일곱째 관여도나 상품의 종류에 맞게 도달률과 노출빈도를 중시하는 전략을 채택해야 한다. 그림 4-12와 같이 만약 광고비용으로 100만원이 책정되었을 때 특정 광고를 동일한 고객에게 반복하여 접촉시키는 방법과, 가능한 한 번에 많은 고객에게 노출시키는 것 중 어느 방법이 더 효과적인지를 판단하는데 지침이 될 수 있다.

먼저 도달률을 우선시하는 경우는 가능한 한 번에 특정 광고에 접촉시켜 메시지가 인지되는 영역을 확대시키는 전략으로 생활용품이나 저렴한 저관여상품에 적합한 매체이용 방법이다. 반면에 노출빈도를 중시하는 경우는 동일한 대상층에게 반복적으로 광고메시지

를 접촉하는 것이 효과적일 때 채택하며 전문품이나 고가품 등의 고관여상품에 적합하다.

　여덟째 매체 타입(media type)을 적절히 선택하는 것은 중요한 매체전술 방법의 하나이다. 목표소비자에게 광고메시지를 제대로 전달하기 위해서는 각 매체의 특성을 고려하여 가장 효율적인 매체를 선정하고 이들의 장점을 살려 통합적으로 운영하는 미디어 믹스(media mix)가 필요하다.

　매체 타입이 확정되고 광고의 효율성을 향상시킨 미디어 믹스가 완료되면 세부적인 매체 비클(media vehicle)과 매체 유니트(media unit)가 순차적으로 결정된다. 예를 들어 매체를 결정하는 가장 큰 단위로서 매체 타입은 TV나 신문, 잡지 등을 선정하는 것이 해당된다. 또 매체 비클은 TV 매체의 MBC 허준, 신문은 중앙일보 1면, 잡지는 여성동아 표3 등을 결정하는 것이 여기에 해당되며, 마지막으로 매체 유니트는 MBC 허준에 노출되는 30초, 20초 프로그램 광고나 신문은 중앙일보 전5단 광고 등의 매체 단위를 결정하는 것을 가리킨다.

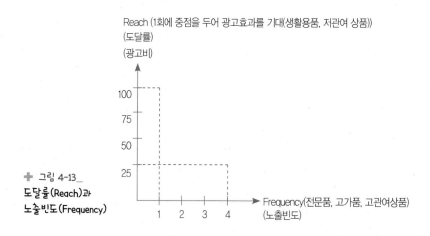

✚ 그림 4-13_
도달률(Reach)과
노출빈도(Frequency)

2. 매체 스케줄

　광고 노출패턴에서 도달률과 노출빈도가 결정되면 광고매체의 노출 방법이 확정된다. 이러한 노출 방법이 확정되면 광고기간 동안 소비자에 전달하는 매체의 스케줄 계획을 수립하게 된다.

매체 스케줄링은 제품의 라이프 사이클과 속성 그리고 소비자의 구매패턴, 월별 판매현황 등을 분석하여 계획을 수립해야 하며 특히 경쟁회사의 매체노출 패턴을 연구하여 전략적으로 대응하여야 한다.

광고 매체 스케줄링은 광고매체 전략을 기준으로 적절하게 광고예산을 배분하는 것을 의미한다. 이러한 매체 스케줄은 거시적 스케줄링과 미시적 스케줄링으로 구분된다. 거시적 스케줄링은 장기적 관점에서의 광고배분을 말하는데, 대개는 분기단위 또는 1년이나 그 이상의 기간을 단위로 하여 집행계획을 짜는 것을 의미한다. 주로 계절성을 고려하거나 시장의 증가 또는 감소에 맞춘 형태이다. 미시적 스케줄링은 비교적 단기간이라고 할 수 있는 분기 내 또는 1개월 내의 광고 스케줄링을 의미한다.

광고 스케줄링 중에서 첫째, 연속적인 노출방식인 「지속형」은 계절이나 시기에 관계없이 목표소비자에게 지속적으로 광고 메시지를 노출시키는 방식을 말한다. 이 방법은 전략적 차원에서 소비자의 기억을 일정 수준 유지시키고 태도를 점진적으로 상승시킬 수 있지만, 경우에 따라서는 계속되는 노출로 인해 메시지에 대한 주의력과 집중도가 낮아질 수 있다. 또한 장기적인 매체 구입으로 광고비용의 할인을 받을 수 있고, 유리한 지면이나 방송시간을 배정받을 수 있지만 운영관리적인 측면에서 비용부담이 크다.

둘째, 불규칙적 노출 방법인 「집중형」은 판매 잠재력이 가장 높은 시기에 광고 메시지를 집중적으로 노출시키는 방법으로 광고예산의 효율적인 집행이 가능하다.

전략적 차원에서 소비자의 구매주기가 비슷한 경우 구매시점을 고려한 집중효과를 얻을 수 있다. 또한 적절하게 사용하면 경쟁사와 다른 노출주기를 갖게 되어 방해 작용을 할 수 있다. 이를테면 경쟁사 광고를 통하여 형성된 제품에 대한 태도를 좀 더 좋은 광고로 브랜드 이전도 가능하게 한다.

그러나 이와 반대로 광고가 일정한 시기에 집중되어 빈도가 지나치게 늘어나면 소비자가 메시지에 싫증을 내거나 무관심을 나타내는 광고의 '식상효과(wear-out effect)'가 발생할 가능성도 있다. 또 내용이 좋지 못한 것이라면 광고가 없는 동안 급격한 '망각효과(forgetting effect)'가 일어날 수 있다. 그러나 이것은 광고의 기억이라는 면에서의 문제이며, 광고를 통하여 형성되는 상표에 대한 태도는 이와는 다르게 현재 수준을 유지할 수도 있고 낮아질 수도 있다. 한편 운영관리적인 측면에서는 광고의 노출량에 비하여 광고의 기억은 체감적으로 증가함에 따라 광고비를 절약할 수 있다.

셋째, 「파동형」은 지속형과 집중형의 패턴을 적절히 결합시킨 방법으로, 지속적으로 조금씩 광고를 노출시키다가 성수기를 앞두고 집중적으로 소비자에게 접촉시키는 방식이다. 파동형을 효율적으로 실행하면, 비수기에 뒤이어 성수기로 이어지는 광고의 '이월 효과(carry-over effect)'를 기대할 수 있다.

또한 파동형은 전략적으로 상표를 기억시키고 적당한 주기를 이용하여 상표에 대한 태도를 형성시키는 데 가장 효율적인 방법이 될 수 있다. 특히 소비자의 구매주기가 비슷하고 일정하게 반복되는 경우 적당하다. 그러나 경우에 따라서는 경쟁사의 스케줄에 의해 영향을 받을 가능성이 많으며 스케줄의 관리적인 측면에서 매체선정과 관리에 어려움이 많은 방법이다.

병원에 있어 효과적인 매체 스케줄의 방법을 결정하는 것은 쉬운 일이 아니다. 현재와 같이 의료서비스의 균등화, 상향평준화 시대에서는 마케팅과 홍보 효과가 단기간에 나타나지 않는다. 단발형의 광고 집행에 의해 짧은 동안 병원을 단순히 알리는 것만으로는 브랜드나 차별화된 서비스를 인지시키기 어렵고 의도한 것을 설득시키기도 부족하다.

일반적으로 마케팅·홍보 효과는 어느 정도의 기간을 두고 장기적이고 반복적으로 진행하였을 때 발휘된다. 따라서 일시적으로 광고를 집중하는 집중형보다는 연간 일정한 패턴으로 커뮤니케이션 활동을 분산시키는 지속형 광고가 인지도 상승에 도움이 된다. 또한 병원에 따라서는 지속적으로 조금씩 광고를 노출시키다가 성수기를 앞두고 집중적으로 소비자에게 접촉시키는 방식도 효과를 낼 수 있다.

이와 함께 도달률(Reach)과 노출빈도(Frequency), 그리고 CPM의 개념을 제대로 이해하여 합리적인 매체계획을 세우는 것도 중요하다.

3. 채널·미디어

매체(media)는 커뮤니케이터의 메시지를 수신자에게 전달하는 매개체를 말한다. 커뮤니케이션 측면에서는 기업이 표적 소비자에게 자신의 제품이나 서비스에 대한 메시지를 전달하는 채널(channel)이 매체에 해당된다.

광고 커뮤니케이션에서 매체는 단순히 메시지 전달 수단 이상을 의미한다. 동일한 메시지일지라도 어떤 형태의 매체를 선택하느냐에 따라 소비자에게 전달되는 의미와 효과는 다르게 나타날 수 있다. 기업은 보다 효율적으로 소비자에게 메시지를 전달하기 위해 TV, 라디오 등의 전파매체와 신문, 잡지 등의 인쇄매체, 그리고 SP매체, 인터넷 등 다양한 매체를 이용하고 있다. 더불어 각 매체의 기능과 특징, 소비자 특성 등을 고려하여 가장 적합한 매체를 채택하고 이를 통해 광고 효과를 향상시킬 수 있도록 노력하고 있다.

매체별 광고 전략에 대해서는 크루그만(Krugman)의 '수동적 학습 이론(passive learning theory)'이 중요한 의미를 갖는다. 그는 주요 매체 중 TV가 높은 수준의 브랜드 회상을 야기하면서도 브랜드에 대한 태도를 변화시키지 못하는 이유에 관심을 두었다. 또한 TV가 소비자의 수동적인 메시지 수용태도를 야기하는 저관여도의 매체라며, 신문과 같은 인쇄 매체가 보다 소비자의 능동적인 태도를 유발할 수 있다고 주장하였다. 이를 토대로 살펴보면, 관여도가 낮은 상황에서는 TV가, 반대로 관여도가 높은 상황에서는 인쇄 매체가 효과적인 광고 매체인 것이다.

수동적 학습 이론에 따르면, 광고 매체로서 TV는 소비자가 정보의 흐름을 통제할 수 없고, 광고시간이 제한되므로 많은 정보를 담기에는 부적합하다. 이에 대해 인쇄 매체는 소비자가 빠르게 또는 천천히 읽으며 정보처리의 속도를 스스로 통제할 수 있기 때문에 많은 내용의 정보를 실어도 정보가 필요한 소비자는 시간의 구애를 받지 않고 정보를 처리할 수 있다.

이와 같이 방송매체와 인쇄매체는 매체의 특성상 소비자의 정보처리 과정에 서로 다른 영향을 미치기 때문에 광고 전략도 매체별로 다르게 수립되어야 한다. 이를 보다 구체적으로 제시하면, 방송매체는 소비자에게 많은 내용의 정보를 전달하기보다는 저관여 매체의 특성을 감안해 감성적인 광고를 반복해서 보여주는 것이 효과적이고, 인쇄매체는 고관여 매체이므로 많은 내용의 정보를 전달할 수 있는 정보중심의 광고를 노출시키는 것이 효과적이다.

 ## 스토리텔링과 의료 마케팅

스토리텔링은 독특한 이야기의 구성과 차별적인 전개로 소비자나 수용자, 관객의 마음

을 의도한 대로 설득하는 기법으로 최근 들어 많은 관심을 모으고 있다. 스토리텔링과 창의적이고 개성 있는 이야기 만들기는 다양한 분야로 확산되고 있으며, 메시지의 설득성이 중시되는 마케팅 기획에서는 매우 중요한 요소로 자리 잡았다.

캐릭터가 마케팅이나 광고에 전략적으로 이용되어 그저 차가운 물건에 지나지 않는 제품에 새로운 생명력을 불어넣듯이 건물이나 시설물, 다양한 행사의 프로그램 등에 새로운 이야깃거리를 만들고 의미를 부여하는 일은 병원 등, 의료서비스 분야에서 설득력을 높이고 전략적인 가치를 향상시키는 일이 될 수 있다.

1. 스토리텔링의 개념과 발전 과정

스토리텔링(storytelling)은 한마디로 소구하거나 의도한 것을 차별화하고 설득력 있는 이야기로 구성해 대상자에게 전달하는 것을 말한다. 어원적으로 그 의미를 살펴보면, 이야기(story)와 텔링(telling)의 합성어로 여러 장르의 이야기를 들려주는 활동을 의미하지만, 단순히 이야기를 구성해 메시지를 전달, 소구하는 데 그치는 것이 아니라 그 속에 담긴 꿈과 감성을 보다 적극적이고 강렬하게 설득하려는 의도가 포함되어 있다.

학자에 따라서는 단순한 이야기와 스토리텔링의 개념 차이를 주장하는 사람도 있다. 스토리텔링은 이야기와 멀티미디어적 또는 구술적인 속성, 상호 작용성으로 현재성(ing)의 특성을 포함하고 있으며, 디지털 매체와 정보통신의 발달로 새롭게 변화하고 있는 현대 문화나 트렌드의 속성을 잘 반영하고 있기 때문이다.

스토리텔링이란 용어는 요즈음 우리 주변에서 사람들이 화제로 삼으면서 여러 분야에서 그 중요성이 강조되고 있다. 이야기가 중요한 장르로 떠오르는 분야는 문학이 시초라 할 수 있지만, 이제 그 활용 범위가 영화산업으로 확산되고 근래에는 디지털 매체가 생활 속에 만연하면서 다른 장르로 이동과 융합이 가속화되어 '이야기학(學)'에 대한 폭넓은 응용이 가능해졌다.

현재 스토리텔링은 문학을 비롯해 영화나 광고, 애니메이션과 같은 문화·예술 산업과 게임, 테마파크 등 엔터테인먼트 산업 그리고 쌍방향성이 강한 디지털 콘텐츠 산업에 이르기까지 여러 분야에서 활용되고 있다.

현대사회와 같이 경쟁이 심화되고 있는 상황에서는 경쟁적인 우위를 차지할 수 있는 차별화되고 정체성이 있는 경쟁도구가 필요하다. 기술적인 장점과 제품, 서비스에서의 우위가 확실한 경우는 이를 직접 소구하여 대상자를 설득할 수 있지만 현재는 보편화된 기술능력 때문에 경쟁자와 비교하여 차별화를 시도하는 것이 쉽지 않다.

따라서 새롭게 주목을 끌 수 있는 방법으로 등장하고 있는 것이 브랜드 이미지 전략이다. 이것은 사람마다 제각기 개성이 있듯이, 브랜드에 개성을 부가하여 차별화된 이미지를 조성하고 있다. 결국 브랜드 이미지, 브랜드 마케팅에서의 핵심은 소비자나 관객의 마음속에 따듯한 메시지로 다가가는 감성적인 소구이다. 이때 강력한 수단으로 작용하는 것이 스토리텔링이다. 이것은 동일한 메시지라 하더라도 개성 있고 감성적인 스토리가 내재되어 있으면 대상자를 더욱 감동시키고 설득할 수 있기 때문이다.

기업 경쟁에서 제품의 속성이나 품질, 가격과 같은 이성적인 관점의 접근은 소비자의 가슴을 파고들어 이들 마음속에 살아 숨 쉬는 메시지로 작용하는 데 한계가 있다. 스토리텔링을 바탕으로 하는 브랜드 이미지의 창출은 새로운 가치를 부여하며, 생생한 크리에이티브 역할을 수행해 기업이 경쟁사를 능가하는 힘을 재생산할 수 있다. 이와 같은 성공 제품과 서비스 사례에서 우리가 발견할 수 있는 것은 하드웨어적인 장점이 아니라 그 속에 담겨있는 이야기의 구성과 경쟁대상과의 차별화된 콘텐츠이다.

예를 들어 내구성으로 정평이 나 있는 지포 라이터는, 전투 도중 가슴에 총을 맞았는데 마침 앞주머니에 있던 라이터가 총알을 막아줘 목숨을 구했다는 어느 미군 병사의 일화를 이용해 보다 강력한 메시지를 전달할 수 있었다. 또 일본의 한 지방은 큰 태풍에도 떨어지지 않고 견딘 사과를 생명력과 인내가 강한 사과로 이야기를 재구성해 입시생을 둔 학부모들에게 비싼 가격으로 판매하는 데 성공했다. 창조적 이야기의 힘은 이처럼 설득력과 소구력이 강력하다.

2. 스토리텔링의 사례와 활용

스토리텔링의 성공여부는 전달 기법보다는 콘텐츠에 의해 결정되는 경우가 많다. 기업의 경우는 제품 개발 과정이나 생산 현장, 소비자의 일상생활과 같이 의외로 가까운 곳에서 소재를 발견할 수 있다.

병원 마케팅의 스토리텔링에 있어서 가장 흔한 예로는 고객과 의료 관계자의 에피소드, 병원 창업 당시부터 현재까지의 성장 과정, 환자의 진료 체험기나 내원하게 된 사연 등과 같이 우리 주변에서 흔히 찾을 수 있는 소재가 대부분이다. 조금 더 발전시켜 의료봉사 현장에서 일어나는 숨은 이야기나 이벤트, 행사에서 생긴 에피소드 등에서 찾을 수 도 있다. 단 의도적으로 만든 이야기나 억지스럽고 꾸며낸 이야기는 오히려 역효과가 발생할 수도 있다.

여기서 중요한 것은 스토리의 개발이나 발견에 머물지 말고 홍보활동이나 프로모션을 통해 바이럴 마케팅(Viral Marketing)㈜을 확대시켜야 한다는 점이다. 예를 들어 입소문을 확대시킬 수 있도록 의도적으로 이벤트나 행사를 계획하고, 특히 블로그나 사이트, SNS를 통해 스토리가 입소문으로 확대되거나 재생산될 수 있도록 꾸준한 노력이 뒷받침되어야 한다.

㈜ 바이럴(viral) 마케팅의 바이럴은 바이러스(virus)와 입(oral)의 합성어로 컴퓨터 바이러스처럼 기업이 의도한 메시지나 이미지가 확산된다고 해서 바이럴(viral) 마케팅 혹은 바이러스(virus) 마케팅으로 부른다. 바이럴 마케팅은 네티즌 스스로가 서로 소통하면서 자연스럽게 인터넷상에서 화제를 확산시켜 저비용으로 높은 마케팅 효과를 기다할 수 있다. 바이럴 마케팅은 입소문 마케팅(WOM: Word of Mouth)과 유사한 개념으로 사용되고 있다.

병원에서는 일반적인 패턴으로 진부한 의료진의 인사말이나 경력, 활동 내역, 그리고 의료 장비의 소개 등을 바탕으로 스토리를 구성하는 경우가 대부분이지만, 이와 같이 천편일률적이고 대동소이한 내용이나 구성만으로는 더 이상 고객의 관심을 끌기가 어렵다. 예를 들면 보다 인간적이고 진솔한 내용을 담은 스토리 구성이 중요하다.

성장 과정에서 의사가 되기로 결심한 계기를 꾸밈없이 소개하거나 의사 본인의 가족을 직접 치료했던 이야기, 레지던트 시절이나 의사 초년생 때 겪었던 자신의 경험담, 낙후된 지역에 가서 의료 봉사 활동 때 경험했던 에피소드 등, 의외로 가까운 곳에서 일어난 소재를 발굴하여 자연스럽게 이야기를 구성하고 이를 적극적으로 소개하면 고객에게 보다 설득적이고 감동적인 메시지로 다가갈 수 있다. 자생 한방 병원의 신준식 이사장의 이야기는 스토리텔링으로 활용된 대표적인 사례이다. 그는 7대 째 한의사 집안에서 태어났으며 어릴 적에 척추 때문에 고생한 부친을 보고 척추 전문의가 되기로 결심했다고 한다. 이처럼 자신의 경험담은 스토리텔링 소재로 활용될 수 있다.

이와 같은 스토리텔링은 독특한 이야기의 구성과 차별적인 전개로 고객이나 환자의 마음을 의도한 대로 강력하게 설득할 수 있다. 스토리텔링과 창의적이고 개성 있는 이야기 만들기는 메시지의 설득성이 중요시되는 마케팅 기획에서는 매우 중요한 요소로 자리 잡았다. 또한 새로운 이야깃거리를 만들고 생명력을 불어넣어 고객이 병원 홍보물이나 온라인을 접촉하였을 때 설득력을 높임으로써 전략적인 가치를 향상시키는 일에 보탬이 될 수 있다.

너무 의도적이고 억지로 꾸며낸 이야기가 아니라면 가끔은 칭찬코너나 고객 후기, 자유게시판 등에서 소개되는 환자나 가족들의 사연과 에피소드를 활용한 스토리텔링도 효과적일 수 있다. 예를 들어 담당 의사나 간호사에게서 뜻밖에 느꼈던 친절과 인정 넘치는 이야기, 최선을 다해 치료에 임하는 의료진의 수고와 노력에 관한 이야기, 수술 과정과 수술 후에 겪었던 다양한 경험담, 퇴원 후에도 지속적으로 교감을 형성하는 병원관계자의 성의 있는 자세와 태도, 그 밖의 병원에서 겪었던 호의적인 병원의 서비스 활동 등과 관련된 이야기는 스토리텔링에 유용한 소재로 활용될 수 있다.

이때 주의할 점으로는 이야기에 세련미를 추가하기 위해 너무 인위적인 가공을 더하면 이야기의 신뢰성을 떨어뜨리고 스토리텔링의 효과를 감소시킬 수도 있다는 것이다. 다소 서툴고 문장 구성이 서투른 이야기라 하더라도 이것이 오히려 인간미와 감성적인 공감을 유도하여 의외의 반응을 얻을 수 있다. 또 스토리텔링은 진부하지 않고 신선하며 화제와 이슈가 될 만한 소재를 어떻게 발굴하고 활용하는가에 따라 공감과 호감을 불러일으킬 수 있으며 효과를 발휘할 수 있다.

친근감이나 화제성을 창출하기 쉬운 연예인이나 유명 인사의 치료 후기나 체험기 등은 일반인에 비해 주목도가 높고 효과가 크다. 유명인이나 이미지 모델과 병원과의 관계와 인연, 촬영 중의 에피소드를 이야기로 구성하여 소개하면 효과를 얻을 수 있다. 또한 차별화된 병원의 인테리어나 서비스 프로세스가 이야기의 소재로 활용되는 사례도 있다. 호텔과 같이 안락하고 고급스러운 느낌을 주는 병원 실내의 분위기나 세세한 곳까지 배려해 주는 서비스 프로세스(음료나 음식메뉴, 고객만족 서비스)에 관한 것은 블로그나 다양한 사이트를 통해 입소문으로 확산될 수 있다.

+ 그림 4-14_
병원 스토리텔링
사례

캐릭터 마케팅

캐릭터는 경쟁 대상과의 차별화와 정체성(Identity)을 표현, 확립하기 위한 다양한 수단을 포함한다. 캐릭터에 본질적으로 내재된 상징성·독창성·친화성 등의 특성 때문에 오늘날 여러 분야에서 자주 활용되고 있다.

최근 의료기관이나 병원에서는 본연적으로 가지고 있는 이미지의 단점을 보완하고 친근감을 주는 새롭고 차별화된 이미지를 창출하여 고객에게 만족을 증가시키는 사례가 등장하고 있다. 의료서비스의 마케팅·홍보 활동의 효율적인 수단으로서 뿐만 아니라 방문객의 만족도를 극대화하려는 수단으로서 캐릭터 마케팅에 보다 많은 관심이 필요하다.

1. 캐릭터의 개념과 특징

캐릭터(character)란 광고, 마케팅뿐만 아니라 여러 비즈니스 속에 자주 사용되는 상징물로 실존하는 것과 가공의 것이 모두 포함된다. 여기에는 독자적인 인물, 동물, 사물, 기호 등의 사진 또는 일러스트레이션 등이 있으며 만화를 비롯해 애니메이션, 게임, 소설, 영화, TV, 이벤트, 스포츠 등에 다양한 형태로 등장한다. 또한 통합적인 마케팅 계획과 효과적인 관리를 위해서는 개성이 강하고 주목을 끌기 쉬운 캐릭터가 자주 사용되며, 장기간에 걸쳐 지속적으로 활용되어야 효과를 기대할 수 있다.

캐릭터의 유사 용어로 마스코트(Mascot)와 아이캐처(Eye Catcher), 캐리코트(Characot)가 있다. 마스코트는 캐릭터보다는 제한적인 의미를 가지고 있는데, 특히 스포츠 이벤트 분야에서 자주 사용된다. 마스코트의 어원은 프랑스 프로방스 지방의 마녀(masco) 혹은 작은 마녀(masot)에서 출발했다. 본래 부적의 일종으로 목에 걸거나, 팔 또는 모자, 의복 등에 부착하거나 소지하면 행운을 가져온다고 믿는데서 출발했다. 하지만 시간이 지나면서 사람, 동물, 식물, 기타 상서로운 의미를 담는 대상물을 포괄적으로 의미하게 되었다. 근래에 이르러서는 시각적으로 아름답고 대상의 특징을 단순하게 표현하는 기법이 추가되고, 귀엽고 친근감을 주는 이미지의 상징물로 정착되면서 기업의 프로모션 활동이나 이벤트, 축제의 이미지를 향상시키기 위한 총체적인 시각 수단이나 요소로 통용되고 있다.

이 밖에 캐릭터와 '아이캐처'가 혼동되는 경우가 많은데 이를 구별할 필요가 있다. 캐릭터는 기업이나 상품의 개성, 특성을 표현하기 위해 모든 상징물을 포함하는 포괄적인 의미가 내포되어 있지만, 이에 비해 아이캐처는 단순히 주의를 끌기 위해 광고나 사인(sign)물에 사용되는 개성적인 기호나 일러스트레이션을 가리킨다. 아이캐처의 연속 사용으로 제2의 트레이드마크(Trade Mark) 같은 존재가 된 것을 트레이드 캐릭터(Trade Character)라고 한다.

또한 캐리코트는 캐릭터와 마스코트의 합성어로 표현되며 주로 스포츠 이벤트의 마스코트를 대신하는 용어로 사용된다. 귀엽고 독특한 디자인으로 남녀노소 가릴 것 없이 폭넓은 인기를 얻고 있다. 그 밖에 심벌마크(symbol mark)를 변형시킨 엠블럼(emblem) 형태로 캐릭터를 대용하는 경우도 있다.

흔히 캐릭터 산업은 'Non Age, Non Sex, Non Generation' 비즈니스로 표현된다. 이것은 연령과 성에 관계없이 모든 고객의 흥미와 관심을 유도할 수 있으며 세대를 초월해 사랑받을 수 있는 고부가가치 산업이라는 것이다. 이와 같이 캐릭터가 여러 기업이나 다양한 기관의 관심을 유발하는 이유는 캐릭터 안에 본질적으로 내재한 상징성, 차별성, 독창성, 오락성, 문화성 등으로 경쟁 대상과 손쉽게 차별되고 넓은 계층의 메시지 수용자에게 심리적 위안이나 친밀감 등이 전달될 수 있다는 장점 때문이다.

2. 캐릭터의 종류와 분류

기업이나 공공기관에서는 마케팅 커뮤니케이션의 수단으로 제품과 서비스에 대한 부가가치 창출을 위해 캐릭터를 이용하는 사례가 증가하고 있다.

1990년대 이후 시작된 범세계적인 캐릭터 열풍과 함께 현재 우리 주변에는 말할 수 없이 많은 다양한 종류의 캐릭터들이 범람하고 있다. 단순한 상징적인 의미를 갖는 심벌에서부터 비즈니스적인 측면까지 다양하게 활용되고 있는 캐릭터의 종류와 특성을 정리해 보기로 하자.

1) 광고(캠페인)캐릭터

주로 대중 매체를 이용하여 등장한 캐릭터를 말하는데 광고의 차별성과 이미지 부각을 위하여 가공의 것이든 실존의 것이든 사용하게 된다. 캠페인 전략의 일환으로 TV광고를 통하여 등장하는 것이 일반적으로 제품과 기업의 이미지를 손쉽게 전달할 목적으로 사용된다. 치토스의 '체스터', 세븐업의 '타이도디도', 닛싱식품의 'UFO맨', 동아제약의 '멕시롱', 이밖에도 환경캠페인 '온누리' 깨끗하게 '초롱이' 등이 있다.

2) 인물(유명인)캐릭터

실존하는 인기가수, 탤런트, 기타연예인과 같은 엔터테이너와 스포츠 스타의 인물 캐릭터를 말하며 이들 인기인의 인물 초상권을 사업적으로 이용하는 사례가 많다. 인기인의 경우 지속적인 인기 관리를 위한 스캔들이나 인기도 등의 여러 가지 변수를 의도적으로 통제하기 어려운 점이 있는데 특히 일본의 경우에는 인기 연예인의 캐릭터만을 취급하는 전문 캐릭터 숍이 큰 호응을 얻고 있어 유명인기인마다 각자의 캐릭터 전문점을 경영하는 예는 흔하다. 'H.O.T' 등의 인기가수, 유명 프로 스포츠 선수, 국내외 영화배우, 및 'DJ캐릭터' 또한 인기 연예인의 DNA캐릭터 등의 인물캐릭터가 있다.

3) 문구(팬시)캐릭터

디자인적인 측면에서 문구, 팬시회사에서 개발된 캐릭터들이 독자적인 제품군의 주인공으로서 제품 간의 차별적인 이미지가 해당 문구용품에 상품가치를 부여하는 것이다. 이러한 문구캐릭터는 애니메이션 캐릭터와 비교하여 영상매체를 통해 인지도를 제고하고 생명력을 불어넣기 힘들기 때문에 다른 분야에 비교하여 상품화되기는 어려운 측면이 있다.

그런 이유로 해서 문구회사에서는 애니메이션의 제작에 투자하여 문구캐릭터를 애니메이션 캐릭터로 재탄생시키려는 시도도 추진하고 있으며, 인물캐릭터와 마찬가지로 전문 캐릭터 숍에 의한 유통망이 잘 발달되어 있다. '바른손, 둘리 나라, 모닝글로리, 핑키 펭코'등을 예로 들 수 있다.

4) 애니메이션(만화)캐릭터

주로 영상매체, 즉 영화나 비디오 그 밖의 멀티미디어를 통하여 등장하고 있는 캐릭터를 말하며 캐릭터 산업의 근간을 이루고 있다. 전통적으로 인쇄매체를 중심으로 한 만화 캐릭터가 인기를 끌면서 영상매체를 이용하여 애니메이션 캐릭터로 발전된 예가 적지 않다.

애니메이션은 인간의 손이 많이 가는 제작 구조상, 출시 후 극장 수입과 방영권과 같은 1차적인 필름 판매 수입만으로는 손익 측면에서 투자 회수가 불가능하기 때문에 캐릭터 사업을 병행하여 부가가치를 높이고 있다. 애니메이션 캐릭터는 크게 미국계, 일본계로 구분할 수 있다. '미키마우스', '뽀빠이', '톰과 제리' 등으로 대표되는 미국계의 캐릭터는 장기간 유행되는 캐릭터가 많고 일반적으로 생활용품 위주로 다양하게 상품화 사업이 전개된다. 이에 반해 '은하철도999', '웨딩피치', '마법소녀 리나' 등의 일본계 캐릭터는 방영 기간을 전후한 비교적 단기간의 유행을 기반으로 문구, 팬시류 위주로 상품화가 이루어진다.

5) 기업 캐릭터

'코퍼레이트 캐릭터(corporate character)'라 하며 시각에 따라 큰 차이점을 보이고 있다. 기업 캐릭터는 기업의 대표하는 제1심벌로 사용되는 시각과 기업이 고객에게 부드럽고 친숙한 이미지를 주며 기업의 인지도를 높이고 통일된 이미지를 전달하기 위해 개발, 사용되는 경우가 있다.

기업심벌로 사용되는 예는 종근당의 '종', 유한양행의 '버들', 국민은행의 '까치' 등이 있고 친숙하며 통일된 이미지를 전달하려는 캐릭터의 경우는 LG전자의 '코리', 현대증권의 '바이코리아', 용을 의인화한 쌍용그룹의 '투디', 롯데월드의 '로티와 로리' 등이 있다.

6) 브랜드 캐릭터

기업 캐릭터가 기업의 전체적인 차원에서 이미지 제고가 목적이라면 브랜드 캐릭터는 한 제품 또는 제품군의 독특한 이미지를 형상하기 위해 주로 사용되어 해당 브랜드의 모델 역할을 수행하고 있다. 예를 들어 마쉐린의 '비벤덤', 만도기계의 '위니아 에어컨', 해태제과의 '통키통키' 등이 대표적인 예라 하겠다.

7) 이벤트 캐릭터

각종 이벤트 행사, 전시, 문화, 지역, 스포츠 이벤트 등에서 행사의 취지와 성격에 맞는 캐릭터를 자체적으로 개발하여 이벤트의 홍보와 프로모션을 위한 목적으로 활용한다. 이벤트 캐릭터는 각종 기획 행사의 이미지 부각 및 흥미, 분위기 연출을 위하여 효과적으로 활용되기도 하는데 이를 이용한 상품화 사업은 행사 종료 시까지 일정한 기간 내에 활발하게 운영되는 것이 보통이다. 97광주 비엔날레 '비두리', 93대전EXPO '꿈돌이'가 그 대표적인 예이다.

8) 스포츠 캐릭터

스포츠 캐릭터는 스포츠 이벤트를 통하여 널리 사랑을 받게 되며 마스코트로 인지된 캐릭터는 이벤트가 끝난 뒤에도 오랫동안 상품화되기도 한다. 본래 스포츠 이벤트는 이벤트의 분류방법 중의 하나로 등장하기 때문에 위에 있는 이벤트 캐릭터에 포함시키는 것이 보통이지만 최근 이벤트 마케팅 분야가 활성화되어 다양하게 활용되고 있어 독자적인 영역으로 분류하였다.

한편 마스코트는 캐릭터와 합성어로 '캐리코트'로 표현되어 귀엽고 깜찍한 대상물로 남녀노소 가릴 것 없이 폭넓은 인기를 얻고 있다. 그 예로 88서울올림픽의 '호돌이', 98프랑스 월드컵의 '푸덕스', 부산 아시아게임의 '곰무리', 98나가노 동계 올림픽의 '스노우 캣츠' 등이 있다.

9) 시티캐릭터

브랜드 캐릭터가 기업과 그 기업이 만든 제품의 이미지 제고를 목적으로 사용되는 것이라면 시티 캐릭터는 지방자치단체가 재정적인 확충을 위한 '시티 마케팅(city marketing)', 활동의 하나로 그 지역을 대표할 수 있는 상징물을 상품화한 것을 가리키고 있다.

최근 지방자치제의 정착에 따라, 각 행정기간은 CI계획과 함께 독자적인 캐릭터를 제작하여 이벤트 행사 및 각종 수익 사업에 적극 나서고 있으며 이와 같은 추세는 앞으로 계속 이어질 전망이다. 남원의 '춘향', 장성의 '홍길동' 캐릭터, 함평 '나비' 캐릭터가 그 예이다.

10) 게임소프트 캐릭터

일본의 '닌텐도'를 세계적인 기업으로 끌어올린 게임소프트 캐릭터 '마리오'의 예에서 잘 나타나고 있듯이 불과 몇 년 전까지만 해도 관심을 끌지 못했던 전자오락 산업의 규모가 점차 확대되고 있다.

미국의 '할리우드'가 전 세계의 영화산업을 주도 하고 있다면 일본은 전체 전자오락 소프트웨어 시장의 90%를 차지하고 있다. 미국의 게임 소프트웨어는 일본의 취약한 부분인 인터넷 부분에서나 간신히 명맥을 이어가고 있을 정도이다.

1997년을 재패한 게임, '파이널 판타지Ⅶ'를 비롯하여 '철권2(3차원 CG격투게임)', '파워풀 프로야구(야구게임의 새 장을 연 소프트)', '마리오', '록맨' 등 주로 일본에서 그 예를 찾아볼 수 있는데 젊은 세대를 중심으로 급속히 그 비즈니스 영역이 확대되고 있다.

11) 사이버 캐릭터

본래 멀티미디어를 활용하는 애니메이션 캐릭터에 함께 분류하는 것이 일반적이지만 최근 들어 사이버 비즈니스가 급성장함에 따라 새로운 장르로 자리 잡고 있다. 사이버 캐릭터들이 주요 대상으로 하는 타깃 오디언스는 컴퓨터 게임과 애니메이션에 열중하고 있는 10~20대 연령층이 중심이 되고 있다.

"스타는 태어나는 것이 아니라 만들어지는 것이다."란 말은 사이버 세계에서 더욱 공감할 수 있게 된다. 영국의 만능 엔터테이너인 '라라 크로포드', 일본의 사이버 가수 '쿄코 다테'를 비롯해서 이미 우리에게 친숙한 '아담', '루시아', '사이다' 등 국내 사이버 스타가 그 예이다.

3. 캐릭터 이벤트에 관한 쟁점과 사례

1990년대 이후 시작된 범세계적인 캐릭터 열풍과 함께 현재 우리 주변에는 다양한 형태의 캐릭터들이 등장하고 있다. 단순한 상징적인 의미를 갖는 심벌에서부터 마케팅과 광고, 이벤트 분야의 상업 측면까지 소비자와 공감을 유도하는 커뮤니케이션 수단으로써 그 중요성과 역할이 증대되고 있다.

➕ 그림 4-15_
병원 캐릭터 사례
(하나 아동 병원)

캐릭터가 이벤트에 적극적으로 활용되는 이유는 남녀노소 구분 없이 폭넓은 계층에 친밀감과 소구력이 높다는 특성에 기인한다. 과거에는 단순히 디자인 영역에 한정되었지만 비즈니스나 홍보의 수단으로서 가치가 높은 캐릭터는 다양한 마케팅커뮤니케이션 분야에서 보다 적극적인 활용이 기대된다.

최근 병원에서도 캐릭터를 전략적으로 이용하는 사례가 자주 등장하고 있다. 의료 시장에서의 경쟁이 심한 성형외과, 피부과를 비롯한 치과, 안과, 한의원을 중심으로 캐릭터를 활용해 고객에게 친근감 있게 다가가려 하고 있다. 기존의 병원이 가지고 있는 차가운 인상과 느낌과 함께 병원의 흰색과 회색을 중심으로 한 무미건조한 분위기는 이미지 차별화에 많은 문제점을 내포하고 있었다.

수많은 기업의 마케팅활동에서도 알 수 있듯이, 캐릭터는 짧은 시간 내에 고객에게 차별화된 느낌과 호감을 유도하는데 긍정적인 역할을 수행해 오고 있다. 뒤늦은 감이 있지만 병원에서도 지금까지 병원이 가지고 있는 차갑고 무거운 느낌을 벗어나기 위해 캐릭터를 도입함으로서 새로운 생명력과 인간답고 따뜻한 느낌으로의 전환에 성공하고 있다.

또한 여성과 어린이를 타깃으로 하는 병원에 있어서는 부드러운 느낌과 친근감을 전달하는데 캐릭터가 자주 활용되고 있다. 치과를 방문하기를 주저하는 어린이나 전통적인 느낌이 강한 한의원 등의 실내 장식과 의료진의 가운에 해당 병원의 고유한 캐릭터를 디자인하여 좋은 인상을 심어 주고 있다. 예를 들어 함소아 한의원의 하마 캐릭터는 한의원을 가기 싫어하는 어린이들에게 호감을 심어 주었다.

 ## 메세나(사회공헌) 활동

비영리조직인 의료기관은 자연발생적으로 거점지역의 공익사업을 지원하기 위해 메세나 활동에 적극적으로 나서고 있다. 여기에는 단순히 문화, 예술을 지원하는 것뿐만 아니라 사회적, 인도적 입장에서 진행되는 다양한 공익사업이 포함된다.

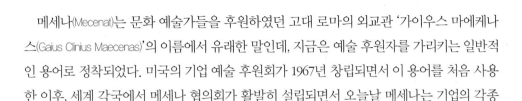

1. 메세나의 개념과 의의

메세나(Mecenat)는 문화 예술가들을 후원하였던 고대 로마의 외교관 '가이우스 마에케나스(Gaius Clinius Maecenas)'의 이름에서 유래한 말인데, 지금은 예술 후원자를 가리키는 일반적인 용어로 정착되었다. 미국의 기업 예술 후원회가 1967년 창립되면서 이 용어를 처음 사용한 이후, 세계 각국에서 메세나 협의회가 활발히 설립되면서 오늘날 메세나는 기업의 각종 지원 및 후원 활동을 통틀어 지칭하는 용어로 자리 잡게 되었다.

메세나는 영리·비영리 조직을 막론하고 자신의 행동, 활동에 대한 어떤 기대나 대가를 바라지 않고 문화, 예술뿐만 아니라 사회적, 인도적 입장에서 참여하는 다양한 비영리, 공익사업 활동을 총칭하고 있다. 메세나는 본래 '예술, 문화에 대한 후원과 지원과 관련된 활동'이라는 출발하였지만, 현재는 '반대급부나 영리적 목적을 바라지 않는 조직체의 광범위한 문화 예술과 관련된 지원 정책과 활동'이란 뜻으로 널리 사용된다.

본래 메세나는 주로 영리조직체인 기업의 사회적 책임과 이윤의 사회적 환원을 목적으로 사회와 문화, 예술 분야를 지원, 후원하기 위하여 출발하였지만, 최근 들어 기업의 이미지를 제고하거나 신뢰감과 호감도를 향상시키기 위한 마케팅과 홍보활동의 일환으로 활용하고 있다.

기업이 주체가 되는 메세나 활동은 기업이 기금과 자원을 제공하여 문화, 예술과 관련된 분야를 지원, 후원, 협력하는 활동이 중심을 이루고 있다. 대표적으로는 재단 등을 통한 자금의 지원과 기업이 주최하는 콘서트나 오페라의 공연, 스포츠 등 여러 종류의 정책과 이벤트 개최 등이 있다.

메세나 활동은 비교적 유럽에서 가장 빨리 시작되었으며 1967년 설립된 미국의 'BCA(기업예술 옹호위원회)'를 비롯하여 1976년 영국의 'ABSA(예술조성 협의회)', 1979년 프랑스의 'ADMICAL(상공업메세나 추진협의회)' 등의 재단이 설립되어 적극적인 활동을 전개하고 있다. 아시아에서는 1988년 일본이 '일불 문화 서미트'를 계기로 아시아 각국으로 확산되고 있다.

기업의 메세나 활동은 이후 다양한 형태로 발전, 변화되고 있다. 문화재단, 후원회, 협회를 통한 연극, 뮤지컬, 무용, 콘서트, 음악 등의 공연 예술 관련 분야뿐만 아니라 문학, 미술, 문화 콘텐츠 등과 같은 매우 광범위한 영역으로 발전되고 있으며, 문화 예술 지원 사업의 일환으로 모금되는 후원금이나 기금 등도 있다.

오늘날 기업의 메세나에는 장기적이고 지속적인 문화지원 활동을 통해 문화, 예술의 발전을 도모하여 고객뿐만 아니라, 사회 구성원의 삶의 질을 높이려는 「사회공헌과 문화지원 활동」의 일환으로서의 의의를 찾을 수 있다. 또한 궁극적으로는 이를 통해 문화와 예술을 사랑하는 기업, 사회적 책임을 다하는 기업이라는 호의적인 이미지를 창출함으로써 경쟁기업과의 차별화를 꾀하려는 의도도 내재되어 있다.

기업의 사회공헌 활동 유형은 보는 사람의 시각에 따라 여러 가지가 있지만, 일반적으로 다음의 다섯 가지 형태로 구분할 수 있다.

첫째 환경이나 재난, 기아 등과 같은 전 세계의 입장에서 사회적 관심의 대상이 되는 문제를 해결하기 위해 추진되는 해외원조나 국가지원 사업 등의 자본투자 방식이다. 때때로 기업은 그린마케팅의 차원에서 실시하고 있는데 삼익 가구나 유한 킴벌리는 판매액과 수익사업의 일정액을 나무심기나 환경보호 등에 지원하고 있다.

둘째 양로원, 고아원 등 사회복지 시설과 관련된 봉사활동으로 기업이 일반적으로 참여하는 사회공헌 활동이다. 기업이 직접 지원 사업에 관여하거나 사내의 소모임이 불우이웃 돕기, 소년·소녀가장 돕기 등 다양한 사회봉사 활동에 자발적으로 참여하는 방식을 취하게 된다.

셋째 과학 기술 연구, 문화재 보호 등을 위한 과학·문화 연구 투자 사업이다. 대기업이 재단을 설립하여 연구 기금을 해당분야에 지원하는 방식이 많으며, 때로는 개별 기업이 홍보 전략의 일환으로 실시하고 있다. 또한 최근에는 여러 기업들이 무료로 이용할 수 있는 과학 체험관 및 전시관을 설립하여 과학 교육의 장소로서 활용하고 있는 사례도 늘고 있다.

넷째는 기업의 사회적 책임을 완수하기 위해 자사가 정한 기업 이념과 윤리에 의해 경영 방식 및 생산과정을 일치시켜나가는 것과 관련된 제반 활동이다. 예를 들어 환경을 선도하는 몇몇 기업은 협력업체를 선정할 때, 환경과 안전, 보건 분야에 있어서 사전평가의 일정한 기준에 도달하지 못한 업체를 제외시킬 뿐만 아니라 친환경적인 사업장을 조성하기 위하여 적극적인 투자활동을 전개하고 있다.

다섯째는 지역 간, 도시와 농촌 간 소득격차를 줄이기 위해 전개되는 다양한 지원 및 봉사활동이다. 국내의 삼성 및 현대그룹 등은 사업장의 인근 마을과 자매결연하여 각종 지원 및 봉사활동 실시하고 있다. 특히 농촌사랑 운동의 일환으로 1촌 자매결연 운동을 전개하고 해당 지역의 농·특산물 직거래를 통해 농촌마을의 소득향상에 기여한다.

마지막으로 여섯째는 기업이 인재 육성을 위해 펼치는 사회사업으로 여기에는 장학금 전달이나 교육재단 지원, 그리고 도서관 등의 교육시설을 설립하는 방식이 있다. 기업의 사회적 참여의 하나로, 교육 분야에 많은 관심을 갖게 되면서 청소년에게 배움의 기회를 마련하고 다양한 문화 체험의 기회를 제공하고 있다.

2. 비영리·영리조직의 메세나 사례

1) 의료기관의 메세나 사례

언론, 행정기관과 더불어 병원은 지역사회의 일원으로 자리하면서 관계를 개선하고 이미지를 향상시키기 위한 수단으로 각종 사회공헌 활동과 문화 사업을 지원하고 있다.

먼저 삼성의료원은 삼성그룹의 공익사업 일환으로 설립되어 적극적인 메세나 사업을 전개하고 있다. "진정한 환자 중심 병원"이라는 슬로건에 아래 개원한 삼성 서울 병원은 최선의 의료서비스를 제공하고 첨단의학연구로 의학발전에 기여하고 있다. 또 공익사업과 메세나를 위해 설립된 병원답게 사회에 공헌하는 다양한 공공이벤트와 행사를 꾸준히 개최하고 있다.

현대의학의 혜택을 받을 수 없는 소외계층을 지원하기 위해 개원한 아산복지재단의 서울 아산 병원은 '우리 사회의 불우한 이웃을 돕는다'는 기업이념을 착실히 실현하고 있다. 사회 공헌활동과 메세나의 일환으로 개원 이후, 총 110억 원을 들여 15만 명에 달하는 환자를 무상으로 치료해 오고 있다. 이러한 실천 의지는 '이웃과 함께 하는 병원', '나눔과 배려', '최고 의료 수준 유지' 등의 경영 이념에 잘 나타나 있다. 이 외에도 병원이 중심이 되는 메세나 활동은 크고 작은 병원에 관계없이 소속된 관할 지역의 주민을 대상으로 하여 여러 형태로 전개되고 있다.

울산 CK치과병원은 병원 안에 188석 규모의 CK 아트홀과 갤러리를 개관하여 매월 공연과 전시 행사를 열고 있으며, 다양한 콘서트 등의 공연 예술 분야의 사회적 공헌을 실천하고 있다. 그 밖의 각종 예술단체와의 결연식을 체결하여 이를 돕기 위한 활동이 전개되고 있다.

보은병원은 인천시 검단동과 1社 1洞 자매결연 협약 체결하여 메세나 사업을 벌이고 있다. 관내의 독거노인에게 5~10분의 도시락을 무료로 배달하거나 나눔과 봉사활동에 앞장서서 지역복지 발전을 위한 다양한 사업을 지원하고 있다. 또 인천 성민병원도 지역내의 주민을 대상으로 무료 공개건강강좌를 실시하여 지역주민의 건강증진을 위해 다양한 노력을 시도하고 있다.

서안산 노인전문병원은 필리핀 세부의 탈리사이 시와 자매결연을 통해, 다양한 문화교류와 자원봉사 활동, 그 밖의 다양한 행사를 통해 지역사회 발전을 돕고 있으며, 울산 제일병원은 환경미술협회의 울산지회에 메세나 후원금을 전달하여 문화 지원 사업을 돕고 있다.

광주 세계로병원은 지역의 유명 문화 행사인 어등미술제에 대한 지원을 통해서 참신하고 유망한 지역 예술가를 발굴하고 미술문화 발전을 후원하고 있다.

한편 영리기업이 현재 실시하고 있는 메세나 사업은 역사가 깊고 형태도 다양하여 향후 의료기관에도 많은 참고가 될 수 있는데, 그 대표적인 사례를 소개하면 다음과 같다.

2) 영리기업의 메세나의 사례

(1) 삼성그룹의 사회공헌 활동과 메세나

삼성은 사회 공헌 활동의 일환으로 적극적이고 다양한 기업 메세나 활동을 전개하고 있다. 삼성의 메세나 활동은 「나눔」 이라는 이름으로 실시되고 있는데 여기에는 사회복지 형태의 메세나가 주류를 이루며 삼성 복지재단, 삼성 공익 재단, My dog & Samsung 등이 설립되어 활동을 주도하고 있다. My dog & Samsung은 장애인을 돕기 위해 안내견, 청각 도우미견, 장애인 보조견 등을 지원하고 있는 것이 특징이다.

삼성이 이러한 안내견, 구조견, 도우미견 등을 비롯하여 재활승마 사업을 펼치고 있는 이유는 바로 동물들의 도움을 통해 사회 구성원들이 더운 인간다운 삶을 누릴 수 있도록 하기 위함이다. 또한 이를 통해 앞으로 동물들을 통한 더욱 체계적이고 전문적인 사회공헌 활동을 전개함으로써 동물과 인간이 상생하며 공동체 정신이 살아 숨 쉬는 사회를 만들어 가겠다는 의지를 적극적으로 표현하고 있다.

환경 보전과 관련된 메세나 활동을 위하여 삼성 지구 환경연구소가 설립되어 있고 연구 재단으로는 삼성경제 연구소와 삼성 언론재단이 존재하고 있다. 또한 자원 봉사사업을 위해서 삼성 사회봉사단과 삼성 법률봉사단이 있다. 삼성 사회봉사단은 사회복지 사업과 자원봉사 활동으로 희망의 공부방 만들기, 열린 장학금, 희망배움터 등과 같은 사회복지 사업과 전국 3,232곳에 자원봉사 센터를 마련하고 있다.

한편 문화예술 분야의 메세나로는 문화재단으로 삼성 문화재단과 호암 재단이 있고 미술관으로는 삼성 미술관 리움(Leeum)과 로댕 갤러리 호암미술관이 있다. 박물관으로는 삼성 교통박물관이 있다.

삼성 문화재단은 1965년 삼성 창업주인 호암 이병철 선생의 나눔 철학을 바탕으로 설립된 이래, 지난 40여 년간 문화 예술이 개인의 삶을 향상 시키고 사회적으로 갈등과 병리 현상을 해소하여 국가 발전에 도움이 된다는 인식 하에 다양한 문화예술 사업을 전개해 오고 있다.

다양한 현대 미술과 관련해 기획과 전시를 시도하고 있는 삼성 미술관 리움(Leeum)과 국보 및 보물급 문화재를 포함하여 약 15,000여 점의 작품을 소장하고 있는 호암 미술관을 운영하고 있으며, 해외 유명 미술관과의 교류 및 협력을 통하여 미술사업의 전문화, 국제화를 선도 하고 있다. 또한 삼성 문화재단에서는 미술관 운영사업의 하나로 최초로 어린이 체험학습장인 삼성어린이 박물관을 개관하여 어린 교육을 위한 체험 장소로서 활용되고 있다.

마지막으로 교육과 장학 분야의 메세나 활동은 장학 부문의 삼성 장학회와 과학부문에는 꿈나무 과학교실, 꿈나무 푸른 교실이 있다. 문화에는 삼성 아동교육문화센터와 삼성어린이박물관이 있다. 미술 분야의 교육 육성과 발전을 위해 정기적으로 청소년 미술작품 공모전을 실시하고 있다.

(2) LG그룹의 사회공헌 활동

LG그룹은 문화, 교육, 복지, 환경, 언론 등의 5개 공익재단을 통하여 체계적인 메세나로 지칭되는 사회·문화 공헌사업을 전개하고 있으며, 구체적인 목적에 따라 중점 분야에 특화된 프로그램을 강화하고 있다. 기업이 단순히 영리를 추구하는 존재가 아니라 사회적 책임을 다하는 곳으로서의 이미지를 정착시키기 위해 다양한 메세나 활동을 실현하고 있으며, 특히 청소년의 과학교육과 보건, 의료 분야에 사회공헌 역량을 더욱 집중, 강화시키고 있다.

최근 그룹 차원의 사회공헌 활동 슬로건을 '젊은 꿈을 키우는 사랑 LG'로 정하고 활발히 마케팅활동을 실행하고 있는 것도 이와 무관하지 않으며, LG 사이언스 홀의 설립은 여기서 비롯된 것이다.

LG그룹은 각 계열사별로 기업의 특징과 설립이념에 따라 다양한 형태의 사회공헌 활동을 전개하고 있다. LG 전자는 국제백신연구소와 함께 '사이언스 리더십 프로그램'을 운영, 글로벌 청소년 인재 양성에 나서고 있다. LG 화학은 여름방학 중 화학캠프를 진행하고 있고, LG 디스플레이는 지난해에 이어 올해도 소외 청소년들의 디지털 정보격차를 해소하기 위해 고아원 등에 IT룸을 기증할 계획이다. LG 데이콤은 전국 10개 시·도의 불우 청소년 가운데 학교 급식 혜택을 받지 못하는 청소년 200여명을 선정하여 1년간 학교 급식을 무료로 받을 수 있도록 급식비를 지원하고 있으며, LG 생명과학과 복지재단은 저성장 어린이의 성장호르몬제 지원 사업을 진행하고 있다.

또한 공연 예술과 관련해서는 어려운 경제적 사정을 이유로 자신의 음악적 재능을 펼칠 기회가 없는 젊은 음악가들을 지원하기 위해 이들을 적극적으로 발굴하고 교육하는 사회공헌프로그램인 'LG-링컨센터 챔버 뮤직 스쿨'을 시작하고 있다. 이 프로그램을 통하여 선발된 저소득층 음악 영재 20명을 대상으로 세계 최고 권위의 음악 기관인 미국 링컨센터와 국내 최고의 교수진이 공동으로 개발한 체계적인 실내악 전문교육을 실시하고 있다.

또 과학에 대한 흥미를 높이기 위해 2009년부터 영국 노팅엄 트렌트 대학과 공동으로 생활과학의 원리를 영어와 접목시켜 체험할 수 있는 'LG-노팅엄 영어과학캠프'를 두 차례 실시할 계획이다.

한편 첨단기술과 과학교육 분야의 메세나 활동과 연관 지어 오랜 기간 동안 진행해 오고 있는 활동 중 대표적인 것이 LG의 첨단과학 체험전시관이자 기업홍보관이라 할 수 있는 LG 사이언스 홀 운영사업으로 이것은 과거 그룹의 모체인 금성사와 이를 이어온 전자와 관련된 기업의 위상을 널리 알리고 소통하기 위함이다.

한국 병원의 홍보와 마케팅 전략 사례 분석(부록)

다음에 제시되는 내용은 심화된 경쟁 환경 속에서 홍보나 마케팅을 적극적으로 실행하고 있는 병원의 사례이다. 주로 치과를 비롯한 안과, 성형외과·피부과, 정형외과, 한의원·한방병원 그리고 의료업계의 선도자격인 종합병원 등을 중심으로 홍보 및 광고 전략, 서비스마케팅, 기타 마케팅활동 전반에 관한 내용을 분석하여 핵심적인 부분만을 일목요연(一目瞭然)하게 서술하였다. 이 가운데는 외부에 잘 알려져 있거나 병원의 규모나 인지도 면에서 비교적 효율적이고 차별화된 마케팅활동을 전개하고 있는 곳이 다수 포함되어 있다. 또 광고 분석은 전체 광고 동향과 카피플랫폼 비교를 중심으로 소개하여 광고 분석과 크리에이티브 분석을 쉽게 하였다.

이들 각 병원의 성공적이고 차별화된 사례를 통해 다양한 활용과 벤치마킹이 가능함은 물론, 해당 병원의 독자적인 홍보와 마케팅 방향을 세우는 데 많은 도움이 될 것이다.

1. 안과 병원의 사례 분석

먼저 밝은 세상 안과는 서울, 부산을 거점으로 하여 안과 전문 병원으로서의 이미지를 확고히 구축하고 있다. 국내 안과로는 최초로 JCI 인증을 획득한 곳으로 해외 방송 매체와 매스컴에서도 소개되어 폭넓게 인지되고 있으며, 적극적인 홍보활동의 일환으로 다양하고 지속적인 사회공헌 및 문화지원 활동을 행하고 있다. 예를 들어 '설 연휴 떡 기부 & 무료급식 행사', '안경 모으기 캠페인 및 안경기부 행사'를 비롯해 '천사(1004) 아트 - 미술작품 기부경매 & 비전 케어 기금지원 활동 '을 통해 경매로 모아진 금액은 어려운 이웃을 위해 사용하고 있다.

특히 고객만족을 위한 차별화된 서비스프로세스 확립에 노력하고 있는데, 병원이 단순히 진료와 수술을 받는 공간이 아니라는 고정적인 이미지에서 탈피하기 위해 향긋한 원두커피 향과 아름다운 음악이 가득한 대기 공간을 조성하고 3,000여 권의 다양한 신간도서가 구비돼 있는 북 카페, 자유로운 무선인터넷이 가능한 PC존을 마련하였다.

"그 라식 완전 밝히더라"라는 광고카피는 유머소구를 채택하여 주목을 받고 있다. 다소 위험성을 내포하고 있지만, 중의법에 의해 하나의 단어에 두 가지 이상의 뜻을 곁들여서 표현함으로써 본 병원에 가보면 여러분들의 눈을 완전 밝혀줄 라식수술이 최고라는 본원적인 의미뿐만 아니라 유머 감각을 곁들여 재미를 더하고 있다. 또한 "부모님께 밝은 세상을 선물하세요"라는 온정이면서도 정서 형식의 헤드라인 기법과 "이젠 지하철 노선도 흐릿해?"라는 질문 형식의 헤드라인 기법을 사용하고 있다. 또 크리에이티브 전략으로는 라식/라섹 도입 1세대라는 자부심을 바탕으로 의료의 전문성을 강조하는 USP 전략을 채택하고 있다.

그 밖의 본 병원이 위치하는 '압구정 로데오역'을 중심으로 와이드 컬러, 지하철 액자 등과 같은 옥외광고, 교통매체를 적극 활용하고 있고, 옥외광고 캠페인으로 '노안 라식' 외에도 '압구정 가봐 - 그 라식, 완전 밝히더라!'라는 메인 카피를 통하여 연상율을 높이고 있다.

다양한 프로모션 방법도 주목할 필요가 있다. 가격할인을 제공하는 이벤트(400만원에서 199만원으로 가격을 대폭 할인)를 비롯해, 장기적인 고객에게 특전을 제공하는 CRM SP도 실시하고 있는데, 구체적인 방법으로 카페 회원일 경우, 최대 100만원을 할인해주며 해당 기간 중 원데이 라식을 받는 경우에는 10만원을 더 할인하여 자주 이용하는 고객에게 특전을 부여한다. 응모, 추첨이나 콘테스트의 방법으로 폐의약품을 수거하여 인증 샷을 찍어 페이스북에 올리면 커피 기프티콘(gifticon)을 증정하는 방식도 병행하여 실시하고 있다. 기프티콘은 프로모션의 수단인 '기프트'에서 파생된 용어로 휴대폰 문자 메시지로 전송되는 온라인상의 선물 쿠폰이나 선물교환권을 말한다. 바코드 형태에 의해 휴대폰으로 전달되고 제휴사 매장에서 인증 후 혜택을 제공받을 수 있다.

마지막으로 유명 연예인이나 유명 인사를 소재로 한 스토리텔링 기법을 마케팅에 활용하고 있다. 배우 고주원씨와 가수 레이나, 케이윌 그리고 김중만 사진 작가 등이 본 병원에서 라식수술과 눈 종합검진을 받았던 내용을 소개하거나 드라마의 제왕에서의 김명민이 안과 진료 받는 장면 등을 스토리로 구성하여 소개하고 있다.

글로리 서울 안과는 "세상에 감동을 주는 글로리 서울 안과"라는 슬로건을 표방하며 최고의 고객 감동 의료기관을 지향하고 있다. 이를 위해 「감동 라식 5」과 같은 서비스프로세스를 채택하여 차별화를 시도하고 있다. 여기에는 초정밀 중복 안전검사 에 의한 안전 감동, 시력 교정수술의 10대 부작용 0%라는 결과 감동, 수술 후 평생 관리를 보증하는 관리 감동, 다른 병원보다 수술비용이 비싸면 그 차액을 돌려주는 가격 감동, 그리고 다양한 기부 활동과 사회공헌 활동에 적극적으로 참여하는 나눔 감동 등이 있다.

크리에이티브 전략으로 이성적 접근보다 감성적 접근을 사용하는 사례도 많이 있지만, 글로리 서울 안과는 주로 맞춤 시력교정수술의 명가로 알려진 본 병원의 전문성을 강조하는 USP 전략을 이용하고 있다. 또 수술 후기를 쓰게 되면 추첨을 통해 문화상품권을 주는 콘테스트 방식도 눈에 띤다.

비앤빛 강남 밝은 세상 안과는 기존의 김진국 안과에서 병원 네이밍을 변경하여 1997년 다시 개원하였다. 병원의 이념으로 "글로벌 라식 트레이닝 그룹"을 내세우고 있으며, 고객 맞춤형 진료서비스인 RBG를 구축하여 서비스 경쟁력을 강화하고 있다. 버스를 중심으로 하는 교통광고에 대한 의존도가 높은 편이며, 유머소구로 차별화된 이미지 포지셔닝이 구축되었다. 장기적인 버스광고를 통해 장황한 메시지를 줄이고 영화 '아이언 맨'을 연상시키는 원장 얼굴을 직접 캐릭터로 활용한 강력한 비주얼에 의해 병원에 대한 거부감을 없애고 친근감을 높였다.

✚ 그림 4-16_
비앤빛 밝은
세상 안과 –
옥외광고

또한 시력교정 수술에서 주로 사용되는 레이저를 아이언 맨의 레이저로 연상시켜 라식, 라섹 수술에 대한 거부감을 줄이는 등 캐릭터를 사용함으로써 다른 병원과의 차별성을 두었다. 문구 자체로만 봤을 때에는 안과의 이미지와는 다소 어울리지 않는 헤드라인을 사용한 점도 있지만, 단순히 병원소개 수준에만 머물렀던 기존 광고가 이제는 소비자들에게 흥미, 정보, 공익적인 메시지까지 동시에 전달하는 등 한 단계 더 발전된 모습이라는 점에서 긍정적인 변화로 평가된다.

또, 스타가 원하는 안과라는 수식어가 붙을 정도로 스타 마케팅도 활발히 전개하고 있다. 가수, 아나운서, 배우, 운동선수 등 많은 스타들이 찾아 수술 받은 안과임을 홍보하고 있다. 홈페이지의 스타체험기에 들어가면 수술명, 수술 전 시력과 수술 후 시력을 비교하여 신뢰감, 인지도를 향상시키고 이를 홍보활동의 소재로 잘 활용하고 있다. 또 안과 병원에서는 드물게 홍보를 위한 전시관인 '비앤빛 홍보관'을 개설하여 안과 장비, 의료기구 등을 전시하고 있는 것도 커다란 특징이다.

사회공헌 활동의 일환으로 실시하는 "보이시나요" 캠페인은 눈이 아닌 마음으로 따뜻한 세상을 함께 만들어가자는 취지로 진행하여 시각장애인, 외국인 노동자, 빈곤계층 등을 위한 다양한 지원 사업을 펼치며, 그야말로 밝은 세상 만들기에 앞장서고 있다. 가격할인 이벤트는 물론, 핫 키워드라는 행사를 통해 낱말 퀴즈를 풀어 올리면 기프티콘을 선물하는 프리미엄 행사도 진행하고 있다.

그 밖의 다른 안과의 홍보 및 마케팅활동을 요약해 소개하면 다음과 같다.

누네빛 안과는 주로 옥외광고를 많이 실시하며 안경을 쓰면 실제로 겪게 되는 에피소드를 일러스트로 사용하여 긴 설명이 없이도 공감할 수 있고 친근감 있게 표현하였다.

세란 안과는 옥외광고의 일종인 입체 렌티큘러(lenticular) 광고를 사용하여 참신하고 소비자들의 흥미를 끌 수 있었다. 렌티큘러는 두 개의 그림을 결합시켜 입체감을 표현하며 각도에 따라 각각 다른 그림이 보이게 하는 효과를 말하는데, 최근 옥외광고에서 고객의 흥미와 시선을 끌기 위해 사용된다.

소중한 눈 안과는 2.0(이쩜영)이라는 눈 모양의 비주얼을 캐릭터로 사용하여 각종 매체에 활용하고 있다. 그러나 광주 밝은 안과 등 눈모양의 캐릭터를 사용하는 병원이 많아 의도한 만큼의 차별성을 거둘지는 의문이다.

하늘 안과는 올림픽 사격 메달리스트 진종오를 내세워 스타마케팅 방법을 쓰고 있다. 스타마케팅은 비용이 너무 많이 드는 단점도 있지만, 눈과 밀접한 관련이 있으며 사격에서 좋은 성적을 거둔 스포츠 선수를 적절히 기용하여 인지도와 신뢰감을 높인 점에서는 강한 설득력이 인정된다.

마지막으로 안과 병원 전체의 홍보 및 마케팅활동 특징은 몇 가지로 요약할 수 있다. 첫째 주로 교통광고를 포함한 옥외광고를 위주로 매체전략이 편중되어 있다. 둘째 라식, 라섹, 그리고 백내장과 같은 진료과목을 중심으로 차별화된 의료서비스를 소개하는 USP 광고 유형이 많다. 셋째 가격할인 등 소비자에게 가격상의 이익을 주는 프라이스 SP를 많이 이용하고 있기 때문에 감성적인 소구 방법의 접근이 부족하다.

표 4-8_ 안과 병원의 카피 플랫폼 비교

	서울/부산 밝은 세상 안과	글로리 서울안과	비앤빛 강남 밝은세상안과
연혁	1997년	2000년	1994년 '김진국안과' 1997년 '밝은세상안과' 브랜드 개발
슬로건/이념	그 라식 완전 밝히더라	세상에 감동을 주는	글로벌 라식 트레이닝 그룹
크리에이티브 전략	USP전략	USP전략	USP전략
광고현황	옥외광고, 배너광고, 프라이스sp, 프리미엄sp, CRMsp	기능형sp(프리미엄sp)	버스광고
특징	JCI인증, 나눔, 공헌 활동, 라식/라섹 도입 1세대	감동라식5, 사회공헌 활동, 서울대 의대 출신 의사, 서울 안과 그룹에 속함	고객맞춤형 진료 서비스 RBG, 스타 마케팅, 보이시나요 캠페인, 국내 최초 라섹, 노안수술 도입
PLC	성숙기	성숙기	성숙기

2. 치과 병원의 사례 분석

예 치과는 국내에서 가장 잘 알려진 전국 프랜차이즈 치과 네트워크 병원으로 "Wherever, Ye"를 슬로건으로 표방하고 있다. '예(Ye)'는 'Your Expert'의 이니셜이며, 고객에게 최상의 의료서비스를 제공하는 전문가 그룹을 표방하고 있다.

「치과도 좋은 추억의 장소가 될 수 있다」는 부드럽고 심리적으로 거부감을 느끼지 않도록 신중히 접근하는 주장 제안 형식의 헤드라인을 채택하여 예치과는 좋은 추억이 있는 일기 속의 한 페이지처럼, 행복을 만들어 가는 곳임을 강조하고 있다. 또「증-공-소-의-대」라는 이곳만의 의료 서비스프로세스를 개발하여 다른 병원과의 차별화를 꾀하고 있으며, 진료 동의율을 향상시키고 있다.

선 치과는 "특별한 나만의 선 치과 병원 사랑해요"라는 슬로건을 제시하고 있다. 또한 헤드라인을 통해 고객이 얻게 될 서비스에 대한 편익과 효용성의 혜택을 알리는 것에 중심을 두고 있지만, 감성소구 방식을 채택하여 언제나 제약 없이 최선의 진료를 제공하며 아름다움과 자신감을 되찾을 수 있다는 것을 부드럽게 소구하고 있다. 또한 리무진 서비스와 24시간 응급의료센터를 이용할 수 있고 어린이 전용 대기실을 마련하고 있으며, JCI 인증병원답게 홈페이지에서 외국어 서비스를 지원하는 등의 고객만족을 위한 서비스를 강화하고 있다.

아이엠 치과는 "대한민국의 NO.1을 지향한다"라는 것을 슬로건으로 내세우고 있으며, 모든 고객을 VIP로 모시기 위해 "1일 1인 수술"을 고집한다는 차별점을 명확히 제시함으로써 고객만족 지향을 소구하고 있다. "원칙을 지키는 치과, 정직한 치과"라는 표현과 함께 홈페이지를 통해 상세한 진료비 안내를 함으로써 치료비용과 관련된 선택을 용이하게 하고, 타 병원과 비교할 수 있게 하여 병원에 대한 신뢰성을 주고 있다.

아이디 치과는 "현대 교정치료의 최첨단"이라는 다소 진부한 슬로건을 표방하고 있지만, 친근감 있는 연예인인 걸 그룹 걸스데이를 내세워 본 병원의 우수성을 권장, 추천하는 증언소구 방식을 채택한 것이 인상적이다. 또 이러한 유명인의 권유를 통해 치아미백, 부분교정, 치아교정, 라미네이트라는 전문 진료 분야를 알기 쉽게 설명하여 설득력을 향상시키고 있다. 이와 같이 스타마케팅에 주력하는 추세는 개그우먼 강유미를 비롯한 포미닛, 비스트 등의 유명 연예인들로 이어져, 인지도와 신뢰감을 높이고 있다. 또 아이디어가 돋보이

는 "렛미인(LET美人)"이라는 카피를 전면으로 내세우며 차별화를 꾀하고 있다.

롱플란트 치과와 락플란트 치과는 "어르신들을 위한 임플란트 전문병원"을 슬로건으로 제시하고 있는 것이 특징이다. 먼저 롱플란트는 노인에 특화된 맞춤형 시술과 서비스를 제공하는 병원답게 "어르신을 위한 임플란트, 롱 플란트 치과그룹"을 슬로건으로 표방하며 연령대로는 노년층을, 전문 치료분야로는 임플란트임을 내세우고 있다. 이미지 모델은 이순재가 선정되어 인지도 향상에 도움을 주고 있다. 이것은 임플란트의 주요 고객층이 중, 장년과 주로 노인층임을 감안할 때 적절한 선택이라고 할 수 있다.

광고표현에 있어서도 유머 소구를 주로 이용하고 있음은 롱 플란트 치과의 큰 특징이자 차별점이다. 주로 무명의 외국인 노년층 모델이 등장하며 치아의 소중함과 중요성을 익살스럽게 소구하여 다른 병원의 정형화된 표현방법과는 크게 차별화되고 있다. 더불어 온라인 상담을 강화하는 전략이 크게 눈에 띄고 있다. 1 : 1 채팅상담과 SMS 문자상담, 온라인 예약, 온라인 즉시 견적 코너를 만들어 잠재된 예상고객과의 커뮤니케이션에 노력하고 있다.

롱플란트와 함께 신문 등의 인쇄매체 광고에 적극적인 락플란트는 주로 부드럽고 따뜻한 느낌의 감성적인 메시지로 고객에게 어필하고 있는 것이 특징이며, 재미있는 온라인 배너광고도 인상적이다. 또한 기부를 통한 사회공헌 활동과 목표소비자인 노인층을 대상으로 하는 이벤트, 그리고 다양한 마케팅활동을 적극적으로 전개하고 있다.

임플란트 분야의 다양한 수상 경력을 홍보로 활용하는 에스 플란트 치과는 "당신과의 소중한 인연, 평생 치과주치의로 동행하겠다"는 슬로건을 제시하며 고객서비스를 강조하고 있다. 특히 장기적인 고객확보와 유지에 효과가 있는 CRM SP를 받아 들여 이를 적극 활용하고 있다. 치과 치료의 경제적인 부담을 덜기 위한 금융지원 서비스의 일환으로, 우리은행과의 제휴에 의한 우리V포인트 카드를 통해 의료비 결제액의 6%를 포인트로 적립해주는 의료 포인트 적립 서비스를 실시하여 주목을 받고 있다. 연세 우일 치과는 "온새미로 연세우일"이라는 슬로건을 내세우고 언제나 변함없는 병원의 이미지를 표방하고 있으며, 4C(Contemporary, Convenient, Comfortable, Confidential)와 같은 차별화된 서비스프로세스를 강조하고 있다.

화이트치과는 개그맨 임혁필을 모델로 하여 치료 전 모습과 개선된 현재 모습의 변화를 입증식소구를 통해 설득력을 높이고 있다.

한편 가격할인 이벤트를 중심으로 활발한 프로모션을 전개하는 곳이 많다. 먼저 아이디

치과는 수능이 끝난 학생들을 공략하여 수험표를 소지하고 있는 고객을 대상으로 가격혜택과 함께 단기간에 부분교정을 할 수 있는 행사를 실시하고 있다. 아이엠 치과는 수험생과 수험생을 둔 부모까지 혜택을 제공하는 이벤트를 진행하고 있다. 락플란트는 노년층을 타깃으로 하는 병원인 만큼 50대에서 70대까지의 고객에게 가격을 크게 할인해 주는 이벤트를 제공하고 있고, 또 치아의 날을 기념하여 헌 칫솔을 가져오면 새 칫솔로 교환해 주는 이벤트도 함께 실시하고 있다.

3. 한의원·한방 병원의 사례 분석

최근 한의원이나 한방병원의 가장 큰 변화의 움직임으로 시장세분화에 의한 전문성 추구 현상을 들 수 있다. 소아 전문, 여성 전문, 아토피·피부에 중점을 둔 한의원, 그리고 기타 비만과 다이어트, 탈모·모발이나 눈 질환, 비염, 이명·난청, 허리·척추 등을 중심으로 하는 한의원 등으로 경쟁력과 차별화를 강화하기 위한 노력이 활발히 진행되고 있다.

먼저 소아 중심의 한의원으로는 아이누리 한의원, 함소아 한의원 등이 있다. 아이누리 한의원은 "건강한 아이, 건강한 미래"라는 비전을 내세우며, 자신들의 목표이자 행동방침을 3P인 보호(Protection), 제공(Provision), 참여(Participation)로 제시하며 의료서비스를 진행하고 있다. '부비'라는 캐릭터를 사용하여 소아 전문 한의원에 걸맞게 아이들에게 친근감을 주면서 다가갈 수 있도록 하였다. 캐릭터는 활짝 웃는 모습을 표현하며 심벌마크로도 형상화하여 다양한 홍보활동에 활용하고 있다. 또 의료관계자는 캐릭터가 그려진 유니폼을 착용하여 어린아이가 병원에 왔을 때 느끼는 심리적인 불안이나 두려움을 감소시키는 효과를 높이고 있으며, 한약포장이나 치료약 등에도 캐릭터를 사용하여 친근감을 향상시켰다.

개원한지 10년이 되는 2012년도에는 "안전 진료 10년, 아이누리 10년"이라는 슬로건과 함께 대대적인 프로모션을 전개하였다. 코퍼레이트 컬러(corporate color)로는 따뜻함을 표현한 노란색, 친환경을 표현하는 갈색, 건강함을 나타내는 초록색이 있다.

광고에서 나타나는 본 한의원의 세련되고 완성도가 높은 메시지는 매우 인상적이다. "우리 아이 면역력을 지켜주세요", "쑤욱 쑤욱 우리아이가 자란다"등과 같은 인쇄매체의 헤드라인과 옥외광고, 교통광고의 "밥을 안 먹는다", "감기를 달고 산다", "아토피가 심하다"라는 헤드라인을 통해 목표대상층인 어린이에 맞는 메시지를 소구하며, 구매영향자이며 구매자인 부모의 관심을 끌기에도 적합한 표현전략을 구사하고 있다.

EBS의 '모여라 딩동댕'의 방청객에 대한 상품협찬과 SBS의 '런닝맨'프로그램의 촬영장소를 제공하는 것을 비롯해, 한약을 배달하는 차량에 캐릭터를 페인팅하여 외부에 노출시키는 등의 적극적인 홍보사례도 돋보인다. 또 블로그 회원 33만 명 돌파기념으로 퀴즈에 답하면 경품을 제공하는 등의 다양한 이벤트 활동과 개그맨 박명수, 아역배우 정다빈 등 연예인들을 활용한 스타마케팅도 전개하고 있다.

마찬가지로 함소아 한의원도 소아를 대상으로 하는 전문 한의원으로 마케팅을 잘하는 대표적인 사례로 잘 알려 있다. 함소아 한의원에서 '함소아'란 '웃음을 머금은 아이', '함박 웃는 아이'라는 뜻으로 모든 어린아이들이 함박웃음을 짓기 원하는 소망이 담긴 이름이다. 본 한의원의 광고 메시지는 아이들이 활짝 웃고 있는 모습이 담긴 비주얼이나 함박 웃음 등의 문구를 자주 사용하며, 이를 통해 온정소구를 하는 광고 유형이 많다.

감기, 비염, 아토피 등의 치료과목을 중심으로 하고 있기 때문에 "감기, 비염 치료는 함소아 한의원에서"라는 주장 제안형식 광고문구도 자주 눈에 띤다. 인지도 향상을 위해 노랑과 주황을 중심으로 하는 트레이드 컬러를 전략적으로 사용하고 있다. 또 부드럽고 친근감이 있는 이미지를 만들기 위해 디자인 한 하마 캐릭터는 의료진이 입고 있는 노란색의 가운과 잘 어울려, 하얀색 가운의 차가운 이미지 대신 따뜻한 이미지로 아이들에게 다가가고 있다.

또 다양한 이벤트프로그램도 전개하고 있는데 함소아 한의원의 이름에 맞게 함박 웃는 아이 선발대회를 개최하여 주목을 끌고 있다.

여(女)사랑 한의원은 여성을 표적 시장으로 세분화한 전형적인 사례이다. 초진과 40~50세의 여성 환자에게는 많은 시간을 할애하여 진료에 임하고 있다. 일반적으로 여성은 남성보다 감수성이 높으며 특히 중년에는 가족으로부터 많은 소외감을 느끼는 나이이므로 상담 시간을 늘리고 공감을 표현한다. 병과는 크게 불임, 비만, 갱년기, 요실금, 피부 등 여성에게 있어서 의료서비스에 관심이 많은 분야를 세분화시켜 전문성을 내세우고 있다.

"Woman Love.co.kr, 소중한 당신을 생각합니다"와 "여성만을 위한 전문 한의원, 소중한 당신을 생각합니다. 애(愛)"라는 독특한 슬로건으로 여성만을 위한, 여성을 잘 아는 한의사임을 강조하고 있다. 특히 검색어 광고가 인기를 끄는 사회적 현상을 반영시켜 병원 홈페이지(도메인)에 슬로건을 포함시킨 것이 특징이다.

한편, 다이어트 & 피부를 중심으로 하는 한의원 사례로는 규림 한의원, 일맥 한의원, 프리 허그(Free Hugs) 한의원 등을 들 수 있다. 먼저 병원 광고에서 자주 쓰는 형식인 질문형식의 헤드라인을 채택하여 주목률을 강화하는 사례가 많다. 규림한의원에서는 "한방으로 여드름을 치료할 수 있을까?"라는 질문을 던짐으로써 고객층의 호기심을 유발하고, 바로 밑에 "그렇습니다. 규림 한의원에서는 한방요법을 통해 몸의 건강은 물론, 보다 탄력 있고 깨끗한 피부를 만들어 드리고 있습니다."라는 광고문안과 잘 연결시켜 자신감을 나타내고 있다. 또 잡지광고를 통해 "처진 얼굴은 올려주고 커진 얼굴 줄여 주는 한방 침 매선 요법"을 제시하여 성형도 한방으로 해결할 수 있다고 표현하고 있으며, LA 타임즈의 광고를 통해 많은 스타들이 방문해 갔음을 소개하여 눈길을 끌고 있다.

일맥 한의원은 슬로건인 "Only Diet, Ilmaek"에서 알 수 있듯이 비만치료와 다이어트를 전문으로 하는 네트워크 한의원이다. "왜 일맥 한의원인가? "라는 헤드라인과 같이 이를 전문으로 하는 치료기관에서 올바른 관리의 중요성을 역설하고 있다. "한 그루의 아름다운 나무는 건강한 뿌리를 가지고 있고, 그 가운데에는 한 줄기 一脈이 있다."와 같이 일맥 한의원이 지향하는 병원 이념이 네이밍과 연계되어 잘 표현되고 있다. 또한 다양한 형태의 프로모션을 활발히 전개하고 있다. "놓칠 수 없는 매력 다이어트, 가격 꽉~잡았다", "썸머 패키지 이벤트, 1년에 단 한번 할인혜택과 이벤트를 동시에"등과 같이 가격 할인을 앞세운 판촉이벤트를 실시하고 있다. 그 밖의 고객과의 소통과 친밀감을 유지하기 위한 체험이벤트로서 소속 네트워크 한의원이 위치하는 지역을 거점으로 하여 「일맥 워킹 클럽 주말 걷기 대회」를 개최하고 있는데, 건강과 자연친화적인 일맥 한의원의 이미지를 부각시킬 수 있는 역할을 수행한다.

프리 허그(Free Hugs) 한의원은 아토피 난치병 연구를 위한 '열린의학회'설립을 시작으로 전국 8곳에 협력 네트워크를 구성하고 있다. 본 한의원은 병원 명칭부터 독특하다. 보통 한의원의 명칭은 한자로 되어있거나 최근에는 이미지의 변화를 위해 순수 한글로 구성된 병원 명칭을 사용하는 곳도 늘고 있는 추세이다. 그러나 영어로 만들어진 한의원의 명칭은 쉽게 찾아 볼 수 없다.

"only 아토피 혁명"이라는 슬로건 역시 프리 허그 한의원이 지향하는 아토피의 전문성이 잘 반영되어 고객의 공감을 유도하기에 충분하다. 광고 문구에서 구체적인 숫자를 제시한 "아토피, 7일간 집중치료", "7일만 치료에 집중 하십시오"라는 이성적 소구 카피는 7일이라는 기간을 명시함으로서 광고를 접하는 소비자로 하여금 신뢰감을 주고 주목률을 높이고 있다.

"아토피치료, 여러 번 실패하셨습니까? 라는 헤드라인은 의문·질문형 카피가 갖는 강렬함을 바탕으로 소구력을 향상시킨 것 외에도, 특히 단기간의 아토피 치료로 효과를 보지 못한 사람에게 공감을 유도하여 설득력을 높이고 있다.

그러나 가장 주목해야할 것으로는 일반적으로 병원에서 자주 쓰이지 않는 감성 소구에 의한 카피 사례이다. "백 마디 말보다 소중한 단 한 번의 포옹, 당신의 지친 아토피를 안아 드립니다"라는 카피를 통해 환자나 그 가족에게 아토피는 의학적인 치료보다는 오히려 포옹이나 스킨십에 의해 정서적, 심리적인 안정감을 줌으로써 스트레스를 줄여 치유효과를 높일 수 있음을 잘 표현하고 있다.

피브로 한의원은 잡지 광고와 인터넷 광고를 중심으로 여드름과 탈모에 관한 전문성을 소구하고 있다. "피부로 미소 짓는 피브로 한의원"이라는 슬로건과 함께 브랜드를 치료과목과 연계하여 기억률을 높이려는 의도도 좋지만, 과다한 할인 이벤트에 의한 가격경쟁보다는 가치로 차별화하려는 시도가 요구된다.

"행복한 우리가족, 건강한 피부주치의", 淄년 전통 한방피부치료의 과학화를 선도하는 우보 한의원"이라는 슬로건을 내세우는 우보 한의원은 비행선을 이용한 광고가 주목을 끌고 있다. "우보야 아토피를 부탁해"라는 헤드라인을 공중에 띄워서 많은 사람들의 화제와 흥미를 유발시키고 있다. 병원에 오기 싫어하는 아이들을 위해 치료요정 '보우'를 캐릭터로 사용하여 긍정적인 이미지를 창출하고 있으며, 홍보활동에 활용하고 있다. 또 주변의 어려운 사람을 지원하기 위한 '힐링 핸즈 캠페인'은 "서로의 마음을 치유해 주는 따뜻한 손"이라는 슬로건을 내세워 사회봉사활동에 적극적인 이미지를 조성하고 있다.

또한, 비만과 다이어트를 전문으로 하는 제나 한의원은 홈페이지를 통해 현 원장이 한의사의 길을 선택한 과정을 스토리텔링으로 구성하여 공감을 유도하는 것이 인상적이다. 본 의원에서 개발한 다이어트 치료제인 '비비탕'은 복용하면 살찔 비(肥)에서 왕비 비(妃)로 거듭나게 해주는 본 의원만의 차별화된 한약제라는 의미로, 네이밍에 있어서도 많은 연구를 한 흔적을 엿볼 수 있으며, 비비 체험단을 구성하여 치료효과를 증언식소구로 소개함으로써 신뢰감을 조성하고 있다.

여자의 몸무게는 묻는 것이 아니라는 광고카피나 친구가 잠깐 자리를 비운사이 찻잔에 비비탕을 부어 마시는 비주얼로 구성된 유머소구의 광고를 통해서 즐거움을 주고 있다. 또 여성의 사이즈를 표현한 숫자임을 암시하는 "77, 66, 55, 44"처럼 숫자만을 비주얼로 강조한 광고나 일러스트를 사용한 광고 등 다양한 형태의 메시지를 고객에게 전달하여 설득력을 높이려는 시도를 계속하고 있다.

여드름 치료를 전문으로 하는 참진 한의원은 "여드름 치료 외길, 10년 노하우가 있습니다"라는 슬로건을 내세우며 전문성을 강조하고 있다. 또한 유명 연예인이나 본 한의원을 다녀간 사람들의 경험을 증언식소구에 의해 다양하게 제시하여 친밀감과 신뢰감을 조성하고 있다. 또 홈페이지에 처음 등록하는 고객에게 '캐리커처(caricature)'를 그려주는 행사를 비롯해, 치료 후기를 게시판에 올려주는 사람에게 경품이나 영화 관람권을 주는 경품 이벤트, 중국 진출을 기념하는 "참진 짜요(화이팅을 뜻하는 중국어)"캠페인 등 다양한 이벤트를 개최하고 있다. 개그맨을 모델로 유머소구를 한 버스광고나 잡지광고도 화제를 유발시키고 있다.

마찬가지로 여드름 치료전문 한의원인 하늘체 한의원은 잡지광고를 통해 '여드름 치료는 하늘체 한의원에서'라는 헤드라인과 함께 "잠깐, 넘기지마세요!"라는 광고카피를 크게 노출시켜 여드름 또한 그냥 쉽게 넘기지 말라는 메시지를 설득력 있게 소구하고 있다. 주장 제안형식의 "피부도 스펙이다"라는 옥외광고의 헤드라인도 간결하면서도 강렬한 인상을 심어주고 있다. "죄송합니다, 감사합니다"라는 지하철역의 와이드컬러를 이용한 광고도 항상 고객들이 많이 찾아와 진료예약이 꽉 차서 죄송하고, 그 결과 병원을 확장하게 되어 감사하다는 표현을 잘 전달하고 있다. 또한 연예인 축구단인 FC MEN을 후원하는 내용의 광고를 통해 의료지원과 후원을 제공하는 병원의 이미지를 홍보하고 있다.

그 밖의 눈 만성피로증후군 전문인 인다라 한의원은 시장세분화의 좋은 사례로 주목받고 있다. "철학이 담긴 의술을 펼치는 전통한방의 심신 치료", "신의, 행복, 희망의 인술을 펼치는 인다라 한의원"의 이념에서는 다소 추상적인 느낌이 전달되지만, "눈이 피로하면 온몸이 피로하다"는 차별화되고 세분화된 진료 분야를 설정하여 고객에게 설득력 있게 다가가고 있다. 이처럼 인다라 한의원만의 차별화된 슬로건의 표현은 여러 광고를 통해 제시되면서 목표고객의 관심을 끌고 있다. 또한 전통적이고 동양의 분위기를 느낄 수 있도록 구성된 홈페이지는 다른 곳과의 이미지 차별화에 성공하여 주목률을 높이고 있다.

눈은 만성피로의 원인이면서 현대인에게 자주 나타나는 주요 질병으로 새롭게 시장세분화의 분야로 등장하고 있는데, 새로운 한방의료 시장의 하나로 눈과 만성피로의 전문성을 추구하는 인다라 한의원의 세분화 접근 방법은 보다 효과적인 선택으로 평가될 수 있다.

발머스 한의원은 「탈모만을 연구하는 발머스(Balmer's)」, 「탈모하면 발머스 한의원」이라는 슬로건처럼 탈모만을 전문으로 치료하는 한의원으로 잘 알려져 있다. "탈모치료의 골든타임은 언제인가?"라는 질문형 헤드라인의 접근 방법은 소비자들로 하여금 강력한 인상을 심어주고 있다. 질문형 카피 형식이 주는 강력한 인상뿐만 아니라 적절한 탈모 치료를 위해 시기가 중요하다는 인식을 함께 연계하여 뛰어난 설득력과 호소력을 보여 주고 있다.

탈모 치료에 있어서 시기의 중요성을 설득한 발머스 한의원의 후속 광고 콘셉트도 매우 시선을 자극한다. "탈모가 유전이라면 왜! 쌍둥이 중에 한명만 탈모가 될까요?"이것 또한 강렬한 인상을 주는 질문형 헤드라인의 접근 방법을 취하고 있다. 이것은 서브 헤드라인, "스트레스로 인한 두피열이 탈모의 후천적 요인이기 때문입니다."와 연계시켜 탈모는 유전적, 선천적인 원인보다는 후천적 스트레스의 환경 요인에 의해 발생하며 전문적인 치료를 통해 치유, 개선될 수 있음을 설득하고 있다.

불모지나 다름없던 한방탈모 치료분야를 새롭게 개척했다고 평가받는 발머스 한의원은 학술위원회를 통해 끊임없이 탈모에 대해 연구하고 있다. 또한 혁신적 탈모이론에 관한 각종 건강강좌·세미나를 개최하여 홍보활동을 강화하고 있다.

소리청 한의원은 이명, 어지럼증, 난청 등을 전문으로 치료하고 있다. 이것은 "소리청이 여러분의 귀와 머리를 맑게 지켜드리겠습니다.", "이명, 어지럼증, 돌발성 난청 전문 한의원"이라는 슬로건을 통하여 함축적으로 잘 나타내 주고 있다. 마케팅이나 시각적인 관점에서 특별한 차이점을 발견할 수는 없지만 귀와 관련된 치료를 전문으로 하는 이미지를 표현하기 위해 달팽이를 형상화한 심벌마크가 주의를 끈다.

스트레스에 의한 이명의 발생비율이 높은 시기와 연령대, 직업군 등을 광고 전략에 활용하여 효율성을 향상시킬 수 있다. 특정 시기와 무관한 질병은 메시지 노출을 분산하여 집행하는 것이 보통이지만, 이명과 귀울림은 주로 11월에 많이 발생하므로 이 시기에 광고 예산을 집중시켜 효과를 극대화할 수 있다. 또한 목표 고객에 있어서는 스트레스와 근무환경으로 인해 이명의 발생비율이 높은 직장인, 수험생 등을 대상으로 하여 설득하기 쉬운 광고카피와 표현방법을 찾고 이들이 쉽게 접촉할 수 있는 매체를 선정함으로서 소구력을 강화할 수 있다.

병원에서 경쟁력과 차별성을 강조하기 위해 시장세분화의 이론을 잘 적용한 사례는 소람 한방병원에서 찾을 수 있다. 소람 한방병원은 한의학을 암 치료에 접목시킨 양·한방 통합 면역 암 치료 전문 한의원으로 이미지 포지셔닝을 시도하여 주목을 끌고 있다. "암에 대처하는 면역관리를 아세요?", "긴장하라, 암! 소람 한방병원" 등과 같이 최근 중앙지(동아일보)에 게재된 신문광고를 통해서도 암 전문 치료병원을 알리려는 노력을 자주 발견할 수 있다. 이와 같이 다양한 매체를 통해 통일되고 일관성 있게 제안되는 메시지는 더욱 설득력이 강한 메시지로 고객에게 다가가고 있음을 알 수 있다.

의료서비스를 강화할 목적으로 '1대 1 면역 매니저 시스템'을 도입하고 환자 등록부터 수납까지 일원화한 IT 시스템과 휴먼웨어 시스템을 동시에 구축하였다. 1 : 1 면역 매니저 시스템을 통해 대표원장, 진료원장, 상담실장, 담당 간호실장과 간호사로 이루어진 전문 진료 팀이 환자의 체질과 질병(암), 특성에 따른 치료와 함께 정서적 지지를 포함, 긍정적 마인드를 갖도록 유도함으로서 원활하고 효과적인 치료가 가능하게 하고 있다.

한편, 자생 한방병원은 척추 전문 한의원으로 "사랑과 정성이 척추를 건강하게 만듭니다"라는 슬로건을 표방하며 이를 소구하고 있으며, 스포츠스타 박지성, 최경주를 활용한 스타마케팅을 활발히 전개하고 있다. 서포터즈를 모집하는 이벤트에서부터 사랑 나눔 사회봉사활동 등의 공공 이벤트, 새해맞이 보약 특가 이벤트, 겨울방학 청소년 집중치료 할인 이벤트 등의 프로모션 활동, 그리고 병원의 홍보를 위해 드라마 시크릿 가든, 제 3병원 등 PPL도 활발히 전개하고 있다.

✛ 표 4-9_ 한의원의 슬로건과 이념 비교

	슬로건 · 이념
아이누리 한의원	건강한 아이, 건강한 미래
함소아 한의원	내 이름은 함소아(含笑兒)
우보 한의원	우보야 아토피를 부탁해
편강 한의원	아토피, 비염, 천식엔 편강탕
장덕 한의원	병원이 할 수 없는 생각, 장덕 한의원
규림 한의원	한방 의료계의 고객만족도 No.1 글로벌 네트워크
일맥 한의원	오직 다이어트 하나의 길
제나 한의원	건강한 다이어트를 위한 선택
참진 한의원	맑은 얼굴, 평생 주치의
하늘체 한의원	피부도 스펙이다, 나의 여드름 주치의
프리허그 한의원	백 마디 말보다 소중한 '단 한 번의 포옹' 당신의 지친 아토피를 안아드립니다
자생 한방병원	척추는 자생, 자생한방병원 사랑과 정성이 척추를 건강하게 만듭니다.
소람 한방병원	의료진(I)과 고객(I)이 서로 믿고 기댈 수 있는 존재 면역력을 활성화시켜 암세포를 퇴축시키는 양·한방 통합 암치료

천식, 비염, 아토피를 치료하는 편강 한의원은 다양한 유머소구로 주목을 받고 있다. 의료진이 팔짱을 끼고 있는 사진 대신에 귀엽고 친근감 있는 원장의 사진을 클로즈업시켜 고객들에게 편안한 느낌을 전달하고, 버스광고를 중심으로 한 다양한 매체를 통해 본 한의원에서 개발한 '편강탕'을 알리려는 인지광고를 주로 하고 있다. 사극 드라마 '마의'의 협찬을 통해 인지도가 향상된 본 한의원은 일러스트레이션과 재미있는 광고 문구를 노출시켜 사람들의 호기심과 흥미를 유도하는 메시지를 전달하고 있는 것이 특징이다.

어깨, 협착증을 전문으로 하는 장덕 한의원은 "병원이 신경 쓰지 못하는 시리고 아픈 부모님의 뼈마디", "병원이 할 수 없는 생각"이라는 헤드라인을 통해 한의원의 가치를 더욱더 높이는 등 본 한의원의 차별화를 시도하고 있다. 그러나 기존의 광고 형태에서 발견되는 것처럼 어려운 의학용어와 함께 긴 문장의 카피를 중심으로 하는 광고는 신문기사 같은 느낌을 줄 수 있으며, 소구점이 분산되어 오히려 소비자들의 시선을 끌지 못할 위험성이 따르기 때문에 주의를 요한다.

표 4-10_ 주요 한의원의 카피플랫폼 비교

	아이누리 한의원	함소아 한의원	제나 한의원	프리허그 한의원	자생 한방병원
슬로건·이념	건강한 아이, 건강한 미래	내 이름은 함소아 (含笑兒)	건강한 다이어트를 위한 선택	백 마디 말 보다 소중한 '단 한 번의 포옹' 당신의 지친 아토피를 안아드립니다.	척추는 자생, 자생한방병원 사랑과 정성이 척추를 건강하게 만듭니다.
소비자의 특성	소아	소아	여성	아토피 환자	50대 이상
광고현황	잡지광고, TV간접광고(PPL), 교통(차량광고, 지하철광고), 스타마케팅	인터넷 배너 광고, 인쇄제작물 광고, 버스랩핑 광고, 이벤트(함박웃는아이선발대회)	인터넷광고, 지하철광고, 버스내부광고	인터넷배너 광고, 버스광고(내부, 정류장)	버스내부광고, 후원광고, POP광고, 스마트폰 어플, 스타마케팅, 이벤트(드라마, 서포터즈)
크리에이티브 전략	포지셔닝전략	포지셔닝전략	USP 전략	포지셔닝전략	브랜드이미지 전략

또한 한의원이나 한방병원은 기존의 보수적인 이미지를 벗어나기 위해 네이밍 전략에도 많은 관심을 쏟고 있다. 과거에는 의사의 이름이나 지역을 사용하는 경우가 많았으나 최근 들어 많은 변화를 시도하고 있다. 목과 허리를 전문적으로 하는 목커리 한의원이나 피부 치료의 피부로 한의원, 눈과 코를 중심으로 치료하는 눈치코치 한의원과 같은 유형부터 아이디어적인 네이밍을 사용한 함소아나 아이누리 한의원, 캐릭터를 연상시키는 둘리 한의원, 그리고 피부(skin)와 코(鼻), 비만(肥) 치료를 전문으로 하는 S 앤 비 한의원처럼 과거의 한자나 한글 중심의 명칭에서 외국어를 네이밍으로 사용하는 경우도 볼 수 있다.

4. 성형외과와 피부과 병원의 사례 분석

먼저 성형외과나 피부과 등과 관련된 진료 분야는 마케팅과 홍보에 대한 비중이 크며 성장 가능성도 매우 높게 나타나고 있다. 실제로 외모를 중시하는 사회적 환경에 맞물려 사람들의 아름다워지려는 욕구는 더욱 강해지고, 수익성과 편의성에 기초한 의사들의 선호도가 높아짐에 따라 빠른 성장을 보이고 있다. 그러나 미용과 관련한 병원의 인기가 높아지고 병원의 수가 증가함에 따라 이들 병원간의 경쟁은 갈수록 심화되고 있다.

성형외과 또한 시장세분화에 의한 진료 분야의 전문화가 잘 이루어지고 있다. 티엘 성형외과의 주 진료 과목은 안면 윤곽 수술이고, 아이디 성형외과는 양악 수술, 브라운 성형외과와 그랜드 성형외과는 쌍꺼풀과 눈매 교정이 주 진료 과목이며, 페이스 성형외과는 프로필 성형인데, 프로필 성형은 전체적인 얼굴을 입체적이고 볼륨 있게 하여 동안으로 보이게 하는 수술이다.

이러한 경쟁 환경 속에서 차별화 전략을 채택하여 앞서 나가고 있는 사례를 살펴보면 다음과 같다.

먼저 티엘 성형외과는 서울특별시 강남구 청담동에 위치해 있으며 안면 윤곽 성형을 전문 진료 과목으로 설정하고 있다. 또 가슴 성형, 리프팅/동안 성형, 눈/코 성형, 체형 성형 등의 진료 과목도 병행하며 이에 맞게 각각 다 다른 헤드라인으로 고객들에게 소구하면서 고객들의 관심을 이끌어내고 있다. 티엘 성형외과는 매우 임팩트가 강한 광고카피를 채택하고 있는 것이 특징이다. "이것이 성형이다"라는 슬로건으로 철저한 고객중심을 지향하며 인간중심 병원이라는 콘셉트를 내세우고 있으며, "왜 티엘인가?"처럼 의문형 카피를 중심으로 강한 소구력을 표방하고 있으며, 또 입증 증명 형식의 비포어 & 애프터(Before & After)를 통하여 수술 전과 수술 후의 모습을 함께 보여줌으로써 메시지의 소구력을 향상시키고 있다.

고객들을 위한 '티엘의 3대 원칙'과 '더 나은 티엘을 위한 3대 원칙'을 앞세우며 서비스의 차별화를 꾀하고 있다. 전자를 통해 고객을 최우선으로 품격 있는 서비스로 보답하는 고객중심병원, 환자의 안전을 최우선으로 하는 병원, 관련 분야의 협진을 통해 안전하고 만족스러운 결과를 주는 병원을 내세우고 있으며, 후자를 통해 최신 의술에 의해 더 나은 의료 서비스로 안전하고 효과적인 결과를 주는 병원, 고객이 만족할 수 있는 24시간 상담 체제 운영 병원, 고객을 내 가족처럼 과하지 않은 진료와 무리하지 않는 수술을 하는 병원을 표방하고 있다.

그 밖에 블로그, 페이스북, 트위터, 카카오톡 플러스 친구 등 고객들에게 좀 더 쉽고 가깝게 다가가기 위해 활발한 SNS 활동을 전개하고 있으며, 다양한 이벤트도 활발히 실시하고 있다. 예를 들어 "티엘과 플친 맺자"처럼 카카오톡을 통해 다양한 할인 혜택을 주거나, 월마다 색다른 가격할인 이벤트 등을 진행하고 있다.

한편, 카피 플랫폼을 중심으로 사례를 비교해 보면, 각 병원의 광고 전략 흐름을 쉽게 파악할 수 있다. 먼저 티엘 성형외과는 "이것이 성형이다"라는 단정 지시 형식으로 표현했으며, 아이디 성형외과는 정서형식을 이용하여 "얼굴 행복"이라는 슬로건을 내세우고 있다. 브라운 성형외과 역시 아이디 성형외과와 마찬가지로 정서형식의 "아름다운 성형"이라는 슬로건을, 그리고 그랜드 성형외과는 "걔가 성형한 거기"라는 슬로건으로 고객들의 호기심을 유발하는 티저 형식을 취하고 있다. 마지막으로 더 페이스 성형외과는 "오직 당신만의 아름다움을 디자인합니다"라는 슬로건으로 단정 지시 형식을 사용하였다.

고운세상 피부과는 고객들에게 아름다움과 행복을 제공하기 위한 고객 만족 경영을 이념으로 표방하며 1998년 서울에서 개원 후, 현재 청담, 잠실, 목동, 명동 등 총 14개 네트워크 지점을 갖춘 피부·미용 전문병원이다.

최근 병원에서도 네트워크화가 적극적으로 도입되는 추세를 보이고 있다. 이는 체인점의 형식으로 전국의 여러 곳에 같은 이름을 가지고 병원을 운영하는 방식을 말한다. 의료기관에 네트워크화가 도입되면 의료기술과 병원의 노하우를 공유할 수 있으며, 의사 및 직원들의 공동 교육을 통하여 의료서비스 수준 향상을 꾀할 수 있다. 또한 공동 구매를 통한 비용절감과 공동 홍보 및 마케팅을 통한 매출의 증가 등도 병원 네트워크화의 이점이라 할 수 있다.

본 병원은 네트워크 피부과의 약점이라고 할 수 있었던 고객과의 온라인 소통창구를 대폭 개선해 지점별로 홈페이지를 제작하였다. 이것은 고객이 원하는 해당 지점을 안내하는 홈페이지에 바로 접속할 수 있게 메뉴를 제작함으로써 보다 쉽고 간편하게 시술 정보와 의료 상담 등이 가능하도록 구성하였다.

영원한 아름다움을 지킨다는 뜻의 "뷰티 포에버(beauty forever)"를 슬로건으로 내세우며, 홈페이지의 도메인과 통일시켜 인지율을 높이고 있다. 또 홈페이지에 접속하면 상쾌한 음성과 사운드의 고운 세상 CM송이 나오도록 구성하여 차별화를 시도하고 있다. 시대의 변화와 트렌드에 대응하기 위해 2011년 대표 홈페이지 리뉴얼과 함께 "Cure & More(치료 그 이상의 만족)"라는 슬로건을 표방하며 새로운 출발을 다짐하고 있다.

특히 고운세상 클리닉의 진료 분야 중 가장 차별화된 것이 바로 모발 의학연구이다. 개원 당시는 피부과의 성향이 강했으나, 성장을 거듭하면서 진료 분야를 점진적으로 늘려나가기 시작하면서 현재는 피부과, 성형외과, 두피관리, 체중관리 등 미용과 관련된 거의 모든 분야를 통합하여 시너지 효과를 추구하며, 고객만족이 높은 의료서비스를 제공하고 있다.

고객들에게 좀 더 쉽고 가깝게 다가가기 위해 활발한 SNS 활동을 전개하며, 여성뿐만 아니라 젊은 남성은 물론, 중년 남성들에게도 소구하기 위해 '남성 피부 관리'라는 항목을 홈페이지에 별도로 구성하여 10대부터 20대, 30대, 40대, 50대까지 각 연령층의 남성 고객에게 필요한 정보를 제공함으로써 만족스러운 의료서비스를 제공하고 있다.

독특한 프리미엄 이벤트로 위젯을 설치하고 댓글을 달면 상품을 주는 방식과 페이스북을 공유하고 추첨자를 통해 경품을 제공하는 방식의 이벤트가 있으며, 지역별로 겨울 방학을 이용한 시즌 이벤트, 수능대박 기원 이벤트, 수험생을 위한 특별 할인 이벤트 등도 있다.

그 밖의 다른 피부과 병원은 대중 매체보다는 대부분 옥외광고나 교통광고를 중심으로 메시지를 제공하고 있으며 카피 플랫폼을 중심으로 각 병원의 사례를 비교해 보면, 다음과 같이 요약된다. 먼저 "뷰티 포에버(beauty forever)"를 슬로건으로 표방하는 고운세상 피부과는 정서 형식의 카피전략을 채택하고 있으며, 탈모를 전문으로 하는 나용필 모 피부과는 "모발이식에 대한 새로운 생각"이라는 슬로건을 내세우며 호기심을 유발하는 티저 형식을 이용하고 있다. 후즈후 피부과는 인간의 감성적인 측면을 자극하는 병원의 콘셉트와 그에 맞는 슬로건을 사용함으로써 고객들에게 좋은 이미지로 다가가고 있으며, 리프팅을 전문으로 하는 웰스 피부과는 "웰스 피부과는 가족입니다", 그리고 레이저 클리닉에 중점을 두는 로제 피부과는 "피부미인이 되는 지름길입니다"라는 정서 형식을 각각 사용함으로써 고객들의 관심을 이끌어 내고 있다. 특히 로제 피부과는 최초의 네트워크 피부과라는 소구점으로 가지고 선두주자 포지셔닝을 채택하고 있는 것이 특징이다.

5. 정형외과 병원의 사례 분석

정형외과 병원은 최근 들어 척추나 허리·디스크, 어깨, 무릎, 관절, 족부 질환 등과 같이 보다 세분화된 진료과목에 대한 전문성이 강조된 의료서비스로 차별화를 나타내고 있다. 경영상의 장점 때문에 전국 네트워크를 구성하는 경우가 많으며, 다양한 소구에 의한 메시지의 전달방식보다는 진료내용이나 차별화된 치료방법을 중심으로 소개하는 USP 전략을 취하는 경우가 많기 때문에, 다양한 매체개발과 함께 감성적인 소구에 의한 표현기법을 도입할 필요가 있다.

전국 중앙지를 통해 활발히 광고 메시지를 노출시키는 제일 정형외과 병원의 홈페이지는 전문치료 분야인 척추(허리)와 인공관절(무릎)의 가격 경쟁력에 초점을 맞추고 있다. "인공관절 수술, 반값으로 가능", "비급여 항목, 잘 따져 보면 반값으로 할 수 있다"등의 표현이 그것이다. 대표적인 슬로건인 "꼿꼿한 허리, 가벼운 발걸음"이것 역시 전문치료 분야와 관계가 깊다. 또 "사랑의 의술이 노인을 향합니다."라는 캐치프레이즈(catch phrase)로 목표소비자를 명확히 하고 있다.

마케팅 전략상에 있어서 제일 정형외과 병원의 가장 큰 특징은 매스미디어(신문)를 자주 활용한다는 점이다. 특히 주요 일간지에 대형 사이즈로 자주 노출시키고 있는데 주된 슬로건은 "어르신의 신체특성을 잘 아는, 제일 정형외과 병원"으로 하고 있다. 인상적인 이벤트의 하나로 「부모님께 안부편지 쓰기」 행사가 크게 눈에 띈다. 이처럼 목표소비자와 연계가 잘 된 이벤트를 통해 차별화에 성공하고 있다.

무릎·어깨·관절 치료 전문 병원을 표방하고 있는 힘찬 병원의 슬로건은 "스마일 운동 실천, 힘찬 병원이 앞서 갑니다"이며, 환자의 고통을 경감시켜 행복과 웃음이 가득한 의료서비스 제공을 목표로 하고 있음을 강조하고 있다. 이미지 모델은 김병만으로 에너지가 넘치는 건강한 이미지를 내세우고 있다.

수도권을 중심으로 네트워크 운영방식을 채택하고 있으며 다양한 이벤트를 활발히 전개하고 있다. 「창립10주년 기념 온라인 경품 이벤트」로 블로그나 페이스 북에 댓글이나 의견을 제시하면 추첨을 통해 경품 제공하며, 관절수술을 받은 환자와 가족 8,000여명을 초청하여 「환자사랑 음악회」 등의 문화이벤트를 개최하였다. 또 사회공헌을 홍보하기 위한 공공 이벤트의 하나로 병원 간호사들에 의해 매월 「발 마사지 행사」를 개최하여 환자의 통증을 완화시키고 교류를 증대시켰으며, 무료로 관절 수술을 받은 저소득층 환자와 가족을 초청하여 「무료수술 환자 효도 여행」 행사를 열었다.

튼튼 병원은 척추관절 전문 의료기관을 표방하는 전국 네트워크 병원으로 "척추관절 첨단병원, 국내 최고의 척추관절 첨단치료"의 슬로건과 같이, 연 1만 건 이상의 수술, 비수술 척추관절 치료 경험을 축적한 국제 척추수술교육 지정병원이기도 하다. "대한민국 대표 척추관절 병원", "박지성도 선택한 튼튼 병원"이라는 슬로건에서도 잘 나타나고 있듯이, 척추 전문병원답게 스포츠스타를 활용한 다양한 마케팅활동을 진행하고 있다. 스포츠선수로 잘 알려진 축구선수 박지성을 비롯해 역도의 장미란 선수, 씨름선수 출신 대학교수인 이만기를 홍보대사와 이미지 모델로 선정하여 병원에 대한 인지도를 향상시키고 환자에게 친근감을 부여하고 있다. 스타마케팅의 일환으로 병원 홍보대사인 「박지성과 함께 하는 슛 골인, 튼튼 토크쇼」를 개최하여 추첨을 통해 선정된 아이들과 저소득 저신장 아이들에게 격려와 용기를 북돋워 주었다.

또한 본 병원은 다양한 스포츠이벤트 및 행사를 적극적으로 지원하고 있다. 이것도 척추관절 첨단병원이라는 이미지와 무관하지 않다. 강원랜드와의 협약식을 맺고 강원랜드 소속인 '하이원 스포츠단' 선수들에게 스포츠이벤트 후원의 관점에서 척추관절 건강 지킴이 역할을 하고 있다. 이와 함께 어린이 골프 전문레슨기관인 '키덜트 골프클럽'에 소속되어 있는 꿈나무 골퍼들을 지원하고 있다. 박세리, 최경주 등의 세계적인 선수들의 영향으로 골프가 점차 대중화되고 골퍼로서 꿈을 키워가고 있는 골프 키즈들이 많아지고 있는 상황에서 이들의 근본적인 관리와 부상을 방지하기 위한 체계적인 시스템을 구축하였다.

다양한 스포츠이벤트 외에도 할인 이벤트를 병행하여 이용기회를 확대하고 있다. 5월 가정의 달을 맞아 한 달 동안 65세 이상 어르신을 대상으로 하여 인공 관절수술(비 급여 항목)을 50% 할인된 가격으로 시술해주는 이벤트를 실시하였다. 또 참신하고 독창적이며 친근한 병원 캐릭터를 발굴하기 위한 캐릭터 공모전을 개최하여 권위적이고 차가운 병원 이미지를 캐릭터를 통해 더욱 친근한 이미지로 고객들에게 다가갈 수 있도록 하기 위해 기획되었으며, 수상작은 향후 병원의 이미지 광고 및 홈페이지에서 자주 활용하고 있다.

한편 허리나 척추관절 질환은 일반적으로 날씨와 깊은 관련성이 있는데, 이를 마케팅과 광고 전략에 적절히 반영시켜 효과를 극대화하고 있다. 척추질환의 주요 타깃인 노인층을 목표고객으로 하여 광고카피 등의 표현전략에 연계하고 있으며, 장마 시즌과 추운 겨울에 메시지의 노출을 집중시켜 매체전략을 효율적으로 진행하고 있다.

마디 병원은 정형외과 의사들의 바이블인 켐벨 교과서에 연구업적이 소개된 세계적인 어깨 관절 병원임을 강조하여 차별화를 시도하고 있다. "어깨통증 아직도 참으세요?", "어깨통증 치료는 마디 병원"과 같은 의문형과 단정 주장형 헤드라인에서 알 수 있듯이, 전문성을 강조하는 메시지로 고객을 소구하고 있다.

병원의 명칭에 '마디'라는 관절을 연상케 하는 순수한 우리말을 사용하여 아이디어가 돋보이는데, '마디(MADI)'는 본 병원만의 서비스프로세스를 의미하기도 한다. 즉 이를 통해 '현명하고 성실한 조언자(M: Mentor)'로서, '환자의 고통에 귀 기울이고(A: Attention)', '최선을 다해 치료하며(D: Dress)', '환자의 마디 마디에 생기를 불어 넣겠다(I: Inspire)'는 신념을 표방하고 있다.

6. 종합 병원의 사례 분석

서울삼성 병원은 1977년 삼성그룹의 공익사업의 일환으로 개원하여 글로벌 병원을 지향하고 있다. 설립 목표는 "진정한 환자 중심 병원"이라는 슬로건에 잘 나타나 있으며, 홈페이지는 다른 병원과는 달리 이미지 중심의 기업광고와 같이, 여백의 미를 충분히 살리고 절제된 카피로 구성된 것이 특징이다. 진료 예약제, 보호자 없는 병원, 촌지 없는 병원 등 철저한 환자 중심의 의료서비스를 구현하고 있으며, 공익사업과 메세나를 위해 설립된 병원답게 사회에 공헌하는 다양한 공공이벤트와 행사를 꾸준히 개최하고 있다. 드라마를 통한 PPL을 활용하거나 위젯광고의 어플리케이션을 통하여 홍보활동에도 적극적으로 나서고 있다.

1989년 설립된 서울아산 병원은 의료분야에서 빠른 성장을 계속하고 있다. 아산복지재단은 '우리 사회의 불우한 이웃을 돕는다'는 슬로건을 바탕으로 사회 공헌활동을 활발히 전개하고 있다. 이러한 실천 의지는 '이웃과 함께 하는 병원', '나눔과 배려', '최고 의료 수준 유지'등의 경영 이념에 잘 나타나 있다. 예를 들어 "어둠을 밝히고 내일을 여는 바이오 연구의 빛(아산 생명과학연구소)"을 비롯하여 "내 생애 가장 소중한 3일의 휴가였습니다(건강검진센터)", "억만금을 주더라도 내가 대신 아팠으면(소아청소년과)" 등의 설득력이 강한 감성소구의 광고 메시지는 좋은 이미지를 구축하는데 도움을 주고 있다.

건국대 병원은 경쟁적 차별화를 위해 마케팅활동을 적극적으로 실행하는 병원으로 일찍이 1931년 설립되어, "건강과 행복을 기원합니다"라는 병원 이념을 슬로건에 잘 담고 있다. 러브 레터 서비스와 뮤지컬 콘서트, 태교 음악회, 희망날개 포토 존 등 다양한 이벤트를 개최하고 있으며, 코리아 MICE 엑스포에 참여하거나 식단 전시회 등을 개최하고, 광고콘셉트로는 환자의 치료를 위해 노력하는 의사의 모습을 온정소구 방법을 채택하여 소구하고 있다. 특히 최근에는 외국인 환자 유치를 위해 의료관광 시장에 적극적으로 참여하고 있다.

"건강한 사람이 부자입니다"라는 슬로건을 표방하며 1996년 설립된 부민 병원은 서울 부산 등 전국의 광역시를 중심으로 네트워크 되어있다. 개원축하 메시지를 SNS를 통해 올린 사람을 대상으로 하는 온라인 이벤트를 비롯해 가훈 써주기, 어린이 의사체험 이벤트 등 다양한 이벤트를 실시하고 있으며, 프리미엄SP 방식을 주로 채택하고 있다. 광고는 "나는 부자입니다"와 같은 시리즈 광고물을 통한 온정소구로 고객에게 따뜻한 감성을 전달하고 있다. 기타 마케팅 활동으로는 희망나누기 캠페인, 의료봉사 등의 메세나 활동을 비롯해 고객만족을 위한 '명품고객 만족서비스'와 같은 독자적인 서비스 프로세스를 구축하여 차별화된 의료서비스를 강화하고 있다.

전남대 병원은 1910년 설립되어 호남의 거점 병원으로 확고한 위치를 차지하고 있다. 이러한 이미지 포지셔닝은 "지역민으로 부터 사랑받는 병원"이라는 슬로건과 조화를 이루며 설득력을 강화하고 있다. 지역을 중심으로 하는 병원인 관계로 광고 매체는 주로 옥외광고나 점두POP, 플로어POP 등의 POP광고와 같은 지역 매체(local media)에 의존하고 있다. 또한 지역민을 대상으로 하는 사랑 나눔 캠페인이나 의료봉사, 건강세미나 등의 사회공헌 활동을 전개하여 이미지를 향상시키고 있으며, 일찍부터 JCI 인증을 획득하여 의료관광 시장에도 참여하고 있다.

✚ 그림 4-17_
삼성 서울병원의
위젯광고

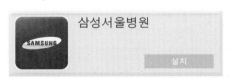

각주 정리

『디자인 용어사전』, 1983

≪Cheil Communications≫, 99년 4월호, 제일기획, p.53

≪다이아몬드 애드≫, 97년 5/6월호, 금강기획, p. 14~17.

Philip Kotler & Gary Armstrong, Marketing : An Introduction, Prentice-Hall, 1990, pp204~212.

フリー百科事典『ウィキペディア (Wikipedia) 』등을 참고

경향신문 2009년 7월 29일

김태연, 「메세나 운동, 그 진정한 의미를 찾아서」, 피아노 음악, 1996, pp. 82~83.

김희진 외, 『정보사회와 광고』, 이진출판사, 1999, pp.165~169

김희진, 『세일즈 프로모션』, 커뮤니케이션북스, 2004, pp.55~56.

디지털타임스 2009년 7월 28일

박명호 외, 『마케팅』, 경문사, 2003, pp.79~86

삼성 홈페이지(www.samsung.co.kr) 참고

서범석, 『광고기획론』, 나남, 2004, pp.151~155, pp.181~186.

서범석, 『광고기획론』, 나남출판, 2003, pp.196~197

스즈키 데츠오(차기철 역), 『잘 팔리는 점포 만들기』, 21세기북스, 1996, pp.150~154.

우에조노리오(맹명관 역), 『카피교실』, 들녁미디어, 1994, pp.46~57

윤길준, 문화, 예술 지원 기업 메세나 운동에 관한 고찰, 문화연구 제8집

이삼호 외, 기업이미지 제고를 위한 문화마케팅 활성화 방안에 관한 연구, 디지털디자인학연구 제
11권

㈜ 경상일보 2010년 11월 19일

㈜ 박병길, 『마케팅관리론』, 박영사, 1995, pp.329

㈜ 서범석, 『광고기획론』, 나남, 2004, pp.68~77, pp.181~186, pp.200~216

㈜ 우리일보 2011년 3월 9일

㈜ 유동근, 『통합마케팅』, 미래경영, 1993, p.137

㈜ 이명천 외, 『광고학개론』, 커뮤니케이션북스, 2005, pp.143~148.

㈜ 이화자, 『된 광고 든 광고 난 광고』, 나남출판, 1997, p.22

㈜ 정혜연, 『다시 알아야 할 병원마케팅』, 21세기북스, 2011, pp.208~210.

㈜ 최윤식, 『광고 설득의 과학, 설득의 예술』, 삼진기획, 2000, pp.35~47, p.147

㈜ 최혜실(2008). 『테마파크의 스토리텔링』. 글누림. pp.14~17

채원호 외, 한국의 기업메세나 활성화 방안 연구, 지방정부연구 제9권 제1호

최혜실(2006). 『문화산업과 스토리텔링』. 다할미디어. p.12

클라우스 포그 외·황신웅 역(2011). 『스토리텔링의 기술』. 멘토르. pp.27~35.

필립 코틀러, 윤중현 역, 『마케팅 관리론』, 범한서적, 1988, p.47

필립 코틀러, 윤훈현 역, 『현대 마케팅』, 석정, 1996, pp.192~803

참고문헌 *Reference*

『디자인 용어사전』, 미진사, 1983.

TAMA, 『멀티미디어 광고전략과 실제』, 커뮤니케이션북스, 1998

TAMA, 『신이벤트 마케팅전략』, 커뮤니케이션북스, 1998.

TAMA, 『캐릭터 마케팅의 이론과 전략』, 케이에이디디, 1999

TAMA, 『텔레마케팅 혁신전략』, 장백출판사, 1996

강한승 외, 『의료관광마케팅』, 대왕사, 2010

권익현 외, 『마케팅 관리적 접근 』, 경문사, 2002

김현주, 「캐릭터와 캐릭터 산업에 관한 연구」, 광주대학교 석사학위논문, 1997

김희진 외, 『세일즈 프로모션 이론과 전략』, 한국광고연구원, 1997

김희진 외, 『이벤트전략과 기획실무』, 월간이벤트, 2006

김희진 외, 『정보사회와 광고』, 이진출판사, 1999

김희진, 『IMC시대의 이벤트기획론』, 커뮤니케이션북스, 2001

김희진, 『MICE, 고부가 전시 이벤트』. 커뮤니케이션북스, 2011

김희진, 『광고 프레젠테이션의 실제』, 커뮤니케이션북스, 2005

김희진, 『세일즈 프로모션』, 커뮤니케이션북스, 2004

김희진, 『이벤트(커뮤니케이션이해총서)』, 커뮤니케이션북스, 2013

다카하시 마코토, 김영신 역, 『기획력을 기른다』, 지식공작소, 2002

마이클 포터, 조동성 역, 『경쟁우의』, 교보문고, 1992.

마이클 포터, 조동성 역, 『경쟁전략』, 21세기북스, 2008,

문상식 외, 『병원경영학 (제2판)』, 보문각, 2009

미야시타 마코토, 정택상 역, 『캐릭터비즈니스 감성체험을 팔아라』, 넥서스BOOKS, 2002

박동진 외, 『헬스커뮤니케이션의 이론과 실제』, 소화, 2010

박병길, 『마케팅관리론』, 박영사, 1995

박숭준, 「세일즈 프로모션 효과와 심리학 이론에 관한 고찰」, 상암기획 연구논문집 2000년 하반기 호.

박주희·김학춘, 『의료마케팅』, 대학서림, 2010

박창식, 『병원마케팅의 이해』, 대학서림, 2007

서범석, 『광고기획론』, 나남, 2004.

서범석, 『옥외광고론』, 나남, 2001.

송낙웅, 『캐리코트 뱅크』. 창지사, 1997.

시노자키 료이치, 장상인 역, 『홍보, 머리로 뛰어라』, 월간조선사, 2004

안영창 외, 『병원마케팅 및 홍보』, 보문각, 2007

양윤직, 『디지털시대의 광고미디어 전략』, 커뮤니케이션북스, 2010

우에조 노리오, 맹명관 역, 『카피교실』, 들녘, 1994

원융희, 『병원서비스마케팅』, 대학서림, 2002

원종하 외, 『의료관광론』, 한올출판사, 2012

유동근, 『통합마케팅』, 미래경영, 1993

유명희, 『의료관광마케팅』, 한올출판사, 2010

이경모, 『이벤트학원론』, 백산출판사. 2005.

이명천 외, 『광고학개론』, 커뮤니케이션북스, 2005

이시다 쇼이치, 송영진 역, 『잘 되는 병원 무엇이 다른 걸까』, 느낌이 있는 책, 2006

이창호, 『우리병원 좀 살려주세요』, 다산북스, 2010

이화자, 『된 광고 든 광고 난 광고』, 나남출판, 1997

정재훈, 『닥터 정의 경영이야기』, 전남대학교출판부, 2007

정혜연, 『다시 알아야 할 병원마케팅』, 21세기북스, 2011

조용석 외, 『광고·홍보 실무특강』, 커뮤니케이션북스, 2007

존 케이플즈, 송도익 역, 『광고, 이렇게 하면 성공한다』, 서해문집, 1994

최윤식, 『광고 설득의 과학, 설득의 예술』, 삼진기획, 2000

최윤식, 『현장광고론』, 나남출판, 1997

최혜실, 『문화산업과 스토리텔링』, 다할미디어, 2006

최혜실, 『테마파크의 스토리텔링』, 글누림, 2008.

클라우스 포그 외, 황신웅 역, 『스토리텔링의 기술』, 멘토르, 2011

타니구치 마사카즈, 김희진 역, 『노는 힘을 기른다』, 지식공작소, 2002

필립 코틀러, 유동근 역, 『최신 마케팅론』. 석정, 1987

필립 코틀러, 윤중현 역, 『마케팅 관리론』, 범한서적, 1988

필립 코틀러, 윤훈현 역, 『현대 마케팅』, 석정, 1996.

한국광고자율심의기구, 「기사성광고의 현황과 문제점」, 조사자료 98-2, 1998

한국의료정보교육협회, 『의료전산일반』, 서원미디어, 2010

현연경, 「온라인상에서 소비자의 충동구매를 유발시키는 영향요인 연구」, 광주대학교 대학원 석사학위논문, 2002.

홍성진, 『병원을 살리는 마케팅, 병원을 죽이는 마케팅』, 케이앤피북스, 2009

P. Cotler, 『マ-ケティング 原理』, ダイヤモンド社, 1996.

ブレーン編輯部, 『企業文化創造の時代』, 誠文堂新光社, 1991.

廣告用語事典プロジェクトチ-ム編, 『廣告用語事典』, 電通, 1990.

根本昭二郎, 『廣告コミュニケ-ション』, 日經廣告研究所, 1993.

及川良治, 『マ-ケッティング 通論』, 中央大學出版部, 1995.

渡辺隆之外, 『セ-ルスプロモ-ションの實際』, 日本經濟新聞社, 2000.

鈴木典非古, 『國際マ-ケティング』, 同文舘, 1992.

梅澤正一, 『企業文化の革新と 構造』, 有斐閣, 1992.

柏木重秋編, 『現代消費者行動論』, 白桃書房, 1994.

石井敏編, 『異文化 Communication』, 有斐閣, 1992.

星野克美編, 『文化·記号のマ-ケティング』, 國元書房, 1993.

野村總合研究所, 『企業の意と風土』, 野村總合研究所, 1993.

日經廣告研究所編, 『廣告用語辭典』, 日本經濟新聞社, 1989.

井原哲夫, 『サ-ビス市場における企業戰略』, 廣告月報 1999年 2月号.

清水公一, 『廣告理論と戰略』, 創成社, 1993.

村田昭治, 『マ　ケティング 用語事典』, 日本經濟新聞社, 2000.

坂井田一之, 『プロモ-ション企劃技法ハンドブック』, 日本能率協會, 1996.

八卷俊雄, 『廣告小辭典』, ダイヤモンド社, 1998.

저자약력

김희진 · 광주대 보건의료관리학과 교수
· 광주대 광고이벤트학과 교수
· 광주대 문화이벤트연구소장
· 한국 이벤트컨벤션 학회 부회장
· 전남발전정책 축제자문위원회 자문위원
· 동방기획 전략연구소 자문교수
· 일본 쥬오(中央)대학 상학박사
· 중앙대학교 광고홍보학과 졸업

이혜승 · 광주대 보건의료관리학과 교수
· 전라북도 군산의료원 행정관리 실장
· 중앙응급의료센터 응급의료기관 평가위원
· 보건복지부 지역거점 공공병원 평가위원
· 보건산업진흥원 의료기관 평가위원
· 원광대학교 보건행정학 박사

병원 홍보의 이론과 실무

2015년 2월 5일 초판1쇄 인쇄
2015년 2월 10일 초판1쇄 발행

저 자   김희진 · 이혜승
펴낸이   임 순 재
펴낸곳   **한올출판사**
등록 제11-403호
121 - 849
주   소 서울시 마포구 성산동 133-3 한올빌딩 3층
전   화 (02) 376-4298 (대표)
팩   스 (02) 302-8073
홈페이지 www.hanol.co.kr
e-메 일 hanol@hanol.co.kr
정   가 **20,000원**

■ ISBN 979-11-5685-043-4